ブランド発展史

梶原勝美【著】
Katsumi Kajihara

The History of Brand Development

専修大学出版局

目　次

まえがき　7

第Ⅰ章　ブランドの発展モデル……………………………17
　1　はじめに　17
　2　ブランドの発展モデル　17
　3　おわりに　22

第Ⅱ章　19世紀前半までに誕生したブランド……………23
　1　はじめに　23
　2　醸造ブランド　23
　　2-1　ヨーロッパのビールのブランド　23
　　2-2　日本酒のブランド「白鹿」　29
　　2-3　アイルランドのブランド「ギネス」　33
　　2-4　醤油のブランド「キッコーマン」　45
　3　おわりに　53

第Ⅲ章　19世紀後半に誕生したブランド……………………59
　1　はじめに　59
　2　メカニズム・ブランド　60
　　2-1　農機具のブランド「マコーミック」　60
　　2-2　ミシンのブランド「シンガーミシン」　62
　3　一般ブランド　64
　　3-1　石鹸のブランド「アイボリー」　64

3-2　コーラのブランド「コカ・コーラ」　65
　　3-3　イギリスのブランド「サンライト」　72
　　3-4　スイスのブランド「ネスレ」　74
　　3-5　化粧品のブランド「オイデルミン」　75
　4　PB（プライベート・ブランド）　76
　　4-1　通信販売のPB「シアーズ」　76
　5　おわりに　78

第Ⅳ章　20世紀に誕生したブランド　87

　1　はじめに　87
　2　醸造ブランド　87
　　2-1　バーボンウイスキーのブランド「ジム・ビーム」　87
　3　メカニズム・ブランド　90
　　3-1　自動車のブランド「シボレー」　90
　4　一般ブランド　92
　　4-1　ビスケットのブランド「ユニーダ」　92
　　4-2　タバコのブランド「ラッキー・ストライク」　94
　　4-3　ファッション・ブランド「ルイ・ヴィトン」　96
　5　PB（プライベート・ブランド）　112
　　5-1　ストア・ブランド「ユニクロ」　112
　6　農産物のブランド　114
　　6-1　農民のブランド「サンキスト」　114
　7　サービス・ブランド　115
　　7-1　外食産業のブランド「マクドナルド」　115
　8　おわりに　136

第Ⅴ章　後発・追随ブランド　153

　1　はじめに　153
　2　醸造ブランド　154
　　2-1　ビールのブランド「ミャンマー」と「ビアラオ」　154

3　メカニズム・ブランド　177
　　　3-1　カメラのブランド「キヤノン」　177
　　　3-2　韓国の家電ブランド「サムスン」　191
　　　3-3　台湾の家電ブランドの「エイサー」　197
　　　3-4　中国の家電ブランド「ハイアール」　209
　　4　一般ブランド　213
　　　4-1　タイのエナジードリンクのブランド「レッドブル」　213
　　　4-2　イランのお菓子のブランド「アイディン」　220
　　　4-3　マレーシアのチョコレートのブランド「ベリーズ」　231
　　　4-4　ベトナムの統一ブランド「ハプロ」　239
　　　4-5　ティシューペーパーのブランド「エルモア」　252
　　5　おわりに　260

第Ⅵ章　伝統産業のブランド……………………………………283
　　1　はじめに　283
　　2　日本の伝統産業のブランド　284
　　　2-1　水引のブランド「御国」　284
　　　2-2　七味唐辛子の伝統的ブランド「八幡屋礒五郎」　295
　　　2-3　日本における農産物のブランド　304
　　　2-4　お茶のブランド　320
　　3　外国の伝統産業のブランド　337
　　　3-1　キルギスの伝統的飲料のブランド「ショロー」　337
　　4　おわりに　345

第Ⅶ章　ブランド発展史の課題と展望……………………………357
　　1　はじめに　357
　　2　ブランドの先行研究　358
　　3　ブランド発展史の一覧図　359
　　4　ブランド事例研究の課題　362
　　5　ブランド発展史研究の成果　364

6 おわりに　367

事項索引　371
ブランド索引　377
企業・店舗索引　382

まえがき

　20世紀初頭にマーケティングが学問的研究の対象となり、マーケティング論の萌芽をみ、今日まで進展してきている。しかしながら、マーケティングの理解についていえば、この100年以上にわたり、相変わらず混乱、カオスが依然として続いてきている。研究者や論者により、それぞれ独自のマーケティング理解があり、10人いれば10通りのものがある。それが典型的に表れるのが、マーケティングの根本的な認識であるべき定義である。

　これまで多くの研究者が、マーケティングは研究者により多様に定義され、その定義も時代によって変化すると記している[1]。また、市川繁は、マネジリアル・マーケティング、システムズ・アプローチで一世を風靡したアメリカを代表する研究者である E. J. Kelley の見解をもとにして次のように記している[2]。「E. J. Kelley 教授も『マーケティングとは何かについての単一の答えはない。マーケティングは複合的プロセスである。』と述べているように、あらゆる時点のあらゆる状況の下で普遍性をもち、しかもマーケティングのすべてを簡潔に表現するような一つの定義を求めることは不可能である。」

　このマーケティング理解の混乱、カオスを解消し、誰もが容易に理解できるマーケティングの根本認識、すなわち、定義を学部のゼミナールでマーケティングを学び始めて以来今日まで半世紀になんなんとする長い年月にわたり求め続けてきたが、気が付いてみるとそれが私のライフワークとなった観がある。

　マーケティングという現象を理解するために、マーケティングの歴史、とりわけマーケティングの生成についての研究から研究者としての私の人生が始まることになった。日米の代表的な研究者たちのマーケティング生成論を批判的に検討したところ、彼らのマーケティング生成論からでは十分な理解が得られないことがわかった[3]。マーケティング論の母国であるアメリカの研究者たち

の研究は、マーケティングの本質的な研究というよりは、実践的、戦略的研究に主眼が置かれ、マーケティングの普遍的、一般的、ユニバーサルな定義を求める研究ではないといえる。一方、日本の研究者たちの研究は、独占資本主義分析からマーケティングを理解しようとしており、極めて抽象的で、現実のマーケティングからかなり遊離した研究であることがわかった。

　思うように研究が進まず寄り道をした。すなわち、一時期、マーケティングの生成論およびマーケティングの本質論の研究からテーマを大きく変え、マーケティング・コミュニケーションの実証研究を積み重ねた。その結果、思いがけず、マーケティングの本質はコミュニケーションにあるとの成果を得たのである[4]。

　しかしながら、マーケティングの本質としてコミュニケーションが重要であることは事実であるが、コミュニケーションの観点の研究では、マーケティング理解の混乱、カオスを完全に解消する説明ができないこともわかった。そして、マーケティングの真の根本的理解を求めるには、現実の企業の事例研究から帰納的にマーケティングを理解しなければならないことが次第に明らかとなってきた。

　そこで再度、マーケティングの母国というべきアメリカのマーケティングの生成についての研究を始めることにした。試行錯誤の末に、マーケティング企業の事例研究を積み重ねた結果、マーケティングとはプロダクト（製品）を単に大量販売するものではなく、ブランドをマーケティングするもの、すなわち、ブランド・マーケティングであるとの仮説を立て、次のようにマーケティングを定義した。

　　「マーケティングとは、ブランド・マーケティングと同義であり、企業が行うブランドの創造、展開、管理にわたる一連のトータル・プロセスのことである。」[5]

　さらに、試行錯誤の末に次のようなマーケティングの最終的な定義を導いた。

「マーケティングとは、企業が標準化したモノやサービスに情報を付加し、創造したブランドを市場における消費者がブランドとして認知、評価、支持するように統制可能な手段を市場において展開し、確立されたブランドの価値を管理するという包括的な活動である。」[6]

簡単にいえば、次のように要約される。

「マーケティングとは、ブランドの創造、展開、管理である。」[7]

したがって、マーケティングは、従来いわれてきたプロダクト・マーケティングではなく、ブランド・マーケティングそのものである。この仮説を実証するために、アメリカだけではなく、日本、ヨーロッパ、アジアにまで研究対象のブランドを広げ、その発展の研究を10年にわたり試みた。その成果のひとつとして、マーケティングの生成、すなわち、ブランドの創造、展開、管理という活動の萌芽は19世紀後半のアメリカではなく、さらに歴史をさかのぼったヨーロッパや日本にみられるということが明らかになった。そしてまた、研究した発展途上国のすべての国においてもブランドの創造、展開からなるマーケティングの生成がみられ、マーケティングが普遍的、一般的、ユニバーサルなものであることが実証されたのである。換言すれば、本書におけるブランド発展史の研究によってマーケティングの根本的理解を求めるひとつの解を導き出すこととなったのである。

もうひとつ、重要な研究成果が導かれた。それは、マーケティングと同様にカオスのままであったブランドの明確な定義を次のように導き出したことである。

当初、

「ブランドとは、(物的)商品に情報が付加されたものである。」[8]

と考えていたが、ブランド発展史の研究が進むにつれて、ブランドには(物

的）商品だけではなく、無形商品であるサービスも存在することがわかり、次のように定義する必要があると考えるようになった。

「ブランドとは、（標準化、均一化、規格化された）モノやサービスに情報を付加して、創造したものである。」[9]

もちろん、ブランドを創造する主体は、多くの場合、企業であるが、例外的に、必ずしも企業ではない農民の団体である農協や消費者の団体である生協のような組合組織あるいは個人がそれに相当する場合もある。主体が誰であるかにかかわらず、いずれにせよブランドになるかならないかの最終判断は、市場における消費者が行うのである。企業がブランドを創造し、市場で展開を始めたとしても、消費者がブランドではなく、モノ商品として認識したならば、それはブランド化に失敗したことになり、ブランドとはならない。したがって、ブランドになるかならないかは市場における消費者が究極的には決めるのである。

そこで、

「ブランドとは、企業（および農協や生協などの組合組織もしくは個人）が（標準化、均一化、規格化された）モノやサービスに情報を付加して、創造したものを市場における消費者が『ブランド』として認知、評価、支持したものである。」[10]

と再定義することとなった。

このように考えると、ただ単にブランドの創造者、所有者としての企業が、モノ商品やサービス商品に印やロゴなどの情報を付加したものを市場で展開することだけでは、それはブランドとはいえない。換言すれば、ブランドを創造し、市場において展開し、それに成功（市場の消費者の認知、評価、支持を得る）して初めてブランドといえるのである。

ここで提示した新たなブランドの定義は歴史的にみて、時代をさかのぼったブランドの誕生期におけるブランドから今日のブランド、そして、おそらく今後誕生するであろう将来のブランドについて、また、地理的にみても、世界の

どの地域におけるブランドにも妥当する普遍的、一般的、ユニバーサルなものである。

しかしながら、研究が進展するにしたがい、ブランドは企業と消費者の双方向的なものであるとともに多くの関係者が関与するものであるとの理解がさらに進み、その結果、再び再定義が必要になったのである。

そこで、本書における最終的なブランドの定義は次のようになる。

「ブランドとは、(標準化、均一化、規格化された) モノやサービスに情報を付加して、創造し、展開したものを市場における消費者や流通者が『ブランド』として認知、評価、支持するのはもちろんのこと、消費者、流通業者、社員、マスコミなどの関係者がさらに情報を創造、追加、付加し、共 (に) 創 (造) されたものである。」[11]

また、本書では、商品を (ブランド付与のないもしくはブランド反応のない) モノ商品、ブランド商品、サービス商品とに区分するとともに、ブランドのカテゴリーを次のように定めた。

「企業ブランド」「商品ブランド」「アイテム (品目) ブランド」[12]。

さらに、ブランドを次のように分類した。

図表 1　ブランド分類

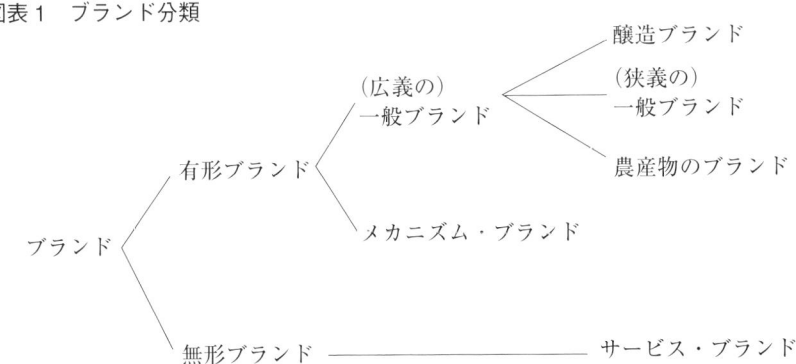

図表2　ブランドの主体別分類

　ここで図表1にある「メカニズム・ブランド」という重要な新しい用語の説明を行う[13]。

　メカニズム・ブランドとは、ブランド発展史研究の中から必要に迫られて、造り出した新しい言葉、すなわち造語である。通常、ブランドはモノであるプロダクトに情報を付加したものである。その付加された情報に多くの消費者が反応するものがブランドとなるのである。ところが、多くの研究者ばかりか消費者もメカニズム・ブランドを何らためらいもなく一般ブランドと同様のブランドとみなしている。しかし、メカニズム・ブランドは、創造されるブランド情報より、そのブランドのプロダクトの部分、すなわち、メカニズムの機能、性能が重要な意味をもつものである。たとえば、自動車を例にとれば、燃費がリッターあたり1キロのメカニズム・ブランドとリッターあたり32キロのメカニズム・ブランドとでは、その差異は誰にでも明らかである。燃費ばかりかその他の機能、性能についても、その多くは数値で表示ができ、消費者にとっては、容易にその差異がわかるものである。したがって、基本的にはメカニズム・ブランドは技術の成果である機能、性能の差異、優劣が消費者にとって判断しやすい。もちろん、自動車だけではなく、家電、時計、カメラなどのメカニズム・ブランドも同様である。

　このように付加される情報よりプロダクトに内在するメカニズム装置の機能により強く消費者が反応するブランドをメカニズム・ブランドと名付け、モノとしてのプロダクトの機能や差異が見分けにくい一般ブランドと区別すべきであると考えたのである。そもそもメカニズムとは、機械の装置、仕組みを意味するものであり、したがって、メカニズム・ブランドとは、そのプロダクトの部分に機械の装置が組み込まれているものを意味し、(家具などメカニズムの

ない商品を含む）耐久消費財という概念とは明らかに異なるものである。そうなるとプロダクトの部分に機械装置のないものが（広義の）一般ブランドということになる。

　同じブランドといっても、メカニズム・ブランドと一般ブランドは大きく異なるものである。両者は共に消費者に満足を与えるものであるが、前者のメカニズム・ブランドはその与える満足度がプロダクトに内在する機械装置ないしはシステムの機能、性能を基として数値で示すことができる。その一方、後者の一般ブランドは、たとえば、「コカ・コーラ」と「ペプシコーラ」の味の違いをはじめとして、満足の度合いを数値で表すことは不可能である。その結果、メカニズム・ブランドと一般ブランドとは明らかに異なる存在である。

　また、その他にも「統一ブランド」「産地ブランド」「伝統ブランド」といった用語を使用しているが、それらについては本文中の説明を参照していただきたい。

　本書における研究テーマ「ブランド発展史」はブランドの創造とブランドの展開の事例研究することにより、最終的には、マーケティングの本質的理解を目指したものである。

　なお、本書で研究対象としたブランドは、無数に存在するものの中から、誕生から今日まで発展をみせているブランドに限定している。本書はこれまでブランドの個別発展史の研究はあったが、ブランド・マーケティングの観点からブランドの総合的発展史研究を試みた日本ばかりか世界で初めてのものである。

　本書の構成を簡単に説明すると、まず、第Ⅰ章「ブランドの発展モデル」において、ブランドの発展モデルを導き出し、第Ⅱ章「19世紀前半までに誕生したブランド」、第Ⅲ章「19世紀後半に誕生したブランド」、第Ⅳ章「20世紀に誕生したブランド」では、これまで研究を試みたオリジナル・ブランドの発展の事例研究を時間軸に沿って取り上げている。さらに、第Ⅴ章「後発・追随ブランド」では、オリジナル・ブランドではない後発・追随ブランドの中から今日まで発展してきているもの、第Ⅵ章「伝統産業のブランド」では、財あるいは商品としては長い歴史があるにもかかわらず、これまでブランド化がなさ

れていず、最近になってようやくブランド化を試みているものの事例研究を取り上げている。最後に、第Ⅶ章「ブランド発展史の課題と展望」は本書における研究のまとめをなすものである。

　なお、本書は平成27年度専修大学図書刊行助成により出版するものであり、専修大学をはじめとして関係した多くの先生方には感謝するものである。また、大学学部、大学院の時から今日までご指導をいただいたすべての先生方の学恩に深く感謝するものである。
　最後に、出版にあたり、専修大学出版局笹岡五郎局長および編集にあたった真下恵美子さんに大変お世話になった。ここに感謝の意を表するものである。

　　2015年9月1日

梶原　勝美

注

1) たとえば、村田昭治「マーケティングとは何か」田内幸一・村田昭治編『現代マーケティングの基礎理論』p. 10、同文舘出版、1981年；佐川幸三郎『新しいマーケティングの実際』p. 50、プレジデント社、1992年；深尾重喜「企業活動とマーケティング」産能大学マーケティンググループ編『最新マーケティング』p. 33、産能大学出版部、1993年；鳥越良光『新マーケティング原論』p. 7、多賀出版、1994年；安部文彦「マーケティングの概念」安倍文彦・岩永忠康編『現代マーケティング論』p. 11、ミネルヴァ書房、1998年；足立勝彦『マーケティングのエッセンス』p. 2、晃洋書房、2004年；横澤利昌「マーケティングとは何か」亜細亜大学経営学部マーケティング研究会編『マーケティング入門』p. 7、五絃舎、2004年；蓼沼智行「企業の事業戦略とマーケティング戦略の変遷」大江ひろ子編『コミュニケーション・マーケティング』p. 5、白桃書房、2008年；鷲尾紀吉『現代マーケティング論』pp. 19-22、創成社、2010年。
2) 宇野政雄監修、市川繁著『ダイナミック・マーケティング』p. 4、早稲田大学出版部、1979年。彼が引用で示した原典は、E. J. Kelley, *Marketing Planning and Competitive Strategy*, p.3, Prentice-Hall, 1972（出牛正芳・山下文明・宮沢

永光・中村孝之訳『新訳　マーケティング計画と競争戦略』p.7、ダイヤモンド社、1976年)。なお、Kelley は同書でマーケティングを次のように定義している。'As a summary definition, marketing is a social, economic and managerial process focused on the creation and delivery of want-satisfying ideas, goods and services.' *ibid.*, pp. 3-4.「定義を概説すると、マーケティングは、欲望を充足させるアイデア、商品、ならびにサービスの創造と配達に焦点を合わせた社会的、経済的ならびにマネジリアルなプロセスである。」──出牛正芳・山下文明・宮沢永光・中村孝之訳、前掲書、p. 9。
3) 梶原勝美『ブランド・マーケティング研究序説Ⅰ』pp. 64-104、創成社、2010年。
4) 「マーケティングとは、消費者志向に基づき、消費者のニーズ（必要）やウォンツ（欲求）に適うブランドの開発から展開、そして管理までのトータル・コミュニケーション活動である」──梶原勝美「消費者行動とマーケティング・コミュニケーション」『専修大学商学研究年報』第8号、1983年。
5) 梶原勝美、前掲書、p. 162。
6) 同上、p. 288。
7) 同上。
8) 梶原勝美、前掲論文。
9) 梶原勝美、前掲書、p. 282。
10) 同上。
11) 梶原勝美「ブランド・マーケティング体系（Ⅳ）──ブランドの情報機能」『専修大学経営研究所報』第182号、p. 17、2009年11月
12) 梶原勝美『ブランド・マーケティング研究序説Ⅱ』pp. 19-21、創成社、2011年。
13) 梶原勝美『ブランド・マーケティング研究序説Ⅲ』pp. 151-165、創成社、2013年；梶原勝美「メカニズム・ブランドとしてのカメラブランド」『専修マネジメント・ジャーナル』Vol. 4 No. 1、pp.17-20、2014年；梶原勝美『ブランド流通革命』pp. 20-26、森山書店、2016年。

第Ⅰ章
ブランドの発展モデル

1 はじめに

　ブランド発展史を研究するにあたり、まず、ここでは企業の行うブランド・マーケティングの中核をなすブランド発展のモデル化を試みる。また、個別のブランド発展の軌跡は諸条件により異なるものであり、必ずしも同一のものとは限らない。そこで、さまざまなブランド発展のバリエーションについての考察を行うものである。

2 ブランドの発展モデル

　ブランドを創造し、展開し、管理するマーケティングを行う企業は必ずしも大企業に限定されるわけではない。もちろん、当初より全国市場あるいはグローバル市場を前提としたブランドの創造、展開を行う大企業がないわけではない[1]が、多くは小規模生産者がブランドを創造し、次第に多くの消費者の支持を得るというブランド・マーケティングの成功により大企業にまで発展するのが通常である。
　ここではブランドの中核をなす生産者、製造業者、メーカーのブランド、すなわちメーカー・ブランド（MB：Maker Brand）の発展を、対象市場との関連から次の4つの段階からなるブランド発展モデル[2]として提示することにする（図表1）。

図表1　ブランドの発展モデル（基本モデル）

① ローカル・ブランド（Local Brand―略語、LB）の段階――地域市場
　　ブランド発展の最初の段階であるブランド創造、すなわちブランド誕生は、通常ある一定の限定された地域市場から始まる。生産者はまだ小規模であり、生産したモノ製品を従来の卸に任すか、自己のブランドを創造するのか、重大な意思決定をすることになる。試行錯誤の上、生産者は自己のブランドを付与し、ここに地域市場の消費者を対象としたローカル・ブランドが誕生するのである。

② ナショナル・ブランド（National Brand―略語、NB）の段階――全国市場
　　第2の段階は、ローカル・ブランドの展開に成功し、次第にその市場が拡大し、全国市場を対象にするようになり、ナショナル・ブランドということになる。NBと略称されるが、メーカー・ブランド（MB）と同義のように使われているが、NBとMBは全く異なるものである[注3]。多くの競争の末、一国の全国市場の消費者の支持をえてトップ・ブランドないしはそれに匹敵する有力ブランドとして成功したものである。

③ リージョナル・ブランド（Regional Brand ―略語、RB）の段階――近隣諸国市場
　　第3の段階は全国市場から国境を越え、近隣の外国市場にまでブランド展開が成功することである。これをリージョナル・ブランドと呼ぶことにする。しかし、このリージョナル・ブランドはケース・バイ・ケースで多くの場合がある。たとえば、アメリカのブランドが隣国のカナダ、メキシコ市場に進出するのがあげられる。また、日本のブランドが国外であるアメリカ市場に進出するのもこの段階に相当するといえる。というのは日本にとってアメリカは、距離的には離れているが、海を接する隣の国、すなわち近隣市場である。なお、リージョナルという用語は、広域と理解されることがあるが、ここでは近隣諸国という意味に限定して使うことにする。

④ グローバル・ブランド（Global Brand―略語、GB）の段階――世界市場
　　ブランドの最終段階がグローバル・ブランドである。グローバルといっても、必ずしも世界中のすべての市場で展開されなければならないわけではない。その一方、リージョナルとの区分けはどうなるのかといった疑問があり、厳密にいえば、グローバルの範囲については議論の余地がある。本書では、世界の市場を便宜的に、日本を含むアジア市場、アメリカ市場、ヨーロッパ市場と3つに大きく分け、その2つ以上の市場で展開を始めたら、グローバル・ブランドとみなすこととする。

第 I 章　ブランドの発展モデル　19

　図表2で示したブランドの発展モデル[3]はブランド発展の基本モデルであり、その他にいくつかのバリエーションが想定できる。なかでも当初は OEM であったが、自己ブランドを開発、創造し、ブランド企業へと変化するケース、自己ブランドと OEM の併用から生産を開始し、その後、OEM を廃止し、自

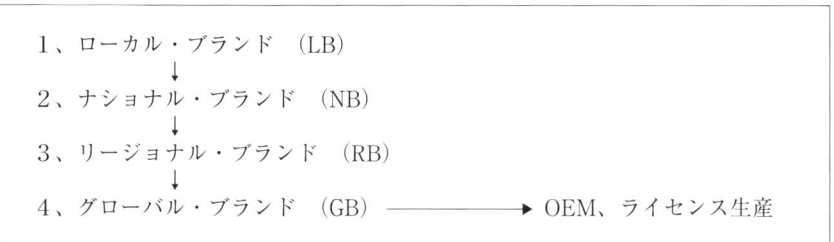

図表2　ブランドの発展モデル（基本モデル）

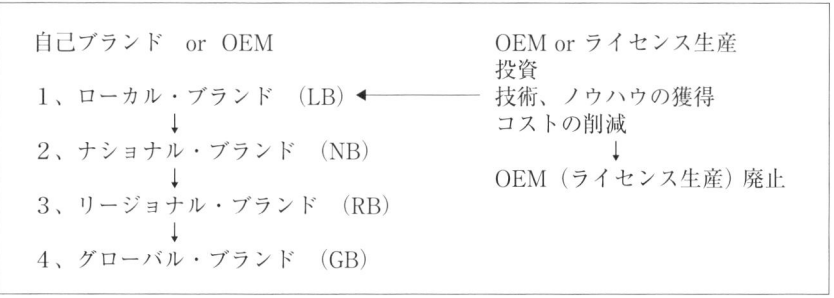

図表3-1　ブランドの発展モデル―OEM（ライセンス生産）から自己ブランドへ

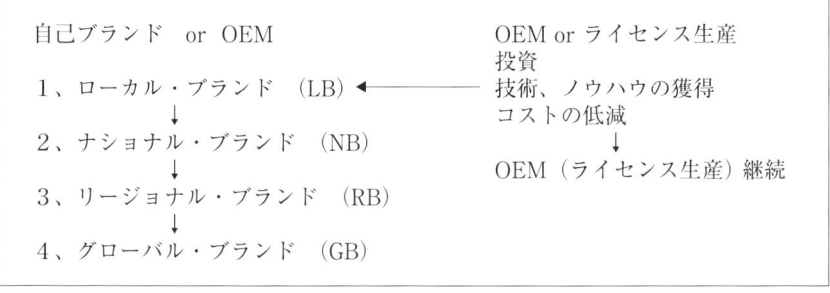

図表3-2　ブランドの発展モデル―OEM（ライセンス生産）、自己ブランド併用

図表 3-3　ブランドの発展モデル―OEM（ライセンス生産）専業化

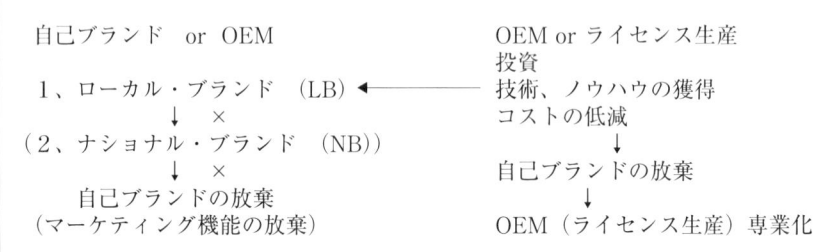

図表 4　（発展途上国における）ブランドの発展段階モデル（試論）

1、モノ社会――ブランド商品がなく、商品はモノ商品の段階。競争はモノ商品同士もしくは自家生産とモノ商品との競争である。
2、ブランド社会の開始――ブランド商品が出現するが、多くは外国からのグローバル・ブランドないしはリージョナル・ブランドである。そこで、従来のモノ商品とブランドとの新たな競争が始まる。
3、ローカル・ブランドの出現――外国のブランドに刺激され、国産のローカル・ブランドがいくつかの地域市場を対象に出現する。モノ商品の中からあるいは新規参入の国産のブランドが出現する。なお、市場の拡大に伴い、外国ブランドの現地生産あるいはライセンス生産、OEM 生産がみられるようになる。
4、コピー・ブランドの出現――それと同時に主に外国のブランドをコピーした偽ブランドやコピー・ブランドが出現し、競争に参入する。
5、ナショナル・ブランドの出現――ローカル・ブランドの中からローカル・ブランド間競争および輸入外国ブランドとの競争裏にナショナル・ブランドへと発展するものが生まれる。
6、リージョナル・ブランドの出現――ナショナル・ブランドから競争力をつけ、リージョナル・ブランドへと発展するものが現れる（この段階までブランドが発展するようになると、次第にコピー・ブランドは消滅する）。
7、グローバル・ブランドの出現――リージョナル・ブランドからさらに競争力をつけ、「グローバル・ブランド」へと発展するものが現れる。

己ブランドに収束、集中するケース、自己ブランドと OEM の併用を継続するケース、自己ブランドを廃止し、OEM 専業となり、生産機能に特化するケース、そして、自らの生産をやめ、生産は下請け、OEM に依存し、自らはブラ

ンドの創造、展開、管理に専従するブランド企業へと変身するケースなどさまざまなものがあげられる（図表2および図表3-1〜図表3-3）。

次に、ブランド展開のバリエーションのもうひとつとして、（発展途上国に典型的にみうけられる後発・追随）ブランドの発展を先進国のブランドとの競争関係を考慮して作成したものが、「（発展途上国における）ブランドの発展段

図表5 （発展途上国における）ブランドの発展プロセス（試論）

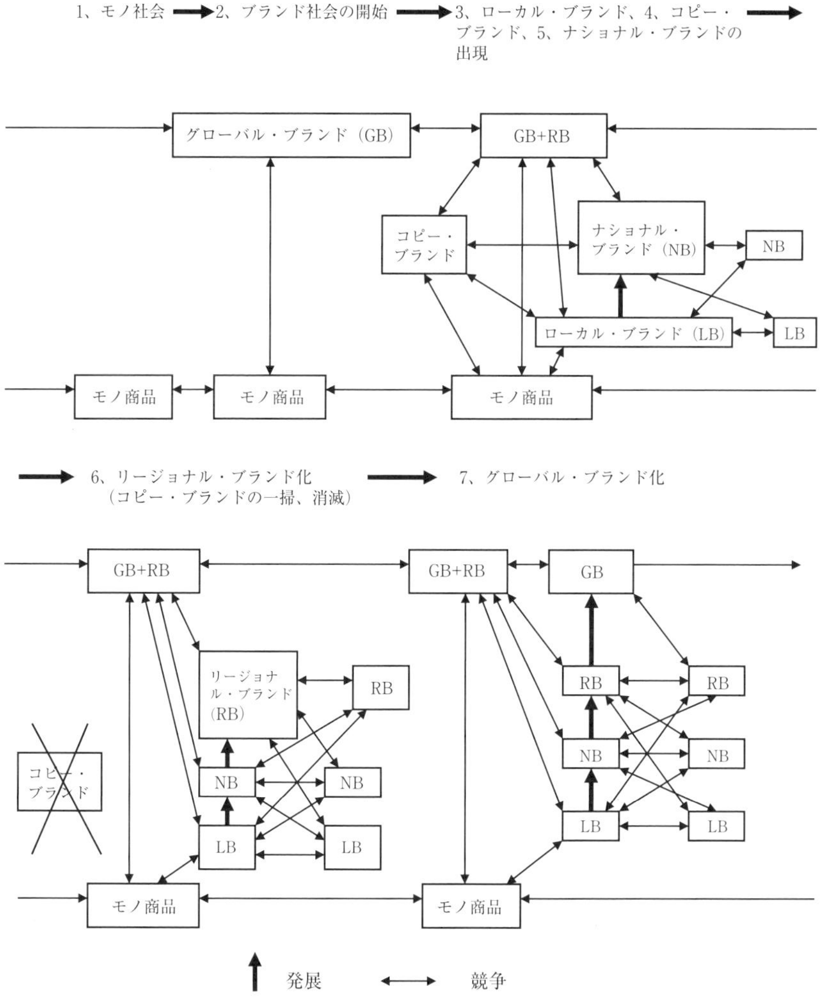

1、モノ社会 ➡ 2、ブランド社会の開始 ➡ 3、ローカル・ブランド、4、コピー・ブランド、5、ナショナル・ブランドの出現 ➡

➡ 6、リージョナル・ブランド化（コピー・ブランドの一掃、消滅） ➡ 7、グローバル・ブランド化

⬆ 発展　　⬌ 競争

階モデル」（試論）である。（図表4および図表5）

3　おわりに

　これまで提示したブランドの発展モデル、すなわちローカル・ブランドからグローバル・ブランドまでの発展は、ひとつのパターンではなく、厳密にいえばブランドの数だけ存在するが、大別すれば次の2つのパターンになる。そのひとつは主として先進国でみられるオリジナル・ブランドの発展である「基本モデル」であり、もうひとつはグローバル・ブランドとリージョナル・ブランドからなる輸入ブランドとの競争裏に展開される「（発展途上国に典型的に見受けられる後発・追随）ブランドの発展段階モデル」（討論）である。本書では個別のブランドの展開に関して、これらのモデルをベースとした事例研究を試みてみたい。

注

1) 梶原勝美「ブランド・マーケティング体系Ⅱ」序章、2、(3)、1)、①、〈3〉「ユニーダ」、〈4〉「ラッキー・ストライク」『専修商学論集』第88号、pp. 106-108、2008年12月。
2) たとえば、大石芳裕、原田将、井上真理はブランドの展開について、ローカル・ブランド、リージョナル・ブランド、グローバル・ブランドとみなしている──大石芳裕編著『グローバル・ブランド管理』p. 4、白桃書房、2004年；また、相原修は、ローカル・ブランド、ナショナル・ブランド、グローバル・ブランドとみなしている──相原修・嶋正・三浦俊彦『グローバル・マーケティング入門』p. 188、日本経済新聞出版社、2009年。
3) 今後、NBとメーカー・ブランド（MB）とは区別すべきものと考えている。つまり、生産者、製造業者、メーカーが全国展開に成功しているのが文字どおりのナショナル・ブランド、すなわちNBであり、MBであっても全国展開に成功せずにローカル・ブランドのものもあり、また、リージョナル・ブランド、グローバル・ブランドと発展しているものもあり、単純にメーカー・ブランド＝NBとは一概にはいえないからである。

第Ⅱ章
19世紀前半までに誕生したブランド

1　はじめに

　これまでブランドの誕生は19世紀後半のアメリカにみられたのが嚆矢であると定説のように考えられてきたが、ブランドの実証研究が進展するにしたがい、それ以前の19世紀前半までの時期にすでにブランドが誕生していることが次第に明らかとなってきた。しかも、アメリカではなく、それらのブランドはヨーロッパ、日本、アイルランドといったアメリカ以外の国において誕生したのである。

　多くの研究者が19世紀後半のアメリカで機械による大量生産が始まり、それに伴ってブランドとマーケティングの生成、萌芽をみたと考えてきたが、それ以前に誕生した歴史の古いブランドは醸造ブランドであり、アメリカで誕生した多くのメカニズム・ブランドや一般ブランドとは生産方法が異なり、すべて微生物によって醸造されるものである。この醸造という生産方法は、生産の拡大がそれほど難しいものではなく、需要があればそれに応じた増産、すなわち大規模生産が可能であり、不特定多数の消費者にブランドとして早くから認知、評価されてきたのである。

2　醸造ブランド

2-1　ヨーロッパのビールのブランド

　これまでのヨーロッパのブランドおよびマーケティングについては一部の

ファッション・ブランドや自動車、家電といったメカニズム・ブランドだけがわずかに研究されてきているにすぎず、今日まで続いている古い歴史をもつブランドの事例研究はほとんど行われていない。

そのような現状に鑑み、第 1 回ヨーロッパ実態調査研究（2013 年 9 月 11 日〜22 日）ではヨーロッパのブランドの源を求めて、中欧から北欧にかけて実態調査研究を試みた[1]。そして、再度、ヨーロッパ実態調査研究（2014 年 9 月 10 日〜16 日）を試みた[2]。

ヨーロッパ実態調査研究は時間の制約があり、調査対象をビールのブランドに限定せざるをえなかった。周知のようにヨーロッパのビールのブランドは、後述する「ギネス」をはじめ「ハイネケン」[3]「カールスバーグ」[4]など今やグローバル・ブランドになっている数多くのものがあるが、それらは「ギネス」を除き、いずれも 19 世紀半ばすぎに創造されたブランドで、歴史はそれほど古いものではない。そこで、中欧、北欧の諸国の首都におけるいくつかのビール販売店、BAR、レストランを訪れ、今まで日本ではなかなかお目にかかれないビールのブランドの源といえるようなものを探し始めたが、残念なことに見つけることができなかった。あきらめかけていたとき、想定した年代よりもかなり古く創造されたビールのブランドを幸いにも発見することができた。それらのブランドを年代が若い順に以下に取りあげることにする。

まず、第 2 回目のヨーロッパ実態調査研究で訪問したフランスのパリで 1664 年創造のブランド「1664」（写真 1）を発見した。われわれ日本人の認識でいえば、フランスはワインの国と思いがちであるが、もちろんビールの国でもある。帰国して調べたところ、1664 年にビール醸造マイスターの証明書を得た Geronimus Hatt がビール醸造所を設立したのが創業ということになり、後述する日本酒のブランド「白鹿」の創業とほぼ同時期ということになる。その後、20 世紀まで続いたが、合併・買収を幾度か経験し、21 世紀の現在ではカールスバーグ社の傘下になっている[5]。日本でもネット通販で手に入ることができるブランドである。

写真 1 「1664」

次に、第 1 回目のヨーロッパ実態調査研究で訪問した

第Ⅱ章　19世紀前半までに誕生したブランド　25

写真2　「PAULANER」

写真3　「PAULANER」のコースター

　ポーランドのワルシャワでたまたま入ったBARで、ドイツのミュンヘンのビールのブランド「PAULANER」（写真2および写真3）を何気なく飲んだ。そのラベルには創業1634年とあり、その瞬間、日本酒のブランド「白鹿」よりも歴史が古く、現存する最古のブランドを発見したのではないかと思った。ところが、次に述べるようにヨーロッパにはさらに古い歴史をもつビールのブランドがあることがわかった。

　なお、同ブランドについての論及がある文献[6]を探し当てることができた。それによれば、「PAULANER」は聖フランソワ・ド・ポール（saint François de Paule、ドイツ語では、パウラゥナー〈PAULANER〉）が創立したミュンヘンの修道院で1634年から醸造され、当初は修道士たちの個人的消費のためのものであった。その後、祭りの日に外部の人々に販売されるようになり、次第に地方的名声を得てブランドと認められるようになったビールである。ブランド名の由来は修道院の創始者である聖フランソワ・ド・ポールに基づいたものである。同ブランドは1799年の修道院の廃止後、醸造業者がたびたび変わったが、おそらく同ブランドに対する消費者の高い評価と支持があったためか生き残り、今日では、ビールの多国籍企業であるBHI社の傘下でブランド展開されている。ミュンヘンには同ブランドのビアホール（写真4）があり、同ブランドは有名なミュンヘン・ビール祭り[7]の6つの公式ビール・ブランドのひとつでもある。

　したがって、「PAULANER」は日本ではあまり知られていないことからわかるようにグローバル・ブランドではないが、ミュンヘンのローカル・ブラン

写真4　「PAULANER」のビアレストラン　　写真5　「PAULANER」のアイテムブランド

ドからドイツのナショナル・ブランドを経て、ポーランドのワルシャワのBARで飲まれているようにリージョナル・ブランド化しているものと思われる。機会があれば、さらなる研究が求められるブランドである。

　その後、研究を続けた結果、いくつかの新しい発見があった。第2回目の実態調査研究で「PAULANER」の本拠地であるドイツのミュンヘンに行き、同ブランドはビールを扱っているほとんどの小売店で販売されている、きわめて一般的でポピュラーなブランドであることがわかった。さらに、同ブランドには多数のアイテム・ブランドが展開されていることもわかった（写真5）。

　また、「PAULANER」は日本においても酒量販店やネット通販のアマゾンなどではすでに販売されていることが判明した。特にミュンヘンのビール祭りであるオクトーバ・フェスタの時期には、日本でも小規模ではあるがブランド展開され始めているということである。

　さらに、チェコのプラハのRELAY（一種のキオスク：コンビニ）で1580年創業のビールのブランド「KRUŠOVICE」（写真6）を見つけ、ビールのブランドの歴史をさらにさかのぼることとなった。「PAULANER」に代わり、このブランドが現存する最古のブランドではないかと思った。しかしながら、さらに古いブランドを発見することとなった。

　それはオーストリアのウイーンのスーパーマーケットのSPARで発見した1270年と表記されたビールのブランド「HIRTER PRIVAT PILS」（写真7）である。もし1270年に創業されたのか、あるいは、ブランドが創造されたの

第Ⅱ章　19世紀前半までに誕生したブランド　27

写真6　「KRUŠOVICE」

写真7　「HIRTER PRIVAT PILS」

か、いずれかが事実であれば、まさに幻のブランドというべきであって、たぶん現時点では最古のブランドであると考えた。

　ところが、実態調査で再度訪問したフランスのパリでそれよりもさらに歴史が古いビールのブランドを発見した。それは1240年創業のベルギーのビールのブランド「レフ（Leffe）」（写真8）である。調べてみたところ、1152年、レフ修道院が建てられ、1240年にはレフ修道院においてノンベルト派の修道士によってビールのブランド「レフ」が誕生したと記録に残っているという。長い間その製法は脈々と受け継がれてきたが、1952年、修道院は財政難から生産ライセンスを外部の醸造所に譲ることになり、ここにレフ修道院のレシピに忠実にしたがって生産されるアビィ・ビール「レフ」の新たな出発が始まった。1971年、インターブルー社がライセンス生産していた醸造所を買収し今日に至っている[8]。

　したがって、現在までの研究では、「レフ」が最古のブランドと考えられるが、さらに詳細に調査研究をすれば、それよりも古くかつ今日まで継承されているビールのブランドが数多く存在するかもしれない。

　これら一連の調査で発見した歴史の古いヨーロッパのビールのブランドは、ラベルでの表記では、「1664」は 1664、「PAULANER」は seit 1634、「KRUŠOVICE」は 1580、「HIRTER PRIVAT PILS」は seit 1270、そして、「レフ」は

写真8　「レフ」

1240 とあるが、それらの数字が意味するのがビール醸造の創業なのか、ブランドの創造、すなわち誕生なのかは現時点では不明である。

いずれにせよこれらのブランドの誕生、創造と当初の展開については、今となっては長い歴史のかなたに見え隠れしているだけかもしれない。これらの古いビールのブランドが、なぜグローバル・ブランドとして世界市場に知られることなく今日まで存在してきたのであろうか。

その理由として考えられるのは、イギリスにおけるビールの醸造にみられるように[9]、許認可制度、生産量の制限、販売地域の限定などがあったため、自由な経営活動、ひいては自由なブランド展開ができず、その結果、いずれも地ビール、すなわちローカル・ブランドとしてごく限られた地域市場で醸造販売されて生き残り続けたものと考えられる。次に、ビールの商品特性として、重量が重く、その割には価格が安いため、広域市場への物流にハードルがあった。さらに、ビールはアルコール飲料のため、多くは時の権力者が課税対象としたこともその理由としてあげられる。ようやく近年になり、営業の自由化に伴って、ナショナル・ブランド化、リージョナル・ブランド化を始めたものと考えられる。そして、ビール醸造はイギリスのパブ[10]にみられるように、醸造販売所で醸造業者がいわば製造小売としてビールを醸造販売していたため、職人ギルド、商人ギルドの影響の外にあり、その結果としてブランドが継承されたとも考えられる。

なお、すでに論じた「CHIMAY Peres Trappistes」[11]や前述した「レフ」や「PAULANER」のようにビールの醸造業者、すなわちブランド所有者が宗教組織の修道院という事例もあり、必ずしも今日のわれわれが考える営利を求めるビジネスではない主体が、ブランドの創造と展開を広く行っていたことも十分に想定される。今後、詳細な事例研究が望まれるものである。

したがって、これまでの考察から、19世紀後半に誕生したアメリカのブランドよりもかなり早くからヨーロッパではブランドが誕生し、マーケティングの生成がみられたことが明らかとなった。換言すれば、これまでのヨーロッパにおけるマーケティング研究の不十分さが明らかになるとともに早急な研究の開始が求められる。

今回は触れることができなかったが、ビールだけではなく、ウイスキーも忘

れてはならない。スコッチ・ウイスキーは12世紀から13世紀にはイギリスに伝えられ、その醸造が始まったといわれるが、ウイスキーのブランドは大きく発展せず、しかもブランド認識、マーケティング認識が生まれなかった。これは、その販売を主として多段階にわたって商人が支配していたため、醸造業者の関心がウイスキーというモノ商品の醸造管理、品質管理に向かい、ブランド管理は二の次になったことがその理由として考えられる。その証拠にイギリスのスコッチ・ウイスキーのブランドとして日本でも有名な「ジョニーウォーカー」[12]「バランタイン」[13]などがあげられるが、いずれも19世紀後半以降に創造されたものでブランドとしての歴史はそれほど古くはない。

　もちろん、ヨーロッパ世界の歴史でみれば、ワインはビールよりも歴史が古く、かつ、現在まで継承されているブランド、たとえば、修道院で醸造、販売されてきたブランドが数多く存在していることは十分に推測される。周知のようにワインのブランドは、ビンテージ・ワインに代表されるように原料のブドウの作柄に左右され、その結果、生産量は必ずしも常に一定ではなく、しかも一定の品質が保証されないという標準化の問題があるが、ワインのブランド研究も今後の課題となるであろう。

2-2　日本酒のブランド「白鹿」

　日本にはすでに中世室町時代の文献に登場する「柳酒」が酒銘の始まりといわれ[14]、それが今日のブランドの源のひとつと考えられなくはない。しかしながら、「柳酒」はもはや幻となっている。日本において、ヨーロッパのビールのブランドの次に今日まで続く歴史の古いブランドのひとつといわれるのが江戸時代に神戸灘の地で創業された日本酒、すなわち清酒のブランド群である。その中でも創業以来同一のブランドで今日まで続いているといわれているのが「白鹿」である。

　日本酒のブランド「白鹿」は1662（寛文2）年の創業以来350年の歴史があるという。そのブランド・ネームの「白鹿」がいつ生まれたのか今では明確ではない。「白鹿」を展開している辰馬本家酒造株式会社の1992年に刊行された社史にあたる記念誌には、その由来が次のように記されている[15]。「白鹿の名

前も長生を祈る中国の神仙思想に由来する。中国では古来、白鹿は縁起の良い霊獣とされてきた。唐の時代、玄宗皇帝の宮中に一頭の白鹿が迷いこみ、仙人の王旻がこれを千年生きた白鹿と看破したという話がある。調べたところ、角ぎわの雪毛の中から『宜春苑中之白鹿』と刻んだ銅牌が現れた。宜春苑とは唐の時代を千年もさかのぼる漢の時代のもの。皇帝はこれを瑞祥として歓び、白鹿を愛養したと伝えられている。その後、詩人の瞿存斎（くぞんさい）がこの話を詠った中に『長生自得千年寿』の一節がある。『白鹿』の名は、この故事によるもので、江戸時代の看板にも『宜春苑　長生自得千年寿白鹿』という銘が打たれている。神仙思想というと、何やら玄妙に響くが、長生願望そのものはいつの時代にもある。自然のはかり知れない生命力を滋養とする考え方は古いが、しかし新しい。清酒『白鹿』も、そこから生まれ育ってきた。『白鹿』の名には、330年の昔から、自然の大いなる生命の気と、日々の楽しみと、長寿の願いが込められている」。なお、「白鹿」とともに今日までラベルに長生自得、千年寿が記されている。

　確かなことは、1830（文政 13）年作の銘酒白鹿商標文字入り欅板看板が江戸新川の酒問屋島屋庄助商店に残っており、当時相当量の「白鹿」が江戸積みされていたことを物語っている[16]。また、江戸酒問屋の荷印で作った当時の子供の遊び道具の双六には、「白鹿」が「白雪」「正宗」などとともにみうけられる[17]。したがって、19 世紀の前半には明らかに江戸市場において「白鹿」が銘柄、すなわちブランドとなっていたものと思われる。しかしながら、当時の銘柄は江戸の酒問屋によって付けられていたため[18]、前述した社史には明確に記されてはいないが、醸造した酒がすべて「白鹿」として販売されたわけではないと思われる。また、同社史には江戸店の記述がまったくないので、「白鹿」は出先にあたる江戸店ではなく、当時すでに確立していた江戸の酒問屋を通して江戸市場に参入したものと思われる。問屋を介して市場開拓をしていく場合には、銘柄が重要視され[19]、そのひとつが「白鹿」ということになる。このように江戸時代には「白鹿」をはじめとした多くの清酒のブランドだけでなく醤油のブランドも展開されていた。それは、たとえば、江戸積名酒番付[20]や醤油番付[21]にみることができる。

　封建時代の幕藩体制の下にありながら、清酒のブランド「白鹿」は創造され、

地場のローカル市場ではなく、当時、最大の消費地である江戸市場でブランド展開が始まったのである。文化（1804-1818年）―文政（1818-1830年）―天保（1830-1844年）の40年間には、「白鹿」は醸造石数の95％が江戸市場向けのものとなり[22]、いわば江戸市場のローカル・ブランドとして確立されていた。それゆえに次の明治期に名実ともにナショナル・ブランドとなる基盤がすでにできあがっていた。したがって、辰馬本家酒造株式会社の前身、辰馬本店がブランド「白鹿」を創造し、江戸市場で展開を始めたことは、多くの制約の中ではあったが、紛れもなくマーケティングの生成であったといえるであろう。

　当時の江戸は住民の半数が生産活動に従事しない武士とその家族、そして、残りは職人、商人などの町民からなる人口100万人を超える世界最大の大消費都市のひとつであり、必要な物資は大阪をはじめとした全国各地に依存していた。酒についていえば、供給にあたったのが、主として上方および東海地方の下り酒11カ国で、なかでも摂泉2国の造り酒屋、酒造業者が主であり、醸造した清酒を樽廻船により江戸まで輸送したのである。彼ら酒造業者の卸先は地場の市場ではなく遠く離れた江戸市場の下り酒問屋であった。江戸の酒問屋は、上方および東海地方から江戸積みされる酒を取り扱う下り酒問屋と関八州の酒を取り扱う地回り問屋とに分かれていた。下り酒問屋は、上方の荷主、すなわち酒造業者自身が手酒の一手販売の直販をするための江戸店から始まった。そして、17世紀末には、荷主＝酒造業者→江戸酒問屋→酒仲買→小売酒屋という下り酒の販売ルートが確立されていた[23]。当初は荷主である酒造業者が支配していたが、次第に荷主である上方の酒造業者から自立した酒問屋が幕府の統制のもとに酒店組として江戸十組問屋に加入し、再編成され、江戸市場における酒の流通を支配するようになったのである[24]。

　同社史によれば、創業時の寛文（1661-1673）年間には醸造石高100石前後であった。その後、元禄（1688-1704）年間から安永（1772-1781）年間までの期間の醸造石高は年間200〜400石程度で著しい発展もなかったが、1804（文化1）年には1,400石、1889（明治22）年には醸造石高全国第1位の17,500石となる。1896（明治29）年には、23,000石、1928（昭和3）年には40,000石へと発展した[25]。したがって、その発展は順調のように見えるが、実はそうではない。というのは、酒造業が米穀加工業であったため、幕藩体制による

規制と統制があり、自由な経営活動が可能ではなかったのである。酒造株による酒造統制があり、しかも減醸令と勝手造り令とが繰り返され、多くの酒造業者が廃業し、大きく発展する余地はあまりなかった[26]。それにもかかわらず、「白鹿」が江戸時代を生き残り、明治時代を迎えたことは、江戸市場の消費者の評価と支持によるものと思われる。明治以降は江戸時代よりは自由になったとはいえ、清酒が酒税という国税を担うことになり、相変わらず国家の規制の下にあった。

江戸から明治に時代が変わり、1884（明治17）年に商標条例が公布されたが、同社の記念誌には「白鹿」の商標登録の記述がない。その一方、1659（万時2）年創業の菊正宗酒造株式会社は、1884年に「正宗」で商標登録の申請をしたが不許可となり、改めて「菊正宗」で商標登録をしている[27]。また、辰馬本家酒造株式会社、菊正宗酒造よりも創業が古い月桂冠株式会社は1905（明治38）年に「月桂冠」の商標登録をしたが、その前のブランドは、1897（明治30）年に商標登録の「鳳麟正宗」であり、1637（寛永14）年の創業時は「玉の泉」であった[28]。

明治以降、次第に「白鹿」の市場が全国に広がり、大正から昭和にかけてナショナル・ブランドになるとともに醸造石高が40,000石に達すると、景品供与、ポスターなどの広告を始め、マーケティングのさらなる展開がみられるようになってきたのである[29]。1917（大正6）年には法人化をなし、資本金50万円で辰馬本家酒造株式会社を設立した[30]。また、1920（大正9）年には、「黒松白鹿」の創造、展開を開始し、「白鹿」のブランドを拡張した[31]。1930（昭和5）年、自動瓶詰機を設置した白鹿敢館を竣工[32]。第二次世界大戦から復興した後、（すでに海外進出は1889年のパリ万国博から試みられていたが）グローバル・ブランドを目指し、1992年にはアメリカ・コロラド州に工場を設立した[33]。

このように「白鹿」のブランド展開は常に規制の下にあった。つまり、日本人の主食のコメを原料としているために、江戸時代には幕府による多くの制約があり、明治以降は酒税という税金確保の名目の下に国家の規制が続き、「白鹿」は自由な展開ができたとは必ずしもいえない。しかしながら、多くの人々が売ること、すなわち販売しか知らない中で、「白鹿」というブランドを創造

し、マーケティングの生成と発展を行い、今日に至っている。この事例はアメリカのブランドより古くかつ長い歴史を持つものであるといえるであろう。もちろん、「白鹿」は当初はブランドではなく家業ブランド[34]であったと考えることもできるが（おそらく18世紀にはそうであったと思われるが）、19世紀初頭には生産地の摂津国の灘の地から遠く離れた江戸市場向けの大規模生産を行っていることからみて、明らかに「白鹿」はブランドとみなすことができると考えるのである。確かに機械生産を本格的に導入するのは20世紀になるが、清酒の生産は醸造のため、需要があれば、それに応じて大規模生産を行うのは比較的容易なことである。したがって、19世紀半ば以降のアメリカで機械生産の開始と新製品の誕生などを背景に生まれた多くのブランドよりはるかに早く、「白鹿」ブランドは創造、展開され始めた世界的にみてかなり古いブランドのひとつであるといえるであろう。それは同時に歴史的にみても古いマーケティングの生成の事例のひとつでもある。

2-3　アイルランドのブランド「ギネス」

(1) はじめに

　「ギネス（Guinness）」といえば、多くの人は、世界記録を意味するギネス記録を想起するかもしれないが、そもそも「ギネス」はアイルランドが生んだビールのブランドである。アイルランドは日本人にとってはなじみが薄い国であるが、有史以前から人々が居住していた古い国であり、800年という長い間隣国のイギリスに支配されてきたという複雑な歴史的関係のもとにあった国である[35]。

　そのイギリスの代表的な酒といえば、スコッチ・ウイスキーを我々日本人は連想しがちであるが、実際にはドイツに勝るとも劣らないビールの国といってもいいのである。有名なパブが現在も健在なビールの国であるイギリスの代表的なビールのブランドのひとつが、アイルランド生まれの「ギネス」である。

　「ギネス」を創造し、展開しているギネス社は、19世紀後半には本社をアイルランドのダブリンからイギリスのロンドンに移し、今日までマーケティングを行っており、多くの人にとって「ギネス」は、イギリスのブランドとして認

識されることが多い。しかも「ギネス」はイギリスの海外発展にしたがって、いち早く世界に進出し、グローバル・ブランドとしての地歩を固め、今日に至っているのである。ちなみに日本では、麒麟麦酒株式会社が輸入者および販売者となり「ギネス」ブランドの展開をしており、多くの消費者が黒ビールの「ギネス」として認識するとともに愛飲しているのは周知のことである。

　2009年に生誕250年を迎え、多くのアメリカのブランドの確立より時間的にかなり早く18世紀の半ば過ぎにアイルランドで創造され、その後、隣国イギリスのトップ・ブランドとなり、さらに、グローバル・ブランドにまで発展したビールの長寿ブランドの「ギネス」の生成と発展についての考察を試みる。

(2) ビールの特殊性

　ビールとは麦芽を主原料とする発泡性の醸造酒ということになるが、その歴史は人類の農耕の起源にまで遡ることになる。メソポタミア文明の楔形文字の中にも古代エジプト文明の壁画にも当時のビールについての記録がある。このように長い歴史があるビールであるが、当時のビールは現代のものとは味も風味もかなり異なるものであった。古代エジプトでは、ビールは嗜好品というより、重要な食料のひとつであったと考えられている。労働者の一日の給料がビール2杯とパン数塊というような記録もあるし、貨幣の代わりにビールが使用されていた記録も残っている。しかしながら、これらの古代ビールは古代文明の衰退とともに歴史の表舞台からは消えていき、ビールの活躍の場はヨーロッパへと移行する[36]。

　その後、中世を経て、ヨーロッパでは抗菌作用が強く苦味の素であるホップが使われるようになり、ビールは大きく分けるとエール酵母からできるイギリスを中心としたエール・ビールと、ラガー酵母からできるドイツを中心としたラガー・ビールの2種類のビールとして発展した[37]。

　18世紀までのビール産業は農村的な社会に立地し、ビール醸造の手軽さを背景として素朴な伝統的技術の下に依然としてあった。ビール生産は公許された数多くの醸造業者が半家内工業的に生産し、自家消費と、一般的にはパブとして知られる醸造場酒場で飲酒販売をすることを特色としていた[38]。また、ビールは常に税金の対象商品であり、ビールへの課税や規制の変更が幾度とあ

り、しかも免許制の元で販売されるという政治的にきわめて特殊な商品である。そもそもビールはその他の商品とは異なり、ビール生産とはいわずビール醸造ということからわかるように職人や機械が行うのではなく、酵母によってなされるもので、ビール生産者ではなくビール醸造業者ということになり、このことからも特殊な商品ということができるのである。その上、ビールは生もので賞味期限があり、しかも価格に比して重量が重く、そのため物流が大きな問題となる商品でもあった。したがって、長い間ビールは小規模かつ多数の醸造業者による地場産業の下にあった。

　なお、前述したようにイギリスのビールは主としてエール・ビールであり、ドイツを中心としたラガー・ビールとは同じビールといっても酵母菌が違い、前者は常温で後者は冷やして飲むように味や風味ばかりか飲み方も異なるものである。

(3) ブランド化の開始――ローカル・ブランド

　アーサー・ギネスが1759年にビール醸造を創業した。彼が醸造したビールは彼の名にちなみ「ギネス」と呼ばれるようになり、それが「ギネス」ブランドとなっていったと思われる。

　創業からわずか7年で早くも「ギネス」はダブリンの市場においてローカル・ブランドとしての主導的な地歩を築いたのである[39]。

　しかしながら、当時、ロンドンで大流行していた濃色エール・ビールであるポーターがダブリンのビール醸造業者を脅かしていた。イギリスのエール・ビールにはアイルランドへ輸出するとイギリスの税金が還付されるとともに、アイルランドの税金も免除されるという二重の優遇処置がとられ、反対にダブリンで醸造するアイルランドのエール・ビールには高い税率が課せられていた。このイギリスによるアイルランドのエール・ビールに対する不公正税制をA・ギネスは政治的リーダーシップを発揮し、廃止させることに成功した。

　こうしてギネス社の創業から10年後には、早くも「ギネス」はアイルランド市場からイギリスのポーターを追い出し、逆にイギリスに輸出するようになった[40]。1795年には、ロンドンの雑誌に「ギネス」の樽を傍らにポーターを飲む男のイラストが描かれている[41]。

したがって、「ギネス」はアイルランドのダブリンのローカル・ブランドからナショナル・ブランドを飛び越え、一挙にリージョナル・ブランドを目指したことになる。

(4) ローカル・ブランドからナショナル・ブランドへ

アイルランドのダブリンのローカル・ブランドであった「ギネス」をナショナル・ブランドに押し上げたのは、1756年に建設が始まったダブリンから大西洋に面した河港都市リムリックに至るアイルランドを横断するアイルランド大運河（Irish Great Canal）であった。樽に詰めたビールを馬や荷車で運ぶことは大変困難なことであったが、この物流の問題の解決をもたらしたのが、運河であった。その運河を航行する荷船（はしけ）、すなわちバジャー（badger）にビールの樽を積み、それを馬が引いていく。道路を行く荷車なら2トンがせいぜいといったところだが、水上ならなんと50トンもの荷を一頭の馬が引くことができたのである。

こうして運河や流れの緩やかな川を旅しながら、「ギネス」はアイルランドの隅々にまで運ばれていったのである。ここに至って、「ギネス」はローカル・ブランドからナショナル・ブランドへと展開されたのである[42]。

しかしながら、「ギネス」はアイルランドのナショナル・ブランドを志向する前に、より市場規模の大きいイギリス市場へ進出し、展開されたのである。したがって、「ギネス」はナショナル・ブランド化とリージョナル・ブランド化が前後して展開されたというきわめて特異なブランドである。

(5) ナショナル・ブランドからリージョナル・ブランドへ

もともとアイルランドの市場は小さいために、「ギネス」は当初より隣国かつ宗主国であるイギリス市場を目指し、それに成功し、リージョナル・ブランドとなったのである。というのは、重量の割には価格が安いビールという商品の特性のため物流に課題があった。ダブリンから内陸へと物流するのと船でイギリスへと物流するのとではあまり違いがなかったからである。しかも産業革命を迎え、アイルランドより経済的な先進国であるイギリスには、当時すでに全国的な物流のネットワークができていたのである。その上、イギリスは人口

が多く、「ギネス」には絶好の市場となっていたのである。

　当時のイギリス市場は以下のごとくであった[43]。

　19世紀に入り、イギリスでは産業革命が進展し、新しい都市市場がもたらされると、大規模なビール醸造業者が存立する可能性が高まった。というのは、ビール醸造業者は自社製品を需要する多数の消費者を必要とし、また、ビールの市場は輸送費の制約があるために消費地での醸造が必要であったからである。18世紀初めにビール醸造業が勃興したロンドンはもっとも巨大なビール市場であった。

　1830年代のロンドンにはウイットブレッド社、バークレー・ペルキンス社をはじめとする多くの醸造業者によって醸造されたロンドン・ポーターがあったが、それらは実質的には差別化されていず、どれもブランドを有してはおらず、積極的な広告もなされていなかった。そのようなロンドン市場に1840年以降、ロンドンと主要なビール産業の中心地であるバートン地方を結ぶ鉄道が開通したため、バートン地方のバス社、アルプス社などの大規模なビール醸造業者が広告と商標登録を行い、ロンドン市場に進出してきた。しかしながら、それ以上の量を出荷していたのはアイルランドのビール取引を事実上独占していたダブリンのギネス社であり、同社の「ギネス」ブランドはイングランド全土で最大かつ最も有名になっていた。

　特に有名な「ギネス」のスタウト・ポーターは、1880年に麦芽にかかる税金が増額され、それを軽減するために、麦芽の一部を大麦で代替し、さらにホップを多めに加えることによって、それまでの甘めのスタウトと一線を画するアイリッシュ・ドライ・スタウトとして開発されたものである[44]。それは濃く焙煎した大麦麦芽を使用して醸造する通常のポーターよりさらに濃い色をしており、もはや琥珀色のアンバーではなく、完全にダークと呼ばれる真っ黒な色合いのエールである。換言すれば、アンバー・エール・ビールではなく、ダーク・エール・ビールに属するものである。ポーターの芳醇さを残す深い味わいだけではなく、同時にすっきり感もあるという特徴を持っている。この味わいには、原材料の麦芽に秘密がある。ポーターは、深めに培養した麦芽のみからつくられていたが、ギネス社が醸造したスタウトは、あっさり目のペール（色の薄い）麦芽をベースにしている。真っ黒に焦がした麦芽を添加すること

で、すっきりしたペール系の特長を活かしながらも、ポーターの深い味わいを持つエールを生み出すことができたのである[45]。

　「ギネス」のスタウト・ポーターは、次第に「ギネス」のスタウトとして一般的に認識されるようになっていった[46]。

　したがって、「ギネス」はライバルの醸造業者のものよりも早くイギリス市場でのブランドの展開に成功し、アイルランドでのナショナル・ブランドになるのと前後してリージョナル・ブランドとなったのである。それにはいくつかの理由があげられる。

　当時のイギリスは全国的な鉄道網の発展によって、伝統的な参入障壁が崩壊し、加えて産業革命の進展が多くの労働者を生み、彼らによって都市のビール需要が増加した結果、ビールの生産は近代的な大規模醸造業者が有利となった。1830年以降、従来のパブを兼ねた小規模なビール醸造業者の生産量が総ビール生産量に占める割合は急速に減少し、その数も1851年以降、急激に減少したが、その一方、大量生産を開始した近代的ビール醸造業者が増加し、両者の市場シェアと生産量も同様の変化を示した。たとえば、イングランドとウェールズにおける近代的ビール醸造業者の数は1831年には1,654であったが、1880年には2,507と増加し、また、同じ時期に生産量は約2倍になり、近代的ビール醸造業者の生産量が総ビール生産量に占める割合は54%から84%へと増加した。このようにイギリスでのビール生産の集中が進んだが、その過程で大量生産を採用した近代的大規模ビール醸造業者が、小規模業者と比して品質のいいビールを経済的に生産できるようになったことは、消費者にとっても好ましいものであった。1850年から1876年にかけて都市労働者階層の実質所得は上昇し、飲酒が彼らの代表的な娯楽をなしていたので、ビール醸造業者は莫大な利益を上げることができた。競争は一段と激しくなったが、ビールの小売価格は変わらず、競争は主としてビールの品質、風味をめぐって行われていた[47]。

　1862年には、「ギネス」のラベルにはアイルランドの国章であるハープ（竪琴）が採用されている[48]。

　しかしながら、1880年代に入るとビール醸造業者の成長と繁栄の時代は終わり、労働者のビール消費は他の品目に取って代わられ、ビールの需要は減少

し、ビール産業は過剰生産設備を抱えるようになった[49]。

　1880年から1900年にかけて、イギリスのビール醸造業者の経営戦略が大きく変化した。需要が低迷し、酒類販売免許制度が再び厳しくなり、その結果、競争が激しくなった。それらを背景に多くのビール醸造業者はかつての醸造兼直販所からビールの小売店となっていたパブを買収し、系列取引を大規模に開始したのである。ビール醸造業者が垂直統合を行い、もはや独立のパブはほとんどなくなり、ライバルのビールを排除したのである。ところが、例外的にギネス社は酒類販売免許店であるパブを所有せず、差別化に成功し、その結果、瓶詰で販売されていた「ギネス」のスタウトは顧客の強力なロイヤリティを獲得し、他社の系列パブにおいて商品構成上必要なブランドとなり、自由取引のブランドとしてイギリス全土の消費者に提供することができたのである[50]。

　1886年にギネス社はイギリスの会社「Guinness & Co. Ltd」として法人化をなしえ、ロンドンに本社を置いた[51]。それ以降、イギリス市場はアイルランド市場とともに「ギネス」のナショナル市場となったのである。したがって、イギリスにおける「ギネス」はリージョナル・ブランドからナショナル・ブランドへとその位置づけが変わることになった。

　「ギネス」にとって新たにナショナル市場となったイギリス市場は、今日まで重要な市場となっている。1950年においても、「ギネス」のみが莫大な数のパブや小売店の支持を獲得した唯一のイギリスのナショナル・ブランドであった[52]。多くのビール醸造業者が水平統合し、規模の拡大と工場の増加を図ったのに対し、ギネス社はロンドン工場だけの生産体制で、全国市場へはロンドン工場からバルクで全国のビール醸造業者に出荷され、そこで瓶詰めにされ、トラックに積載された「ギネス」が各ビール醸造業者の系列店に配送されていたのである[53]。「ギネス」は比較的高価であったが、品質と信頼性によりその販売量は急増した[54]。

　消費者の酒に対する嗜好の変化と競争の激化に対し、かつまた、1961年の酒類販売免許法の規制緩和という環境の変化に対応して[55]、「ギネス」は今日までイギリス市場において不動の地位を占めるナショナル・ブランドを維持し続けているのである。

(6) リージョナル・ブランドからグローバル・ブランドへ

　ギネス社のダブリン工場が生産量世界一の醸造所になった1883年ころには、アイルランド人はジャガイモ飢饉に直面し、アメリカ、オーストラリア、ニュージーランドなどの英国の植民地に大量に移民し[56]、彼らが移住地にもたらした「ギネス」は、リージョナル・ブランドからグローバル・ブランドとなっていった。その他にインド、アフリカにも輸出されるようになった[57]。遠方への輸出用にはアルコール度が高くて濃厚なフォーリン・ドライ・スタウトが開発され、「ギネス」の生産量はウナギ登りで、1800年から1900年の間に200倍にもなった。20世紀の初めに同社は世界最大のビール会社になったのである[58]。

　したがって、「ギネス」はアメリカの多くのブランドより早くグローバル・ブランドとなったのである。しかもナショナル・ブランドとして多くのイギリスのライバル・ブランドとの競争裏に同時並行的にグローバル・ブランド化を実現したのである。

　しかしながら、「ギネス」がグローバル・ブランドとなったといっても、当初、それは個人用ではなく、業務用の樽詰めであり、主としてパブで多くの消費者である愛飲家から指名され、飲酒された、あくまでも業務用のブランドであった。

　個人用の消費財としてのビールの「ギネス」ブランドが誕生するには、まだしばらくの時間がかかった。ビールがパブから家庭に入り、個人用の消費財になるにはいくつかの課題があった。流れ作業でビールの大量生産を行う場合に最も困難であったのが、ビールを瓶に入れた後で密封して低温殺菌する技術の開発であった。そのために1870年代に定着した瓶を摂氏68度から72度の蒸気で熱して殺菌する技術を効率化するための王冠（クラウン）という取り外しが簡単にできる密封蓋が決定的な役割を果たした。それを実現し「ギネス」は樽詰から瓶詰へという革命的なパッケージの改善に成功したのである。ビールを瓶に詰めた後の王冠の密閉は流れ作業化され、大量生産が可能になった。当然のことながら瓶の大きさも王冠に合わせて規格化された[59]。

　このようなパッケージの技術革新があって、「ギネス」の容器は瓶入りとなり、その後、次に論じるように缶入りとなり、パブだけではなく、通常の小売

店で販売されるようになり、ようやく個人の消費者が自己の選択で自由に購買と消費ができるブランドとなったのである。

(7) 新たな展開

1910 年にギネス社はニューヨークでボトリングを開始した。1913 年にはグローバル・ブランドとして「ギネス」は絶頂期を迎えたが、やがて冬の時代を経験するのである。まず、第一次世界大戦に参戦していたイギリスではビールのアルコール含有量を 5% までとする戦時特例法が制定され、「ギネス」は大打撃を受けた。というのは、ロンドンでのライバルのビールがほとんどアルコール 5% 以下のエール・ビールであったのに対し、「ギネス」はアルコール 7.5% であったので、やむなくアルコール度数を下げた。その結果、長年消費者に支持されてきたあの味とともに信頼まで失ってしまった。さらに、「ギネス」の重要な市場となっていたアメリカで施行された禁酒法がこれに拍車をかけたのである[60]。

このようなブランドの危機に対し、「ギネス」は新たな広告キャンペーンを展開し、乗り切った。それが有名な「ギネスは体にいい（Guinness is Good for You）」である[61]。こうして「ギネス」はロングライフのブランドとなったのである。

「ギネス」は消費者に「ギネス」を訴え続けたのである。

1980 年代の末期以後の「ギネス」の広告は時間を超越した感覚を訴求している。「ギネス」の広告では、自分がどこにいるか、またいつの時代なのか、ということは決してわからない。広告の超時間性がブランドに伝わる。「ギネス」は売るべき商品ではなく、常に存在すべきものだというのが、そのメッセージらしい。そういった広告キャンペーンが「ギネス」の販路を広げ、従来の顧客を維持しながら、若い飲酒層に伝わるのを促進した。1980 年代末期には、「ギネス」を飲む人の平均年齢は 47 歳だったが、10 年後には 35 歳以下に下がっている。ギネスの広告は今でも暗く、神秘的で、しかも男性的であり、250 年の歴史があるブランドにふさわしい、典型的かつ超時間的なイメージを作り続けている[62]。

「ギネス製品は 19 世紀初頭からほとんど変わっていない。その広告は文字ど

おり時間を超越したイメージを作ることによって、この長い寿命を生かしている。それは、このブランドを、時間をまったく超えたところに置く慎重なマーケティングによって、伝統的、歴史的なブランドが陥りやすいワナにはまるのを回避している。ギネスはコカ・コーラと同じように、『昔のブランド』や『今のブランド』ではなく、『いつの時代にも通用するブランド』である」[63]。

1980年代初頭、「ギネス」は新たな挑戦を試みた。それは缶入り生「ギネス」である。イギリスにおいて家庭への持ち帰り用ビールの市場が急激に拡大したが、消費者は自分たちがパブで飲んでいる「ギネス」と瓶入り「ギネス」とは何かが違い、同じでないことを知っており、それは本当の持ち帰り用ビールは存在していないということであった。

その結果、市場にはギャップが存在していた。そのギャップは、生「ギネス」の独特の味が、缶の中に本当に詰め込まれれば、解消されるものであった。それに成功するためには、缶入り「ギネス」は厳しい消費者のテストを経なければならなかった。一見したところ、それは不可能なことであった。求められたのは、生「ギネス」のクリーム状の泡となめらかな味、という独特な個性を持つミニチュアの樽を缶で作ることであった。

さらに、調査によれば、イギリスには生「ギネス」の愛飲者が700万人いる一方、彼らの大部分は瓶入り「ギネス」を飲んでいなかった。したがって、すでに重要な位置を占めている持ち帰り用の瓶入りギネスの販売低下をもたらす危険がほとんどなかった[64]。

独自の缶入りシステムが開発されるまでには、100以上の容器がテストされた。特許を取った装置は、缶の底に位置しているのであるが、真の生「ギネス」の独特のほとばしり、泡立ち、味の再生に本当に役立っている。缶を開けると圧力が変化して、溶かされたガスを缶の底の空間に押しやり、缶の中のビールを通ってニトロゲンとカーボン・ディオキサイトの泡を押す。こうして「ギネス」がグラスに注がれると、有名なクリーム状の泡が再び作り上げられるのである[65]。

消費者に缶入り生「ギネス」を家に持ち帰ってもらい、その反応が評価された。次に、消費者が生「ギネス」と缶入り生「ギネス」との違いがわかるかどうかを調べるテストが行われた。このような調査の結果、缶入り生「ギネス」

はきわめて有望であることがわかった。唯一の障害は、本物の生「ギネス」が本当に缶から注ぐことができるということを、消費者に信じてもらうことが難しいということであった。このことから宣伝キャンペーン「信じがたいが本当だ（Unbelievable but True）」が導かれた。いったんこの信頼性のギャップが克服されると、消費者は缶入りを試しに購入した。そして消費者が再び購入する頻度によって、缶入りの優秀性が確認された。缶入り生「ギネス」は1980年代に発売されたビールの中で最も成功したもののひとつとなった[66]。

なお、1997年、ギネス社とグランドメトロポリタン社が合併し、多数の有力ブランドを展開するディアジオ社が誕生し、「ギネス」は新たな会社の下で展開・管理されている。同社が展開する主要なブランドは「ギネス」「スミノフ」「ジョニーウォーカー」「J&B」などである。

したがって、現在、「ギネス」はかつての商品ブランドかつ企業ブランドから多くのビールの統一ブランドへと変化したとみなすことができ、そのもとに多数のアイテム・ブランドを展開し、50カ国でライセンス生産され、150カ国で飲まれている[67]。日本ではかつてはサッポロビール株式会社をはじめとした数社で展開していたが、2009年より麒麟麦酒株式会社が輸入者および販売者としてブランド展開をしている。

ところで、ビールの「ギネス」ブランドを知らなくとも、世界記録を集めた『ギネスブック』を知らない人はまずいないであろう。正式には、*The Guinness Book of Records* という書名で1955年にその初版が刊行された。予想をはるかに超える反響を得て、2001年に版権がギネス・ワールド・レコード会社に移り、書名も *Guinness World Records* と改められた[68]。このギネス世界記録が世界的に有名になることによって、「ギネス」のブランドがさらに世界中の多くの消費者に認知されるようになったのは周知のことである。

(8) おわりに──若干の考察

これまで考察してきたように「ギネス」は約250年前イギリスの植民地支配にあったアイルランドのダブリンで創造され、展開に成功し、多くの消費者の評価と支持を得て、今日ではグローバル・ブランドとなっている。

今となってはギネス社の創業と「ギネス」ブランドの創造を必ずしも明確に

区分することは困難ではあるが、当時イギリスの植民地であり、先進的な地域ではなく大量消費市場もなかったアイルランドにおいて、多くのアメリカのブランドのような世界的にみても先駆的なマーケティングの生成が明らかにみられたことは疑うことができない。政治的ばかりではなく経済的にもイギリスよりも遅れていたアイルランドで創造された「ギネス」というブランドが、多くのイギリスのビール醸造業者がビールというモノ商品を醸造し、販売する中でいち早く創造され、すでに論じたように差別化に成功し、低価格訴求ではなく高価格なブランドとして、アイルランドばかりかイギリスでも多くの消費者の認知、評価、支持を得るというマーケティングの展開に成功したということは大変興味深い。

「ギネス」が誕生したアイルランドは人口が少なく、その結果、ローカル市場、ナショナル市場が小さいため、すでにみたようにブランドの創造、展開の当初より、人口も多く、ロンドンをはじめとする大量消費市場である大都市が数多く存在する隣国イギリスというリージョナル市場を目指したリージョナル・ブランドへと発展せざるをえなかったのである。「ギネス」は多くのブランドとは異なり、当初より、いわば内向きの国内市場を志向したブランドではなく、外向きの外国市場を志向したブランド展開がみられた特殊なものであるといえるであろう。また、「ギネス」のブランド展開は後述する「コカ・コーラ」のように、「ローカル・ブランド→ナショナル・ブランド→リージョナル・ブランド→グローバル・ブランド」へと時系列的に明確に展開したものとは必ずしもいえず、その展開のプロセスはかなり変則的かつ複雑なものとなっている。

したがって、「ギネス」の事例研究から、マーケティングはアメリカに固有のものではなく、植民地であったアイルランドでもその生成がみうけられるように、いずれの国家ないし地域においても生成される普遍的、一般的、ユニバーサルな経済現象であることが明らかとなったといえるであろう。しかも多くのアメリカのブランドよりもかなり早くからブランドの創造と展開からなるマーケティングを開始していることを示すものでもある。もちろん、「ギネス」にみられるように、その発展はケース・バイ・ケースとなってくるのである。

なお、2009年にアイルランドで「ギネス」生誕250周年記念祭が行われた

ように、アイルランド人は「ギネス」をアイルランドのブランドとしていまだに認識している。Michal Jackson も「ギネス・エキストラ・スタウト」を生誕地アイルランド共和国と記している[69]。その一方、「ギネス」をイギリスのビール・ブランドと分類しているものもある[70]。ギネス社が早くも19世紀末に世界に先駆けて多国籍化し、本社をアイルランドのダブリンからイギリスのロンドンへ移すとともに、ロンドン工場を作ったことから、それも当然かと思われる。

現在では約150カ国もの人々が「ギネス」を愛飲している。彼らの多くにとっては、「ギネス」はアイルランドのブランドでもイギリスのブランドでもなく、自分たちのブランドとなっており、まさにこれがグローバル化に成功したブランド・マーケティングのひとつの姿かもしれない。

2-4 醤油のブランド「キッコーマン」

(1) はじめに

近年、スキヤキばかりではなくテンプラ、サシミ、ヤキトリ、スシ、ラーメンをはじめとした日本食が世界的にブームとなり、人気があるといわれている。日本料理のグローバル化と表裏一体として日本の醤油の「キッコーマン」ブランドのグローバル化があげられる。醤油には、製法と味が異なる中国醤油などがあるが、「キッコーマン」は日本独自の商品であり、日本市場以外ではほとんどライバル・ブランドが存在せず、いまや世界の100カ国以上で販売され、高い市場シェアを占めている。かつて海外旅行に行く日本人は旅行鞄の中に必需品のひとつとして醤油を忍ばせていたが、今では外国人の口に合わないと思われていた生の魚を食材とするスシ・バーや日本食レストランの隆盛が世界中でみられ、さらにある程度の規模の都市のスーパーの大半には「キッコーマン」が売られており、まったく隔世の感がある。

かねてから「キッコーマン」がグローバル・ブランドであることは知っていたが、先日、たまたま旅行で訪れた台湾で醤油の「キッコーマン」とロゴがほとんど同じだが、色が多少違うのとラベルの下の文字が「PRESIDENT KIKKOMAN INC.」と表記された「KIKKOMAN（龜甲萬）」が同一の店舗で

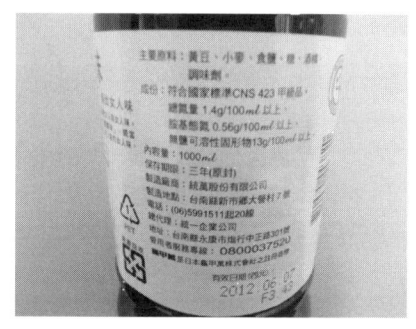

写真9 「キッコーマン」と「KIKKOMAN（龜甲萬）」

　両者が並んで棚に置かれていたのを見かけて驚くとともにひどく不思議であった。しかも、価格は同じ1リットルのペットボトルで、189台湾ドルと79台湾ドルであった（写真9）。一瞬偽ブランドかと思い、日本に帰り調べたところ、「KIKKOMAN（龜甲萬）」は日本のキッコーマン株式会社の台湾における関係会社が現地生産でブランド展開しているものであることが判明した。私自身の誤解と理解の不十分さを恥じるとともに、改めて「キッコーマン」のブランド展開に関心を持った次第である。さらに、よく表示を見ると、「KIKKOMAN（龜甲萬）」には、製造廠商：統萬股份有限公司、總代理：統一企業公司とあり、しかも「KIKKOMAN（龜甲萬）」は日本のキッコーマン株式会社の登録商標であると記されており、まさに「キッコーマン」のグローバル化の一例を示すものである。

　今日、日本生まれのグローバル・ブランドは数多くあげられるが、その多くが「ソニー」「トヨタ」「カシオ」などに代表されるメカニズム・ブランドであり、日本の醬油の「キッコーマン」ブランドがグローバル化していることは大変興味が湧くテーマであると思われる。しかも、驚くことにこの「キッコーマン」は多くのアメリカのブランドよりも早く誕生し、今日では約200年の歴史を持つ長寿のブランドである。ここで日本人なら誰でもが知っているブランドの展開の軌跡を改めてみてみたい。

(2) ローカル・ブランド（江戸文政期―1917年）

　「キッコーマン」ブランドの誕生は長い歴史の中にあり、今や伝説のかなた

第Ⅱ章　19世紀前半までに誕生したブランド　47

にあるように思われる。荒川進はその著書の中で、「キッコーマンは、『寿命』など全く無縁であるような企業である。企業寿命の定説の十倍以上、なんと320年余（彼の著書が出版されたのは約25年前であり、今では345年になる）の時の流れの中を洋々と生き抜いてきている。」[71] 彼がいうキッコーマンの300年余りの歴史があるというのは、当初は家業としてのキッコーマンであり、醤油醸造を始める前の味噌醸造の始まりからのもので、ブランドとしてではない。それでは「キッコーマン」ブランドの誕生はいつのことになるのであろうか。

　「キッコーマン」ブランドの前身「亀甲萬」は、後に野田醤油株式会社を合同して作った一族八家のひとつ茂木佐平治家の本印であった。その誕生についてはキッコーマン株式会社80年史に明確な説明はなく、伝聞として次のように記されている。[72]「武蔵国皿沼村（現埼玉県吉川市）で油、しょうゆの販売業を手広く営んでいた4代鈴木万平が考案し、佐平治家に譲られたとされている。4代佐平治が出蔵を作った1820（文政3）年とされており、譲渡の時期もそのころであったと考えられる。鈴木万平がこのマークを考案したのは、下総国の一の宮である香取神宮にあやかったものとされている。軍神として広く知られている香取神宮は『亀甲』を山号とし、『下総国亀甲山香取神宮』を正式の名称としてきた。その神宝は『三盛亀甲紋松鶴鏡』と名付けられている古代の鏡で、万平はこの鏡の裏面にある亀甲紋様を図案化し、『亀は万歳の仙齢を有する』という故事から、亀甲にちなんで『萬』の文字を入れたという伝承がある」。

　したがって、「キッコーマン」ブランドの誕生と由来は伝説のかなたにあるとしかいいようがないが、200年前に誕生していたのはほぼ間違いのないことのようである。醤油ブランドの「亀甲萬」は当時の大消費市場である江戸ですぐに評価され、1838（天保9）年には「最上醤油」に選ばれ、「幕府御両丸御用」の下命を受けた。また、1840（天保11）年正月に江戸でつくられた「醤油番付」には、第3位の東の関脇に位置づけられており、このときには江戸市場ですでに有力なローカル・ブランドになっていたことがわかる[73]。

　「亀甲萬」ブランドを展開していた茂木佐平治家は、ブランド、商標の重要性を十分に理解していて、「亀甲萬」を日本で最初の商標登録をし[74]、「また、外国市場で商標登録した日本企業の第1号でもある。キッコーマンの商標は、

1879 (明治12) 年、アメリカ・カリフォルニア州の登録を皮切りに、その7年後にはドイツでも登録している」[75]。なお、1906 (明治39) 年にはアメリカの連邦商標登録をしている[76]。また、「1879年には「亀甲萬」の偽物が東京市中に出回るようになり、パリの印刷業者につくらせた精巧な金色のラベルを貼って出荷し、模造品の出回りを防いだ。これが、醤油の容器にラベルを貼って販売した最初のケースである」[77]。このように「亀甲萬」はかなり早くから無形財産として認識されていたことがわかるのである。

さらに、1908 (明治41) 年には宮内省御用となり、「亀甲萬」を格別のしょうゆとする評価は、宮中にも及んだ[78]。

(3) ナショナル・ブランド (1917年—1957年)

醤油醸造業者は第二次世界大戦以前には全国で8,000を数える地場産業であった[79]。したがって、「亀甲萬」がナショナル・ブランドへと発展するためにはかなりの障害が存在していた。その主たるものは激烈な競争と生産過剰である。その解決のために、1917 (大正6) 年、野田の醤油醸造家一族八家が合同し、法人化してできたのが野田醤油株式会社である。その際新会社の本印として、八家の中で3番目の規模であった茂木佐平治家の本印であった「亀甲萬」が選ばれたが、それはブランドとして「亀甲萬」が一番評価されていたということである。その際に茂木佐平治家の当主はブランド料として100万円を要求したが、結局30万円で折り合いがつき新会社が設立されたのである[80]。これは「亀甲萬」ブランドが財産価値を持つものであるということが認識されていたことにほかならない。

合同した新会社が持っていたブランドは211もあったが、1920 (大正9) 年には知名度がとりわけ高かった8ブランドだけを残し、各工場も順次「亀甲萬」ブランドの生産に移行した。これを亀甲萬への仕込替えと称したが、異なる種麹を使ってきた工場で、亀甲萬印とまったく変わることのない製品をつくることは、きわめて難しいことであった。「亀甲萬」ブランドの集中的な大量生産体制を実現したのは1926 (大正15) 年になってからのことである[81]。さらに、日本が戦時経済下の1940 (昭和15) 年9月1日を期し、政府が1社1規格1マーク制を実施することになり、すべて「亀甲萬」に統一することに

なった[82]。

　時間は前後するが合同によって設立された新会社は「亀甲萬」のナショナル・ブランドを目指して、1918（大正 7）年、大阪に営業拠点を設け、1932 年には関西工場が完成した[83]が、ナショナル・ブランドになるのは戦後の統制解除後の 1955（昭和 30）年になってからである。この年、従来からの大阪、横浜、福岡（1951〈昭和 26〉年開設）に加え名古屋、札幌に営業所を開設し、名実ともにナショナル・ブランド「キッコーマン」になったのである[84]。

　この時期から容器を革新し、卓上ビン、そして、その後マンパックを開発し[85]、「キッコーマン」の容器は樽→壜→缶→卓上ビン→パック（その後ペット化）と、販売経路として登場したスーパーマーケットの発展および消費者の変化という時代の流れとともに移り変わってきた[86]。したがって、その後、「キッコーマン」の販売方法も量り売りからパッケージ販売へと大きく変化したのである。また、同時期には、これまでの「キッコーマン」は醤油だけのブランドであるという個別ブランド制から、新たにブランドの拡張が見られるようになった。「キッコーマン・ソース」「キッコーマン・めんみ」「キッコーマン・萬味」など新しい調味料にブランドが拡張された。しかし、醤油をベースにした調味料以外の商品にはその後も焼酎の「万上」、ワインの「マンズワイン」、トマト加工品の「デルモンテ」など個別ブランド制を貫いている。

　また、ブランドの新たな展開を試みているが、そのひとつが日本で最初のアイ・キャッチャーといわれるキッコちゃんである[87]。テレビの登場とその後の急速な発展が「キッコーマン」のナショナル・ブランドの展開を促進したのはいうまでもない。その後、1960 年代に入り、次第にチャネルの整備を行い、トップ・ブランドの地位を確実なものにしていった[88]。

(4) リージョナル・ブランド（1925 年—1975 年）

　「亀甲萬」のリージョナル・ブランド化は、数多くの地場産業の醤油が乱立する日本市場でのナショナル・ブランド化の完成よりもかなり早くその萌芽がみられ、複雑な展開をみたのである。1881（明治 14）年に設立された東京醤油会社が「亀甲萬」を含む野田の醤油をイギリス、ドイツ、オランダ、フランス、ロシア、シンガポールなどに輸出したのである。野田の醤油の中でも、海

外市場でひときわ人気が高かったのが「亀甲萬」で、そのことは各国の領事館から外務省に報告された文書に示されているという。その後、東京醬油会社は解散したが、海外邦人向けの輸出は続いた。しかしながら、真の意味での「亀甲萬」のリージョナル・ブランド化は1957（昭和32）年にアメリカ市場において本格的な「キッコーマン」のマーケティングを開始するまで待たなければならなかった[89]。

話は前後するが、すでに「亀甲萬」の海外進出は1925年には開始されていた。それは日本の（現在では）隣国に当たるリージョナル市場である。

1925（大正14）年、朝鮮（現韓国）の仁川工場と京城（現ソウル）工場を運営していた日本醬油株式会社を傘下に収め、1926（大正15）年、ほまれ味噌を買収し、1929（昭和4）年、台湾に亀甲萬醬油株式会社の設立、1936（昭和11）年、満州法人、野田醬油股份有限公司を設立、1941（昭和16）年、北京工場を竣工、サハリンに樺太キッコーマン醬油配給株式会社が設立され、1942（昭和17）年以降は政府、軍から国策への協力を強く求められるようになり、それに応える形での海外進出を行った。1942（昭和17）年、牡丹江省（現黒龍江省）の海林工場を設立し、1943（昭和18）年、シンガポール、マレーシア、インドネシア・スマトラ島、メダンおよびシボルガの工場開設である。これらは戦後、占領政策に基づく在外資産の撤収により、外地工場と営業拠点を放棄した[90]。

したがって、「亀甲萬」のリージョナル・ブランド化は一時中断を余儀なくされたのである。

第二次大戦が終了し、1952（昭和27）年、講和条約が発効し、連合軍の占領が終結してほどなくアメリカへの「キッコーマン」の輸出が再開した[91]。

1956（昭和31）年、「キッコーマン」はアメリカのスーパーマーケット、セーフウェイの定番商品化を目指し始め、同時期に、'ALL PURPOSE SEASONING（万能調味料）'との評価を得る[92]。

1957（昭和32）年、サンフランシスコにキッコーマン・インターナショナル・インコーポレーテッド（Kikkoman International Inc.：KII）を設立し、アメリカ市場での「キッコーマン」の本格的展開を開始した[93]。

1964（昭和39）年、商号と商標の不一致による誤解がないように、キッ

コーマン醤油株式会社へ社名変更[94]。

1972（昭和47）年、アメリカ現地法人、キッコーマン・フーズ・インコーポレーテッド（Kikkoman Foods Inc.：KFI）を設立し、アメリカでの現地生産を開始する[95]。

周知のように「キッコーマン」はアメリカの消費者がこれまで日本の消費者が思いもしなかった醤油が肉料理に合うという、たとえば、テリヤキのような新たな使用方法を見出し、その結果として、「キッコーマン」は一段と評価と支持を得たのである。

(5) グローバル・ブランド（1975年以降）

1970年代後半、アメリカ工場の出荷は予想を上回るテンポで増大を続け、ヨーロッパ、オーストラリアなどの市場開拓も始まった[96]。「キッコーマン」のグローバル・ブランド化の開始である。

1972（昭和47）年、当時の西ドイツでのレストラン事業を目的とするキッコーマン・大都会・ヨーロッパ有限会社（Kikkoman Daitokai (Europe) GmbH：KDE）をデュッセルドルフに設立[97]。

1975（昭和50）年、駐在員事務所をハンブルグに開設[98]。

1979（昭和54）年、ヨーロッパの販売会社、キッコーマン・トレーディング・ヨーロッパ（Kikkoman Trading Europe GmbH：KTE）をデュッセルドルフに設立[99]。

ドイツ市場から、北欧市場、スイス市場、英仏市場とヨーロッパの市場で「キッコーマン」は受け入れられ、評価を高めた[100]。

1980（昭和55）年、再び社名変更し、キッコーマン株式会社となる[101]。同年、オーストラリアのシドニーに駐在員事務所を開設[102]。同年、ブラジルのサンパウロにも駐在員事務所を開設し、1984年には現地法人、キッコーマン商工有限会社を設立し、現地生産を開始した[103]。

1983（昭和58）年、シンガポールに工場を運営する現地法人、キッコーマン・シンガポール社（Kikkoman (S) Pte. Ltd.）を設立した[104]。

1987（昭和62）年、新しいコーポレート・シンボルを導入[105]。

1990（平成2）年、台湾の統一企業公司との合弁会社、統萬股份有限公司

(PKI) を設立[106]。

1996（平成 8）年、オランダ・ホーヘザンド・サッペメア市にヨーロッパ工場建設を開始し、運営に当たる現地法人、キッコーマン・フーズ・ヨーロッパ（KikkomanFoods Europe B. V.：KFE）を設立した[107]。

1998（平成 10）年、アメリカの第 2 工場（CAP）がカリフォルニア州フォルサム市に完成[108]。

こうして日本の醬油の「キッコーマン」ブランドは、日本、アメリカ、ヨーロッパ、アジアと 4 極生産体制を実現し、現在では世界 100 カ国以上の市場で展開され、世界中の市民、消費者からおいしい調味料、万能調味料として評価されている名実ともにグローバル・ブランドとなっているのである。

(6) 若干の考察

ブランド「キッコーマン」の展開は、多少のバリエーションはあるが、「コカ・コーラ」と同様に基本モデルのそれである。

当初、「キッコーマン」は醬油の個別商品ブランドであったが、社名変更の後には、企業ブランドと商品ブランドとを兼ねるブランドへと変身してきている。つまり、「キッコーマン」は醬油については依然として商品ブランドであるが、それ以外のソース、だしなどの調味料の商品には企業ブランドとして使われている。

外国、特にアメリカでは多くの消費者が、醬油をソイ・ソース（soy saurce）ではなく、「キッコーマン（Kikkoman）」と認識しているという。このように「キッコーマン」が商品名になることはブランド企業の願いと誇りかもしれない[109]が、知的所有権、商標権保護の観点からいえば、「キッコーマン」が商品名として一般名詞化すれば、問題が起こりうる可能性があり、今後は十分注意する必要があるかと思われる。

日本食のブームは単なる一時的なものから今では新しくかつおいしい料理として世界中に定着しつつある観があり、今後日本食のグローバル化は一段と進むものと思われる。それにしたがって、「キッコーマン」はますますグローバル化し、世界中の多くの消費者から評価され、支持されるブランドとなるものと思われる。

「キッコーマン」のグローバル・ブランドへの成功の背景には、日本食という日本文化が重要な役割をはたしているのは誰もが認めざるをえないといえよう。今後の発展が楽しみである。

3　おわりに

　本章で考察した醸造ブランドは、いずれも19世紀半ば以降に誕生したアメリカのメカニズム・ブランドや一般ブランドよりも時期的に早く誕生している。
　醸造ブランドがブランドとして認知されるにはいくつかの条件がある。そのひとつがある程度の大規模生産と生産したプロダクトの標準化、規格化、均一化である。まず、大規模生産についていえば、すべて微生物によって醸造されるものであり、原材料が確保できれば、工場を広げ、桶を増やせば容易に増産が可能なものである。また、原料についていえば、ビールの大麦、日本酒の米、醤油の大豆はいずれもが入手が容易であり、したがって、大規模生産を可能にするのは生産要因ではなく、需要の問題が重要であった。換言すれば、消費需要が存在すれば、大規模生産は可能なものであった。
　そのため、ヨーロッパのビール・ブランドはローカル市場に需要を見出し、日本の「白鹿」と「キッコーマン」は当時世界的大都市であった江戸に需要を見出し、アイルランドの「ギネス」は隣国のイギリスに需要を見出したのである。したがって、これらの醸造ブランドはアメリカのブランド誕生よりも時間的にかなり早くから多数の消費者が存在する市場を見出し、ブランド生成の条件の下にあったということになる。
　次に、醸造ブランドの場合、生産したプロダクト、すなわち、ビール、日本酒、醤油であるが、消費者においしいと評価、支持されるだけではなく、その標準化、規格化、均一化をいち早く実現したものだけがブランドとなっている。また、ブランド化に成功した醸造ブランドは消費者への情報発信にも成功している。
　これまでマーケティングの生成論においては、アメリカだけに注目が集まっていたが、それはマーケティングの研究および研究者がアメリカに偏っていた

からである。広く世界に目を転じれば、ヨーロッパ大陸、日本、アイルランドなどでアメリカよりも早く醸造ブランドが生成され、それはすなわちマーケティングの生成ともなるものである。したがって、これまでの醸造ブランドの発展についての考察から、ブランドおよびマーケティングの生成と発展は必ずしもアメリカだけではなく、普遍的、一般的、ユニバーサルなものであることが明らかとなったのである。

なお、アメリカの醸造ブランドについては、第Ⅳ章において考察する。

注

1) 第1回ヨーロッパ実態調査研究で訪問した国々は以下のとおりである。フランス、ルクセンブルグ、ベルギー、オランダ、デンマーク、ポーランド、ドイツ、チェコ、オーストリア、イタリア、以上の10カ国である。
2) 第2回ヨーロッパ実態調査研究で訪問した国はドイツとフランスである。
3) オランダのハイネケン醸造会社が展開しているビールのグローバル・ブランド。
4) デンマークのカールスバーグ醸造会社が展開しているビールのグローバル・ブランド。
5) 「クローネンブルグ」『ウィキペディア日本語版』https://ja.wikipedia.org/ (2014/11/11 閲覧)。
6) Livres Groupe, *Biere Allemande*, pp. 73-74, Books LLC, 2010.
7) オクトーバーフェスト。9月21日から10月6日まで16日間にわたって行われる世界最大のビール祭り。毎年600万人以上の人々が訪れ、600万杯以上のビールが飲まれ、30万本のソーセージが食べられるという盛大な祭りである。
8) http://www.belgianbeer.co.jp/lineup/list_fg_381.htm (2014/11/11 閲覧)。
9) K. H. Hawkins and C. L. Pass, *The Brewing Industry*, Heineman, 1979 (宮本守監訳、梶原勝美訳『英国ビール産業史』p. 33、杉山書店、1986年)。
10) 同上、p. 45。
11) 梶原勝美『ブランド・マーケティング研究序説Ⅱ』pp. 23-24、創成社、2011年。なお、同ブランドのラベルには、「8世紀に亘りベネディクト修道会シトー派トラピスト修道院に伝承された醸造法を守り、ベルギーはフォージ村外れに建つスクールモン修道院の僧侶自ら醸造し、管理」とあり、かなり古いもの

第Ⅱ章　19世紀前半までに誕生したブランド　55

と思われるが、ブランドの創造と展開は 1862 年以降のことになる。http://www.chimay.com/ja/histoire.html?IDC=362（2013/9/27 閲覧）。

12)　「JOHNNIE WALKER」、1820 年創業のスコットランド製のブレンデッドウイスキー。1908 年発売。創業者の愛称から命名。世界で一番売れているスコッチ──山田政美・田中芳文編著『英和ブランド名辞典』p. 217、研究社、2011 年。
13)　「Ballantine」、1827 年創業のスコッチ・ウイスキー──同上、p. 37。
14)　吉田元『江戸の酒』pp. 5-22、朝日選書、1977 年。
15)　三百三十年記念誌編纂委員会『白鹿：創業三百三十年記念誌』p. 2、辰馬本家酒造株式会社、1992 年。
16)　同上、p. 8。
17)　株式会社本嘉納商店『菊正宗創業三百年（昭和三十四年)』皇紀弐千六百拾九年。
18)　白鶴酒造株式会社社史編纂室山片平右衛門『白鶴 230 年の歩み』pp. 46-47、白鶴酒造株式会社、1977 年。
19)　柚木学『酒造りの歴史』p. 278、雄山閣、1987 年。
20)　柚木学『酒造経済史の研究』p. 68、有斐閣、1998 年。
21)　キッコーマン株式会社編集『キッコーマン株式会社八十年史』p. 45、キッコーマン株式会社、2000 年。
22)　三百三十年記念誌編纂委員会、前掲書、p. 6。
23)　柚木学『酒造りの歴史』pp. 277-278。
24)　同上、pp. 278-295。
25)　三百三十年記念誌編纂委員会、前掲書、pp. 6-7。
26)　柚木学『酒造経済史の研究』pp. 47-72。
27)　株式会社本嘉納商店『菊正宗創業三百年（昭和三十四年)』。
28)　月桂冠株式会社社史編集委員会『月桂冠 350 年の歩み』p. 61、1987 年。
29)　三百三十年記念誌編纂委員会、前掲書、pp. 30-37。
30)　同上、p. 9。
31)　同上。
32)　同上、p. 9、p. 43。
33)　同上、pp. 44-45。
34)　梶原勝美『ブランド・マーケティング研究序説Ⅱ』pp. 45-48。
35)　波多野裕造『物語アイルランドの歴史』pp. ⅱ-ⅲ、中公新書、1994 年。
36)　青野博幸『ビールの教科書』pp. 15-17、講談社メチエ、2003 年。
37)　同上、p. 92。
38)　K. H. Hawkins and C. L. Pass, *The Brewing Industry,* Heinemann, 1979（宮本

守監訳、梶原勝美訳『英国ビール産業発展史』p. 29、杉山書店、1986年）。
39) こゆるぎ次郎『Guinness アイルランドが生んだ黒いビール』p. 92、小学館、2005年。
40) 渡辺純『ビール大全』p. 118、文春新書、2001年。
41) こゆるぎ次郎、前掲書、pp. 94-95。
42) 同上、pp. 146-147。
43) K. H. Hawkins and C. L. Pass、宮本守監訳、梶原勝美訳、前掲書、pp. 29-40。
44) 村上満『ビール世界史紀行』p. 50、東洋経済新報社、2000年；渡辺純、前掲書、pp. 118-119。
45) 青野博幸、前掲書、pp. 123-124。
46) S. R. Dennison and O. MacDonagh, *Guinness 1886-1939 From Incoporation to the Second World War*, p. 1, CORK UNIVERSITY PRESS, 1998.
47) K. H. Hawkins and C. L. Pass、宮本守監訳、梶原勝美訳、前掲書、pp. 40-43。
48) こゆるぎ次郎、前掲書、p. 100。
49) K. H. Hawkins and C. L. Pass、宮本守監訳、梶原勝美訳、前掲書、p. 44。
50) 同上、pp. 44-61。
51) S. R. Dennison and O. MacDonagh, *op. cit.*, pp. 16-28.
52) K. H. Hawkins and C. L. Pass、宮本守監訳、梶原勝美訳、前掲書、p. 96。
53) 同上、p. 172。
54) 同上、p. 209。
55) 同上、pp. 94-95。
56) こゆるぎ次郎、前掲書、pp. 102-103。
57) 渡辺純、前掲書、p. 119。
58) 同上、p. 119。
59) 宮崎正勝『知っておきたい「酒」の世界史』pp. 186-187、角川ソフィア文庫、2007年。
60) こゆるぎ次郎、前掲書、p. 106。
61) 同上、pp. 106-108。
62) M. Heig, *Brand Royalty : How the World's Top 100 Brands Thrive and Survive*, Kogan Page Limited, 2004（和田敏彦訳『ブランド・ロイヤルティ』pp. 341-342、グラフ社、2007年）。
63) 同上、p. 342。
64) P. Stobart, *Brand Power*, Macmillan Press Limited, 1994（岡田依里訳『ブランド・パワー』pp. 66-67、日本経済評論社、1996年）。
65) 同上、p. 67。
66) 同上、pp. 67-69。

67）渡辺純、前掲書、p. 120。
68）こゆるぎ次郎、前掲書、p. 38。
69）M. Jackson, *Great Beer Guide,* Dorling Kindersley Limited, 2000（渡辺純編集協力、ブルース・原田訳『世界の一流ビール500』p. 204、ネコ・パブリッシング、2003年）。また、巽一夫も「ギネス」をアイルランドのブランドと記している――巽一夫『世界のビールベスト50』pp. 68-69、新潮社、1996年。
70）たとえば、ナヴィインターナショナル編著『世界のビールセレクション』p. 60、大泉書店、1998年。
71）荒川進『なぜキッコーマンは320年も続いているのか』p. 9、中経出版、1989年。
72）キッコーマン株式会社編集『キッコーマン株式会社80年史』pp. 43-44、キッコーマン株式会社、2000年。
73）同上、pp. 44-45。
74）横江茂『キッコーマン――社史挿話 味を創る』p. 9、講談社、1975年。
75）荒川進、前掲書、p. 21。
76）佐藤良也『キッコーマンの経営』p. 162、読売新聞社、1975年。
77）キッコーマン株式会社編集、前掲書、p. 47。
78）同上。
79）佐藤良也、前掲書、p. 200。
80）キッコーマン株式会社編集、前掲書、pp. 74-83。
81）同上、p. 90。
82）同上、pp. 131-132。
83）同上、pp. 92-96。
84）同上、p. 219。
85）同上、pp. 234-236。
86）佐藤良也、前掲書、p. 88。荒川進、前掲書、p. 78。
87）横江茂、前掲書、pp. 72-76。
88）キッコーマン株式会社編集、前掲書、p. 290。
89）同上、pp. 62-66。
90）同上、pp. 144-149。
91）同上、p. 252。
92）同上、p. 253。
93）同上、pp. 254-55。
94）同上、pp. 260-262。
95）同上、pp. 314-319。
96）同上、p. 408。

97）　同上、pp. 406-407。
98）　同上、p. 406。
99）　同上、pp. 407-408。
100）　同上、pp. 444-447。
101）　同上、p. 413。
102）　同上、pp. 447-449。
103）　同上、pp. 449-450。
104）　同上、pp. 450-452。
105）　同上、p. 475。
106）　同上、p. 626。
107）　同上、pp. 623-626。
108）　同上、pp. 621-623。
109）　1961年の「キッコーマン」の新聞広告のコピーには、「ショウユ？シリマセン。デモ…キッコーマン、シッテマス」というものが使われている──横江茂、前掲書、pp. 32-33。

第Ⅲ章
19世紀後半に誕生したブランド

1 はじめに

　19世紀後半になるとアメリカに新しいブランドが続々と誕生した。まず、アメリカで生まれた機械による大量生産に基づくメカニズム・ブランドが誕生した。メカニズム・ブランドは特異なブランドである。それは付加された情報よりもモノの部分、すなわち製品（プロダクト）の機能、性能、すなわち品質が重要なものであり、そのブランド力はすでに誕生していた醸造ブランドや次に論ずる一般ブランドとは異なり、必ずしも絶対的かつ永続するものではないという特徴を持っている。

　メカニズム・ブランドとは時期的には多少遅れるが、19世紀後半から末にかけて、アメリカでは機械による大量生産が進展し、それが一般商品の生産へと普及した。その結果、続々と一般ブランドが誕生し、それらの多くは今日までブランドとしての生命を保ち続けている。この一般ブランドはアメリカだけではなく、ヨーロッパ、日本にも誕生したのである。

　また、19世紀末のアメリカには新しいブランドとして、これまでの生産者のブランドだけではなく、流通業者、商業者のブランド、すなわち、PB（プライベート・ブランド）が早くも誕生した。

　これまで多くのマーケティング研究者たちが、19世紀後半から末にかけてアメリカで続々と誕生したブランドの発展をマーケティングの生成、発展として誤解し、マーケティング生成の定説を誤って形成するもととなったのである。しかしながら、この時期のブランドの創造・展開はアメリカだけでなくヨーロッパ、日本においてもみられ、しかしそれぞれはバライティに富み大変興味深いのである。

2　メカニズム・ブランド

2-1　農機具のブランド「マコーミック」

　まず、最初に農機具のブランド「マコーミック」を取り上げる。

　1834年、ヴァージニアのサイラス・ホール・マコーミック（Cyrus Hall McCormick）は、刈入機（reaper）を発明し、特許を取った[1]。

　1848年に当時開拓されつつあった中西部の小麦生産地帯の中心地シカゴに移り、彼は工場にコンベヤーを伴う流れ作業方式（1851年）や互換部品制度（1859年）の導入を行った。このマコーミックが発明した刈入機は農村に持ち込まれた最初の機械であり、このような新製品を取り扱う既存の流通組織はなかったので、彼は自らの手で自己の販売組織をつくるとともに販売活動を行った。南北戦争後、有力競合企業が市場に参入したが、彼によって打ちたてられた強力な販売組織のおかげで危機を脱することができた[2]。その強力な販売組織は、次のように発展していった[3]。

　初期には、マコーミック自身が注文集めと顧客の指導と集金のために自ら市場を巡回した。1845年には正式な巡回代理商（traveling agent）を採用し、代理店網の組織に乗り出した。

　シカゴに進出した1848年には、それぞれ特定区域内の販売活動を統轄する3人の「巡回代理商」を任命し、その下に直接顧客と取引する多数の地方代理商を組織することになった。つまり、巡回代理商の任務は、本社を代理して、地方代理商を任命し、罷免し、監督し、地方代理商から集金することであり、地方代理商の任務は、次のものであった[4]。(1)実物見本の提示、(2)担当区域内での売り込み、(3)刈入機の配達と使用法の説明、(4)予備の部品の保管、(5)修理その他のサービス、(6)報告書の作成、(7)満期手形の決済、(8)広告の配布。

　この地方代理商には、当初、その地方の鍛冶屋やストアキーパーと呼ばれた一般商店主が選ばれたが、鍛冶屋には仕事が忙しすぎ、また一般商店主は機械

の知識がなかったので、やがて専門的な地方代理商（一般にはセールスマンとも呼ばれた）の指定が不可欠となり、必要に応じて、それら地方代理商が、鍛冶屋や商店主を下請代理商に使うという体制になったのである[5]。

　1849年にマコーミック社を設立し、その後、専属代理店制、その給料制を確立したが、ほどなく本社の統制機構を再編し、従来同社の外部に独立していた多くの代理店を膨大な自社販売組織に組み替え、強力な直売組織を完成するに至ったのである[6]。

　刈入機は既存の小売の店頭に大量に陳列することのできない商品であり、また、潜在的顧客が広い地域に散在しているアメリカの農村市場では、広告による以外に新製品についての知識を顧客に提供し、需要を生み出すことはできなかった。そこで、販売する商品に「マコーミック」という企業ブランドと製品ブランドを二重に付与したのである[7]。初期のころからマコーミック社は製品にブランド名を付けていた。1862年には、自動レーキ式リーパーの「マコーミック Old Reliable」、1869年には草刈機能付きのリーパー「マコーミック Advance」、1880年にはレーキを備えた草刈機能付リーパー「マコーミック Imperial」、1882年にはリーパーの「マコーミック Daisy」が創造され、展開されるようになった[8]。

　同社の見込み顧客への情報提供活動は、主に新聞広告を使い、ポスターも用いた。その広告において、刈入機の性能や効用について詳述するだけでなく、同社工場の技術と生産能力を謳い、定価を明示し、返金保障を伴う完全な品質保証を約束し、刈入機の操作の簡単さを強調し、さらに、多くの既購入者の契約書などが記載されているのである[9]。

　また、マコーミック社は、信用販売（plan of credit and easy terms）や保証書の作成、返金保障（money back guaranty）などの新しい販売手段を始めたといわれている。その結果、メカニズム・ブランドの「マコーミック」は多くの農民の支持を得ることに成功し、ローカル・ブランドからナショナル・ブランドへと順調に発展し、強力なブランドとなっのである。

　1902年、マコーミック社を中心にインターナショナル・ハーベスター社（The Intrenational Harvester Company）が成立し[10]、社名の頭文字をとったIHCを組み合わせてロゴを作りトレード・マークにしたのである[11]。ブラン

ド企業が大規模化することによって、メカニズム・ブランドの「マコーミック」は次第にリージョナル・ブランド、そして、グローバル・ブランドへと発展したのである。

このように19世紀半ばから後半にかけて農機具の企業ブランドである「マコーミック」にみられるように、メカニズム・ブランドの創造、展開からなるマーケティングの生成が明らかにみられるといえよう。そもそも産業財、生産財は消費財と比して大きく異なるものである。それは購買者が、消費財では商品知識が十分ではなく、非合理的かつ感覚的に判断し、行動する消費者であり、一方、産業財では商品知識があり、経済合理性に基づき判断し、行動するといわれている専門的な購買担当者である。そのため、従来マーケティングの生成は消費財が中心であると考えられていた。農機具の場合、一種の産業財には違いないが、その購買者は一般の農民であり、必ずしも専門的知識を持っているとはいえず、いわば消費財にきわめて近い産業財であるのは事実である。多くの一般消費財のマーケティングの生成よりも早い時期に産業財の農機具にマーケティングの生成がみられたことが企業ブランドの「マコーミック」の事例から明らかになったといえるだろう[12]。

「マコーミック」は農機具のパイオニア・ブランドとして、グローバル・ブランドへと発展したが、今や後継会社のひとつの社名にその名を残すにすぎない。このようにメカニズム・ブランドはたとえグローバル・ブランド、トップ・ブランドにまで発展しても、それが永続するとは限らないのである。

2-2 ミシンのブランド「シンガーミシン」

1850年にアイザック・メリット・シンガー（Isaac Merrit Singer）によってシンガー社が創業された[13]。

同社が製造するミシンは新製品であり、当時需要が拡大していた既製服製造用の裁縫機械という産業財、生産財であった。ミシンの生産にはふたつの解決すべき問題が起こった。そのひとつは特許を巡る問題であり、もうひとつは生産そのものの問題である[14]。

新製品であるゆえに、多くの特許が申請され、同時に特許権侵害も起こり、

アメリカ資本主義の初期における最大の闘争といわれる訴訟争い[15]を経て、1856年にパテント・プールが成立し、特許に関する問題は解決をみるようになった[16]。

　もうひとつの問題は、急激に拡大する需要[17]に対応するための生産であったが、それについては当時のアメリカで展開され始めた大量生産体制を採用して何とか解決ができるようになり、シンガー社は急速に成長していった[18]。

　生産の問題が解決されると次の課題は販売ということになる。まず、シンガー社はミシン製造を生産財、産業財としてのミシンの生産から耐久消費財としての家庭用ミシンの生産にシフトした。当時のアメリカの消費者が家庭用ミシンに対する需要を持ち始めていたからである。しかしながら、消費者に販売する家庭用ミシンには多くの競争業者が乱立し、一筋縄のものではなかった[19]。

　シンガー社への商標侵害が起こり、また、偽造シンガーミシンが現れ、訴訟になった。被告はシンガーミシンは商標ではなく一般名称だと主張した。このことからすでにメカニズム・ブランドの「シンガーミシン」は一般名称とみなされるほどのかなり強力なブランド力を持ち始めていたことがわかる。同社は下級審では敗訴したが、最高裁でようやく権利が認められた[20]。このように同社はそれまで商標権という認識がなく、「THE SINGER MANFG. CO.」という名称と独自の赤いS字の「SINGER SEWING MACHINES」というマークを使用していた[21]が、この件で商標保護の重要性を認識し[22]、ブランドを確立し、ここから「THE SINGER MANFG. CO.」のマーケティングが始まったといえよう。このように同社は当初よりシンガーという企業名を使用した企業ブランドを確立し、成功し、成長した代表的事例のひとつといえるであろう。

　同社は、試行錯誤をしながらチャネルを構築し[23]、マーケティングの展開を始めたのである。ミシンを売るのではなく、「THE SINGER MANFG. CO.」、すなわち「シンガーミシン」というブランドを消費者にアピールしたのである。その手段としては、人的販売、パンフレット、広告、さらにCMソングがあげられるが、もうひとつ有名な割賦販売もかなり早くから採用している[24]。

　また、同社は消費者の需要に適応するために、「タートルバック・モデル」「A型モデル」「ニューファミリー・モデル」「ドロップフィード型」「ミディ

アム」「改良型ファミリー・クラス 15」「振動シャトルⅠ型」「同Ⅱ型」「127-3 型」「シンガー 66 型」などの多くのモデルを開発、展開してブランドの拡大[25]を行った。多くの消費者の支持を得て、競争の結果として、20 世紀初頭には（ライバル企業との合併も相俟って）トップ・ブランドへと成長した[26]。

さらに、同社はアメリカでのマーケティングの成功を背景に、19 世紀末までにはイギリス、ロシアといった海外市場にも進出し、メカニズム・ブランドの「シンガーミシン」はいち早くリージョナル・ブランド、そして、グローバル・ブランドへと発展をつづけたのである[27]。

3　一般ブランド

3-1　石鹸のブランド「アイボリー」

P&G 社（プロクター・アンド・ギャンブル社）は 1837 年に蝋燭職人の W・プロクターと石鹸職人の J・ギャンブルの 2 人によって設立された[28]。

今でこそ同社は数多くのブランド[29]を展開しているが、1879 年、石鹸の新製品に「アイボリー」と名付けたブランドの創造こそ、同社の最初のしかも今日まで生き残っているブランドの誕生である[30]。

この新製品にはほかの石鹸と混同されることなく、その特徴を表す上品な名前が必要であった。当時石鹸業界では、石鹸にマークを刻印したり、それを包んだりすることは無駄な出費で、消費者に何の利益も与えないと考える者が多かった。しかしながら、業界では次第にいろいろなブランド名を付けるものが増え、中にはそれを印刷して包装したものが現れた。そのような中、この新製品は、聖書から一句をとって、「アイボリー」と名付けられたのである[31]。

多くの石鹸のブランド[32]が氾濫する中、「アイボリー」が食料雑貨店で特別扱いを受けるには、他社のものとは明らかに差別化することのできる広告が必要であった[33]。そのため、「純度 99％」「アイボリー石鹸は水に浮かぶ」という広告コピーを作った。この「アイボリー」の純粋さと安全性を思い浮かばせるような広告は今日では広告の古典となっている[34]。

石鹸業界の競争激化によって、それぞれの製造業者は販路の拡張と価格維持を目指して独自の販路の構築と小売への直接販売に乗り出した。P&G社では、「アイボリー」の発売以来、卸売と再販売価格維持契約を結んでいたが、卸を排除し、小売への直接販売を始め、順次、地域ごとにセールスマンを採用し、全国展開を行い、すべての小売店で、同じ価格で売られることの実現を目指した[35]。ローカル・ブランドからナショナル・ブランドへの発展である。

　このように、19世紀の末にP&G社は、消費者の支持を得て、ブランド認知された「アイボリー」に対する非価格競争も展開し始めており[36]、ここにブランドの創造、展開によるマーケティングの萌芽がみられ始めたといえよう。その後、P&G社はマーケティングの成功により、企業合同や合併によらずに大企業に発展した代表的な企業のひとつになった。

　なお、同社は多くの事業分野で多角化を行ってきたが、商品ごとにブランドを付与する個別ブランド政策を採り、順調に発展した。展開する多くのブランドはリージョナル・ブランドとなり、今日ではグローバル・ブランドにまで発展しているのは周知のごとくである。

3-2　コーラのブランド「コカ・コーラ」

　グローバル・ブランドの「コカ・コーラ」の創造者は、当初は薬局を経営する薬剤師にすぎず、その市場は近隣の顧客でしかなかった。その「コカ・コーラ」が100年後の今では世界で一番有名なグローバル・ブランドのひとつにまで発展している。

(1) ローカル・ブランド (1886年—1890年)

　1886年、アメリカのジョージア州アトランタの薬剤師ジョン・S・ペンバートンが、コカの葉とコラの実から新たに開発した抽出液である禁酒用飲物かつ薬用飲物に、彼のパートナーであったF・M・ロビンスがその成分に因み、また、ゴロのいい名前として、「コカ・コーラ」と名付けたのがブランド創造の第一歩となった[37]。当初の市場はアトランタであり、濃縮された原液を一種のドリンク・スタンドである炭素水売り場（ソーダファウンテン〈soda fountain〉〉 に卸し、そこでシロップと炭酸水と氷を混合して、「コカ・コーラ」として消費者に販売されたローカル・ブランドであったのである。

(2) ナショナル・ブランド（1890 年―1900 年）

「コカ・コーラ」は創業者の死亡、その後の権利所有者の変遷にもかかわらず、順調に発展し、アトランタのローカル・ブランドからアメリカのナショナル・ブランドへと急速に発展するのである。

「コカ・コーラ」の売り上げは、1886 年度の 25 ガロン[38]から「1890 年にはほぼ 9,000 ガロンに達した。販売地域もアトランタ周辺に限らず、遠隔地には鉄道で輸送されることもまれではなかった。ソーダファウンテンというアメリカ独特の流通形態も、このころはコカ・コーラのメーカーと消費者をつなぐパイプとして、さらに発展しつつあった」[39]。

1892 年には「ボストンのセス・W・ファウル・アンド・サンズ社に対して、向こう 20 年間、ニューイングランド 6 州で、『コカ・コーラ』を小売りに卸す権利を認めた」[40]。

1894 年、「アトランタ以外での最初の生産工場がテキサス州ダラスに完成、操業を開始し、社業を発展させる長足の一歩となった」[41]。

1895 年 12 月 4 日のこと、「（当時の）キャンドラー社長は株主総会で『コカ・コーラ』は、今や合衆国の全州、全準州で売られ、愛飲されている」と発表した。いくつかの地域では、まだ販売量は大したものではなかったが、あらゆる地域でコカ・コーラは少なくとも店頭に並ぶようになったのである」[42]。

1896 年までに同社は、「毎年 3 月 1 日から 10 月 15 日までの間、地方に出る 10 人のセールスマンを擁するようになった」[43]。

1898 年 1 月 13 日に作られた 1897 年年次報告書から次のように国外への進出がうかがわれ、ナショナル・ブランドからリージョナル・ブランドへの発展がはじまるのであるが、それが本格化するのは次の段階になる。「『コカ・コーラ』は、今やカナダの一部の都市やホノルルでも販売されている。メキシコへの進出についても、準備が整いつつある。人とソーダファウンテンのあるところであれば、いずこを問わず、『コカ・コーラ』は、その広く認められた価値で、速やかに人々の好評を得られると、われわれは確信している」[44]。

1899年、同社は、B・F・トーマスとJ・B・ホワイトヘッドの2人に瓶詰めの権利を与え、ここにボトリング会社が誕生し、瓶入りの「コカ・コーラ」の生産が始まったのである。改良を加え、有名なコカ・コーラの瓶がその後誕生するのであるが、「コカ・コーラ」は、瓶入りもソーダファウンテンで販売されるものも、すべてが同じ味でなければならないので、「コカ・コーラ」の標準化がはかられた。まもなくトーマスとホワイトヘッドの「コカ・コーラ」のボトリング会社がフランチャイザーとなりフランチャイズ制のもとで全米中にフランチャイジーのボトリング会社を組織することになる[45]。

したがって、ここに名実ともに「コカ・コーラ」はアメリカ中の市場を網羅するナショナル・ブランドとなったのである。

(3) リージョナル・ブランド（1900年―1930年）

「コカ・コーラ」はナショナル・ブランドからさらにリージョナル・ブランドへと発展し始めたのである。

1900年1月11日、「昨年5月、わが社はキューバとプエルトリコを管轄するマネジャーを採用し、地域本部をハバナにおいた」[46]と発表した。しかしながら、「コカ・コーラ」が、カナダを除く国外での売り上げが相当規模に達し、リージョナル・ブランドとなるのは、まだ先であった。そして、それを達成する手段こそが、ソーダファウンテンならぬ、瓶詰コカ・コーラであった。

1900年、イギリスのロンドンでアメリカ人が経営するソーダファウンテンに「コカ・コーラ」の原液と広告材料を輸出した[47]。

1901年、ジャマイカとドイツに「コカ・コーラ」の原液と広告材料をときどき輸出した[48]。

1905年、「コカ・コーラ」の商標は、カナダでも登録され、トロントにカナダ営業所のための不動産も購入された[49]。

1906年、米国本土以外では初めてのボトリング工場が、キューバとパナマに完成した。同年、カナダは米国外で「コカ・コーラ」の原液生産工場を持つ最初の国となった。「コカ・コーラ」のボトリング工場がトロントに設けられた[50]。

1912年、フィリピン、マニラのサン・ミゲル・ブルウワリー社が同国内で

「コカ・コーラ」を売り出し、海外ボトラーの先駆けのひとつとなった[51]。

1926 年、ハワイのホノルルおよびワイルクと、パナマ運河地帯のアンコナおよびクリストバルとで、新規ボトラーとの契約が成立し、その後も海外ボトラーは着実に増え続けた[52]。少なくとも 1926 年までは、シロップとともに、しばしば瓶詰めの完成品を輸出するのが慣行となっていた。しかしながら、シロップを樽で外地へ出荷するには輸送費が高くなりすぎることになり、1926 年には、海外のボトラーには、シロップの代わりにコンセントレートを送ることに決めた。コンセントレートはシロップと違い、水分が少なく、砂糖も含まないので、それだけ量も重さも軽減できたのである[53]。

1927 年、エクスポート・ボトルと銘うった特別のガラス瓶が採用され、船客相手の販売に積極的に利用された。また、大西洋沿岸の多くの港に出荷され、遠洋航路につく豪華客船の需要に応じ、ケース単位で販売された[54]。同年、「コカ・コーラ」は中国市場に初めてお目見えした。天津と上海であった。翌年、香港、チーフー、さらに 1930 年には青島でも売られるようになった[55]。

1929 年、エクスポート事業は急速に発展し、同年には米国以外の 28 カ国で、ライセンスを受けた 64 のボトラーズが操業するまでになった[56]。したがって、「コカ・コーラ」はリージョナル・ブランドから次のグローバル・ブランドへと発展したのである。

(4) グローバル・ブランド（1930 年以降）

いよいよ「コカ・コーラ」はグローバル・ブランドへの道を歩み始めるのである。

1930 年、国外での事業をさらに効率的に伸ばすために、子会社、ザ・コカ・コーラ・エクスポート・コーポレーションを設立した[57]。同年、ザ・コカ・コーラ・カンパニーは、ヨーロッパでの事業拡張のため、多数の子会社群を組織し始めた[58]。一方、中南米では、1920 年代から 30 年代にかけて、約 30 の工場が操業し始めた。カリブ海を含む中南米全域を網羅するにはまだまだ市場カバレッジが低かったが、前途有望を約束する業績をおさめた[59]。（なお、1970 年代に入ると、中南米 40 カ国で 200 のボトリング工場が「コカ・コーラ」の瓶詰と販売に従事するようになった。これらのボトラーの需要に応える

ため、同地域の 10 か所にコンセントレート生産工場が設立された)[60]。

1934 年、英国において「コカ・コーラ」が瓶詰めされた。1939 年ごろには、英国内で 7 つのボトリング工場が操業していた[61]。(英国では、「コカ・コーラ」は 1900 年以来売られていたが同国で商標登録されたのは 1922 年であった)[62]。

1936 年、シンガポールで瓶詰「コカ・コーラ」の現地生産が開始された[63]。

1937 年、南アフリカのヨハネスブルグでボトリング事業が始まった[64]。

1938 年、スコットランドでボトリング事業が開始された[65]。

1939 年、北アイルランドにおいてもボトラーが誕生した[66]。

1946 年末までにかけて、戦争中は戦地であった世界の 6 つの地域で、155 余の「コカ・コーラ」のボトリング工場が操業していた。このうち 64 は、1943 年から 46 年の間に、その設備を米国から輸入し、運転を開始したものである[67]。

1948 年、ポルトガル領マカオが香港から「コカ・コーラ」を輸入しはじめた[68]。

1957 年、台湾で一般向けに「コカ・コーラ」が売り出された[69]。

「コカ・コーラ」を供給できた世界各地の市場に対し、販促のための広告物やプロモーション用の材料を、アメリカから供給するのに問題があるということが、早々に明らかになった。しかしながら、当初はアメリカで広告材料を制作し、完成したものを海外に送って配布する必要があった。広告物は個々の対象市場により異なり、その国の言葉や法規制に応じて、アメリカで案出され、制作された。やがて、ザ・エクスポート・コーポレーションが必要とする広告物等がつくれる印刷、石版、彫版の技術者が現地で見つかると、版下や印刷版が、直ちにこれら現地の業者へ届けられるようになり、海外向け広告物をアメリカ内で印刷することは取りやめられた[70]。

ヨーロッパでつくられた広告物の規格化と質に関する諸問題は、1950 年代末までに、ほとんど解決された。「コカ・コーラ」という商標は、いわゆるローマ字を使わない国で広告コピーに使われる場合には、現地の言葉の文字や字体に書き直された。コカ・コーラ本社で作成した標準広告を基に、各国の派遣従業員や現地ボトラーが、一般的な広告テーマやキャンペーンを現地市場特

有のニーズに適合させた。そして、どこの国でも「コカ・コーラ」が真の現地企業となるように努力したのであった[71]。

1950年以降、「コカ・コーラ」の市場は世界中で急速に広まり始めた。1949年から74年までの25年間に、それまでボトラーがなかった99カ国で、「コカ・コーラ」のボトリング契約が取り交わされた[72]。

1961年、日本で「コカ・コーラ」が自由に求められるようになった。それまでの数年間は輸入制限で、コンセントレートの供給ができなかったのである。当時の日本市場は、東京の工場ただひとつが、その需要に応じていた。それが1964年には、20のボトリング工場がフル操業するようになり、さらに、わずか10年後には、52の近代的で能率のいい瓶詰・缶詰工場が生まれている。その間、販売店も5倍に増えて120万軒以上に達した。「コカ・コーラ」が、今日、日本の清涼飲料市場で、疑問の余地もなくブランド・リーダーであることは、驚くにはあたらないだろう[73]。

1966年、ブルガリアでボトリング工場が操業開始した[74]。

1968年、「コカ・コーラ」がユーゴスラビアに持ちこまれた[75]。

1972年の後半、筆頭副社長C・W・アダムスは、アトランタ・ロータリー・クラブで次のように述べている。「『コカ・コーラ』は、今や135カ国で売られている」[76]。

1979年、エジプトで「アラブ・ボイコット」の中で「コカ・コーラ」が発売されるとの発表がなされた。同年、中国に30年ぶりに輸出された[77]。

1981年、北京に中国最初のボトリング会社が開設され、操業を開始した[78]。

このようにグローバル・ブランドに発展した「コカ・コーラ」の市場は広大な地域を含んでおり、言語、文化、政治形態、宗教、経済、社会の発展状態、気候、地理はさまざまである。そして、82カ国語で広告されるようになった。70年代には、世界の10億以上の人々が、推定400万の販売店を通じて「コカ・コーラ」に接している[79]。

「コカ・コーラ」はきわめてアメリカ的なものであるといわれるが、それが今やグローバルなブランドへと発展したのである。カンサス州エンポリアのガセット紙の有名な編集長であった故ウィリアム・アレン・ホワイトはかつて次のように語っている。「『コカ・コーラ』は、品よく、実直な商品で、アメリカ

的といわれるもののいっさいを、そのエキスのように、あまりによく凝縮したものです。だから、ごく普通のアメリカの町を写す写真には『コカ・コーラ』の文字を入れるのが適切で、典型的だと考えたからです。それにもちろん、『コカ・コーラ』は、世界中の 130 カ国で、土地の人々の生活に一部にもなっているからです」[80]。したがって、「コカ・コーラ」は世界中の多くの消費者に評価され、支持されたまさにグローバル・ブランドといえるものである。その裏には、長年にわたるザ・コカ・コーラ・カンパニーの広告活動をはじめとするマーケティング努力が存在しているのは自明の理であるのはいうまでもない。

1982 年、「コカ・コーラ」はブランド・イクステンションを開始し、消費者のライフスタイルの多様化に適応するために、(「コカ・コーラ」の愛称ですでに商標登録されている「コーク」を使用し)「ダイエット・コーク」、その後、「チェリー・コーク」「カフェインフリー・コーク」「ニュー・コーク」「コカ・コーラ・クラシック」を導入し、「コカ・コーラ」のメガ・ブランド化を試みた[81]。なかでも、「ペプシコーラ」との競争に対応するために 1985 年にこれまでの「コカ・コーラ」を製造中止にして、新たに導入した「ニュー・コーク」は 80 年代の最大のマーケティングの失敗といわれているが、「コカ・コーラ・クラシック」として展開を再開した「コカ・コーラ」はその評価を逆に高めることとなった[82]。

その後、「コカ・コーラ」はさらに世界に向かい発展している。

1985 年には、ソ連で「コカ・コーラ」が販売された[83]。

1988 年、アラブ諸国のオマーン、アラブ首長国連邦に「コカ・コーラ」の製造工場とボトリング工場が建設され、クウェートが「コカ・コーラ」をアメリカ製品不買運動から除外すると発表した[84]。

1990 年、東ドイツで「コカ・コーラ」の瓶詰を開始し、販売網を強化した[85]。

1991 年、ポーランド、ハンガリー、ルーマニア、ウクライナ、ラトビア、リトアニア、エストニアに進出[86]。

1992 年、ネパールに進出、また、カンボジアで 17 年ぶりに生産が再開された[87]。

1993年、イスラム革命以後、米国の製品を徹底的に排除してきたイランに、ついに「コカ・コーラ」が導入された[88]。

　1994年、ベトナムで「コカ・コーラ」の製造開始[89]。同年、人種差別政策に対するアメリカ政府の経済制裁を受けて、1986年以降撤退していた南アフリカへの再進出が展開された[90]。

　現在では世界の200以上の国および地域で「コカ・コーラ」は展開されている[91]。

　したがって、「コカ・コーラ」の発展は、アメリカのジョージア州アトランタで生まれたローカル・ブランドから始まり、そこでの消費者の評価、支持があり、次第に全米中の消費者の評価、支持を得て、アメリカを代表するナショナル・ブランドへと発展した。さらに、近隣諸国の消費者の評価、支持を得て、リージョナル・ブランドとなり、今や、全世界の消費者の評価と支持を得て、グローバル・ブランドへと発展し、「コカ・コーラ」はまさにマーケティングの王様、教科書といわれる所以も十分すぎるほどである[92]。

3-3　イギリスのブランド「サンライト」

　現在、世界中の消費者に知られている「サンライト」「ラックス」「リプトン」をはじめ多くのブランドを展開しているユニリーバ社は、1929年にイギリスのリーバ・ブラザース社とオランダのマーガリン・ユニーN.Vとマーガリン・ユニオン・リミテッドからなるユニー社とが経営統合し、設立されたイギリスとオランダとに本社をおく多国籍企業である[93]。

　同社の一方のルーツであるリーバ・ブラザース社の成立は1894年[94]であり、その前身は食料雑貨卸商店であった。父親が経営する同商店で働いていたウィリアム・H・リーバは、1874年以降、特に作らせた「リーバズ・ピュア・ハニー」という石鹸を売っていた[95]。イギリスでは1875年に商標法が施行[96]されたが、多くの食料雑貨商がピュア・ハニーという同じ名前で売っていた。そのため別の名前で商標を登録しようと考えた。多くの候補の中から「サンライト」を選び、イギリスばかりではなく、世界中のすべての国で商標登録することができた[97]。

ここに PB（プライベート・ブランド）「サンライト」が誕生したのである。リーバはメーカーの名前ではなく、自己の商標名を付して売り出したのである。彼の広告には、次のように書かれている[98]。「私どもは、各メーカーから最善のものだけを選び、これを『サンライト』の商標のもとに、イギリスのどんな個々のメーカーからも得られない、品質の統一したものを提供するものです」。

リーバは 1885 年には石鹸メーカーの工場を買収し、生産に進出した[99]。周知のように石鹸の生産自体はそれほど難しいものではない。当時でも多くの人は家庭で石鹸を生産していたが、それを商品として売り出したにすぎない[100]。技術者ではないリーバが最初に直面したのが品質の問題である。彼は多くの競合品と違って、珪酸ソーダのような充填剤を含まない純石鹸を開発した。もちろん、これは家庭では不可能な高品質のものであり、これによって生産の質の問題を解決し、大量生産を導入することにより、生産の量の問題も解決した[101]。したがって、「サンライト」は PB から MB（メーカー・ブランド）へと変わったのである。

リーバは、在来の無銘のバラの棒石鹸の代わりに型打ち石鹸を作り、それを模造羊皮紙で包んだ。これは外観と香りを保つとともに「サンライト」の名前を公衆に知らせることになった。このアイデアはアメリカで開発されたものに独自の工夫を加えたものであった[102]。彼は広告の機能もよく知っており[103]、広告を続けた結果、1 年後には「サンライト」の売上はイギリスの他のどのブランドよりも多くなった。「サンライト」の市場は当初の地方市場から次第にイギリスの全国市場へと拡大した[104]。換言すれば、ローカル・ブランドからナショナル・ブランドへと発展したのである。

その後、周知のようにリーバ・ブラザース社は企業買収と合併を繰り返し、さらに経営統合により大企業ユニリーバ社[105]へと成長しているが、同社はマーケティングの成功により発展したもので、決して独占的な大企業ユニリーバが生産の独占の後にマーケティングを開始したのではない。このようにリーバは 19 世紀末までにはブランドの創造と展開からなるマーケティング活動を開始した。しかも当初は PB の「サンライト」から始まり、その成功から製造部門を垂直統合し、MB の「サンライト」を展開し、発展したのである。その後、「サンライト」は順調にリージョナル・ブランド、グローバル・ブランド

へと発展したのである。

3-4　スイスのブランド「ネスレ」

　ネスレ（Nestlé）社は、英語読みでネッスルと呼ばれることもあるが、現在、スイスに本社を置き、「ネスカフェ」「ブライト」「ミロ」、菓子の「キットカット」「エアロ」、チョコレートの「ペーター」「カイエ」「コレール」、調味料の「マギー」といった多くのブランドを世界市場で展開している総合食品、飲料の多国籍企業のひとつである[106]。

　同社の創業は、1866年、ドイツ人薬剤師のアンリ・ネスレ（Henri Nestlé）によるものである。彼は調整粉乳の新製品を開発したが、当時すでにブランドの重要性を理解しており、その新製品を「Farine Lactée Nestlé」と名付けた[107]。それと同時にネスレは自分の名前から連想するドイツ語のネスト（巣）から「鳥の巣印」をトレード・マークとして商標登録している。このマークは今日のロゴに引き継がれている[108]。

　彼の調整粉乳の新製品のブランド「Farine Lactée Nestlé」は、新生児の命を救ったという美談もあり、急速に売り上げを拡大した。彼の小さな研究室は工場となり、3年後の売り上げは8,500箱となり、8年後の1875年には50万箱に躍進した[109]。その市場は名声とともに瞬く間にヨーロッパの多くの地域に広がった[110]。

　ネスレは1875年に引退し、それを契機にネスレ社が設立され、彼の製造権と商標とを引き継ぐこととなった[111]。その後、「ネスレ」は統一商標、企業ブランドになっていった[112]。

　1905年にはライバルのアングロ・スイス練乳会社[113]、1929年には、「ペーター」「カイエ」「コレール」のブランドを持つチョコレート製造会社のペーター・カイエ・コレール・スイス・チョコレート株式会社[114]、さらに1947年には調味料のマギー社[115]を吸収、合併して、今日に至るのである。このように多角化したネスレ社の著しい特徴は吸収、合併した企業のブランドを継続して展開していることにあるといえよう[116]。なお、有名な「ネスカフェ」は1937年に誕生したものである[117]。

このように「ネスレ」はスイスのネスレ社の商品ブランドから出発し、その後、企業ブランドへと拡大し、ローカル・ブランド、ナショナル・ブランド、リージョナル・ブランドと順調に発展し、今日では世界有数のグローバル・ブランドとなっている。

3-5　化粧品のブランド「オイデルミン」

日本の化粧品の企業ブランドである「資生堂」は今やグローバル・ブランドへの道を歩んでいるが、その萌芽は明治時代に遡るものである。

すでに、日本では1615（元和元）年創業の紅屋（現在の柳屋本店）[118]などがあったが、明治に入り文明開化のもとで新たにいくつかの化粧品メーカーが生まれた[119]。そのひとつである資生堂は1872（明治5）年に薬剤師の福原有信によって資生堂薬局として創業されたのである[120]。

「資生堂」という名の由来は、儒教の四書五経のひとつの易経にある。その中の至哉坤元、万物資生というくだりに基づくもので、地の徳は何と優れているものか、万物はこれをもとに生まれるという意味である[121]。

わが国初の洋風調剤薬局としてスタートした資生堂は1888（明治21）年には日本初の練歯磨を発売し[122]、その後、1897（明治30）年に化粧品に進出し、資生堂の赤い水といわれた高級化粧水のブランドを「オイデルミン」として発売した[123]。この「オイデルミン」は、処方に携わった東京帝国大学教授の長井長義理学博士の命名によるものであり、ギリシャ語の「オイ（eu）＝良い」と「デルマ（deruma）＝皮膚」から創った造語のデルミンとを組み合わせて名付けたものである[124]。

発売当時の「オイデルミン」の広告コピーは次のようなものであった[125]。「『オイデルミン』は皮膚（はだ）を艶美滑沢（うつくしくなめらか）ならしむ高等の化粧料なれば貴婦人令嬢方の必要品にして第一顔手足等あれ性の人常に之を用ゆれば皮膚を滑沢美顔（うつくしくなめらか）ならしむるのみならず（にきび、そばかす）顔の小じわ等の生ずることなし」、その後に、「東京市京橋区出雲町一番地、処方、調剤、薬品、器械、衛生、材料、資生堂福原有信、電話新橋324番」と記されている。

この「オイデルミン」は1箱3本入り75銭という当時としては非常に高価な価格での販売であったが、白粉と紅が化粧の中心であった当時の消費者に受け入れられ、徐々に売れ行きを伸ばし、前述のように、資生堂の赤い水と呼ばれ、長く好評を博し、その後、今日にまで続くロングセラーのブランドへと成長した[126]。

　この資生堂の「オイデルミン」の事例から明らかなように、19世紀末から20世紀の初頭にかけて、日本にも一般ブランドの創造、展開からなるマーケティングの生成がみられたということができるであろう。なお、その後、資生堂は多くのブランドを展開し、成長をしてきているが、1923（大正12）年にはアメリカのチェーン・ストアに学んだ連鎖店制度[127]を導入し、日本におけるボランタリー・チェーンの先駆けになっている[128]。

　なお、企業ブランドとなった「資生堂」は現在ではロゴも変わり、「SHISEIDOU」となり、前述したようにリージョナル・ブランドからグローバル・ブランドを目指し発展の最中である。

4　PB（プライベート・ブランド）

4-1　通信販売のPB「シアーズ」

　シアーズ社はウォルマート社に首位の座を明け渡したが、長らく流通業のトップ企業であり、2005年にはKマートと合併し、持株会社 Sears Holdings Corporation の傘下に入った流通業界の雄である。

　同社は1893年にリチャード・W・シアーズとアルヴァ・C・ローバックにより設立された通信販売業が始まりである。当初は時計の通信販売をしていたが、次第に取扱商品の幅を広げ、主に農村部を市場としてカタログを利用し、当時ようやく整備された小包郵便制度の充実を背景に発展、成長した総合通信販売業者である[129]。

　シアーズ社の通信販売は、規格化され大量生産された商品をできるだけ多くの人々に安価で大量販売するということによって成功したのである[130]。その

第Ⅲ章　19世紀後半に誕生したブランド　77

ために、やや誇大な表現で広告宣伝をし、商品とその安さを訴求しているが、それと同時に消費者の不安を取り除くために返金、返品という保証制度を採用した[131]。中でも重要なのがカタログの利用である。そもそも通信販売は、通信だけに頼る販売方法であったから、カタログが非常に重要な機能を果たした。つまり、顧客はカタログだけを見て注文するので、このカタログは、同社と顧客とを結びつける唯一のコミュニケーション手段であり、そのためカタログに掲載された商品の規格・品質・価格などについては、特に明細な表示が必要であった[132]。

商品を安く販売するには安く仕入れることが重要であるが、製造業者、流通業者のボイコットなどがあり、シアーズ社は、次第に製造工場を自ら所有するか、あるいは製造業者の権利の一部を買収してこれを支配する垂直統合といった方法で、商品を確保しなければならなくなった[133]。このような状況の下で、同社は早くから独自の仕様書[134]に基づく自己のブランドを開発し、販売し始めていた。手元にあるシアーズ社の1902年のカタログには、「SEARS ROEBACK AND CO.」というブランドがコーヒー、紅茶、石鹸、そのほか、ミシンにまで付与されている[135]。また、1927年のカタログには、婦人服に「BRAND S. R. and Co.」、タイヤには「ALLSTATE SR」というブランドが付与されている[136]。(図表1、図表2参照。)

このようにしてシアーズ社は当初からほどなくPB（プライベート・ブラン

図表1　1902年のカタログにみるPB「シアーズ」

コーヒー　　　　　　石鹸　　　　　　　　ミシン

出所：C. Amory, *1902 EDITION OF The SEARS, ROEBUCK CATALOGUE*, Crown Publishers, Inc.

図表2　1927年のカタログにみるシアーズのPB

　　　　婦人服のタグ　　　　　　　タイヤ

出所：A Mirkenn, ed., *1927 EDITION OF The SEARS, ROEBUCK Catalogue*, Crown Publishers, Inc., 1970.

ド）を開発し、その後、垂直統合して製造部門に進出し始めたのである。換言すれば、19世紀末から20世紀にかけて、流通業者であるシアーズ社は明らかにPBの創造、展開、すなわち、マーケティングを開始し、その成功により大きく成長したといえるであろう。なお、「シアーズ」ブランドは、その市場がアメリカ全土の農村部であり、PBではあるが当初よりアメリカ中の多くの消費者の支持を得て、ナショナル・ブランドとなったと考えられる。

　その後、同社は通信販売を行いながら、小売店舗販売に進出し、成長を続けるのであるが、次第に販売する商品はPB「シアーズ」のブランドで覆われることとなった。

5　おわりに

　本章で考察した19世紀後半に誕生したブランドは、主としてアメリカで誕生したものである。

　それらは機械による大量生産の開始、発展に伴い19世紀半ばのアメリカに誕生したメカニズム・ブランドの「マコーミック」「シンガーミシン」、19世紀後半の1870年代、1880年代のアメリカに誕生した一般ブランドの「アイボリー」「コカ・コーラ」である。この一般ブランドについていえば、アメリカだけではなく、ほぼ時を同じくしてイギリスで誕生した「サンライト」、スイ

スで誕生した「ネスレ」、日本で誕生した「オイデルミン」と続々とこの時期に誕生している。

したがって、ブランドの生成は、醸造ブランドだけではなく一般ブランドにおいてもアメリカの独占物ではなく、世界各国にみられる普遍的、一般的、ユニバーサルなものであることが明らかとなり、同様にブランドの創造、展開、管理からなるマーケティングもアメリカの独占物ではなく、普遍的な経営活動であることも明らかとなった。

本章で試みたブランド発展の事例研究により、これまでのアメリカ中心のマーケティング生成論は修正を迫られることとなり、今後さらなる事例研究の積み重ねが求められることとなるであろう。

また、同時に、早くも生産者、製造業者、メーカーが主体のMBだけではなく、流通業者が主体のPBが誕生し、ブランドのカテゴリーが拡大したことが明らかとなった。

注

1) Isaac Asimov、小山慶太・輪湖博訳『科学と発見の年表』p. 217、丸善、1992年。
2) また、信用供与を始めていた。「刈入機の確定価格は120ドルであり、現金で30ドル、残りの支払いは6カ月以内となっていた。しかし、収穫が悪く、農民が残りの90ドルを支払うことができなければ、マッコーミックはその期間を延長した。また、農民を不払で告訴することは決してしなかった。それ故に、マッコーミックは小麦地域で農民の友として非常な名声を築いていたので、この名声が新規参入の敵との破壊的な競争の際、マッコーミックに大いに役立ったといえる。」──J・チェンバレン、宇野博二訳『アメリカ産業を築いた人々』pp. 148-149、至誠堂、1965年。
3) 小林袈裟治『インターナショナル・ハーベスター』pp. 33-35、東洋経済新報社、1978年。
4) 同上。
5) 同上、pp. 36-37。
6) T. S. Dicke、河野昭三・小嶌正念訳『フランチャイジング』pp. 35-59、まほろば書房、2002年。

7) 谷口佳菜子（博士請求論文）「マッコーミック社及びインターナショナル・ハーベスター社の事業活動の展開―1831 年から第 1 次世界大戦まで―」p. 18、大阪府立大学大学院、2006 年。
8) 同上、pp. 17-18。
9) 小林袈裟治、前掲書、pp. 38-40。
10) 同上、pp. 98-117。
11) 谷口佳菜子「インターナショナル・ハーベスター社による企業ブランドの構築」p. 91、大阪府立大学経済研究、第 52 巻 3、2006 年。
12) 谷口佳菜子「マッコーミック社及びインターナショナル・ハーベスター社の事業活動の展開―1831 年から第 1 次世界大戦まで―」p. 29。
13) 小原博『マーケティング生成史論』pp. 35-38、税務経理協会、1987 年；山岡清「P&G」伊藤光晴・石川博友・植草益編『世界の企業 2　アメリカの産業と企業』pp. 232-237、筑摩書房、1975 年。
14) 小原博、前掲書、pp. 46-55。
15) 同上、p. 81。
16) 同上、pp. 80-84。
17) 同上、p. 80。
18) 同上、p. 86。
19) 同上、pp. 80-89。
20) 同上、pp. 100-104。
21) 同上、pp. 135-136。
22) 同上、p. 136。
23) 同上、pp. 89-99。
24) 同上、pp. 171-187。
25) 同上、pp. 131-136。なお、同社のブランドは企業ブランドと製品ブランドとの併用であり、「ダブル・ブランド」を当初より使用していることがわかる。
26) 同上、pp. 80-89。
27) 同上、pp. 144-150。
28) 近藤文男『成立期マーケティングの研究』p. 178、中央経済社、1988 年。
29) ホームケアの「アリエール」「ボールド」「レノア」「ジョイ」「ファブリーズ」、ヘアケアの「パンテーン」「ウエラ」、紙製品の「パンパース」「ウィスパー」、スキンケア・コスメティクスの「マックスファクター」「ミューズ」、シェーバーの「ジレット」など、多くの製品群にブランドを展開している。
30) 近藤文男、前掲書、p. 180。
31) 同上、p. 182。
32) 同上、p. 179。「当時石鹸を製造していた企業は約 300 社あり、その上位には

第Ⅲ章　19世紀後半に誕生したブランド　81

P&G 社をはじめ、コルゲート社、N. K.フェアバンクス社、B. T.バビット社、および D. S.ブラウン社などが上位で激しいシェア争いを展開していた。」

33)　同上、p. 182。
34)　同上、p. 183。
35)　同上、p. 180。
36)　同上、p. 185。
37)　梶原勝美「ブランド・マーケティング（Ⅰ）」、序章、2、（3）、1）、①、〈2〉「コカ・コーラ」pp. 105-106。
38)　The Coca-Cola Company, *The Ccoca-Cola Company = An Illustrated Profile of a Worldwide Company*, The Coca-Cola Company, 1974（株式会社コスモ・ピーアール翻訳・編集『The Coca-Cola Company——その 90 年の歩み』p. 5、日本コカ・コーラ株式会社、1976 年）。
39)　同上、p. 13。
40)　同上、p. 15。
41)　同上。
42)　同上。
43)　同上。
44)　同上。
45)　梶原勝美、前掲論文、p. 105。
46)　The Coca-Cola Company、株式会社コスモ・ピーアール翻訳・編集、前掲書、p. 16。
47)　同上、p. 73。
48)　同上。
49)　同上。
50)　同上。
51)　同上、p. 75。
52)　同上。
53)　同上。
54)　同上、p. 74。
55)　同上、p. 75。
56)　同上。
57)　同上。
58)　同上。
59)　同上、p. 77。
60)　同上。
61)　同上。

62）　同上。
63）　同上、p. 81。
64）　同上、p. 87。
65）　同上。
66）　同上。
67）　同上、p. 80。
68）　同上、p. 81。
69）　同上。
70）　同上。
71）　同上。
72）　同上、p. 87。
73）　同上。
74）　同上、p. 89。
75）　同上。
76）　同上、p. 105。
77）　河野昭三・村山貴俊『神話のマネジメント　コカ・コーラの経営史』p. 272、まほろば書房、1997年。
78）　同上、p. 273。
79）　The Coca-Cola Company、株式会社コスモ・ピーアール翻訳・編集、前掲書、pp. 88-89。
80）　同上、p. 107。
81）　Text by Anne Hoy, *Coca-Cola: The First Hundred Years,* pp. 145-157, The Coca-Cola Company, 1986 年.
82）　河野昭三・村山貴俊、前掲書、pp. 239-248；Mark Pendergrast, *FOR GOD, COUNTRY AND COCA-COLA*、（古賀林幸訳『コカ・コーラ帝国の興亡』pp. 392-413、徳間書店、1993年）。
83）　河野昭三・村山貴俊、同上、p. 273。
84）　同上、p. 279。
85）　同上、p. 280。
86）　同上、pp. 281-285。
87）　同上、pp. 286-287。
88）　同上、pp. 291-292。
89）　同上、pp. 287-288。
90）　同上、pp. 293-294。
91）　http://www.cocacola.co.jp（2009/9/1閲覧）。
92）　本稿で論じたのは生産者のブランドであるが、それでは商業者、流通業者の

ブランドの発展モデルはどうであるかという疑問が起こる。ウォルマートやトイザラスのような大規模小売業者の事例で考えてみれば明らかなことであるが、店舗がローカルからナショナル、さらにリージョナル、グローバルへと展開されるに従い、PB の展開もそれにしたがうことになる。したがって、商業者のブランドである PB は、結果的には、生産者のブランドと同様な発展プロセスを経るものと考えられる。なお、グローバルにコンビニエンス・ストアを展開しているセブン-イレブンは店舗の展開にまだ PB が追いついていないかと思われる。もちろん世界の地域ごとに消費習慣が異なり、グローバルな PB の開発、展開には困難な点があると思われるが、たとえば、近い将来雑貨の一部にはグローバルなセブン-イレブンの PB が登場することは十分に想定されうる。参考までに、(2009 年 9 月 14 日～18 日に訪問した) 台湾のセブン-イレブンでは PB が「セブンセレクト」というネーミングで販売されていたが、日本における「セブンプレミアム」は台湾では販売されてはいない。

93) Charles Wilson, *THE HISYORY OF UNILEVER*（上田昊訳『ユニリーバ物語 下』pp. 319-327、幸書房、1968 年）；福田兼治、エコノミスト編集部編『世界の企業』p. 62, 毎日新聞社、1965 年；http://www.unilever.co.jp/；中川敬一郎「ユニリーヴァ・トラストの成立―その経営史的素描―」楊井克己・大河内一男、大塚久雄『帝国主義研究』pp. 21-22、岩波書店、1959 年；NHK 海外取材班『世界の企業』pp. 155-165、日本放送出版協会、1971 年。
94) Charles Wilson, *THE HISYORY OF UNILEVER*（上田昊訳『ユニリーバ物語 上』p. 50、幸書房、1967 年）。
95) 同上、p. 28。
96) アメリカ商標法は、1870 年に連邦商標法（Federal Trade Mark Act）が制定されている――播磨良承『アメリカ商標法概論』p. 3、社団法人発明協会、1974 年。また、日本では、「商標条例」が明治 17（1884）年発布、施行された――平石尚『商標の戦略』p. 26、発明協会、1974 年。
97) Charles Wilson、上田昊訳、前掲書、pp. 28-29。
98) 同上、p. 29。
99) 同上、pp. 32-34。
100) 同上、p. 4。
101) 同上、pp. 30-35。
102) 同上、p. 31。このほかにも、たとえば、「なぜ婦人は男子よりも早く老けるか」というスローガンは、アメリカのフィラデルフィアの石鹸メーカー、フランク・シダルからの影響が見られる――同上、p. 45。
103) 同上、p. 48。
104) 同上、p. 36。

105) 詳しくは以下のものを参照。エコノミスト編集部編、前掲書；http://www.nipponlever.com/；中川敬一郎、前掲論文。
106) 田中重弘『ネスカフェはなぜ世界を制覇できたか』講談社、1988年；氷川秀雄「ネッスル社」エコノミスト編集部『世界の企業』毎日新聞社、1965年；http://www.nestle.com/aboutus/history。
107) http://www.nestle.com/aboutus/history。
108) 田中重弘、前掲書、pp. 228-230。
109) 氷川秀雄、前掲書、pp. 152-153。
110) 同上、p. 152。
111) 同上、p. 152。
112) 田中重弘、前掲書、p. 234。
113) 同上、p. 199。
114) 同上、pp. 24-25、p. 186。
115) 同上、p. 201。
116) 同上、p. 235――商標には市場がついているということからである。
117) 同上、p. 14。
118) 安政6年（1777年）丁子木屋、天明7年（1787年）近江屋源七商店（後のヘチマコロン本舗）、文政8年（1825年）紅製造問屋の伊勢屋半右衛門（現在の伊勢半・キスミーコスメチックス）、万延元年（1860年）三輪善兵衛商店（元ミツワ石鹸本舗）などがある――水尾順一『化粧品のブランド史』pp. 33-34、中公新書、1998年。
119) 明治11年（1978）、レート化粧品本舗の平尾賛平商店、明治20年（1887）、鐘紡の前身の東京綿商社、花王の前身の長瀬商店、明治24年（1891）、ライオンの前身、小林富次郎商店、明治25年（1892）、玉の肌石鹸本舗芳誠舎、明治26年（1893）、津村順天堂、明治36年（1903）、中山太陽堂（現在のクラブコスメチックス）、明治37年（1904）、パピリオの前身伊東胡蝶園、明治41年（1908）、加美乃素本舗――水尾順一、前掲書、p. 262。
120) 『資生堂社史』pp. 6-8、株式会社資生堂、1957年。
121) 川島蓉子『資生堂ブランド』pp. 163-164、アスペクト、2007年。
122) 水尾順一、前掲書、pp. 35-36。
123) 同上、p. 40。
124) 同上、p. 40。
125) 『資生堂宣伝史Ⅰ歴史』p. 21、株式会社資生堂、1979年。
126) 何度かパッケージングデザインの変更が行われたが、現在は発売当初のデザインを守るふき取り用化粧品の「オイデルミン（N）」と、1997年に創業100周年を記念して大きくデザインを変えて発売された、保湿化粧液の「オイデル

ミン」がある。
127) 水尾順一、前掲書、p. 79。
128) 川島蓉子、前掲書、p. 172。
129) シアーズ・ローバックについては多くの研究がこれまで行われている。鳥羽欽一郎『シアーズ・ローバック』東洋経済新報社、1969年；鳥羽欽一郎『アメリカの流通革新』日経新書、1979年；ゴードン・ウェイル、鳥羽欽一郎訳『シアーズ・ローバックの企業戦略—流通が製造を支配する』1979年；A. C. Martinez、C. Madigan、菊田良治訳『巨大百貨店再生—名門シアーズはいかに復活したか』日経BP社、2004年；秋川陽二『小売業の王様シアーズの秘密』講談社、1988年；ドナルド・R・カッツ、堤清二監訳、鈴田敦之訳『シアーズの革命—巨大企業の危機を救った男たち』1989年；T. Mahoney, L. Slone, *THE GREAT MERCHANTS*, Harper & Row, 1966 (田島義博・江口紘一訳『グレート・マーチャント』早川書房、1972年)；徳永豊『アメリカの流通業の歴史に学ぶ』中央経済社、1990年；佐藤肇『流通商業革命—近代商業百年に学ぶ』有斐閣選書、1971年；NHK海外取材班『世界の企業』日本放送出版協会、1969年；朝日ジャーナル編集部『世界企業時代 上』朝日新聞社、1968年；A・D・チャンドラー他、J・P・ボーマン編、古川栄一監訳、前掲書。
130) 鳥羽欽一郎『シアーズ・ローバック』pp. 20-21、東洋経済新報社、1969年。
131) 同上、p. 64。
132) 鳥羽欽一郎『アメリカの流通革新』p. 93；徳永豊、前掲書、p. 32。
133) すでに1908年までに、製造工場は18を数えたが、1918年までにはその数は25に増加し、23年には26工場に達した——鳥羽欽一郎『シアーズ・ローバック』p. 140。
134) 同上、p. 182。
135) C. Amory, *1902 EDITION OF The SEARS, ROEBUCK CATALOGUE*, Crown Publishers, Inc.
136) A. Mirkenn, ed., *1927 EDITION OF The SEARS, ROEBUCK Catalogue*, Crown Publishers, Inc., 1970.

第Ⅳ章
20世紀に誕生したブランド

1 はじめに

　20世紀に入るとブランドがあらゆる商品分野で誕生し、次第にブランド社会が実現することになる。

　すでに19世紀末までに登場した醸造ブランド、メカニズム・ブランド、一般ブランド、PB（プライベート・ブランド）だけではなく、これまで標準化の問題からブランドになるのは不可能に近いと思われていた農産物のブランドやサービス・ブランドが新たに生まれ、社会は次第にブランドで満たされるようになってきた。

2 醸造ブランド

2-1 バーボンウイスキーのブランド「ジム・ビーム」

　すでに第Ⅱ章においてヨーロッパと日本の醸造ブランドの事例については考察したが、アメリカの醸造ブランドの事例に触れないと公平にならないと思われるので、ここでは、アメリカの醸造ブランドを代表してバーボンウイスキーの「ジム・ビーム」について若干の考察を行うこととしたい。

　マーケティングの母国といわれるアメリカにも醸造ブランドの誕生とマーケティングの生成がみうけられる。その中にアメリカ独自の蒸留酒、すなわちトウモロコシを主要な原料とするバーボンウイスキーのブランドがある[1]。現在、バーボンウイスキーのトップ・ブランドは1795年に創業された「ジム・ビー

ム（JIM BEAM）」であり、1860年創業の「アーリー・タイムズ（EARLY TIMES）」、1877年創業の「I. W. ハーパー（I. W. HARPER）」などがその後に続いている。ここでは、それらのブランドの代表として「ジム・ビーム」の発展についての事例研究を試みてみたい。

アメリカの醸造業の多くはドイツ系アメリカ人により創業されてきたが、バーボンウイスキーの「ジム・ビーム」の源を尋ねればドイツからの移民の子孫である Johannes Jacob Boehm（Beam）によって1795年、ケンタッキーにおいて創業された。当初のブランドは「Old Jake Beam」であった[2]。

1820年、Jacob Beam の10番目の子供である David Beam が事業を引き継いだ。彼の子 David M. Beam が相続した1853年には「Old Jake Beam」は一般的には「Old Tub」として認識されるようになっていた[3]。このことは「Old Tub」がブランドとして展開され、それが消費者にブランドとして認知、評価され始めたことを意味するものである。

1880年代には鉄道の発展と電信の施設にともなって、「Old Tub」はその市場を拡大し、バーボンウイスキーの全国ブランド、すなわちナショナル・ブランドになっていた[4]。1898年には家族経営から脱却し、外部の資本を受け入れた[5]。その後、「Old Tub」は順調に成長していった。

1916年、4代目の Jim Beam 代表者就任[6]。

1919年、ボルステッド法、すなわち国家禁酒法が成立し、翌1920年から施行された。この法律によって、酒精飲料の醸造、販売、運搬、輸出入は禁止された[7]。その結果、バーボンウイスキーの「Old Tub」ブランドは消滅した。

1933年、憲法修正第21条が発効し、禁酒法は廃止された[8]。

1920年から1933年にわたる禁酒法の時代、Jim Beam は醸造以外の事業に手を出し、失敗。「Old Tub」のブランド企業、James B. Beam Distilling Company の経営権は Beam ファミリーの手から離れたが、1935年、同社は事業再開。Jim Beam は「Old Tub」ブランドのマスター・ディスティラーとなった。1942年、同社の株式の一部を保有していた Harry Blum は投資家たちからすべての株式を買い取った[9]。

1943年、「Old Tub」のブランド・ネーム権を失い、その代わりとして、ビーム家4代目かつマスター・ディスティラーの Jim Beam にちなみ新たなブ

ランド「Jim Beam」を創造。ここにバーボンウイスキーの「ジム・ビーム」が誕生したのである[10]。

　1957 年、「Old Crow」がバーボンウイスキーのナンバーワン・ブランドであり、「Jim Beam」は第 4 位にすぎなかった[11]。

　1966 年、ナンバーワンの「Old Crow」はそのままであったが、「Jim Beam」は第 2 位に肉薄した[12]。

　1967 年、Harry Blum は James B. Beam Distilling Company を American Brands, Inc.に売却[13]。

　1970 年、「Jim Beam」が「Old Crow」を抜き、アメリカ市場でナンバーワンのバーボンウイスキーのブランドになった[14]。

　1985 年、「Jim Beam」はアメリカのストレート・ウイスキー、バーボンウイスキーのなかで、世界で一番売れているブランドとなった[15]。（ちなみにバーボンウイスキーではないが「Jack Daniel's Black Label」が第 2 位である）。

　1987 年、「Old Crow」「Old Grand-Dad」「Gilbey's Gin」「Old Taylor」「Gilbey's Vodka」などを買収し、3 倍の規模になった[16]。

　1988 年、「Booker's Bourbon」登場[17]。

　1991 年、「Wolfschmidt Vodka」「Leroux cordials」「Ronrico runs」を含む 7 つのブランドを買収[18]。

　1997 年、American Brands, Inc.が Fortune Brands, Inc.になる[19]。同年、「Jim Beam」は依然としてバーボンウイスキーでは世界一であったが、「Jack Daniel's Black Label」にアメリカのストレート・ウイスキー、バーボンウイスキーの売上世界一の座を明け渡した[20]。

　2012 年、サントリー「ジム・ビーム」買収を検討、というニュースが流れる[21]。

　現在、「ジム・ビーム」はブランド拡張を試み、「Jim Beam White」「Jim Beam Black」などを創造し、展開中である。同ブランドは長い間、印刷媒体と電波媒体、そして、オンラインを使った広告とイベントの支援といった販売促進の努力を継続している。とりわけ、モーター・レーシングのチームを支援し、NASCAR の主要なスポンサーのひとつになっている[22]。

　今世紀に入り、「ジム・ビーム」のブランド力の高まりを背景にして、多く

の商品にライセンスが供与されている[23]）。

　したがって、「ジム・ビーム」の事例から、18世紀末ないし19世紀初頭には、アメリカにバーボンウイスキーの醸造ブランドが誕生したことが明らかとなった。それは農機具の「マコーミック」、ミシンの「シンガーミシン」といった多くのメカニズム・ブランドの誕生よりも半世紀前にさかのぼるものである。

　しかしながら、禁酒法の時代の後、当初のブランド「Old Tub」の商標権を失ったJim Beamは新たなブランドの創造をしなければならなくなった。そこで、自分の名前にちなみ「ジム・ビーム」ブランドを創造し、その展開に成功したのである。現在、国外市場において「ジム・ビーム」は、子会社のBeam Global Sprits & Wine社がThe Edrigton Groupと提携し、グローバルなブランド展開を行い、グローバル・ブランドとなっている[24]）。そして、バーボンといえば「ジム・ビーム」といわれるほどのブランド力を持ち、世界中の消費者から評価、支持されているのである[25]）。

　なお、「ジム・ビーム」は2014年、サントリーに買収され、現在ではサントリー・ホールディングスの傘下に入り、ブランド展開されている。

3　メカニズム・ブランド

3-1　自動車のブランド「シボレー」

　今日まで自動車のGM社の中核を担っている「シボレー」は1911年に創造されたブランドであるが、当初はGM社のものではなかった。馬車メーカーから自動車業界へ転換したウィリアム・C・デュラントは、1904年、ビュイック・アンド・シャーウッド社を買収し、それをもとに1908年にゼネラル・モーターズ・カンパニーを持株会社として設立し、「オールズモビル」「キャデラック」「オークランド（後のポンティアック）」などの自動車メーカー10社を主として株式の交換によって傘下に組み入れたのである。1910年に同社は

資金難に陥り、銀行管理となった。デュラントは追放されたが、再起を目指し、1911年に設立した会社（ミシガン・シボレー社）のブランドが「シボレー」である[26]。

この「シボレー」の名は会社とブランドの両方に付けられたが、それは有名なフランス人レーサー、ルイ・シボレーからきているもので、「シボレーという名に'音楽的響きと異国くささ'を感じる」ことから選ばれたのである[27]。また、1913年、ベイビー・グランド（ツーリング・カー）とロイヤル・メイル（ロードスター）に、あの有名なネーム・プレートがお目見えした。その由来は、旅行好きのデュラントが数年前に、フランスのホテルから引きちぎってきた壁紙の切れ端である[28]。

デュラントは、1915年に、ミシガン・シボレー社を中心にほかのシボレー関係会社を統合し、デュラウェア・シボレー社を創設し、今度は「シボレー」の成功を背景に、デュポン[29]やニューヨークの銀行家の援助のもとに、ゼネラル・モーターズ・カンパニーをシボレー株との交換という手段を使い手中におさめ、1916年に持株会社ゼネラル・モーターズ・コーポレーションとして新たに設立したのである。これが今日まで続くGM社である[30]。なお、同社は1917年には改組して持ち株会社から事業会社に変わったが、依然として多数の独立会社が緩やかに結びついた連合体にすぎなかったのである[31]。

こうして、「シボレー」はGM社のブランドとなったが、当時の自動車業界はフォード社の「T型フォード」が圧倒的なリードをしていた時代である[32]。

1920年、再度追放されたデュラントの後継者のアルフレッド・P・スローンは有名な事業部制に基づく分権的組織原則を作ったが、「シボレー」は自動車事業部の中のシボレー事業部として再編成された[33]。

1920年代に入り、アメリカ国民の所得の増大に伴い、安価で堅牢、黒一色、実用一点張りの「T型フォード」の魅力は失われつつあった。初めて自動車を買う層は少なくなり、買換え需要が支配的となりつつあった。彼らはもはや基本的輸送手段ともいうべき安い実用車よりも、値段は多少高くてもカッコいい車にひかれた。このような自動車市場の変化に対応するために、自動車メーカーの多くは生産よりもマーケティングに重点を移す必要を感じていた[34]。このとき、「T型フォード」に対抗する低価格車のブランドとして位置づけら

れたのが、他ならぬ「シボレー」であった[35]。

　GM 社はいわゆる「full line policy」でフォードに対抗したが、それは自動車市場を同質的なものとみなしたフォードに対し、市場を異質的とみなし、個々の区分市場に異なるブランド車種を位置づけ対抗しようとするものであり、その中心になったのが「シボレー」であった。新たにセダン・タイプに設計された「シボレー」はもはや「T 型フォード」の敵ではなくなった[36]。また、デザイナーのハリー・J・アールに「シボレー」のデザインを担当させ、大きな名声をえた[37]。

　この後、「シボレー」と「フォード」との低価格車を巡る競争は続くのである。

　GM 社のモットー[38]は「どんな財布にも、どんな目的にも適った車」であり、「シボレー」はその財布のうち、低価格の市場に位置づけられたのであり、「シボレー」は同社の 5 大ブランドのひとつとして、アメリカ的消費様式となる「buy now、pay latter」をもたらした割賦販売[39]、フランチャイズ制に基づく全国的ディーラー・システム[40]などの展開を背景として、価格よりモデル・チェンジ、デザイン、広告[41]に強く反応する新しい消費者の支持を得ることに成功し、今日まで続いているのである。

　このように、GM 社の「シボレー」は、生産第一主義の単一ブランドである「T 型フォード」とは異なり、明らかにコンセプトを明確にして再創造され、展開されたのである。順調に「シボレー」はグローバル・ブランドまで発展したが、GM 社が 2009 年経営破綻し、多くのブランドが廃止され、売却された。その中で「シボレー」は、新生 GM 社の中核をなすブランドのひとつとして位置づけられている。

4　一般ブランド

4-1　ビスケットのブランド「ユニーダ」

　ナビスコ社の前社名は 1898 年に成立したナショナル・ビスケット会社

(The National Biscuit Company) である。同社は、アメリカン・ビスケット・アンド・マニュファクチュアリング会社（The American Biscuit and Manufacturing Company）、ニューヨーク・ビスケット会社（The New York Biscuit Company）、ユナイテッド・ステイツ・ベイキング会社（The United States Baking Company）および114の生産者が合併して設立されたトラスト企業である[42]。

ナショナル・ビスケット会社の初期の目的は価格と生産を統制することであった。しかしながら、同社は基本方針を変更し、とりわけ商品の品質向上および流通条件の改善に力を注ぐようになった。従来の卸へ大量に販売することをやめ、小売へ小規模販売することになった[43]。当時の商品のブランド名は「ボストン」「ハーバード」「ケンブリッジ」といった地名が使われる程度であった[44]が、同社は販売や消費者への接触の手段としての広告のためにブランドを開発することになった[45]。そこで選ばれたのが「ユニーダ（Uneeda）」というブランド・ネームであり、商標登録された。この「ユニーダ」は広告により普及されると同時に、小さなパッケージに包装され、販売され始めたのである[46]。このパッケージは20世紀初頭ではまさに包装革命であり、斬新な販売革新であった[47]。「ユニーダ」の知名度は全国的に高まり、1900年までに売り上げが3,500万ドルを超え、1カ月間の販売量は1千万個に達した。ほかのクラッカーの年間販売量の合計が50万個であったことから、「ユニーダ」がいかに消費者に支持されていたかが想像できる[48]。

また、同社は、「スリッカー・ボーイ」として知られるシンボルの使用を始めている[49]。

同社は全製品を個別包装化したのではなく、量り売りも並存していたが、1908年までに44種類ものパッケージ製品を開発した。中でも売り上げに貢献した「ユニーダ」以外のブランドのひとつが有名な「オレオ」である。同社はプロモーションを多用して消費者からの支持を獲得することにより、小売店が同社のブランドを扱わざるをえない状況を作り出した。また、同社のセールスマンは全国の小売店を巡回したが、売り込みよりも、店頭陳列や販売方法に関するサービスを提供することが役割であった。その結果、同社の企業名と「ユニーダ」は、深くアメリカ人の生活に浸透し、アメリカ人の子供時代の思い出

の一部となっている[50]。

　このように、トラスト企業であるナショナル・ビスケット会社は、生産を独占すれば、販売すなわち消費市場を支配できると当初は考えていたが、アウトサイダーである競争業者が存在したため、完全独占を目指すことを放棄し、その代わりとして、消費市場へ直接進出したのである。市場の消費者の重要性が認識され、ブランドを創造し、パッケージの革新を行い、広告を開始するとともに、新たなチャネル政策を採用し、セールスマン活動を行うという企業行動を始めたのであり、これはまさにマーケティングの生成、開始であるということができよう。その中心が同社のブランド「ユニーダ」ということになる。

　その後、成長、発展したナショナル・ビスケット会社は、1971年に社名をナビスコ社（The Nabisco, Inc.）と変更したが、これは1901年から使用していた同社の略式企業名「ナビスコ（NABISCO）」がすでに一種の企業ブランド化しており、それを社名にしたのである。また、1981年にはNabisco, Inc.、1985年には合併によりR・J・R・ナビスコ社（RJR Nabisc）と社名を変更[51]し、企業形態が変わったが、ブランド群の多くはそのまま使用され、ロングセラー・ブランドとなっている[52]。

4-2　タバコのブランド「ラッキー・ストライク」

　タバコのグローバル・ブランドとして知られる「ラッキー・ストライク」は、もともとアメリカン・タバコ社（The American Tobaco Co.）から販売されていたブランドであったが、同社は1967年にアメリカン・ブランズ社（American Brands. Inc.）と社名変更し、1994年にはブリティッシュ・アメリカン・タバコ社系列のブラウン・アンド・ウィリアムソン社に買収され、現在に至るという長い歴史がある[53]。

　この「ラッキー・ストライク」には、実は、アメリカン・タバコ社以前にも歴史がある。そもそも「ラッキー・ストライク」は、1856年、ヴァージニア州の元医師R・A・パターソン博士のタバコ会社の細かく刻んだ噛みタバコに付けられたものである[54]。1850年代中期はカリフォルニアのゴールドラッシュとコロラドの銀発見の時代で、「ラッキー・ストライク（Lucky Strike）」

の由来は、ゴールド・ラッシュ時に金鉱を掘り当てた者が発したスラングから来ているといわれている[55]。

発売当時のパイプ用のタバコのパッケージデザインは、ハンマーを振り下ろしているたくましい腕の絵であった[56]。その当時の「ラッキー・ストライク」はローカル・ブランドのままであったが、そのブランドを持っていたパターソンの会社が1905年にタバコ・トラストであるジェームス・B・デューク（James B. Duke）のアメリカ・タバコ社に買収され、同社のものとなった[57]。

デュークは1881年に紙巻タバコ製造事業を始めたが、当時はまだ新製品であったこの紙巻タバコはほとんどが都市で売られていた。煙草巻き機械を生産に導入し、大量生産が可能となるとその生産量はやがて需要を超えてしまった。そこでまず包装の改良[58]を行い、それとともに広域広告[59]を通じて市場を拡大し、かつ全国的販売組織をつくりあげた。彼は、マーケティング部門を設ける一方で、全国の煙草栽培地区における問屋と仲介人の組織網をつくっていった[60]。

しかしながら、タバコは容易に製造できる商品で生産者が多数存在し、競争は激しいものであった。当時のアメリカはトラストの時代であり、デュークは競争の排除と市場支配のために、デューク社を中心に合併、買収を行いタバコ・トラストのアメリカ・タバコ社を設立した。同社は1899年には45、1901年には100以上にわたる多数のブランドを持つことになり[61]、「ラッキー・ストライク」はほとんど忘れられたブランドであった。アメリカ・タバコ社はあらゆるタイプの喫みタバコと噛みタバコにわたる全製品ラインの開発を行い[62]、タバコ業界とタバコ市場を完全に掌中においたのである[63]。

ところが、アメリカ・タバコ会社は、1911年、反トラスト法により、分割され、小規模になったアメリカン・タバコ社、リゲット・アンド・マイヤー社、P・ロリラード社、R・J・レイノルド社に分割され[64]、「ラッキー・ストライク」はトラスト会社の名前を引き継いだアメリカ・タバコ社に帰属することとなった[65]。トラスト解体後、分割された企業同士の競争が始まり、それはブランド競争となったのである。

それまで数多くのブランドがあったが、それらは単なる商品の名称にすぎず、どれも一定以上の市場シェアを持つものがなかったが、次第にブランドの重要

性が認識され始めた。旧アメリカ・タバコ社分割の際に、同社が保有していたブランドをほとんど継承しなかった分割会社のひとつのR・J・レイノルド社が、新たに「キャメル」ブランドを開発し、著しい成功をみたので、分割会社アメリカン・タバコ社は、それに対抗するブランドとして、同社が権利を引き継いだ「ラッキー・ストライク」を紙タバコのブランドとして1916年に再生、復活させたのである[66]。「ラッキー・ストライク」は、次第に消費者の支持を得て、1930年にはそれまでのトップ・ブランドであった「キャメル」を抜き、No.1のブランドとなった[67]。

「ラッキー・ストライク」は「キャンディの代わりにラッキーを（Reach for a Lucky Instead of a Sweet）」といった有名なキャッチフレーズの広告コピーを発表し、大きなセンセーションを引き起こした[68]。

このようにタバコ産業もようやく1910年代からブランドの本格的な創造、展開を開始し[69]、それとともに広告競争にみられるように、マーケティングの本格的な生成がみられ、その結果、「ラッキー・ストライク」「キャメル」「チェスター・フィールド」の上位3つのブランドで市場の80％以上を占めるようになった。一度放棄された「ラッキー・ストライク」は、1916年に再生、復活され、消費者の支持を得て、展開に成功し、その後、リージョナル・ブランドを経て、現在ではグローバル・ブランドのひとつとして君臨しているのである[70]。

4-3　ファッション・ブランド「ルイ・ヴィトン」

(1) はじめに

誰もが知っているブランド「ルイ・ヴィトン」。多くの日本人が好み、多くの女性が最低ひとつ以上は持っているといわれる「ルイ・ヴィトン」。ブランドの中では最も有名なもので、テレビCMを見た記憶はないが、大げさにいえば、どこへいっても見かけるし、ファッション雑誌でもよく目にするものである。ブランドの代名詞のように語られる「ルイ・ヴィトン」であるが、ブランド・マーケティング論ではあまり研究が行われていないようである。枕詞のように使われたり、コメントされることはかなりみうけられるが、これまで本

格的なブランド発展史研究の研究対象となったことは残念ながらほとんどない。

そのようななかで「ルイ・ヴィトン」のブランド・マーケティングの代表的研究者というよりは、現在のところ唯一といっていい研究者で、多くの「ルイ・ヴィトン」についての著作、論文を表している長沢伸也は次のように論じている[71]。

「まず第一に考えられることは、従来のブランド・マネジメント論ではラグジュアリー・ブランドが注目されにくいためである。より直接的には、ラグジュアリー・ブランドがブランド・パワーのランキングの上位に入っていないからである。これは、LVMHが持ち株会社であって、売るべき商品を直接には持たないことが大きいと考えられる。また、グループ傘下の各企業は、コモディティのメーカーと比べれば規模もそれほど大きくないので埋没してしまう。また、従来のブランド・パワー測定法、ブランド・マネジメント論、そしてマーケティングが、マス・マーケティングを基本に考えられており、関心はそちらに向けられている。ブランド・ランキングの上位を占め、ブランド・マネジメントの中心に位置するのは、コカ・コーラやマクドナルドといったマス・マーケティングのブランドである。

第二の理由として考えられることは、ブランド・マネジメント論やマーケティングはアメリカ生まれのアメリカ育ちであって、研究者の目がヨーロッパに向けられにくいためではないだろうか。

ヨーロッパ型のクリエーション至上主義から生まれるヨーロッパ製品は文化価値的、美的価値的である。一方、アメリカでは、市場も新しく、ここで生み出された『マーケティング概念』はヨーロッパ的なものとはおよそ異質のものである。したがって、マーケティングやブランドといえば、アメリカのものが中心で、ファッションもヨーロッパのクリスチャンディオールではなく、アメリカのラルフ・ローレンがブランド・ランキング入りし、これが取り上げられて論じられている事実を考えると、納得がいく」。

上述した長沢伸也のブランド・マーケティング研究批判[72]については、いずれ詳しく検討する予定であるが、彼が指摘しているように「ルイ・ヴィトン」の本格的な研究が試みられていないのは私の知る限り事実のようである。ただし、彼のマーケティングの見解は私のものとは異なるものである。本書の

まえがきで示した「マーケティング」はブランド・マーケティングと同義であり、ブランドの創造、展開、管理からなるという私の理解[73]では、マーケティングは一般的、普遍的、ユニバーサルなものであり[74]、すでに論じたように[75]、アメリカに限定されるものではない。また、私のブランド理解では、すべてのブランドがブランドであり、ラグジュアリー・ブランドもその他のブランドと何ら変わることなくブランド・マーケティングの研究対象となるものなのである。

そこで、ヨーロッパ・ブランドの本場のひとつの国であるフランスを代表するブランド、かつ150年もの歴史を有するといわれる「ルイ・ヴィトン」のブランド発展の事例研究を試みることにする。しかしながら、「ルイ・ヴィトン」の神話や逸話は数多く紹介されているが、ブランドの発展とりわけブランドとしての「ルイ・ヴィトン」の誕生から初期の発展についての十分な研究はもちろんのこと入手可能な文献や資料が少なく、多くの制約がある中で、あえていえば、「ルイ・ヴィトン」というブランドの発展史を通してヨーロッパのマーケティングの生成およびブランド・マーケティングの新たな理解を試みるものである。

(2) ブランド以前

1854年、初代 Louis Vuitton が世界初となる旅行用鞄の専門店をパリに開店したのが後のルイ・ヴィトン社（Louis Vuitton Mallertier）の創業であるといわれる[76]。この創業者の名前がそのまま社名になり、今日の企業ブランド、「ルイ・ヴィトン」のルーツとなるのである。

1980年には創業125周年[77]、2005年には創業150周年[78]を迎えたのである。しかし、創業時にはまだ「ルイ・ヴィトン」ブランドは創造されていないのである。というのは、当時旅行をするのは限られた人々、すなわち王侯、貴族など一部の特権階級の人であり、初代 L. Vuitton は彼らが旅行に出かけるときに衣類を収納する木箱を注文に応じ作っていた梱包業者兼荷箱製造職人であり、まだブランドの誕生というわけではない。

19世紀は交通機関の革命の世紀であり、それまでの馬車だけではなく客船や汽車が発達した。その変化に対応するように、L. Vuitton は客室にそのまま

持ち込めるトランク「ワードローブ」を考案し[79]、たとえば、ナポレオン3世の皇后ユージェニー、エジプト総督のイスマーイール・パシャ、ロシアのニコライ皇太子（後のニコライ2世）、スペイン国王アルフォンソ12世、そしてインドのマハラジャなどが顧客となり、大きな人気と名声を得たのである[80]。また、彼らが掲載されている顧客リストは豪華絢爛、文字どおりトランク名士録の感がある[81]。したがって、顧客は世界各地の王侯貴族を中心としたセレブであり、当初よりグローバルなビジネスであった。

1867年、（日本が初めて参加した）パリ万国博覧会で銅メダルを獲得、1889年、パリ万国博覧会で、金賞を獲得[82]。さらに、1893年のシカゴ万国博覧会にも出展している[83]。その結果、模倣品が出回るようになったのである。

1888年、初代 L. Vuitton の長男で2代目となる Georges Vuitton が模倣品防止のため、ベージュと茶褐色のチェス盤に「ルイ・ヴィトン」の銘が入った「ダミエ・ライン」と呼ばれるデザインを考案[84]し、これを商標登録している[85]。

1892年、ハンドバッグの販売を開始。トランクとハンドバッグが掲載された最初のカタログがリリースされる。これが「ルイ・ヴィトン」のバッグのルーツとなるものである[86]。

1896年、ダミエの模倣品が出回っていたことから、トレード・マークとなる布地を新たに発表した。モノグラム・ラインと呼ばれることになるその模様は、さまざまなシンボルとともに「ルイ・ヴィトン」を示す「LV」というマークが描かれている[87]。したがって、19世紀末までには明らかに今日まで続くブランドである「ルイ・ヴィトン」が誕生したようにみなされるが、いまだ職人による一品ごとの受注生産であり[88]、厳密にいえば、ブランドの誕生ではない。もちろん、ブランドのルーツであることは間違いのないことである。

したがって、ブランド誕生以前から「ルイ・ヴィトン」は多くの情報を創造し、発信し、評価を得ており、あとは時を待つだけであったといえよう。また、「ルイ・ヴィトン」は早い時期から商標登録[89]をしたにもかかわらず、その誕生から今日まで、多くの模倣品や類似品、コピー商品が出回り、それらとの戦いが続いていることも大変興味深い。

(3) ブランド化の開始

「ルイ・ヴィトン」が名実ともに正式にブランドとなるのは、他のラグジュアリー・ブランド、たとえば、20世紀前半にすでにアメリカ市場でブランド展開が始まった「ポワレ[90]」や「シャネル[91]」などよりかなり遅く、後述するように1970年代末になってからである。というのは、「ルイ・ヴィトン」は「エルメス」とともに代表的な職人仕事による限定少量生産であり、山田登世子は「これをもって初めて貴族財は商品となり、今日私たちの知るようなブランドになったのだ[92]。」と論じている。しかしながら、私の見解は異なるものであり、たとえロゴに相当するグリフが付されることが開始されたとしても、それだけではまだブランドとはいえないのである。というのは、すでに提示したように私のブランドの定義は「ブランドとは、企業が（標準化、均一化、規格化された）モノやサービスに情報を付加して、創造し、展開したものを市場における消費者が『ブランド』として認知、評価、支持したものである[93]」というものであるが、それは職人生産ではなく、均一な規格品の大量生産の開始と不特定多数の消費者の存在がブランドの誕生の前提条件となる。

したがって、「ルイ・ヴィトン」はすでにかなり以前からブランドとして生成されたとみなされているが、厳密にいえばブランドとなるのは、職人生産による少量生産から、ある程度の大量生産と不特定多数の消費者を前提とした見込み生産を開始した時点からと考えざるをえない。つまり、職人による受注生産もしくはそれに近い少量生産という形態での生産・販売には、生産者である職人と発注者である顧客とのギャップは小さく、あえてブランド化する必然性がないということなのである[94]。

「ルイ・ヴィトン」のブランド化に少なからず影響を与えたのがほかならぬ日本人の消費者だといっても過言ではない。そこで、日本における「ルイ・ヴィトン」について、長年ルイ・ヴィトン・ジャパン社の社長であった秦郷次郎の著書をみてみよう。彼によれば、1976年当時、赤坂、六本木、渋谷、銀座などのいたるところで、さまざまな店のショーウィンドウに「ルイ・ヴィトン」のバッグが3個とか5個といった単位で飾られていたが、おそらくこれらは並行輸入に基づくものであり、日本で唯一、ルイ・ヴィトン本社と直接取引していたのが大阪に本社のある輸入卸商、サン・フレール社であり、三井物産

第Ⅳ章　20世紀に誕生したブランド　101

を通して輸入された「ルイ・ヴィトン」は、赤坂東急ホテルのショッピング・アーケードにあったアン・インターナショナルのショップのコーナーで販売されていた。しかし、在庫はまったくなく、次の入荷についてもわからないという状態であった[95]。すでに日本市場には「グッチ」「エルメス」「ロエベ」などのヨーロッパのブランドが参入していたが、それに比して「ルイ・ヴィトン」はかなり遅れて参入しようとしたのである[96]。

　当時のルイ・ヴィトン社は、名前こそ知られていたが、まだ小さなファミリー会社であった。同社は19世紀末から20世紀前半まで続いた政治、社会、経済の変動、2度にわたる世界大戦という未曾有の混乱によって多くの王侯貴族をはじめとした顧客を失ったにもかかわらず、生き残ったが、その過程で新たな顧客を求めてアメリカ市場[97]に本格的な進出をしなかったので、「ポワレ」のように失敗、倒産することにはならなかった。ルイ・ヴィトン社の直営店はフランスのパリとニースの2店舗であったが、徐々に発展し、次第に全世界に拡大した。まず、1885年にロンドンのオックスフォード街に支店を開設している[98]。また、その他にも西尾忠久によれば、ホノルル、グアム、ジュネーブ、チューリッヒ、ミュンヘン、デュッセルドルフ、ハンブルグなどにすでにルイ・ヴィトン社の直営店があり、グローバルな展開がみうけられるといえよう[99]。このような市場の拡大に対し、ルイ・ヴィトン社はこれまでのパリのアニエール工場から1977年にはサン・ドナ工場とサラ工場[100]を増設して生産を拡大し、1970年末までには見込み生産と大量生産を始めたのである。

　すでに述べたことだが、ロンドン支店の開設に見られるように、「ルイ・ヴィトン」はブランドとしてフランス国外の市場に進出しているので、リージョナル・ブランドではないかと思われるが、それはブランドのルーツのひとつであり、私の理解ではブランド以前のモノ商品の高級品ということになる。また、アメリカ市場についていえば、製造から販売までのライセンスを与えていたカリフォルニア州にあるフレンチ社をルイ・ヴィトン社が買収し[101]、ここからブランド「ルイ・ヴィトン」が名実とともに誕生するのである。

　ブランド誕生から、時を経ずして、すでに「ルイ・ヴィトン」はヨーロッパ、アメリカ[102]、日本のそれぞれの市場の消費者の評価と支持を得たブランドとなっていたので、「ルイ・ヴィトン」のブランド展開はローカル・ブランド→

ナショナル・ブランド→リージョナル・ブランド→グローバル・ブランドという典型的な展開プロセスを順次時間をかけゆっくりと展開することなく、一挙にグローバル・ブランドとなったのである。

しかしながら、「ルイ・ヴィトン」のブランド企業となった同社は、当初、ブランド・マーケティングを十分に理解していなかったようであり、まだ厳密にいえばフランスのブランドのままであったといえる。

その後、日本市場での展開については著しいものがある。この過程で同社はブランド・マーケティングの多くのことを学んだようである。

1978 年、日本支社の設立。

1981 年、ルイ・ヴィトン・ジャパン株式会社設立。これ以後、ルイ・ヴィトン・ジャパン社が、フランスのルイ・ヴィトン本社から直接「ルイ・ヴィトン」を輸入し、国内の店舗に供給するようになった。それまでのディストリビューション契約、マネジメント・サービス契約を一本化し、ルイ・ヴィトン・ジャパン社が在庫を持つ、直営店方式へと移行した。つまり、ルイ・ヴィトン・ジャパン社が百貨店から場所と人を借り、自らの基本方針にのっとってビジネスを展開する本当の意味での「ルイ・ヴィトン」のマーケッターになったのである。

同年、銀座に日本での直営第 1 号店を開設する[103]。その後、ルイ・ヴィトン・ジャパン社の社長となった秦郷次郎は、商品よりはブランドを理解してもらうことを前提としたマーケティングを行い[104]、「ルイ・ヴィトン」のブランド価値を高めるとともに市場の拡大と消費者の評価と支持を得ることに成功したのである。その結果、日本市場はそれまで最大であったアメリカ市場[105]を抜いて最大の市場となり、売り上げの 3 分の 1 を占めるようになり、日本人が海外で購買する「ルイ・ヴィトン」を含めると、日本の消費者がほぼ半分近くを占めているといわれている[106]。

したがって、日本でのブランド・マーケティングの大成功、すなわち日本の消費者の圧倒的な評価と支持を得ることによって、「ルイ・ヴィトン」はいよいよグローバル・ブランドへの道を歩むこととなった。

(4) グローバル・ブランド

　これまでのルイ・ヴィトン社のビジネスはパリを中心としたローカルなものであった。次第にヨーロッパ諸国、そして、第二次大戦後にはアメリカにも進出し、リージョナルなものとなったが、同社の製品はまだブランドではなく、あくまで職人による少量生産の高額な高級品ないしは超高級品というモノ商品であった。その後、1970年末の頃、「ルイ・ヴィトン」は前述したようにブランド化をなしえ、同社は1977年に家族経営から脱皮し、持株会社「Louis Vuitton S. A.」となり、1984年には、パリとニューヨークの証券市場に上場した[107]。

　1985年、最高級の本皮に稲穂のイメージの型押しをして着色したエピ・ラインを発表、時代の変化にも敏感に対応している[108]。

　1980年代の日本での大成功により、「ルイ・ヴィトン」は一挙にグローバル・ブランドとなったのである。

　ルイ・ヴィトン社の創業からの150年の間には、社会環境が大きく変化し、それに伴って旅行の移動手段が馬車から汽船、汽車へ、そして、飛行機へと発展し、旅行者も増大し、旅行自体も大きく変わった。バックも従来の大きく丈夫で重たいトランクから軽い旅行バッグへと変わったのである。第二次大戦後、いくつかの変遷を経て、1960年代ごろから女性の社会進出が始まり、旅行バッグではない、小物入れとしてのバッグが必要とされてきた。そのニーズに応えたのがまさに「ルイ・ヴィトン」であった。ここに新たな顧客、女性が生まれ、彼女たちから評価、支持され始めたことが「ルイ・ヴィトン」の成功の背景となっているのである。しかもこの女性の社会進出は1920年代にアメリカで始まっただけではなく、徐々にヨーロッパ、日本、そしてその他の世界各国とグローバルにみられるようになったのである。換言すれば、「ルイ・ヴィトン」にはグローバルな成長のチャンスをもたらした女性市場が出現し拡大したのである。まさにここに「ルイ・ヴィトン」は創業以来の王侯貴族といったセレブから新たな顧客と市場をグローバルに見出したのである。

　1989年、香港発の店舗をオープン。

　1992年、中国初の店舗を北京にオープン。

　日本での評価、支持にとどまらず、かつてアジア・ニーズといわれた香港、

台湾、韓国、シンガポールそしてBRICsといわれる中国などの新興国が次々に経済発展し、その結果、豊かな消費者が続々と生まれ、彼らも「ルイ・ヴィトン」を評価するようになり、まさに「ルイ・ヴィトン」はグローバル・ブランドとなってきている。たとえば、最近外国旅行の規制が急激に緩和され始めた中国から大勢の観光客が、日本は中国とは違い偽物がなく、安心ができるといって、銀座の「ルイ・ヴィトン」の店に行き、「ルイ・ヴィトン」を買い漁っているのがマスコミでよく報道されている。まるでかつての日本における「ルイ・ヴィトン」神話が中国の一部の富裕層の消費者に乗り移ったかのようである。

また、メセナの一環として、1983年には、ヨットの一大イベントであり、1851年から続いているアメリカス・カップの挑戦艇選抜シリーズ、ルイ・ヴィトン・カップのスポンサーとなった[109]。

現在では世界中の都市に直営店、販売店があり、また、世界中の空港の免税店で販売されている「ルイ・ヴィトン」は今や名実ともにグローバル・ブランドになったのである。

(5) 模倣品、類似品、コピー商品との戦い

すでに論じたように、「ルイ・ヴィトン」はブランド化する以前から多くの模倣品、類似品、コピー商品といった偽物との1世紀を越える長い闘いの歴史を経て今日に至っている。

法を犯してまでもブランドの偽物の商売をするかどうかは、①偽物の市場があり、それを買う消費者が存在する、②儲かる可能性と捕まる恐れとの相対的比較、③商業倫理、道徳、これらの要素の組み合わせであるが、それは国によって異なりグローバルにみれば一律ではない[110]。したがって、欧米水準の価格のせいでブランドにはごく裕福な人たちしか手が届かないという国では、偽物がギャップを埋めているのが現実である[111]。

ところが、消費者のレベルが高くなったと思われる日本でも相変わらず偽物がかなり横行している。それは本物でも偽物でも構わないという日本人がいまだかなり多いということなのである。「本物そっくりの偽造、模造品が国内に大量に持ち込まれ、出回っているのである。税関や警察の摘発も行われている

が、氷山の一角にすぎない。漁船や貨物船による大量密輸や、鞄バイヤーと呼ばれる個人業者が大型トランクで持ち込む密輸品を含めると、日本には毎年、ブランドによっては何と本物の倍以上のニセモノが押し寄せているのだ。そして、販売手口も街頭の露店から、ホテルの宴会場をつかったバーゲンセール、インターネット販売、国際的な通信販売からパチンコの景品と多方面に広がり、一向に衰えを見せない。それに対する罰則も甘く、取り締まりは焼け石に水の状態だ[112]」。

「ルイ・ヴィトン」に対する消費者の信頼のためにルイ・ヴィトン社は、ただ乗りする模倣品は絶対に許さないという強い姿勢を創業以来貫いている。現在では、「国境を超えて暗躍する模倣品の流通ネットワークと戦うため、パリの本社とローマ、ニューヨーク、ブエノスアイレス、香港、上海などを拠点とする対策チームが連携して、本社が取得した商標権や意匠権などの知的財産権を使った模倣品対策を世界各国で実施している。日本における模倣品対策はLVJグループ知的財産部が担当しているが、日本はルイ・ヴィトンにとって最も大きな市場であり、特に重責を担っているといえる[113]」。

たとえば、2000年の暮れ、ルイ・ヴィトン・ジャパン社はネット通販モールを運営している楽天市場に一通の警告状を送った。「本家のルイ・ヴィトン社が製造も発売もしていない携帯電話のストラップを販売していたからだ。しかも、『ルイ・ヴィトンの携帯ストラップ、なんちゃって』などと、有名ブランドをからかうような宣伝文句で堂々と売っていたのだ。明らかに商標法違反（商標の不正使用と商法権の侵害）、不正競争防止法（自社製品との誤認混同）の疑いが持たれる商品である[114]」。また、「2005年の1年間で、偽造品をめぐる告発は1万3千件以上、強制捜査が約6千件、逮捕された偽物業者が千人近くにのぼるという[115]」。なお、現在では、「ルイ・ヴィトン・携帯ストラップ・ビジュー・テレフォンヌ・フルールローズ」などが販売されているが、それとは別にいまだネットでは「ルイ・ヴィトン」のスーパーコピーとして本物の定価の何十分の一の安い価格で販売されている[116]」。

したがって、「ルイ・ヴィトン」の展開だけではなく、偽物からブランドを守る継続的な管理が重要な課題となっているのである。換言すれば、消費者の「ルイ・ヴィトン」への評価と支持が続く限り、多くの模倣品、類似品、コ

ピー商品との闘いがこれからも続くのである。

(6) 新たな展開

1987年、ルイ・ヴィトン社とモエ・ヘネシー社との合併により、世界最大のブランド企業LVMHモエ ヘネシー・ルイ ヴィトン社が誕生したのである[117]。その後、同社は、Bernard Arnault[118]が総帥となり、多くのブランド企業を買収し[119]、5つの事業会社からなる持ち株会社[120]となり、さらに巨大化したのである。「ルイ・ヴィトン」はLVMHグループのファッション・レザー事業セクーの事業会社ルイ・ヴィトン・マルティエが展開することになった[121]。

LVMHグループの傘下となった「ルイ・ヴィトン」はブランド・イクステンションを開始したのである。「モードの世界に接近し、伝統のバッグをおしゃれバッグでもあると思わせること——それは、この老舗ラグジュアリー・ブランドの採った思い切った戦略だった[122]」。

1998年、デザイナーにマーク・ジェイコブスを迎え、アメリカン・カジュアルなテイストを持ち込んだ[123]。これはブランド・エクステンションの多様化に相当するものであるが、それとともに多角化に相当するファッションにまで拡大し、プレタポルテとシューズのコレクションを発表した。また、モノグラム・ヴェルニラインも併せて発表。これ以降、「ルイ・ヴィトン」は新たなブランド再創造とアイテム・ブランドの拡大を試みている。

1999年、ミレニアムに向けての限定品の3種、サイバーエピライン、グッド・ラック・ブレス、ミニトランクを発表[124]。

2003年、日本人デザイナー村上隆とのコラボレーションにより、黒地あるいは白地にモノグラムをカラフルに配した「モノグラム・マルチカラー」を発表[125]。

2005年、カジュアルなシリーズ「アンティグア」を発表[126]。

2006年、「モノグラム・ペルフォ」「モノグラム・デニム」を発表[127]。

2007年、「モノグラム・ミンク」「モノグラム・ミラー」「ポルトモネ・クール」「モノグラム・レース」「デニム・パッチワーク」「ポルカドット」など、少数生産、多数コレクションになりつつある[128]。

「ルイ・ヴィトン」は新たな挑戦を始めているのである。

(7)「ルイ・ヴィトン」のブランド・マーケティング研究

このように著しい成功を収めた「ルイ・ヴィトン」に対する関心が急速に高まり、このところ「ルイ・ヴィトン」のブランド・マーケティング研究がファッションからだけではなくマーケティングからも試みられてきている。

まず、「ルイ・ヴィトン」研究の第一人者である長沢伸也は、「ルイ・ヴィトン」のブランド・マーケティング論を展開している[129]。彼は市場も文化も新しいアメリカで生み出された「マーケティング概念」はヨーロッパ的なものとはおよそ異質であると論じながら、これまでのアメリカ・マーケティング研究での基本的枠組みを用いて、「ルイ・ヴィトン」というラグジュアリー・ブランドの戦略を4P、すなわちProduct（製品）、Price（価格）、Place（経路）、Promotion（販促）によって体系的に分析し、一般消費財とは異なるブランド・マーケティングを提唱している[130]。しかしながら、彼の説明では、ブランドとプロダクト（製品）の関係が明確でなく、プロダクトの法則の章[131]で扱っているのはほとんどがブランドについてのもので、独自のラグジュアリー・ブランド・マーケティング論を無理やり旧来のプロダクト・マーケティング論の枠組みにあてはめたものとなっている。したがって、「ルイ・ヴィトン」についての研究と紹介のパイオニアとして大なる貢献があるが、彼の論は若干おかしなものとなっているといわざるをえない。

次に、平山弘は、「ルイ・ヴィトン」は経験価値をマーケティングに取り入れていると論じ[132]、これまで見過ごされてきた消費者側の立場に立った経験価値の存在にいち早く気付き、消費者の持つ感覚的な価値や観念的な価値にまで踏み込んでブランド価値を再構築してきた方向性を高く評価している[133]。

「ルイ・ヴィトンにおけるブランド価値の二重構造循環は、顧客とルイ・ヴィトンのショップとの関係を一次市場とみなし、そこでは本来のブランド価値に基づいた商品売買がおこわれ、修理を必要とされる商品についてはリペア・サービス部門に持ち込まれ、その思い出とともに再度修理が施され、経験価値が消費者とルイ・ヴィトン側双方にも、経験価値というブランド価値が積まれていくことになるかと思われる。続く二次市場においては、上記で購入さ

れた商品の一部が真の顧客ではない消費者によって中古市場に流れ、一方でこれまで培われてきたブランド価値が一時的にせよ希薄化し喪失していくという前提に立っており、他方で再度購入を希望する消費者の出現により、新たな消費の場が構築されることからブランド価値の再付加が行われる場となっている[134)]」。

しかしながら、この見解は本来のブランド論で分析の対象になるのは彼のいう一次市場であり、したがって、若干かけ離れた論であり、検討の必要があるかと思われる。さらにまた彼は、不思議なことに「ルイ・ヴィトン」の日本市場におけるブランド展開について長沢伸也と同様に4Pで説明している[135)]。

堺屋太一はブランドには、1. 伝統ブランド、2. 大量生産ブランド、3. 知価ブランドの3種類があるが、「ルイ・ヴィトン」は、大量販売の高知名度商品でありながらも知価ブランドであるとしている。大量販売と高級感、どこでも見られるポピュラリティーと非日常的高価格、この双方を「ルイ・ヴィトン」は持っているが、これを創造する公式的な手法はない、と論じている[136)]。

原田保と片岡裕司は新たな観点から「ルイ・ヴィトン」のブランド・マーケティングを分析している。彼らは企業と顧客がブランドをともに創造する共創関係を部族性と名付け[137)]、「ルイ・ヴィトン」は感覚共鳴型部族ブランドの代表的存在であるとし、「絶えず他者の象徴性を取り込みながらも、古き良き宮廷ブランドとしてのスタイルを維持し続けることにより、顧客の熱狂的支持を獲得しているのである[138)]。」と論じている。

以上、「ルイ・ヴィトン」についてのブランド・マーケティング研究をみてみたが、最近、急速に研究者の関心が高まってきていることの一端がうかがえる[139)]。しかしながら、どの研究も「ルイ・ヴィトン」をラグジュアリー・ブランドとして特別な観点から論じたもので、少なくとも私のブランド理解とはかなり異なるものとなっている。今後、ラグジュアリー・ブランドではなく、一般ブランドとしての「ルイ・ヴィトン」を研究することが期待される。

(8) 若干の考察

インターブランド社のベスト・グローバル・ブランド・ランキングによれば、「ルイ・ヴィトン」は、2001年第38位、2002年第41位、2003年第45位、

2004年第44位、2005年第18位、2006年第17位、2007年第17位、2008年第16位、2009年第16位、2010年第16位と常にベスト100に入っており、ここ数年は第16位をキープしている。もちろん、いわゆるラグジュアリー・ブランド、ファッション・ブランドのなかでは第1位の評価である[140]。同ブランド・ランキングについては、その評価基準に問題がないわけではないが、この10年間、常にベスト100位に入り続け、しかも順位が上がってきている「ルイ・ヴィトン」が有力なグローバル・ブランドであるのは明らかのようである。

しかしながら、「ルイ・ヴィトン」を評価・支持しているのはほかでもない日本市場である。すでに記したように、その売り上げの3分の1以上が日本市場といわれているが、日本人の消費者が海外の「ルイ・ヴィトン」の直営店、販売店、免税店で購買する分を含めると半分以上になるであろうと推定されている。したがって、第2、第3の日本市場、消費者を見出さなければ、「ルイ・ヴィトン」はグローバル・ブランドではなく、日本市場のナショナル・ブランドになり下がってしまう恐れがあるかもしれない（しかしながら、幸いなことに著しい経済発展をみせている中国市場、中国人の消費者が第2の日本市場、消費者となりつつある）。

なお、本事例研究によって、ルイ・ヴィトン社は老舗には違いがないが、厳密に考えてみれば、これまでいわれてきた時期より、「ルイ・ヴィトン」のブランド誕生がかなり遅く、しかもその展開も特異なものとなっているのが新しい発見であった。したがって、ルイ・ヴィトン社のマーケティングの開始が20世紀の後半になったことから、フランスのマーケティング理解の一端がうかがわれる。「ルイ・ヴィトン」のようなすでに多くの情報が付加されたブランドがなかなか誕生せず、従来のモノとしての最高級品、高級品のままで長い間置かれていたことは、すでに論じたように[141]、フランス人のブランドに対する認識があくまで商標としての「マーク」であり、しかもマーケティングの認識が少なく、その結果、ブランド創造、展開、管理からなるマーケティングの本格的開始が遅れたことに繋がるものと思われる。

しかしながら、ルイ・ヴィトン・ジャパン社長の日本人秦郷次郎およびブランド帝国LVMHの総帥B. Arnaultの両者ともアメリカのビジネスに造詣が深

く、真の意味でのブランドとマーケティングを理解し、実践した結果、「ルイ・ヴィトン」は大きく変身し、今日の姿となったのである。したがって、マーケティングは企業組織全体に関わるものであるが、一人の優れた経営者によって、ブランドが大きく変身し、企業が大きく成長することができるというケースである。これまであえて取り上げていなかったが、ブランド・マーケティングの最高責任者である経営者トップの資質、企業家精神の研究の重要性が改めて感じられる。

　また、「ルイ・ヴィトン」のようなラグジュアリー・ブランドといわれているブランドもその他のブランドと何ら変わりがないと論じたが、ブランドには高額、高価、すなわち価格が絶対的にも相対的にも高いブランドがあるのは事実であるが、贅沢ないし豪華を意味するラグジュアリー・ブランドのカテゴリーがあるように一部の研究者が論じているのは、何かの勘違いであると思われる。というのは、消費者がブランド商品に対し、ブランド認知し、評価・支持するのは、モノ商品より質的にも量的にも多くの贅沢を求めているからである。すなわち、贅沢な情報を求めているのである。ここではそのすべてはあげないが[142]、満足情報、安心情報、保証情報などの情報を求めているのである。とりわけ「ルイ・ヴィトン」についていえば、消費者は歴史、伝統、神話、職人、品質、経験、推薦といったありとあらゆるブランド情報に強く反応しているものと思われる。しかしながら、これらの情報は一人「ルイ・ヴィトン」に限った独壇場のものではなく、たとえば、スピーカーの「BOSE」やオートバイの「ハーレー・ダビッドソン」などをはじめとする多くの他のブランドにも当てはまるのである。

　そもそもブランド商品とはモノであるプロダクト（製品）に多くの贅沢な情報が付加されたものであり、その情報に対し消費者は喜んで情報料としてお金を余計に支払うのである。したがって、「ルイ・ヴィトン」に限らず、たとえ価格が高額ではないブランドでも、ブランド力、すなわちロイヤリティを持つブランドはすべてラグジュアリー・ブランドであり[143]、「ルイ・ヴィトン」も特別のブランドではなく、その他多くのブランドと何ら変わらないということができるのである。もちろん、ルイ・ヴィトン社がマーケティングを理解し、ブランド展開、すなわちブランド・マーケティングを行って、現在では「ル

イ・ヴィトン」はグローバル市場、とりわけ日本市場で著しい成功を収めていることは間違いのないことである。

　そこで「ルイ・ヴィトン」がなぜ多くの同様なブランドがあるにもかかわらず、当初はアメリカ市場で、そして、日本市場で大きく成功した理由を考えてみたい。もちろん、詳細な考察はプロパーの研究者や評論家に譲るが、ここではブランド・マーケティングからの若干の考察を記してみたい。貴族階級と職人生産が歴史的にないアメリカの消費者と、かつては階級が存在したが今ではなくなりつつある日本の消費者に、「ルイ・ヴィトン」は大量生産のブランドでありながらその香りと味わいをいわば矛盾する過去と現在をミックスしたものを訴求し、さらに未来への挑戦と創造を試み、彼らの評価と支持を得ることに成功したというべきものである。つまり、イモーショナル・ブランド・マーケティングに成功したといってもいいであろう。

　この「ルイ・ヴィトン」の成功はヨーロッパのマーケティング、フランスのマーケティングの勝利にとどまらず、世界的なマーケティングの勝利というべきである。ブランドと同様にマーケティングも国籍、地域にとらわれない、普遍的、一般的、グローバルなものといえるのである。老舗とみなされていた家族経営から近代的企業へと脱皮し、職人生産の少量生産から機械の導入による大量生産へと転換し、ブランドの創造と再創造を行い、それを市場で展開し、最適な管理を行うことに成功したのがルイ・ヴィトン社およびそのブランド「ルイ・ヴィトン」であるといえる。したがって、「ルイ・ヴィトン」のブランド展開は、誕生前からすでに多くの情報の創造と付加があったが、職人による最高級品、高級品といわれていたモノ商品から、大量生産を開始し、市場を見出すためにブランドへの転換と展開を行い、それに成功した事例であるといえるであろう。

5　PB（プライベート・ブランド）

5-1　ストア・ブランド「ユニクロ」

　すでに19世紀末のアメリカには「シアーズ」に代表されるようなPBが登場してきたが、20世紀後半になると新たなタイプのブランド「ユニクロ」が日本に生まれ発展してきている。それはSPAによって発展した衣料品のブランドである。

　まず、SPAの元祖のGAP社についてみてみれば、当初、ジーンズの「リーバイス」の小売から出発し、自らのPB「GAP」を創造し、製造は下請けに発注し、自らの店舗で販売するSPAというビジネスモデルで成功し、現在、全世界で3,000店以上の店舗を持つ一大小売チェーンにまで発展してきている。なお、「GAP」のネーミングはジェネレーション・ギャップ（generation gap）に由来するといわれている。その後、ブランド拡大を行い、「ギャップ・キッズ（GAP KIDS）」「ベビー・ギャップ（baby GAP）」などを展開している[144]。「GAP」は、今日、GAP Inc.の企業ブランドであり、展開する小売チェーンのストア・ブランドもあるが、その元は衣料品の商品ブランドである。「GAP」は衣料品PBのパイオニアのひとつであるが、多くの消費者はPBとはみなしていない。その結果、「GAP」は単なるPBを超えた存在であり、ある意味では、PB商品流通革命を世界中でリードしている。

　したがって、SPAとはメーカーではない、衣料品小売が創造するファッション・ブランドのビジネスモデルということになるであろう。同様に、ファストファッションの「ZARA」「H&M」も基本的にはSPAである。一方、日本では「GAP」のビジネスモデルをフォローした「ユニクロ」がSPAの代表的成功事例といわれているが、両者には決定的な違いがある。つまり、「GAP」は（企業ブランド、ストア・ブランドを兼ねてはいるが）基本的には商品ブランドであるが、「ユニクロ」は（持ち株会社移行によるSPA衣料品事業が株式会社ユニクロとして新規に設立された後には企業ブランドとなった

が）ストア・ブランドのままで商品ブランドとしての「ユニクロ」はいまだ存在していない[145]というブランドのカテゴリーの違いがある。

　「ユニクロ」の発展について簡単に記せば、1984年、それまで山口県宇部市で男性向け衣料品店を経営していた小郡商事株式会社が広島市で開店したユニセックス・カジュアル衣料品店「Unique Clothing Warehouse」が、「ユニクロ」としての第1号店、すなわち創業にあたる。「ユニクロ」の呼称はこの店名に由来するものである。

　「ユニクロ」の店舗は順調に増加し、1991年には株式会社ファーストリテイリングへと社名変更し、1997年ごろから、「GAP」をモデルとしたSPAへと事業転換を進め、低価格・高品質の衣料品の開発・展開を行い、「フリース」で爆発的な成功をおさめた。

　さらに、2005年には同社が持ち株会社に移行に伴う会社分割でSPA衣料品事業を株式会社ユニクロとし、株式会社ファーストリテイリングの完全子会社となった。

　その後、「ヒートテック」「ブラトップ」「エアリズム」など機能性を加えた商品や女性ものの商品を開発して成功し、日本全国を網羅する小売のナショナル・チェーンを実現するとともに、イギリスをはじめとしてアメリカ、フランス、ロシア、中国、香港、台湾、韓国、シンガポール、マレーシア、タイ、フィリピンとグローバル化を目指して積極的に海外進出を行い、現在、グループで売上げ1兆円をはるかに超えるに至っている。

　それでは「ユニクロ」はどのように理解すればいいのであろうか。「ユニクロ」は商品ブランドでも企業ブランドでもないが、多くの消費者はブランドとして認識している。結局、「ユニクロ」はストア・ブランドということになるのである。このPBのひとつの形態であるストア・ブランドの「ユニクロ」の成長は目覚ましく、PB商品流通革命の進展に大きな役割をはたしているのである[146]。

6 農産物のブランド

6-1 農民のブランド「サンキスト」

　長い間、一次産品の農産物は卸と呼ばれる流通業者によって、その流通が支配されてきた。それに対し、農民が自らの力で流通業者からの支配から自立し、自ら生産物市場の支配を試み、ブランドを創造し、マーケティングに成功したケースとして、「サンキスト」ブランドの南カリフォルニア果実取引所という農業協同組合の事例があげられる[147]。

　一般には 1867 年に始まったグレンジャー運動がアメリカの農協の原点といわれている[148]が、柑橘農民の農協である南カリフォルニア果実取引所の沿革を簡単に記せば次のようになる。

　まず、1885 年、柑橘生産者が南カリフォルニア・オレンジ生産者同盟を組織したが、その後、解散し、1893 年、南カリフォルニア果物取引所を設立し、1905 年にカリフォルニア果物取引所となった。なお、同取引所は 1952 年に名称変更し、ブランド名であるサンキストに基づき、サンキスト連合会（Sunkist Growers Incorporation）となり、今日まできている[149]。

　同農協は現在でも株式会社ではなく地域農業協同組合法人であり、生産者である農民の利益代表であるが、設立当初は、鉄道の発展によって拡大した東部市場を自ら支配するために、従来流通業者が果たしていた機能を自ら行い始めたのである。

　特筆すべきは、1908 年に「サンキスト（Sunkist）」ブランドを創造したことである。これはカリフォルニアのイメージである太陽がキスしたおいしい果物という意味で「Sun Kissed」から創造されたブランド・ネームであり[150]、ブランドを確立し、その信用を維持するために、厳格な規格と標準化を行い、ティシューペーパーで包装したのである[151]。

　後に、最高のブランド「サンキスト」は秀に当たるのもの、優に当たる「SK エキストラチョイス」、良に当たる「SK チョイス」とランクを付けた複

数ブランドの展開を採用している[152]が、その中核はもちろんブランド「サンキスト」である。

同農協は選果、選別（等級区分）、包装ばかりか、自らの販売組織を設立し、広告活動を行い、消費者とのコミュニケーションを大切にし、大きなマーケティングの成功を収め、世界中に「サンキスト」を輸出している[153]ばかりではなく、ライセンスを与えロイヤリティを受け取り[154]、その一方、外国産の柑橘類を輸入し、それを「サンキスト」ブランドとして展開するグローバル農協にまで発展している[155]。

このように同農協は、農民が共同でブランドを創造し、マーケティングを開始し、それに成功をおさめて、19世紀末から20世紀の初頭に、一次産品の農産物のブランド化へのひとつの道筋を示したものと思われる。

7 サービス・ブランド

7-1 外食産業のブランド「マクドナルド」

(1) はじめに

20世紀の後半から21世紀に入り、ますます経済のサービス化が進み、生活が多様化し、消費者は多くのサービスに依存するようになってきている。なかでも女性の社会的進出に伴って、食の分野の変化が著しく、その結果、食に対するサービス需要が拡大し、新たな産業をもたらしてきている。外食産業の出現とファストフードの急成長である。ファストフードは「早い、安い、おいしい」というスローガンのもとに多くの人々に訴求している。早い、安いというのは誰もが認めるものであり、おいしいという点には多少の疑問があるが、いずれにせよ大流行である。もはや多くの消費者にとっては毎日の生活に必要欠くべからずの存在になりつつあるようだ。

これまで長い間われわれが食べる食事は、家庭内で主に母親が作り、外食は特別のものであり、その外食も料理屋、食事処、レストランといった飲食店の板前、調理人、料理人、シェフ、コックという専門家が作るものであり、機械

化、大量生産などはもちろん不可能であり、ましてやブランド化などはできないと考えられていた。ところが、「マクドナルド」は、多くのハードルを越え、サービスの規格化、標準化、均一化をなしえ、ブランド化に成功したのである。そもそもブランドはモノ商品であるプロダクト（製品）から始まったものであるが、モノではない外食というサービスにも拡大し、サービスのブランド、サービスのマーケティングが登場したのである。その代表的なブランドが「マクドナルド」である。いまや「マクドナルド」はグローバル・ブランドとなり、世界中の消費者のライフスタイルを変えるとともに彼らから評価、支持を得ている。

(2) ブランド以前

20世紀に入り、アメリカ経済は成長し、それに伴って社会が変化し、特に女性の社会進出が二度にわたる世界大戦をはさんで著しく進展した。その結果、従来、女性がはたしていた家事サービスの多くが商品化された市場が登場し、サービス化された社会が出現した。この新たにサービス商品化されたもののひとつが外食、ファストフードである。これまで家庭内で作られ、家庭内で食されていた食事がサービス商品となったのである。

当初は旧来の食事処、レストランであったが、その中から新たな進展が始まった。

まず、調理における革新が生まれた。たとえば、調理の組み立てライン方式が、汽車の食堂車やハワード・ジョンソンのレストラン・チェーンなど、「マクドナルド」に先立ついくつかのアメリカ企業で取り入れられ、ファストフードの源となっている。ハワード・ジョンソンのフランチャイズは1935年に開始され、1941年までに150店舗に増え、中産階級の自動車所有者数の増加によって拡大する外食市場を満たしていった[156]。

もちろん、アメリカ以外でも日本の駅弁、イギリスのフィッシュ・アンド・チップス、中国の麺、トルコの串焼き料理、ドイツのソーセージとパンのようにファストフードは世界各地でみられるが、アメリカのファストフード、外食に対する需要は比較にならないほど大きく、しかも急速に拡大したのである。

第二次大戦後のアメリカは市場そのものが地理的、空間的に拡大し、人口の

郊外移動が起こり、新しい住宅地は宅地開発により大規模に計画され、商業地域は大通り沿いに配置された。道路はそれまでの市街地のように混雑しないため、顧客である消費者は店舗まで2～3マイル運転するのを何とも思わないようになった。当初、郊外の住宅地に密集した小売店は次第に姿を消し、大通りを挟んで店舗が集中するショッピングセンターがそれに代わっていった[157]。

このように需要の郊外への移動に伴って新たに出現したショッピングセンターのテナントのひとつとして、また、道路付けのいい立地にはドライブインとして、多くのファストフードのレストランがみられるようになった。しかしながら、その多くは従来のレストランの延長であり、たとえば、ドライブインは客引きにローラースケートを履かせた女性スタッフを使い、それがサービスや競争の手段となっていたような状況であった。

(3) ブランド誕生

兄、モーリス（Maurice）、弟、リチャード（Richard）のマクドナルド（McDonald）兄弟[158]は、1948年、人気のあったドライブインのレストランを閉店し、テイクアウトとセルフサービス[159]といった新しい経営方式を取り入れ、再オープンした。店の名前は「マクドナルド」。経営者のマクドナルド兄弟の名前から付けられたものと思われる。サービスとメニューを最小限に抑え、これが後に全米各地で次々にオープンするファストフード店のモデルとなった。ハンバーガー、フライドポテト、飲み物がテキパキとした流れ作業で提供され、誰もが驚くほど繁盛した。プロセスを簡素化することで、品質管理が可能となった[160]。仕事の手順の細分化により生産性は伸び、同時に自動車産業でヘンリー・フォード（Henry Ford）が行ったような労働力の節減が可能になった[161]。マクドナルド兄弟のビジネスモデルは、シンプルで実に効果的で、メニューを最小限、すなわちハンバーガーのメニューはたった2種類で、ハンバーガーとチーズバーガーだけに絞っているので、作業効率が非常によかった。ハンバーガーの肉とフライドポテトはともに10分の1ポンドで、価格も両者15セント。チーズバーガーは4セント増し。ソフトドリンクは10セントで、16オンスのミルクシェイクは20セント、コーヒーは1杯5セント、これがメニューのすべてであった[162]。

マクドナルド兄弟のフライドポテトにおける試みは、どの工程も作業は非常に単純であり、一度、工程を習得し、それをスタッフに教えれば、誰でもいわれたとおりに、ひとつひとつの作業をこなせるようになるものであった[163]。店舗には、屋根まで伸びたアーチを２つ繋げたＭマークの形の看板があり、そのマークの前には、巨大な広告塔があり、ネオンが店の周りを明るく照らすようになっていた[164]。

マクドナルド兄弟の「マクドナルド」のハンバーガーの品質、清潔、生産性に匹敵しうる者は一人もいなかった[165]。外食初の調理とサービスの規格化が行われ、工場で製品が生産されるように、ハンバーガーが調理され、お客である多数の消費者に食されたのである。

ここに今までの外食の概念を一変したサービス・ブランド「マクドナルド」がカリフォルニアのローカル・ブランドとして創造され、誕生したのである。

(4) ブランド化の開始——ナショナル・ブランドへ

「マクドナルド」を今日の形にしたのは、実は、マクドナルド兄弟ではなく、当時セールスマンであったＲ・Ａ・クロック（Ray A. Kroc）である。飲食業界における彼の功績は、石油のジョン・Ｄ・ロックフェラー（John D. Rockefeller）、製鉄のアンドリュー・カーネギー（Andrew Carnegie）、自動車のヘンリー・フォード（Henry Ford）と並び称され、Ｒ・Ａ・クロックはアメリカ最高の資本家の一人であり、独立独行の男である[166]。

マクドナルド兄弟のレストラン、「マクドナルド」に初めて接したＲ・Ａ・クロックは大いなる感銘を受け、すぐにプランが頭の中にできあがっていた[167]。

1954年、彼はマクドナルド兄弟と「マクドナルド」のフランチャイズ権の譲渡の契約書にサインした[168]。（Ｒ・Ａ・クロックが契約したのはフランチャイズ権の譲渡であり、マクドナルド兄弟は引き続いて自己の店舗である「マクドナルド」を経営することになる）。その契約には、全米展開に当たっては全店舗が「マクドナルド」という名称の下で、店舗のデザインばかりかＭマークのゴールデンアーチまですべて統一して使用するという条件があった。それに対し、Ｒ・Ａ・クロックは「マクドナルド」という名前には独特の響きが

あったので、格好な宣伝材料になると思ったのである[169]。ここからサービス・ブランド「マクドナルド」は次なる展開を迎えることになったのである。

1955年3月2日、R・A・クロックはフランチャイズ権を販売するフランチャイザー、マクドナルド・システム社（McDonald's System Inc.）を設立[170]。

1955年4月15日、シカゴに第1号店、パイロット・ストアとしてのデスプレーンズ店が開店[171]。しかし、この年、マクドナルド兄弟が、すでに別人に「マクドナルド」の地域独占権を譲渡していることが判明した[172]（R・A・クロックとマクドナルド兄弟との契約には不備があり、いくつかのトラブルが発生したが、後述するように1961年にマクドナルド兄弟のすべての権利を買い取ることによりようやく解決した）。

翌1956年、カリフォルニア州フレスノ、ロスアンゼルス、レセダにマクドナルド・システム社のフランチャイズ店3店舗がオープン。その後、カリフォルニア以外の土地に7店舗を次々にオープンし[173]、いよいよ「マクドナルド」はナショナル・ブランドに向かうことになった。

R・A・クロックの経営理念によれば、フランチャイジー（加盟店）とフランチャイザー（本部）とは共同経営（パートナーシップ）である。そのため、本部であるフランチャイザーは強力な購買力を利用して、仕入れ先にかなりな値引きをさせ、フランチャイジーの利益を図った。納入業者が本部に対してリベートを提案してきても受けつけず、各フランチャイジーに直接値引きを行わせた[174]。仕入れ先にも開かれた関係を持つことを心がけ、コストと価格を公表させるようなことさえしたのである[175]。

彼は「マクドナルド」を単なる名前以上の存在にしたかった。「マクドナルド」を、安定した品質と運営が標準化された、レストラン・システムの代名詞としたかった。特定の店舗やフランチャイズ・オーナーの特別な努力によって顧客を増やすのではなく、どの店に行っても同じサービスが受けられるようにして、「マクドナルド」に対する消費者のリピーターをつくりたかった。そのためには、徹底的な教育と施設の見直し、そして、運営のチェックなどが必要であり、さらに、怠ることのない研究開発が必要だった[176]。品質を保つため、すべての過程において作業は標準化されなくてはならず、店舗内で働くクルー

は全員、同じ教育を受ける必要があることを認識し[177]、「マクドナルド」というサービス・ブランドの価値の上昇と、お客である消費者の評価・支持の増大を目標としたのである。

したがって、R・A・クロックの貢献は、マクドナルド兄弟が創造した「マクドナルド」のさらなる規格化、標準化に成功し、アメリカ人の味覚をある面では標準化したことだけではなく、マクドナルド・フランチャイズ・システムを作り上げたことが大きい。その結果、質とサービスの高い基準を作り出し[178]、サービス・ブランド「マクドナルド」の全国展開に成功したのである。

1957年、アメリカ全土に25店舗をオープン[179]。

彼の努力の結果、パンはそれまでの4個から6個のパンがくっついて1塊になったクラスターパンから、効率を上げるために最初からカットされたパンの仕入れへと変更された[180]。丈夫で繰り返し使用できるパン用の段ボール箱を使用することにより、梱包費用と配送費用を削減し、仕入れ代金の値下げに成功した[181]。品質基準を設け梱包方法を推奨したが、業者からの購買はフランチャイジーのオーナーである経営者自身が行った。「マクドナルド」のメニュー品目は9種類と少なく、それに必要な材料はたった35～40種類でしかなかった。「マクドナルド」はパン、ケチャップ、マスタードを大量に購入したので、サプライヤーはコスト削減の努力を行い、より安価な価格で製品を卸した[182]。

このように規格化と標準化とコスト低減を追求したのである。

たとえば、ハンバーガーのパティに関しても標準化をした。「マクドナルド」のパティは100％牛肉からできている。脂肪分は19％になるように厳格に管理されている。1ポンド当たりパティ10枚を作ると決め、これは業界標準となった。また、パティの最適な包装方法を発見した[183]。

誰でもがフライドポテトを常に最高のおいしさに仕上げることができるようにポテトコンピュータと呼ばれる機械を導入。同様にミルクシェイクも機械で自動的に作るようにした。ハンバーガーについては、肉の品質についての厳しい納品検査を行い、牛肉以外の添加物をすべて排除し、83％が草を飼料にした雌牛の肩肉、17％が穀物を飼料にした雌牛のバラ肉と指定した。[184]。

1960年には、社名をマクドナルド・コーポレーション社（McDonald's Corporation）に変更した[185]。同年、不動産管理会社 McOPCo 社（McDonald's Operating Company）を設立した[186]。

1961年12月28日、マクドナルド兄弟から、フランチャイズ権だけではなく、名前、彼ら兄弟が経営していたサンバーディノ店をはじめとするすべての権利を買い取った[187]。その結果、ブランド「マクドナルド」はそれまでの混乱していた状況から、R・A・クロックが率いるマクドナルド・コーポレーション社が名実ともにマーケッターとなったのである。

共同通信のコラムニスト、ハル・ボイルは次のように記している[188]。「レイ・クロックはアメリカの古き愛される食べ物、ハンバーガーで、5年間で2,500万ドルのビジネスを創った。『私はハンバーガーをベルトコンベヤーの上に乗せた』と56歳のチェーンプレジデントのクロックは言う。15セントのハンバーガーを年間1億ドルも売るのだ」。

「マクドナルド」は、強みを鍛え、品質、サービス、清潔さ、そして付加価値に力を入れるとともに[189]、コスト削減に挑み、その結果、サプライヤーは工場と倉庫の複合施設を作り[190]、精肉工場では数百万ポンドの冷凍パティを供給するようになった[191]。

そもそも全フランチャイジー（加盟店）の統一などというのは、サービス業にとっては至難の業である。メーカーすなわち製造業の場合は、生産設備を集中することにより同一製品をいくらでも生産できるが、ファストフードのフランチャイズ・システムでは各フランチャイジーの店舗により異なるクルーが個々にサービスを提供するもので、その統一はかなりな困難を伴うものである。そこで、製造業並みの規格品を作るシステムを作らなければならなくなった。さらに、そのシステムを実行するようフランチャイジーの教育が必要となった。また、本部は原料納入業者を選び、すべての食品についての規格を定めなければならない。そのうえ、フランチャイジーや納入業者が本部の指示に従っているかどうかを、チェックする必要もある。R・A・クロックは試行錯誤の末に画期的な全店統一システムを作り上げたのである[192]。

彼は、マクドナルド兄弟が用いていた方法よりはるかに精密なシステムを開発したが、それは、①商品の質の向上、②原料納入業者との関係改善、③建物、設備の向上、④フランチャイジーの教育および各店舗を監視する現場視察員の

組織化——以上である。QSC〔Quality（品質）、Service（サービス）、Cleanness（清潔）〕と営業における基準を確立し、農家のポテト栽培法、牧場の肉牛飼育法、酪農業、工場での精肉法に至るまで変えてしまった。効率的な調理設備も発明し、流通機構も新たに開拓したのである[193]。

おいしい料理を作るための料理法を研究していくうちに、飲食業界で初の流れ作業が出現した[194]。作業の面からいうと、「マクドナルド」が始めたのは、単なる新しいレストランではなく、普通のレストランの5倍の量の食料を扱いながら、しかも未熟練のクルーに依存する小さな工場だった[195]。マニュアルを作り、それによる生産は、アセンブリー・ラインの作業に似ている[196]。

1961年、ハンバーガー大学を発足した[197]。

「マクドナルド」の店舗は全米中に急速に広まった[198]。

1963年、「リーダーズ・ダイジェスト」に1ページの全国広告を出した[199]。テレビCMキャンペーン、空前の大ヒット[200]。

1963年、「ドナルド・マクドナルド」、ワシントン地区のテレビに登場[201]。

1963年、全米に110店舗を出店[202]。

最高のポテト、アイダホ・ラセットバーバンクスを継続的に供給するために、（品質の管理が一定の基準を満たしたので）冷凍フライドポテトの使用を開始した[203]。

1965年、議論が分かれたが、初めての魚のメニューである「フィレオフィッシュ」を限定地域で販売を開始し、その後、全店での販売をスタートした[204]。

1965年、「マクドナルド」が最初の全国テレビ広告キャンペーンに乗り出す。同年に、「ドナルド・マクドナルド」も全国にデビューした。たちまち全米でブラウン管の人気者になり、「マクドナルド」は子供をターゲットにする市場を一挙に制覇することができた[205]。

1965年末には、合計731店、1年間に81店舗出店[206]。

1966年、ニューヨーク証券取引所に上場[207]。

1966年、「ハンバーガー二十億個売り上げ達成」、「もし一つ一つを並べたら、二十億個のハンバーガーは地球を5.4周する」[208]。

マクドナルド全米高校バンド選手権の企画。スーパーボウルの最初のテレビ

放映を協賛[209]。

1966 年、126 店舗出店[210]。

1967 年、ハンバーガーを 15 セントから 18 セントに値上げ。全国展開の広告、全国 CM をスタート[211]。

「フィレオフィッシュ」だけではなく、「ホットアップルパイ」「エッグマックマフィン」などが新しくメニューに加えられたが、これらはフランチャイズ・オーナーのアイデアから生まれたものである[212]。

1968 年、「ビッグマック」の登場[213]。

1969 年、211 店舗出店。

1970 年、294 店舗出店。

1971 年、312 店舗出店。

1972 年、368 店舗出店。

1973 年、445 店舗出店。

1974 年、515 店舗出店[214]。

1974 年、OPNAD[215] の計上したネットワーク・テレビ用の年間予算は 2,000 万ドル近くに膨れ上がり、続く 10 年間も止まることを知らず、1985 年ついに 1 億 8,000 万ドルというケタはずれな数字に達したのである。各地のフランチャイジーが打つスポット広告を合計すると、その総額は実に 3 億ドルを上回った[216]。

「マクドナルド」は外食を家族のイベントにしてくれる、おそらく唯一のレストラン・チェーンだった。「マクドナルド」は家族一人一人に何かを与えてくれる。子供たちには行動と手づかみの食事を、親には質の良さと手軽な予算を、といった具合に。しかも清潔さと手軽さという、消費者が求める基本的ニーズを満足させてくれる点で、類のない配慮までなされている[217]。

そこで生まれたのが「ブレイク (break)」をテーマとするコマーシャルであり、大成功をもたらした[218]。

1974 年、フォーティ調査社によれば、「マクドナルドが成功した理由は、低価格でバリューの高い商品をスピーディかつ効率的に、清潔で居心地のよい空間で提供することだ。メニューの種類は少ないが、そのほとんどが北米で認知された人気の高い商品である。これらが、ほかのレストランのように経済の変

動に左右される心配が少ない要因だ。1970 年代初頭まで、マクドナルドは郊外を中心に拡大していた。だが、最近では全国区の広告を展開し、国中から出店への要求が高まっている。よって、マクドナルドは拡大プログラムをさらに進めることが可能となった。現在、都市部には 100 店を超える店が進出しているが、それだけではなく、ショッピングセンターや大学キャンパスにまでマクドナルドは進出しており、そのほとんどが好調だ。今後も多数の店舗がオープンする予定である。マクドナルドは、人口が集中している所ならば、どこに出店しても成功できると我々は考える。たとえば郊外や都市部。また、学校、ショッピングセンター、公園、スタジアムといった場所でも、売り上げをはじき出すだろう。それは『隅から隅まで』というタイプの拡張であり、マクドナルドは、アメリカの食文化に根差すという成功を収めたことにより、今後も継続的に成長していくだろう。1979 年まで毎年 485 店がオープンし、世界的にも発展していくとみている[219]」。

次第にマクドナルド・フランチャイズ・チェーンの本部は充実していき、レストラン開発、トレーニング、営業のアドバイス、商品開発、そして商品パッケージングに至るまでのサポート・システムを完成していった。また、全国広告を開始した結果、たとえば、次のようなフランチャイズ・オーナーの声があげられる。「レストランを成功させることはできるかもしれない。だが、今マクドナルド本部から受けているサポートを、個人で調達することを考えなければならない。それに『マクドナルド』というブランド。……一人でどうやって賄えっていうんだい？」[220]。

1973 年までに、冷凍ポテト、冷凍肉、「チキンマックナゲット」を加え、よりおいしく、より効率化を実現した[221]。

1975 年、ドライブ・スルーの開始[222]。

1976 年ごろには、「エッグマックマフィン」を含めようやく朝食メニューを全チェーン店に行き渡らせることができた[223]。

メニューの拡大は、これまでになくアダルト層を引き付けることになった。座席設備を加えたことは、青空サービスにそっぽを向いていた人々を引き付けた。それ以上に広範な基盤を持つファストフード・レストランのイメージを売り込むことになった[224]。

したがって、マクドナルド兄弟が創造した「マクドナルド」はカリフォルニアのローカル・ブランドであったが、それを譲り受けたR・A・クロックと彼が率いるマクドナルド・コーポレーション社はさらにブランド化を進展させ、アメリカ全土を網羅するナショナル・ブランドへと発展させたのである。

(5) リージョナル・ブランド

1965年、「開発促進フランチャイズ」として、カリブ海地域（プエルトリコ、パナマ、ニカラグア、ホンジュラス、エルサルバドル）を開発する権利を譲渡した[225]。

1967年、「開発促進フランチャイズ」として、カナダのマーケットをほとんど捨て値で譲渡した[226]。

1970年、譲渡したカナダとカリブ地域のライセンスを買い戻した[227]。その後、アメリカの本社の子会社としてカナダ・マクドナルド社を設立し、カナダ市場での再展開を試み、それに成功し、1970年代末には、カナダのファストフード市場をほとんど独占した[228]。

1970年、オランダに進出したが失敗[229]。

1976年、カナダのモントリオールに4,000店目を出店した[230]。

カナダの場合は、アメリカで成功したのと同じフランチャイズ方式をそのまま適用し、現地のフランチャイジーの管理も同じように行って成功した[231]。

したがって、試行錯誤はあったが、「マクドナルド」はアメリカ市場を飛び出し一度失敗したが、隣国市場のカナダで成功し、リージョナル・ブランドとなったのである。

(6) グローバル・ブランド

文化的にはアメリカ市場と似ている隣国のカナダ市場で成功し、「マクドナルド」はリージョナル・ブランドとなったが、グローバル・ブランドへと展開するにはいくつかのハードルがあった。というのは、アメリカとまったく文化の異なる国々でアメリカ式フランチャイズ、アメリカ式メニュー、アメリカ式起業家の3つを前提にして成功できるかどうかは、まだ未知数だった。それに挑戦したのが日本マクドナルド社であった。日本の場合、3つの前提のなかか

らマクドナルド本社が一番重視したのはアメリカ式起業家という前提であり、その選択が結果として日本での成功の原因になった。その起業家とは株式会社藤田商店社長で日本マクドナルド株式会社初代社長となった藤田田である[232]。

1971年、マクドナルド・コーポレーション社が50％、残りの50％を株式会社藤田商店と第一屋製パン株式会社が出資して合弁会社日本マクドナルド社を設立した（その後、藤田商店は第一屋製パンの持株を買い取る）[233]。

魚と米が主体の食事の日本人にハンバーガーのような異質の食品を取り入れても大丈夫であると確信する藤田田は、日本人の嗜好に合わせ、「マクドナルド」を日本人向きにあえて変える必要はないと主張した。それよりも、むしろ革命的な食品として、日本人にハンバーガーを売り込むことにした[234]。

1971年7月20日、銀座店オープン。

アメリカから来た先進的なブランドとして「マクドナルド」を日本の消費者に訴え、大きな成功を収めた。この成功は、アメリカのファストフード・ハンバーガー・システムがまったく異質の文化圏へも進出可能であることを証明した。1986年半ばには日本マクドナルド社は約550店舗に増え[235]、2009年には、約3,700店舗になっている[236]。

「マクドナルド」が海外で成功するためには、アメリカでの根本方針からはずれず、しかも進出した国々の特色をプラスできる共同経営者が必要であった。標準的なのはアメリカのマクドナルド・コーポレーション社が50％出資し、残りはミニ・マクドナルドとして営業するその国の起業家が出資することになっている。店舗は、合弁会社がオーナーになり直営店として経営をする場合と、フランチャイジーにライセンスを与える場合とがある[237]。

「マクドナルド」は現地の起業家をパートナーとすることで、巨大な多国籍企業が世界市場の征服を狙っているという悪印象を与えることなく、各地で営業できるようになった。これはきわめて大切なことで、もともと小売業は狭い地域に限られる企業であり、「マクドナルド」の進出はその国の文化の一部である食べ物を変えることを意味するために、地元の恨みを買いやすかったからである[238]。

1975年、香港に進出[239]。

1976年の終わりに、マクドナルドはアメリカ国内に4,177の店舗を持ち、

21カ国に展開していた[240]。

1978年、5,000番目の店舗は日本でオープンされた[241]。

1982年、シアーズ社を抜いて小売業界では世界最大の不動産所有会社になった[242]。

1984年、8,000店舗目の出店、500億個目のハンバーグを売った[243]。

1984年、台湾に進出[244]。

1985年、メキシコ、タイ、イタリア、ベネズエラ、ルクセンブルグ、バーミューダに進出した[245]。

1985年末、9,000店舗のうち2,000店舗近く、すなわちほぼ4店舗に1店舗が世界44カ国のどこかに当たる計算になる。1986年、日本575店舗、カナダ503店舗、西ドイツ229店舗、イギリス204店舗、オーストラリア174店舗[246]。

1986年、トルコ、アルゼンチンに進出した[247]。

1988年、韓国ソウルに進出[248]。

1980年代の終わりには、マクドナルド・コーポレーション社は外食ビジネス初の世界企業に成長した[249]。

1990年1月31日、ソ連のモスクワで共産圏初のハンバーガー店を開店した[250]。

1992年、中国北京に進出[251]。

1996年10月、インドのニューデリー1号店をオープンした[252]。

2001年末、世界120カ国以上の国で2万9,000もの店舗で展開されている[253]。

2009年度末には、32,478店舗となっている[254]。

「マクドナルド」は、たとえば、日本人に直接素手で食べ物を口に運ぶことを受け入れさせ、香港では、茶楼や露店に代わり朝食のナンバーワンになり、台湾の若者の間では、フライドポテトが食事に欠かせないものとなってきているように[255]、アメリカのファストフードをグローバルに展開し、世界中に大きな影響を与え、それと同時に大なる評価、支持を得たグローバル・ブランドとなったのである。

世界中の子どもたちは「ロナルド（ドナルド）・マクドナルド」をよく知

ており、「マクドナルド」のシンボルであるゴールデンアーチは地球上の至る所で国際的なビジネスと大衆文化の偶像と認められている[256]。

(7) 新たな展開

1970年代半ばに、ハッピーセットを発売して、ティーンの心をつかんだ。「マクドナルド」にとって、子供が小さいうちに取っ掛かりを作るという不滅のサクセスストーリーになった[257]。とりわけ日本をはじめ東アジアでは、子供や十代といった新しく若い消費世代に訴えることにより成功したのである。現地化のプロセスはもっぱら子供の評価と支持を獲得することからスムーズに進展したのである[258]。

「マクドナルド」はブランドの拡大、すなわちメニューの拡大を試みてきているが、いくつかの失敗[259]にもかかわらず、すでに記したように「ビッグマック」をはじめ「フィレオフィッシュ」「エッグマックマフィン」「チキンマックナゲット」など新たなメニューを次々と開発し、ブランドとメニューの充実を図っている。

1990年末、より安く、より多く、「バリューセット」を開始した[260]。

1990年代はメニューを拡大し、70品目にもなった[261]。

その後、競合ブランドの「ケンタッキーフライドチキン」「サブウェイ」「スターバックス」に対抗するために「チキンナゲット」「アンガス」「マックカフェ」などを新たに加えている。

このように順調に展開されてきたようにみえるが、「マクドナルド」はアメリカ市場で展開された当初より、模倣、コピーに直面してきた。グローバル化にしたがい、模倣もグローバルになってきている。たとえば、北京や上海や西安では、「マックダックス」「マクドナルド（Mcdonald's）」「モドーナル」、韓国では、「マッキーバース」「マクドニーズ」、南アフリカ共和国ダーバンの「マクドナルド（Macdonalds）」、バンガローアの「マックファーストフード」、コペンハーゲンの「マックアラン」、カリフォルニアのサンタクルーズの「マックダーマズ」などがあり、ゴールデン・アーチのロゴまで模倣されている[262]。このような多くの模倣、コピーにもかかわらず、「マクドナルド」はグローバルな消費者の評価と支持を得て、今日に至っているのである。

また、1996年のアトランタ大会での選手村に「マクドナルド」の公式レストランを出店したのを皮切りに、オリンピックの公式スポンサーとなっている。そればかりかFIFAワールドカップ、WBCのスポンサーとなるなど多くのスポーツのワールドワイドのイベントの協賛を社会貢献の一つとして続けている。

2003年から「i'm lovin' it」という統一されたスローガンのもとで世界的な広告キャンペーンも効果を発揮し、今日まで継続されている[263]。

したがって、次に論ずるように「マクドナルド」に対する批判、反対運動の広がりにもかかわらず、「マクドナルド」は新たな展開を通じて、グローバルに成長・発展を続けているのである。

(8) 社会的貢献と批判、反対運動、反乱

上述したように、「マクドナルド」は現在では、世界的なスポーツ・イベントの協賛を広告、宣伝だけではなく、ひとつの社会的貢献として行っているが、そのほかにも多くのキャンペーンなども行っている。古くは「マクドナルド」が災害時にコーヒーやハンバーガーを無料で配ることに不当な批判、非難が起こり[264]、そこで1975年、「マクドナルド」はまず、社会的貢献としての地域活動に取り組むようになった[265]。

マクドナルド・チェーンが集める慈善募金は一私企業が集める寄付金としてはおそらくアメリカ最高の金額になるであろう。この募金は、マクドナルドのフランチャイジーが自主的に管理している。フランチャイジーが地域社会との密接な関係を不可欠のものと捉えるがゆえの慈善なのである[266]。

2010年、日本マクドナルド社では、病気と闘う子供たちに、応援メッセージを届けよう、チャリティーキャンペーン、「ハッピーリングプロジェクト」を行い、「マクドナルド」の社会的貢献への情報発信をしている[267]。

「マクドナルド」に対する批判、非難はブランド展開の当初よりあったが、成功するにしたがい、ますます増加し、その後も後を絶たず今日まで続いている。

1968年、公民権問題[268]。

1972年、政治献金事件[269]。出店反対運動[270]。

1976年、ミミズ騒動[271]。

アメリカ国内での批判、反対運動ばかりではなく、「マクドナルド」は目覚ましい勢いで世界に進出し成功を収めたため、アメリカ企業のシンボルとして何度も目の敵にされた。外国の提携企業がなかったら、アメリカ企業に対する諸外国の態度が好転した1980年代初期までの嵐の時代を、「マクドナルド」は切り抜けることができなかったに違いない[272]。

そのひとつがアイルランドやオーストラリアにおける強力な労働組合の反対運動[273]であり、次には、「『マクドナルド』の海外進出は文化帝国主義であり、大衆文化による支配であり、古来の征服者と異なり、他者を征服するだけでは満足しない。我々のようになることを強要するのである[274]」といった議論である。

さらに、1978-1982年、栄養論争[275]が起こったが、1990年代に入ると打って変わり、肥満の議論が起こってきた。たとえば、マクドナルドのフライドポテトのカロリーは、1960年には200 Kcal（キロカロリー）だったが、その後320 Kcal（70年代の終わり）、450 Kcal（90年代半ば）、540 Kcal（90年代終わり）と徐々に増え、現在では610 Kcalになっている。しかも、メニューに載っている商品はすべてジャンボサイズになった。かつて590 Kcalだったマクドナルドの商品が、今では1,550 Kcalになっている[276]。

「ビッグマック」は「カロリーの既成事実になり、アメリカ人は、栄養の調整と自制心を放棄したのだ」[277]。「ファストフードを好み、それに頼るなどの食生活が思春期に身についてしまうと、青年期になるにつれて、さらに多くの脂肪とエネルギーを摂取し、体重の増加を招く危険をはらんでいる」[278]といった「マクドナルド」があたかも肥満の原因のすべてであるかのような議論が今日まで続いている。

そのほかに、「マクドナルド」は、イギリスにおける児童労働、中国の下請工場における児童労働、下請工場における搾取および劣悪な労働条件、エコロジー的および社会的に好ましくない結果を伴う極端な食肉消費などありとあらゆる批判が起こり[279]、批判だけではなくすでに環境団体グリーンピースは反マクドナルド運動を開始したのである。1986年のパンフレットには次のような問題が提起されている[280]。「熱帯雨林破壊（牛を育てるため）、途上国の貧困（輸出用穀物と食肉生産のために貧しい農民を追い出した）、動物虐待（家

畜の扱い)、ゴミ問題（使い捨て容器）、健康（脂肪の多い食品)、お粗末な労働環境（マックジョブの低賃金、組合潰し)、搾取的な広告（子供を対象にしたマーケティング)」。なお、同団体は 2000 年 7 月、「マクドナルド」が、遺伝子操作をした大豆を飼料として鶏に与え、その鶏の肉を「チキンナゲット」および「マックチキンバーガー」として売っていることを立証した。消費者からの激しい抗議を受けた「マクドナルド」はようやく、2001 年 4 月以降遺伝子組み換えした飼料を使用しないことを発表した[281]。また、動物愛護団体の PETA (People for the Ethical Treatment of Animals) の抗議に対し、2008 年 8 月、今後動物にやさしい食肉生産に心がける旨の表明を行ったのである[282]。

かつて 1984 年、サン・イシドロの惨劇[283]が起こったが、「マクドナルド」には直接関係がないとはいえ、忘れられない出来事である。

また、1975 年には、「マクドナルド」のフランチャイズ組織の中からファミリーの反乱、すなわちフランチャイジーからの訴訟が起こったが、そのすべてに勝訴し、マクドナルド・コーポレーション社はフランチャイズの本部としての正当性がみとめられたのである[284]。

このように多くの問題、批判、反対運動を乗り切り、社会的貢献を試みながら、「マクドナルド」は今日まで展開されてきている。それはほかならぬ顧客である消費者が、批判、反対運動が起こったにもかかわらず、それでもなお「マクドナルド」を評価、支持した結果であるといえよう。

(9) おわりに——若干の考察

すでに考察したように、ファストフードのブランド「マクドナルド」はグローバル・ブランドとなったが、それには 4 人の革新的な人物が大きくかかわってきたのである[285]。まず、サービス・ブランド「マクドナルド」を創造したマクドナルド兄弟、そのブランドを譲り受け、大きく展開することに成功した R・A・クロックそして、「マクドナルド」がグローバル化する際に、ローカリゼーション (localization) の必要性を主張するとともにインパクトのあるブランド情報の創造と展開の有効性を実証し、アメリカ本部にも影響を与え、グローバル・ブランドの展開に貢献した藤田田である[286]。

「マクドナルド」は本部であるマクドナルド・コーポレーション社や全フラ

ンチャイジーの努力とそれに対する消費者の評価、支持によって、2009年度末には、同社の年次報告によれば、世界中に32,478店舗を展開している[287]。

ここで「マクドナルド」のブランド力についてみてみると、インターブランド社のベスト・グローバル・ブランド・ランキングによれば[288]、2001年9位、2002年8位、2003年8位、2004年7位、2005年8位、2006年9位、2007年8位、2008年8位、2009年6位、2010年6位と10年連続してベストテンに入っている。アメリカ、日本をはじめ多くの国ではファストフードのトップ・ブランドである。フィリピン[289]、韓国[290]などのように一部の国ではトップではないが、世界中に大きな影響を与え、同時に多くの批判を受けつつも、消費者の評価と支持を得て、今日でも拡大し続けているグローバル・サービス・ブランドとなっているのである。

しかしながら、「マクドナルド」には問題がなくなったわけではなく、常に多くの問題に直面している。なかでも「マクドナルド」のもっとも重要な問題は、顧客の肥満もそうであるが、それよりもブランドそのものの肥満がより深刻なものであるという次のような批判的な指摘がみられる[291]。「『マクドナルド』は大きくなりすぎた。その結果、『マクドナルド』は他の多くのブランドと同じように、成功の犠牲者となりつつある」。

さらに、「マクドナルド」の著しい成功の結果、一部の人々からの議論やあらぬ批判、非難が相変わらず続いている。その一部はすでに論じたが、社会学者や市民運動家、環境主義者から提唱されているマクドナルダイゼーション（McDonaldization：マクドナルド化）という議論[292]であり、また、「マクドナルド」は現在の帝国主義、すなわち文化帝国主義であるというものである。文化帝国主義——アメリカ、ヨーロッパ、時には日本からその他の国々への大衆文化の輸出による新しい搾取の形——、アメリカ合衆国がマクドナルドを通して行っていることは、他国の社会を捉え、浸食して行き、しかもそれはただ支配するというよりも、アメリカ合衆国と同じようになること（同質化）を強要することとされる。つまり、「マクドナルド」に関していえば、「マクドナルド」が世界中に広まることによって、その土地固有の料理がすたれ、食を通して世界中にアメリカ的な文化が席巻するということである[293]。

しかしながら、マクドナルドは、それぞれの土地の宗教や慣習に合わせて、

その土地の人々が食べられる物、たとえば、日本での「テリヤキマックバーガー」、韓国での「プルコギバーガー」、ノルウェーでの「サーモンサンドイッチ」、タイでの「サムライ・ポーク・バーガー」、等々をメニューに導入したりしてきた。また、インドでは牛肉を使用した「ビッグマック」の代わりに羊肉の「マハラジャマック」を導入している[294]。換言すれば、文化帝国主義に基づいていわれたようなマクドナルダイゼーションが一方的に起こるのではなく、ローカリゼーション、すなわち現地化も同時に起こっているのである[295]。

　それだけではない。現在、アメリカに次いで「マクドナルド」の店舗が数多く展開されている日本についていえば、「マクドナルド」の進出のために日本固有の食事がなくなったわけではない。むしろ日本の食事にファストフードの「マクドナルド」という新たな選択肢を提案したものにすぎない。そのうえ、「マクドナルド」は日本のファストフード産業に多大な刺激と影響を与え、日本のファストフードばかりか食生活にいわゆる近代化、効率化、活性化といった貢献をしてきているのは否定できない。したがって、「マクドナルド」が食の、そして、文化の帝国主義だとは早急に断定することは適当ではない。

　たしかにマクドナルド・コーポレーション社はアメリカ人の食生活を変え、品質、サービス、清潔[296]をスローガンとして、飲食業および加工業に革命を起こし、フランチャイズ制度というものを確立した会社である[297]。同社がフランチャイズ化に成功し、展開している「マクドナルド」は、これまで板前、料理人、コック、シェフと呼ばれる技術の高い職人が作る芸術的なものではなく、アルバイトでも誰でもが簡単に作れる作業に食事を変えたのである。「マクドナルド」には料理長がいないのである[298]。さらにまた、「マクドナルド」は、客が座り、従業員が立って注文を受ける従来のレストランとはまったく対照的ないわば客と店のクルーとの平等の劇場である[299]。

　「マクドナルド」は日本、カナダ、イギリス、オーストラリア、ドイツではナンバーワンの外食チェーンになっている[300]。全世界に及ぶフード・サービス産業のアメリカナイゼーションのフロントランナーである。しかしながら、メニューについていえば、すでに記したように、国により異なる場合があり、すべてが必ずしもグローバルに規格化、標準化されたものとはいえない面があるが、（一部の国を除いた）世界のどの国の「マクドナルド」でも「ビッグ

マック」はメニューにあり、しかもその味には違いがなく、グローバルな規格化、標準化が実現されている[301]。いうまでもなく「マクドナルド」はグローバル・ブランドそのものとなっている。

いまや、世界中の人々、特に子供や若者にとっては、たとえば、日本人の子供がアメリカへ行って、ここにも「マクドナルド」があるといったり、香港の子供が日本に来て、「マクドナルド」があることに驚くように、「ビッグマック」「フライドポテト」「コーク」は外国のものではない。「マクドナルド」はまったく自国のファストフードのブランドなのである[302]。このように「マクドナルド」はローカル化に成功したグローバル・ブランドとなっているのである。

「マクドナルド」は世界中の市場において食べ物以上の何かを売っている[303]。それはほかならぬ「マクドナルド」というブランドそのものの訴求である。

「マクドナルド」は外食、ファストフードに調理の流れ作業、セルフサービス、独特の接客[304]、清潔さおよびフランチャイズ制を導入した。これらについては必ずしもパイオニアとはいえないが、膨大なマニュアルによって[305]、それらをさらに精緻なものにするとともにブランド化にいち早く成功し、アメリカのナショナル・ブランドとなり、リージョナル・ブランド、そして、グローバル・ブランドへと発展し、今日に至っているサービス・ブランドのパイオニアである。

もちろん、「マクドナルドの成功は米国の食文化の貧困と表裏一体である。その世界への普及は、米国ジャンクフードのグローバル化に他ならない[306]。」といった一面はあるが、「マクドナルド」はグルメな食事の足元には及ばないが、TVフーズよりはましな味で、カロリーは豊富で、早く、（相対的に）安く、手軽に食べられることから世界中の消費者の評価と支持を得たものと思われる。つまり、「マクドナルド」は新たな選択肢を消費者に提示したサービス・ブランドであるといえるのである。

なお、マクドナルドは現代の生活の規格化と慣例化の強力な象徴となり、新たな用語を生み出している。「マックジョブズ（McJobs）」[307]、そして、もちろん、「マクドナルダイゼーション（McDonaldization）」もそれである。さらに、「ビッグマック指数」も上げられる[308]。

したがって、「マクドナルド」はモノ商品ではないサービス商品ではあるが、サービスの規格化、マニュアル化に成功して、ブランド化をなしえ、顧客である消費者の認知、評価、支持を得て、グローバル・ブランドとなってきている。その成功ゆえに批判や反対運動があるにはあるが、「マクドナルド」は世界中の多くの消費者の評価、支持を得て、ますます強力なグローバル・ブランドとなってきている。「マクドナルド」は新たにファストフードというサービスを創造、付加したのであり、旧来の伝統的な食事を破壊するものではもちろんない。両者は当然共存するものであり、現在、世界中のどの国をとってもそうである。何を選ぶか、それは、消費者次第である。

　ここで若干の考察のまとめの代わりとして、サービス・ブランド「マクドナルド」とは、一体、何のブランドになるのであろうか。「マクドナルド」といえばハンバーガーであり、それゆえにハンバーガーのブランドというべきなのか。たしかに「マクドナルド」はハンバーガーを作り、顧客に販売しているが、それだけではない。「フィレオフィッシュ」や「チキンマックナゲット」なども販売しているので、ハンバーガーのブランドとは限定されえない。ハンバーガーに代表される食品、調理品という単なるモノのブランドではない。

　それでは何に当たるのであろうか。それはハンバーガーをはじめとする多様なメニューのファストフードを快適な空間で適切な接客を通して消費者が満足するトータル・サービスを提供するレストランのブランドということができるであろう。もちろん、現在では、レストラン「マクドナルド」はグローバルに展開されており、フランチャイズにせよ直営店にせよ、ファストフード・レストラン・チェーン・グループの統一ブランドおよび個々のファストフード・レストランのブランドでもある。

　これまでの事例研究から、サービス・ブランドの「マクドナルド」はモノ・ブランドである「コカ・コーラ」や「ルイ・ヴィトン」などと明らかに同様なブランドであり、サービス・ブランドがモノ・ブランドと基本的には同様なものであることを証明しているのはいうまでもない。したがって、グローバルにブランド・マーケティングを展開し、世界中の消費者から評価・支持を得ることに成功したマクドナルド・コーポレーション社が展開するファストフード・レストラン・チェーンの統一ブランドである「マクドナルド」の事例は、サー

ビス・ブランドもモノ・ブランドと何ら変わるところがなく、ブランド・マーケティングのフレームワークの中に位置づけられるものであることを意味しているといえる。そうなると、「マクドナルド」が展開されている世界百数十カ国は、認識する、しないにもかかわらず、マーケティング社会に入っていることになるのである。

8　おわりに

　本章で考察したように、20世紀には、あらゆる商品分野でブランドが誕生し発展した。そして、それまでのブランドに加え、一次産品の農産物のブランド、サービス・ブランドが新たに誕生した。

　すでに第Ⅱ章、第Ⅲ章でみてきたように、19世紀までに誕生した醸造ブランド、メカニズム・ブランド、一般ブランド、PB（プライベート・ブランド）は、20世紀に入っても続々と誕生した。これらのブランドは原則として工場でモノの部分が大量に生産され、標準化、規格化、均一化をたやすく行うことが可能であった。そのため生産技術が発展するにしたがって、これらのブランドがモノ商品の時代からブランドの時代、ブランドの社会を実現したのである。

　また、20世紀には新たなブランドが誕生した。それは農産物のブランドとサービス・ブランドである。この両者とも工場で生産されるものではなく、そのため標準化、規格化、均一化が困難であり、これまでブランドにはなりえないと考えられていたのである。

　まず、一次産品である農産物のブランドであるが、農産物は自然を相手に生産されるもので、その産出物はバラバラであり、その標準化、規格化、均一化は不可能であると考えられていた。しかしながら、本章で考察した「サンキスト」にみられるように、共通な栽培方法を採用するとともに選別を厳格にし、工場生産に匹敵するような果物という農産物の標準化を実現し、それにブランドを付与し、今日まで発展しているのである。遅れて農産物のブランドを急速に試み始めた日本にとって、この「サンキスト」のブランド発展は農産物のブランド化へのビジネスモデルの原点として、今後さらなる研究が求められるも

のである。

　次に、サービス・ブランドであるがそもそもサービスはそれを生産する人間によって出来栄えが異なり、標準化が全く不可能であり、ブランドとはなりえないと考えられていた。そのような中で本章で考察した「マクドナルド」は食事というサービスの工場生産化を目指し、誰が作っても同一のもの、すなわち、標準化、規格化、均一化されたハンバーガー、フライドポテトといった食事のサービス商品を実現し、サービス・ブランドとなったのである。この「マクドナルド」の創造、展開は本国のアメリカだけではなく、世界中に大きな影響を与え、ファストフードという新たな食事の選択肢を消費者に与えたのである。

　したがって、20世紀にはモノ商品だけではなく、一次産品、農産物やサービス商品にまでブランドが誕生し、ブランド社会が一段と進展することとなった。

注

1) もちろん、アメリカでもビール醸造が行われ、その中のブランドには今日まで続く1855年創業の「ミラー」、1873年創業の「クアーズ」、1876年創業で現在では販売量世界一の「バドワイザー」がある。
2) F. Paul Pacult, *AMERICAN STILL LIFE*, p. 222, WILEY, 2003.
3) *ibid.*, p. 222.
4) *ibid.*, p. 223.
5) *ibid.*, p. 224.
6) *ibid.*, p. 224.
7) 新川健三郎「禁酒法」下中直人編『世界大百科事典7』改訂新版、p. 591、平凡社、2007年。
8) 今防人「禁酒運動」下中直人編『世界大百科事典7』改訂新版、pp. 590-591、平凡社、2007年。
9) F. Paul Pacult, *op. cit.*, pp. 224-225.
10) *ibid.*, p. 225.
11) *ibid.*, p. 226.
12) *ibid.*, p. 226.
13) *ibid.*, p. 226.

14) *ibid.*, p. 226.
15) *ibid.*, p. 226.
16) *ibid.*, pp. 226-227.
17) *ibid.*, p. 227.
18) *ibid.*, p. 227.
19) *ibid.*, p. 227.
20) *ibid.*, p. 227.
21) http://www.bloomberg.co.jp/news/123-MESQRP6JTSGEG01.html（2013/10/21 閲覧）。
22) Hephaestus Books, *Brand Name Alcohol Products*, pp. 30-31、Hephaestus Books, 2011; Hephaestus Books, *Economy Of Louisville, Kentucky*, pp. 6-7、Hephaestus Books, 2011; Hephaestus Books, *Fortune Brands Brands*, pp. 14-15, Hephaestus Books, 2011.
23) たとえば、「Jim Beam Soaked Sunflower Seeds」「Jim Beam BBQ Sauces」「Jim Beam Bourbon Barrel Ham」などの食品をはじめてして、「ジム・ビーム」ブランドを付したビリヤード、ジッポー・ライター、ポスター、ダーツボード、Tシャツ、コート類など多くの商品がライセンス生産されている——Hephaestus Books, *Brand Name Alcohol Products*, p. 29, Hephaestus Books, 2011; Hephaestus Books, *Economy Of Louisville, Kentucky*, p. 5、Hephaestus Books, 2011; Hephaestus Books, *Fortune Brands Brands*, p. 13, Hephaestus Books, 2011.
24) Hephaestus Books, *Brand Name Alcohol Products*, p. 31, Hephaestus Books, 2011; Hephaestus Books, *Economy Of Louisville, Kentucky*, p. 7、Hephaestus Books, 2011; Hephaestus Books, *Fortune Brands Brands*, p. 15, Hephaestus Books, 2011.
25) たとえば、世界第2のバーボン市場であるオーストラリアで販売トップを占めるとともに、インド、中国、ロシアでは急成長の最中である——*Brand Name Alcohol Products*, p. 29、Hephaestus; *Economy Of Louisville, Kentucky*, p. 5、Hephaestus; *Fortune Brands Brands*, p. 13, Hephaestus.
26) 山崎清『GM』pp. 26-38、中公新書、1969年。
27) ハナ・キャンベル、*Why Did They Name It ?*, Fleet PUB. Corp., 1964（常盤新平編『アメリカブランド物語』p. 241、冬樹社、1981年）。
28) 同上、pp. 241-242。
29) これ以後、デュポンとGM社との関係が1959年の反トラストの判決で、株の放出と経営から手を引くまで続くのである。
30) 山崎清、前掲書、pp. 30-41。

第Ⅳ章　20世紀に誕生したブランド　139

31)　同上、pp. 42-43。
32)　同上、p. 61。
33)　同上、pp. 77-82。
34)　同上、pp. 102-103。
35)　同上、p. 106。
36)　同上、pp. 108-109。
37)　同上、pp. 112-113。
38)　同上、p. 139。
39)　近藤文男『成長期マーケティングの研究』pp. 208-209、中央経済社、1988年。
40)　同上、pp. 205-208。
41)　山崎清、前掲書、pp. 104-113。
42)　石川博友「ナビスコ―ビスケットと歯磨きの婚約」『朝日ジャーナル』Vol. 9, No. 15、pp. 35-36、1967年；石川博友「ナビスコ」朝日ジャーナル編集部『世界企業時代 上』p. 19、朝日新聞社、1968年；A・D・チャンドラー、古川栄一監訳『アメリカ近代経営史』p. 31、日本経営出版会、1972年；岸志津江「強いブランドを作った組織と広告」青木幸弘・岸志津江・田中洋編著『ブランド構築と広告戦略』p. 409、日経広告研究所、2000年。https://en.wikipedia.org/wiki/Nabisco_Brands。
43)　A・D・チャンドラー、古川栄一監訳、前掲書、pp. 31-32。
44)　岸志津江、前掲論文、p. 410。
45)　A・D・チャンドラー、古川栄一監訳、前掲書、p. 32。
46)　岸志津江、前掲論文、p. 410；A・D・チャンドラー・ジュニア、三菱経済研究所訳『経営戦略と組織』p. 48、実業之日本社、1967年。
47)　石川博友「ナビスコ」、前掲書、p. 19。
48)　岸志津江、前掲論文、p. 411。
49)　同上、p. 411。
50)　同上、pp. 413-414。
51)　https://en.wikipedia.org/wiki/Nabisco_Brands。
52)　日本では1970年、山崎製パンと合弁会社ヤマザキ・ナビスコ社を設立し、「ナビスコ」ブランドを展開してきた。1988年に資本関係は解消したが、現在もヤマザキ・ナビスコ社に各種商標使用権と製造権は引き継がれている。
53)　山口一臣・宇田理『米国シガレット産業の覇者』pp. 70-76、千倉書房、2006年。
54)　山田政美編著『英和商品名辞典』p. 262、研究社、1990。
55)　「ラッキーストライク」『ウィキペディア日本語版』https://ja.wikipedia.org/。
56)　山田政美編著、前掲辞典、p. 262。

57) デュークがタバコ・トラストの盟主になった第一の要因は、デューク社が巻きタバコ製造機械の生産者ボンサック機械会社から 3 年間の独占的使用権を獲得したことである。もうひとつはいうまでもなく買取による企業合同である――小原敬士『アメリカ独占資本主義の形成』pp. 63-64、岩波書店、1953 年。
58) 中川敬一郎「米国における巨大企業の成立とマス・マーケティングの発達」『経済学論集』第 31 巻第 3 号、p. 34、東京大学経済学会、1965 年。
59) A・D・チャンドラー、古川栄一監訳、前掲書、p. 27。
60) 同上。
61) 山口一臣・宇田理、前掲書、pp. 39-40。
62) A・D・チャンドラー、古川栄一監訳、前掲書、p. 27。
63) 同上；山口一臣・宇田理、前掲書、pp. 35-39；その生産能力は、巻煙草では全国の 92.7%、板煙草では 62%、スモーキング煙草では 59.2%、細切煙草では 50.5%、嗅煙草では 78.0% に達した。ただ煙草製品の重要な部分である葉巻煙草においては、煙草トラストの独占的支配は容易に達成されなかった。1901 年においては全国の 10.9% にすぎず、1903 年に至っても 16.4% であった。それは、葉巻の生産は完全に機械化することができず、一方における大企業の成立と相並んで、多数の中小企業が生存する余地が大であったからである――小原敬士、前掲書、p. 66。
64) 山口一臣・宇田理著、前掲書、p. 41。
65) 同上、p. 44。
66) 同上。
67) 同上、p. 52。
68) 同上、p. 50。
69) 同上、pp. 42-51。それまでのブランドは単なる名前にすぎなかったが、この時期にはコンセプトと対象市場を明確にした本格的なブランドが創造された。
70) 同上、pp. 49-56。
71) 長沢伸也『ブランド帝国の素顔』pp. 268-269、日経ビジネス人文庫、2002 年。
72) なお、長沢伸也は「ルイ・ヴィトン」を 4P (Product, Price, Place, Promotion) のフレーム・ワークの中で説明しており――長沢伸也編著『ルイ・ヴィトンの法則』第 1 章～第 5 章、東洋経済新報社、2007 年――、彼のいうブランド・マーケティングは不思議なものとなっている。
73) 梶原勝美『ブランド・マーケティング研究序説Ⅰ』pp. 158-164、創成社、2010 年。
74) 同上、pp. 283-288。
75) 同上、p. 160。
76) 秦郷次郎『私的ブランド論』p. 143、日経ビジネス人文庫、2006 年。

77) 同上、pp. 96-97。
78) 同上、p. 67。
79) 山田登代子『ブランドの世紀』p. 48、マガジンハウス、2000年：秦郷次郎、前掲書、pp. 143-145。
80) 横山一敏『ファッションの20世紀』pp. 28-29、集英社新書、2008年：山田登代子、同上、p. 50：「ルイ・ヴィトン」『ウィキペディア日本語版』https://ja.wikipedia.org/（2010/10/12閲覧）。
81) 山田登代子、同上、pp. 51-52。
82) 「ルイ・ヴィトン」『ウィキペディア日本語版』https://ja.wikipedia.org/（2010/10/12閲覧）。
83) 同上。
84) 同上。
85) 長沢伸也『ルイ・ヴィトンの法則』p. 37。
86) 「ルイ・ヴィトン」『ウィキペディア日本語版』https://ja.wikipedia.org/（2010/10/12閲覧）。
87) 同上。
88) 秦郷次郎、前掲書、p. 121。
89) 「ルイ・ヴィトン」『ウィキペディア日本語版』https://ja.wikipedia.org/（2010/10/12閲覧）。
90) フランス人のオートクチュール・デザイナー、ポール・ポワレの創造したブランド。女性をコルセットから解放し、革新的なデザインを発表し、パリ・モードの代表としてアメリカに進出し、大衆を魅了した。ポワレが生みだしたスタイルを百貨店や小売業者がコピーした商品は大流行したが、アメリカという巨大市場での彼自身の展開には失敗した――塚田朋子『ファッション・ブランドの起源』pp. 51-95、雄山閣、2005年。
91) 1920年代にアメリカ市場に進出し、大成功を収めた。アメリカ版「ヴォーグ誌」でシャネルという名のフォードだと讃えられたリトル・ブラック・ドレスやシャネル・スーツおよび香水のシャネルNo.5でアメリカ市場を席巻した。シャネルは他のパリのデザイナーと異なり、パターンのコピーを許容したため、いち早くアメリカ中の多くの消費者から評価と支持を受けた――同上、pp. 175-206；山田登世子『ブランドの条件』pp. 114-151、岩波新書、2006年；長沢伸也編著・杉本香七著『シャネルの戦略』pp. 150-157、東洋経済新報社、2010年。
92) 山田登世子、前掲書、pp. 77-79。
93) 梶原勝美、前掲書、pp. 281-283。
94) 1970年以前、ルイ・ヴィトン社の工場はパリのアニエール工場だけであり、

それは次のごとくである。「アニエールの工場はフル回転していた。60人ほどの職人が工作機械の電気モーターやガソリンモーターも使わずに、手で製品を作っていたのである。」──H. L. Vuitton, *La malle aux souvenirs*, Éditions Menges, 1984；ルイ・ヴィトン・ジャパン企画・監修『ルイ・ヴィトン思い出のトランクをあけて』p. 48、福武書店、1985年。なお、同著はルイ・ヴィトン社の社史のひとつにあげられているものである。

95) 秦郷次郎、前掲書、p. 24。

96) 同上、pp. 26-27。

97) 実は、すでに1898年にワナメーカー百貨店とアメリカにおける代理店契約を結んでいる。「契約によれば、ジョン・ワナメーカーが、ニューヨークとフィラデルフィアでヴィトンのトランクを提示し、販売するのである。そればかりか、彼は、オマハ万国博覧会でヴィトンの代理をすることになっていた。オマハでは、ヴィトンは金メダルを獲得した。」──H. L. Vuitton、ルイ・ヴィトン・ジャパン企画・監修、前掲書、p. 52。しかしながら、本格的なアメリカ進出は後のことになるのである。

98) 「1884年になると、ヴィトン製品の成功を妬んだイギリス人が、トアル地のトランクに対抗してボール紙を芯にしたソール・レザー張りのトランクを発表したことである。1885年、ロンドンの中心地、オックスフォード・ストリート289番地に、ヴィトンの店を開いた。」──同上、p. 38──このロンドン進出もそのきっかけが類似品に対抗したものであり、大変興味深い。

99) 西尾忠久『ヴィトン読本』p. 185、pp. 208-225、グラフ社、1982年。なお、この点に関してはたぶん秦郷次郎の勘違いかと思われる。「直営店はパリとニースの2店舗しかなく」──秦郷次郎、前掲書、p. 29。

100) 西尾忠久、前掲書、pp. 186-197。

101) 同上、p. 185およびp. 197。なお、秦郷次郎は「アメリカ市場ではサックス・フィフス・アヴェニューにライセンスを与えて製造から販売まですべてを任せていた。」──秦郷次郎、前掲書、p. 29──と記しているが、正確にはライセンス生産の許可を与えたのはアメリカ・カリフォルニア州にあるフレンチ社（後にルイ・ヴィトン社が買収した）である。したがって、「ルイ・ヴィトンは、LVMHグループになる以前から、153年間これまでライセンス生産はいっさいしてこなかった」──長沢伸也『ルイ・ヴィトンの法則』p. 59──という長沢伸也の記述も間違いであるといわざるをえない。同様に、山田登代子の次の記述も間違いである。「ルイ・ヴィトンもエルメスもシャネルもライセンス契約を結んだことのないメゾン・ブランドであり、そのことが今日の成功の大きな理由になっているのは誰もが認めるところである。」──山田登世子、前掲書、p. 79。

102) アメリカで「ルイ・ヴィトン」のブームが起きたのはフランスのファッション・モデルが持ち込んで火がついた——西尾忠久、前掲書、p. 212。
103) 秦郷次郎、前掲書、pp. 44-46。
104) 同上、pp. 90-91。
105) 西尾忠久、前掲書、p. 212。
106) 三田村蕗子『ブランドビジネス』pp. 11-12、平凡社新書、2004年。
107) P. G. Pasols, translated by L. Ammon, *LUIS VUITTON: the birth of modern luxury*, p. 533, Harry N. Abrams, Inc., 2005.
108) *ibid.*, pp. 514-529.
109) 鳥取絹子『フランスのブランド美学』p. 153、文化出版局、2008年。
110) 梶原勝美「ブランド・マーケティング体系（Ⅳ）」『専修商学論集』pp. 20-24、2009年11月。
111) S. McCartney, *The Fake Factor*, Cyan Communications & Marshall Cavendish International (Asia), 2005（浦谷計子訳『偽ブランド狂騒曲』p. 24、ダイヤモンド社、2006年）。
112) 佐々木明『類似ヴィトン』p. 6、小学館文庫、2001年。
113) 長沢伸也編著『ルイ・ヴィトンの法則』pp. 34-35、2007年。
114) 佐々木明、前掲書、p. 39。
115) 山田登世子、前掲書、p. 93。
116) 現在でもインターネットで検索するといくつかのウェブサイトが見つかる。
117) 長沢伸也『ブランド帝国の素顔』p. 86。
118) B. Arnault (Entretiens avec Yves Messarovitch), *LA PASSION CREATIVE*, Éditions Plon, 2000（杉美春訳『ブランド帝国LVMHを創った男ベルナール・アルノー、語る』日経BP社、2003年）。
119) 長沢伸也『ブランド帝国の素顔』pp. 61-174。なお、LVMHグループとグッチ・グループとの激烈な買収合戦については、S. Marchand, *LES GUERRES DU LUXE*, LIBRAIRIE ARTHEME FAYARD, 2001（大西藍子訳『高級ブランド戦争 ヴィトンとグッチの華麗なる戦い』駿台曜曜社、2002年）。
120) 1. ワイン・スピリッツ（アルコール類）、2. ファッション・レザーグッズ、3. フレグランス・コスメティックス（香水・化粧品）、4. ウォッチ・ジュエリー（時計・宝飾品）、5. セレクティブ・リテーリング（特選小売）——長沢伸也、同上、pp. 176-184。なお、LVMHグループのウェブサイトでは、3. フレグランス・コスメティックスはパフューム＆コスメティックスと表示されている—http://lvmh.co.jp/group/organization.html；B. Arnault、杉美春訳、前掲書、p. 13；長沢伸也『それでも強いルイ・ヴィトンの秘密』p. 167、講談社、2009年。

121) 同上、pp. 181-182。
122) 山田登世子、前掲書、pp. 2-3。
123) 同上、p. 3。
124) 「ルイ・ヴィトン」『ウィキペディア日本語版』https://ja.wikipedia.org/（2010/10/12 閲覧）。
125) 同上。
126) 同上。
127) 同上。
128) 同上。
129) 長沢伸也編著『ルイ・ヴィトンの法則』東洋経済新報社、2007 年。
130) 同上、pp. 5-8。
131) 同上、pp. 31-79。
132) 平山弘『ブランド価値の創造』p. 62、晃洋書房、2007 年。
133) 同上、p. 181。
134) 同上、p. 173。
135) 同上、pp. 166-168。
136) 堺屋太一と東京大学堺屋ゼミ生『どうして売れるルイ・ヴィトン』pp. 3-5、講談社、2004 年。
137) 原田保・片岡裕司『顧客が部族化する時代のブランディング』pp. 12-13、芙蓉書房、2009 年。
138) 同上、p. 129。
139) たとえば、山田登世子、三田村蔷子をはじめとするファッションの観点からの「ルイ・ヴィトン」の研究がみられる。
140) http://www.interbrand.com/ja/（2010/10/07 閲覧）。
141) 梶原勝美、前掲書、pp. 302-303。
142) 梶原勝美「ブランドの情報機能についての一考察」『専修大学経営研究所報』第 182 号、2009 年 11 月。
143) 通常、トップ・ブランドはその他のブランドおよびモノ商品より価格が絶対的にも相対的にも高い。その価格差とは、消費者が欲し、求めた贅沢情報に対するいわば費用と報酬であり、「ルイ・ヴィトン」のようにラグジュアリー・ブランドと呼ばれるものも、たとえば、「コカ・コーラ」のようにありふれた日常品のトップ・ブランドも何ら変わらないといえるのである。
144) 吉川京二『製造小売業革命』pp. 1-2、プレジデント社、2004 年。なお、同書の中では、製造小売業について次のように定義されている。「『製造小売業を定義すれば、『生産から販売（製造から小売り）までの一気通貫した役割を構築し、効率的な運営を続ける企業と言える。言い換えれば、『メーカーでありながらも

第Ⅳ章　20世紀に誕生したブランド　145

小売業を併せもつメーカー』ということだろう。」——同書、p. 16。
145) GAP社は、現在、「GAP」以外にも「オールド・ネイビー」と「バナナ・リパブリック」のPBを展開している。
146) ただ、近年、限定ものとしてユニクロのロゴ入りのスポーツウェアが展開されている。試行錯誤の一環なのか、新たなブランド展開なのか、今後、注目されよう。
147) 若林秀泰『黄金の世界戦略　サンキストの100年』家の光協会、1995年。
148) 清水徹朗「米国の果実農協サンキストの組織と事業」『農林金融』2002年8月号、p. 59、農林中央金庫。
149) 若林秀泰、前掲書、pp. 208-210。
150) 清水徹朗、前掲論文、p. 58。
151) 木下泰雄「'サンキスト'柑橘の生産と販売の仕組み——アメリカのある販売農業協同組合の歴史と現状——」『協同組合経営研究月報』159号、pp. 8-9、協同組合経営研究所、1966年。
152) 若林秀泰、前掲書、p. 80。
153) 同上、pp. 185-187。
154) 同上、p. 188。
155) 三石誠司「グローバル・マーケットにおける農協：サンキスト」『農業構造改善』Vol. 42(4)、pp. 20-23、全国農業構造改善協会、2004年。
156) J. L. Watsonn(ed.), *Golden Arches East McDonald's in East Asia*, Stanford University Press, 1997（前川啓治・竹内恵行・岡部曜子訳『マクドナルドはグローバルか東アジアのファーストフード』pp. 50-51、新曜社、2003年）。
157) J. F. Love, *McDONALD'S Behind The Arches*, Bantam Books, Inc., 1986（徳岡孝夫訳『マクドナルド—わが豊饒の人材—』p. 50、ダイヤモンド社、1987年）。
158) R. A. Kroc & R. Anderson, *GRINDING IT OUT: The Making of McDonalds*, McGraw-Hill, 1987（野地秩喜監修、野崎稚恵訳『成功はゴミ箱の中に』p. 25、プレジデント社、2007年）；J. F. Love, 徳岡孝夫訳、前掲書、p. 18。
159) R. A. Kroc & R. Anderson、野地秩喜監修、野崎稚恵訳、前掲書、p. 151。
160) 同上、pp. 115-116。
161) J. F. Love, 徳岡孝夫訳、前掲書、p. 30。
162) R. A. Kroc & R. Anderson、野地秩喜監修、野崎稚恵訳、前掲書、pp. 20-21。
163) 同上、p. 25。
164) 同上、pp. 21-22。
165) J. F. Love、徳岡孝夫訳、前掲書、p. 40。
166) 同上、p. 40。
167) R. A. Kroc & R. Anderson、野地秩喜監修、野崎稚恵訳、前掲書、p. 20。

168) 同上、p. 30。
169) 同上、p. 116。
170) J. F. Love、徳岡孝夫訳、前掲書、p. 57。
171) 同上、pp. 72-74；R. A. Kroc & R. Anderson、野地秩喜監修、野崎稚恵訳、前掲書、p. 123。
172) J. F. Love、徳岡孝夫訳、前掲書、pp. 70-72。
173) R. A. Kroc & R. Anderson、野地秩喜監修、野崎稚恵訳、前掲書、p. 137。
174) J. F. Love、徳岡孝夫訳、前掲書、p. 60。
175) 同上、p. 63。
176) R. A. Kroc & R. Anderson、野地秩喜監修、野崎稚恵訳、前掲書、pp. 139-140。
177) 同上、p. 145。
178) 同上、p. 331。
179) 同上、p. 150。
180) 同上、pp. 156-157。
181) 同上、pp. 157-158。
182) 同上、pp. 159-160。
183) 同上、pp. 161-163。
184) J. F. Love、徳岡孝夫訳、前掲書、pp. 126-135。
185) 同上、p. 57。
186) R. A. Kroc & R. Anderson、野地秩喜監修、野崎稚恵訳、前掲書、p. 173。
187) 同上、pp. 191-195。J. F. Love、徳岡孝夫訳、前掲書、pp. 195-208。
188) R. A. Kroc & R. Anderson、野地秩喜監修、野崎稚恵訳、前掲書、pp. 201-203。
189) 同上、p. 182。
190) 同上、p. 215。
191) 同上、pp. 218-219。
192) J. F. Love、徳岡孝夫訳、前掲書、pp. 123-124。
193) 同上、pp. 124-125。
194) 同上、p. 126。
195) 同上、p. 139。
196) 同上、p. 145。
197) 同上、pp. 149-152。
198) 同上、p. 213。
199) 同上、p. 212。
200) R. A. Kroc & R. Anderson、野地秩喜監修、野崎稚恵訳、前掲書、pp. 219-220。
201) J. F. Love、徳岡孝夫訳、前掲書、p. 228。
202) R. A. Kroc & R. Anderson、野地秩喜監修、野崎稚恵訳、前掲書、p. 226。

203) 同上、p. 228。
204) 同上、pp. 230-231。
205) J. F. Love、徳岡孝夫訳、前掲書、p. 229。
206) 同上、p. 246。
207) R. A. Kroc & R. Anderson、野地秩喜監修、野崎稚恵訳、前掲書、p. 237。
208) 同上、p. 237。
209) 同上、pp. 237-238。
210) J. F. Love、徳岡孝夫訳、前掲書、p. 252。
211) R. A. Kroc & R. Anderson、野地秩喜監修、野崎稚恵訳、前掲書、pp. 251-253。
212) 同上、p. 275。
213) J. F. Love、徳岡孝夫訳、前掲書、p. 297。
214) 同上、p. 277。
215) 「マクドナルド」のフランチャイジーと直営店の総売上高の1％を任意に寄付することで支援された「マクドナルド」の全国広告をおこなう広告基金——R. A. Kroc & R. Anderson, 野地秩喜監修、野崎稚恵訳、前掲書、pp. 253-254。
216) J. F. Love、徳岡孝夫訳、前掲書、p. 307。
217) 同上、p. 309。
218) 同上、pp. 312-315。
219) R. A. Kroc & R. Anderson、野地秩喜監修、野崎稚恵訳、前掲書、pp. 283-284。
220) 同上、pp. 286-287。
221) J. F. Love、徳岡孝夫訳、前掲書、pp. 327-331。
222) J. L. Watsonn(ed.)、前川啓治・竹内恵行・岡部曜子訳、前掲書、p. 51。
223) J. F. Love、徳岡孝夫訳、前掲書、pp. 299-302。
224) 同上、p. 306。
225) 同上、p. 384。
226) 同上、p. 384。
227) 同上、p. 384；R. A. Kroc & R. Anderson、野地秩喜監修、野崎稚恵訳、前掲書、255-256。
228) J. F. Love、徳岡孝夫訳、前掲書、pp. 385-380。
229) 同上、pp. 384-385。もちろん、その後、「マクドナルド」の展開が再開され、オランダ限定の「マック・クロケット」がメニューに加えられている。
230) R. A. Kroc & R. Anderson、野地秩喜監修、野崎稚恵訳、前掲書、p. 322。
231) J. F. Love、徳岡孝夫訳、前掲書、pp. 389-390。
232) 同上、pp. 389-400。日本マクドナルド株式会社広報部『日本マクドナルド20年の歩み』p. 47、日本マクドナルド株式会社、1991年。
233) J. F. Love、徳岡孝夫訳、前掲書、p. 391。

234) 同上、pp. 391-392。
235) 同上、p. 397。
236) マクドナルド CSR レポート——
    http://mcd-holdings.co.jp/contribuyion/index.html （2010/11/22 閲覧）。
237) J. F. Love、徳岡孝夫訳、前掲書、pp. 399-400。
238) 同上、p. 401。
239) J. L. Watsonn(ed.)、前川啓治・竹内恵行・岡部曜子訳、前掲書、pp. 40-41。
240) R. A. Kroc & R. Anderson、野地秩喜監修、野崎稚恵訳、前掲書、p. 328。
241) 同上、p. 323；日本マクドナルド株式会社広報部、前掲書、p. 183。
242) J. F. Love、徳岡孝夫訳、前掲書、p. 8。
243) R. A. Kroc & R. Anderson、野地秩喜監修、野崎稚恵訳、前掲書、p. 5。
244) J. F. Love、徳岡孝夫訳、前掲書、p. 413。
245) 同上、p. 414。
246) 同上、pp. 382-384。
247) 同上、p. 414。
248) J. L. Watsonn(ed.)、前川啓治・竹内恵行・岡部曜子訳、前掲書、pp. 41-42。
249) G. Critser, *FAT LAND: How Americans Become the Fattest People in the World,* International Creative Management, Inc., 2003；竹迫仁子訳『デブの帝国——いかにしてアメリカは肥満大国となったか——』p. 41、バジリコ社、2003 年。
250) J. L. Watsonn(ed.)、前川啓治・竹内恵行・岡部曜子訳、前掲書、p. 38。
251) 同上、pp. 42-43。
252) 同上、p. 22。
253) 前川啓治「訳者まえがき」同上、p. 3。
254) McDonald's Corporation Annual Report 2009.
255) J. L. Watsonn(ed.)、前川啓治・竹内恵行・岡部曜子訳、前掲書、p. 29。
256) 同上、p. 9。
257) G. Critser、竹迫仁子訳、前掲書、pp. 161-162。
258) J. L. Watsonn(ed.)、前川啓治・竹内恵行・岡部曜子訳、前掲書、pp. 42-44。
259) 古くは R. A. Kroc が強く推した 2 枚のスライスチーズと焼いたパイナップルをトーストしたパンにのせるというフラバーガーを売り出したがまったく鳴かず飛ばずであった—— R. Kroc & R. Anderson, 野地秩喜監修、野崎稚恵訳、前掲書、p. 232。健康志向の消費者の狙ったマックリーン・デラックス、マックスープも失敗であったが、なかでも一番の失敗は大人の味のハンバーガーとして開発された「アーチ・デラックス」である—— M. Haig, *Brand Failture,* Kogan page, 2003（田中洋・森口美由紀訳『あのブランドの失敗に学べ！』pp.

43-46、ダイヤモンド社、2005年）。
260) G. Critser、竹迫仁子訳、前掲書、pp. 39-42。
261) M. Haig, *Brand Royalty: How the World's Top 100 Brands Thrive and Survive*, Kogan Page, 2004；和田敏彦訳『ブランド・ロイヤリティ』p. 161、グラフ社、2007年。
262) J. L. Watsonn(ed.)、前川啓治・竹内恵行・岡部曜子訳、前掲書、p. 60。
263) E. Ross and A.Holland, *100 GREAT BUSINESS AND THE MINDS BEHIND THEM*, Diversity Management, 2007（宮本喜一訳『100 Inc.』p. 104、エクスナレッジ、2007年）。
264) J. F. Love, 徳岡孝夫訳、前掲書、pp. 304-305。
265) 同上、p. 317。
266) 同上、pp. 217-218。
267) 病気と闘う子供たちとその家族に向けた応援メッセージをチャリティーキャンペーン特設サイト上で募集し、その全国から集まった応援メッセージを全国7か所にある「ドナルド・マクドナルド・ハウス」（公益法人ドナルド・マクドナルド・ハウス・ジャパンが運営）に届けようという応援活動である――http://www.mcd-holdings.co.jp/news/2010/csr/csr1028.html（2010/11/17閲覧）。
268) J. F. Love、徳岡孝夫訳、前掲書、pp. 340-341。当時、フランチャイジーは全員白人であり、これに反対して、何百人もの黒人デモ隊が黒人の多いクリーブランドのイーストサイドにある6軒のマクドナルドの店舗にピケを張った。
269) 同上、pp. 339-340。R. A. Krocが共和党のニクソン陣営に25万ドルの政治献金をしたが、最低賃金引き上げ法とマクドナルドの新製品値上げ申請を賃金物価統制委員会が認めることと関係付けられ、批判された。
270) 同上、pp. 341-343。都会進出の一環として、レキシントン街66丁目に出店予定をしたが、そこに住む建築家のデービット・ピアは66丁目連合を組織して反対運動を起こした。
271) 同上、pp. 335-337。マクドナルドのハンバーガーの中にミミズの肉が混ざっているという噂が広がり、何カ月もの調査の結果、あるローカル・テレビのトークショーでミミズ養殖業者が自分の夢は「ミミズ養殖のマクドナルドになることだ」といったことが原因らしいと判明した。
272) 同上、p. 410。
273) 同上、pp. 411-412。
274) J. L. Watsonn(ed.)、前川啓治・竹内恵行、岡部曜子訳、前掲書、p. 27。
275) J. F. Love、徳岡孝夫訳、前掲書、pp. 344-345。
276) G. Critser、竹迫仁子訳、前掲書、pp. 43-44。
277) 同上、pp. 49-50。

278) 同上、p. 165。
279) K. Werner & H. Weiss, *DAS NEUE SCHWARZBUCH MARKENFIRMEN*, Franz Deuticle Verlagesellschaft m. b. H., Wien-Frankfurt/M, 2003；下川真一訳『世界ブランド企業黒書』pp. 324-325、明石書店、2005年。
280) N. Klein, No Logo, Westwood Creative Artists Ltd.（松島聖子訳『ブランドなんか、いらない――搾取で巨大化する大企業の非情』p. 352、はまの出版、2001年）。
281) K. Werner & H. Weiss、下川真一訳、前掲書、pp. 175-176。
282) 同上、p. 174。
283) J. F. Love、徳岡孝夫訳、前掲書、pp. 351-353。カリフォルニアとメキシコとの国境にあるサン・イシドロのマクドナルド店で男がカービン銃を乱射し、店にいた客と店員、通行人を含め21人を射殺したという事件。
284) 同上、pp. 355-373。フランチャイジーの反乱の主たる原因は、本部であるマクドナルド・コーポレーション社の直営店化政策、不動産所有および契約更新に基づく不満からのものである。
285) もちろん、「マクドナルド」はそのほかにもJ. F. Loveが指摘しているように多くの豊饒な人材が常にブランドの再創造と再展開の繰返しを試行錯誤の中で行い、厳しい管理をした結果として、今日のグローバル・ブランドとなったのである。
286) 「マクドナルド」の生成から展開については個人的な革新的企業家精神が発揮されたということができるが、いずれ、ブランドと企業家精神との関係は論じてみたい。それは最近企業にとってのDNAといわれることが多いが、私はそのDNAはブランドに組み込まれ引き継がれるものであると考えている。
287) McDonald's Corporation Annual Report 2009.
288) http://www.interbrand.com/（2010/10/07閲覧）。
289) フィリピンのトップ・ブランドは現地資本による「ジェリビー」である。
290) 韓国のトップ・ブランドはロッテグループの韓国「ロッテリア」である。
291) M. Haig、和田敏彦訳、前掲書、pp. 163-165。
292) J. L. Watsonn (ed.)、前川啓治・竹内恵行・岡部曜子訳、前掲書；G. Ritzer, *The McDonaldization Thesis: Explorations and Extentions*, Sage Publication, 1998（正岡寛司監訳『マクドナルド化の世界』早稲田大学出版部、2001年）；G. Ritzer、丸山哲央編著『マクドナルド化と日本』ミネルヴァ書房、2003年。なお、マーケティング論の研究者も論じている――原田保「消費手段を奪還する生活者――スロースタイルマーケティングの基本概念」原田保・三浦俊彦編『スロースタイル』pp. 17-23、新評論、2007年。
293) 前川啓治「訳者まえがき」、J. L. Watsonn (ed.)、前川啓治・竹内恵行・岡部

曜子訳、前掲書、p. 3。

294) M. Kotabe and K. Helsen, *Global Marketing Management 4th Edition,* John Wiley &Sons, Inc., 2008（栗木契監訳『国際マーケティング』p. 70、p. 202、p. 435、碩学舎、2010年）；http://www.airtripper.net/mckr.html（2010/10/10閲覧）。

295) 前川啓治「訳者まえがき」J. L. Watsonn(ed.)、前川啓治・竹内恵行・岡部曜子訳、前掲書、pp. 4-5。

296) R. A. Kroc & R. Anderson、野地秩喜監修、野崎稚恵訳、前掲書、p. 13。

297) 同上、p. 15。

298) J. L. Watsonn(ed.)、前川啓治・竹内恵行・岡部曜子訳、前掲書、p. 50。

299) 同上、p. 55。

300) J. F. Love、徳岡孝夫訳、前掲書、p. 382。

301) J. L. Watsonn(ed.)、前川啓治・竹内恵行・岡部曜子訳、前掲書、p. 46。

302) 同上、pp. 24-25。

303) 同上、p. 24。

304) 山口廣太著、夏木れい画『イラスト版マクドナルドの「接客サービス」はここが違う』経林書房、1998年。

305) のちに社長になったターナーが入社間もない頃創起したマニュアル第一作はガリ版刷りのわずか15ページのものであったが、1958年には75ページの印刷・製本されたものになり、1961年には200ページとなり、その後（1986年）には重さ4ポンド、600ページという膨大なものになった——J. F. Love、徳岡孝夫訳、前掲書、p. 144。その結果、マクドナルドでは何にでも厳しい方針や手順があるが、ほとんどすべてのことがマニュアル化されているので、マニュアルに従い、アドバイスを求め、常識を使えば、すべてのことがうまくいく——P. Facella, *Everything I Know about Business I Learned at McDonald's,* McGraw-Hill Com., 2009（岩下慶一・京希伊子訳『マクドナルド7つの成功原則』p. 126、出版文化社、2009年）。

306) 竹中正治『ラーメン屋VS. マクドナルド』p. 33、新潮新書、2008年。

307) J. L. Watsonn(ed.)、前川啓治・竹内恵行・岡部曜子訳、前掲書、p. 61。「マックジョブ」は2003年ウエブスター辞書（第11改訂版）に採用され、「技量を必要としない低賃金の仕事で、昇進の機会はまずない」という意味の言葉。

308) これはイギリスのエコノミスト誌が発表しているもので、現在世界百数十カ国以上で消費者に届けられている「マクドナルド」の「ビッグマック」の価格を調べ、どの国で購買しても同じ価格になるように為替レートを逆算して導き出し、実勢の為替レートの乖離と購買力を導き出そうというものである——内藤忍「知っているようで知らないおカネの話第12回、ビッグマック指数」『日

経マネー』Dec. 2010、p. 102-103。これは「ビックマック」はグローバル・ブランドで、どの国においても同じ材料、同じ内容に規格化され、しかも輸入されるのではなく、その国で作られていることから、価格が一定である、すなわち一物一価が成立するとの前提から考案されたものと思われる。ちなみに、現在アメリカでは 3.7 ドル前後、日本では 320 円として計算すると、1 ドルは 86.5 円となり、2010 年 11 月 15 日の為替レート 1 ドル 82.56 円は多少円高が進んでいることになる。ただし、野口悠紀夫は、計算する際に、課税前の価格を導き出し比較している——野口悠紀夫「超整理日記、ビッグマックで見る異常な円安」『週刊ダイヤモンド』2008/03/08、pp. 158-159、——が、この方法がより実態を反映するものとなる。修正しないと、消費税、付加価値税等の高い国では、実勢レートとの乖離が不当に大きくなるものと思われる：宮崎文雄『マクドナルド 7 つの秘密』pp. 170-174、エール出版、2001 年。

第V章
後発・追随ブランド

1 はじめに

　20世紀の後半から20世紀の末にかけて、ブランドには新しい動きがみられるようになってきた。それはアメリカ、ヨーロッパ、日本という先進国だけではなく、発展途上国にもブランドが生まれたことである。その多くのものは先進国のオリジナル・ブランド、パイオニア・ブランドの模倣から始まった後発、追随ブランドである。それらは、展開に成功してもせいぜいナショナル・ブランドどまりである。リージョナル・ブランド、グローバル・ブランドへと発展するには大きな壁、たとえば、パイオニア・ブランドをはじめとした多くのグローバル・ブランドとの競争などが存在しているのである。

　しかしながら、中にはメカニズム・ブランド、たとえば、カメラの「キヤノン」、韓国の「サムスン」、台湾の「エイサー」、中国の「ハイアール」などにみられるように、単なる模倣から脱皮し、ローカル・ブランド、ナショナル・ブランドと発展し、独自の展開に成功し、先行しているグローバル・ブランドとの激しい競争にもかかわらず、リージョナル・ブランド、グローバル・ブランドへと発展するものもみられるようになってきた。

　本章では、20世紀後半以降、あらゆる国であらゆる商品に誕生した後発・追随ブランドの中からいくつかのものを考察する。そして、多くの課題を持ちながら後発・追随ブランドが究極的目標とするグローバル・ブランドを発展するパターンにはさまざまなものがあることを明らかにしたい。

2 醸造ブランド

2-1 ビールのブランド「ミャンマー」と「ビアラオ」

(1) はじめに

　これまで本書ではブランド発展の事例研究を時系列的に試みてきたが、その結果、研究対象となったのはアメリカ、日本、ヨーロッパなど一部の先進諸国におけるブランドが主たる考察の対象となった。しかしながら、ブランド・マーケティングはユニバーサルな現象[1]で、封建主義経済や社会主義経済ではなく、市場経済のもとにあるほとんどすべての国においてみられるものである。はたしてそうであろうか。ブランド・マーケティングには辺境がないのであろうか。

　そこで、2012年11月19日、アメリカ大統領オバマが再選後の初の遊説に現職大統領として初の訪問となったミャンマー連邦共和国（以下、ミャンマーと表記する）と2012年11月5日〜6日、アジア欧州会合（ASEM：Asia-Europe Meeting）の首脳会議が開催されたラオス人民民主共和国（以下、ラオスと表記する）を研究対象国に選び、ブランドの事例研究を試みることとする。これまで両国は日本ばかりか世界に対してもほとんど情報の開示や発信がなく、私の知る限りにおいてはブランド研究もまったく行われていないと思われる。換言すれば、ブランド・マーケティングの辺境の地のひとつと考えられるミャンマーとラオスのブランドについての事例研究を試みることにしたのである。それは多くの制約の中、暗中模索からの研究となった。

　ミャンマーは最近まで世界から孤立していたため、また、ラオスはベトナム戦争終結以降、日本ではあまり情報受信がないため、両国についての情報がほとんどなく、「コカ・コーラ」や「トヨタ」「ホンダ」といったグローバル・ブランドが両国の消費者に浸透していることは想像できるが、現地の国産ブランドは事前の把握が困難であった。はたして国産ブランドが存在するかどうかもわからないまま、研究の予備的調査として、2012年9月7日から11日まで

第Ⅴ章　後発・追随ブランド　155

ミャンマーとラオスを訪問し、街の小売店を調査することから始め、研究対象のブランドの選定から第1回目の実証研究を開始したのである。また、2012年11月14日から18日までミャンマーとラオスを再訪問し、第2回目の実証研究を試みた。さらに、2012年12月23日から26日まで第3回目のミャンマー訪問を行い、そして、2013年8月8日から12日までラオスの第3回目の訪問を行い、実証研究を引き続き試みた。

(2) ミャンマー連邦共和国のブランド「ミャンマー」

ミャンマーは多くの日本人にとっては馴染みのあまりない国である。もちろん、ミャンマーのブランドについては何も知らないというのが実情である。国名もいまだ呼称変更（1989年）前のビルマのほうがより馴染みがあるかと思われる。ビルマと聞いてイメージするのは、ビルマの竪琴、ウ・タント元国連事務総長などである。しかしながら、最近では次第にミャンマーの認識が深まってきたが、それを促進したのがノーベル平和賞を受賞した民主化指導者のアウン・サン・スー・チー[2]の存在かもしれない。

ミャンマーは面積68万平方キロメートル（日本の約1.8倍）、人口は6,242万人（2011年）、在日ミャンマー人は8,577人（2010年12月末現在）、一人当たりのGDPは702ドル（2010年）、通貨はチャット（Kyat）、国民の90%が仏教徒であり[4]、天然ガスや宝石といった豊富な地下資源を持つ親日的な国である。ミャンマーの略歴を記せば次のようになる。

18世紀にビルマを統一したコンバウン王朝ビルマは、19世紀に入り、イギリスと三次にわたる英緬戦争の結果、1885年に滅亡し、イギリス領インドに併合され、その1州になる。

独立運動を経て、1943年、日本の後押しでビルマ国が建国されるが、連合軍がビルマを奪回し、再びイギリス領となった。

1948年、イギリス連邦を離脱して、ビルマ連邦として独立。その後、軍事政権の時代、なかでも1962年から1988年まではビルマ式社会主義を導入し、主要産業の企業や貿易は国家の管理下に置かれ、土地も国有化されたが、1988年、社会主義計画経済の放棄と自由市場経済体制への転換を決めるなど混乱が続き、経済発展が他の東南アジア諸国（ASEAN）から遅れた[3]が、2011年、民

写真1　歩道での物販の屋台

写真2　歩道での飲食の屋台

写真3　スーパーでの買い物

写真4　ルビー・マート

政移管が行われ、政治の民主化と経済改革の第一歩が始まり、国際社会がその変化を評価し、いまや世界的に注目の国となっている[4]。

　研究開始。ミャンマーの最大の都市かつ旧首都であったヤンゴン（旧名称：ラングーン）の街を歩き始めたころ、歩道ばかりか、車道にも物販や飲食の屋台（写真1および写真2）が立ち並んでいる中に大型の現代的な店舗があり、入り口で荷物、持ち物のチェックがあったが、中に入るとわれわれがいう総合スーパー（GMS）のミャンマー版で、セルフサービスの営業形態であった。売り場の商品は現地ミャンマーの商品だけではなく、多くの中国商品があり、タイの「レッドブル」も売られていた（写真3、梨は中国産であった）。その店はルビー・マート（写真4）といい、店内には多くのミャンマー産および輸入ブランドの飲料・食料品や雑貨などが棚に山のように並べられていた。そこで目に付いたのが、ビールのブランド「ミャンマー」（写真5）である。店に

第Ⅴ章　後発・追随ブランド　157

写真5　「ミャンマー」

写真6　SCの「ジャンクション・スクエア」

写真7　SCの「ダイソー」

写真8　「ミャンマー」の看板

写真9　ロゴ入りビール・サーバー

写真10　ロゴ入りビア・グラス

居合わせた店員と何人かのお客である消費者に「ミャンマー」について聞いたところ、ミャンマーで一番有名でおいしいビールであるという答えが返ってきた。1缶（330 ml）の「ミャンマー」が800チャット（日本円で約80円）で

売られており、飲んでみたところ思いのほかおいしいビールであった。なお、近年では日本の100円ショップのダイソーが入店するショッピングセンターができるなど、流通の近代化の動きがみられる（写真6および写真7）。

したがって、ミャンマーにはブランドが存在し、しかも「ミャンマー」というブランド・ネームのビールの存在やその「ミャンマー」の看板（写真8）、現地のレストランで見たロゴ入りのビール・サーバー（写真9）やロゴ入りのグラス（写真10）[5]などから明らかなようにディーラー・ヘルプスばかりか消費者へのコミュニケーションも行っており、レベルの違いはあるかと思われるが、明らかにブランド・マーケティングの一端が行われていると思われる。そこで、ミャンマーでの研究対象をビールのブランド「ミャンマー」と決めたのである。しかしながら、ミャンマーで入手した「ミャンマー」についての情報はこれだけであった。

日本に帰国して研究を再開することとなった。ビールのブランド「ミャンマー」にはパッケージが缶だけではなく瓶（びん）もあり、しかもそれぞれ複数の容量の商品があるが、本研究では、容量330ml、アルコール度数5.0％の缶入り「ミャンマー」に限定し、考察を試みることにする。

まず、インターネットで調べたところ、「ミャンマー」についての書き込みがいくつか見られた[6]ので、それを確かめるべく「ミャンマー」のウェブサイト[7]に接してみたが、次のようなわずかな情報しか入手できなかった。ミャンマー醸造会社（Myanmar Brewery Limited：MBL）は1995年に設立され、1997年に「ミャンマー」の販売開始、現在、シンガポール、マレーシア、タイ、インドネシア、バングラデッシュ、中国、香港、日本、ロシア、オーストラリア、ニュージーランドに輸出されている。

日本に輸出されているということで、日本で「ミャンマー」を販売している業者を探し、何らかの情報ないし資料を求めることとした。幸いにも「ミャンマー」のネット通販をしている業者がいることがわかった。それは「ミャンマー」の日本総代理店をしている株式会社藤江商会であり、同社を訪問した際に若干の資料と貴重なアドバイスをいただいた[8]。以下の記述は、ミャンマー醸造会社のパンフレット、藤江商会のウェブサイトおよび同社でのインタビューによるものである。

ミャンマー醸造会社（MBL）はシンガポールでビールのトップ・ブランドの「タイガー（Tiger）」を展開している Fraser and Neave（F&N）が資本の 55％、残りの 45％は the Union of Myanmar Economic Holdings Ltd (UMEHL)による合弁企業として設立された。UMEHL はミャンマー政府が 45％、残りの 55％を軍関係機関および軍関係者が資本を所有し、投資、通商、サービスにわたるビジネスを行っている。具体的には、繊維、衣料、コンデンス・ミルク、PVC パイプ、石鹸、木製品、タバコ、製材機、磁器、薬ばかりか銀行も所有している一種の企業集団である。

写真11　MBL のマルチ・ブランド

　1997 年、MBL 社は合弁相手の F&N 社のブランド「タイガー」をはじめ、「ABC Stout」、「ANCHOR」、「RA! Shandy」そして「ミャンマー（Myanmar)」といったマルチ・ブランドの展開を始めた（写真11）。

　一般的に国名を名乗るブランド・ネームは通常商標法で禁止されているが、現時点では、ミャンマーに商標法があるのか、ないのか、もしある場合でもその内容についてはわかりえないが、「ミャンマー」はミャンマー人の強い帰属意識と愛国心を意図したビール・ブランドとして創造されたものである。味と品質は国際レベルで、ちなみに、モンド・セレクションで 1999、2000、2001、2004、2005、2006 年と金賞を 6 回受賞したのをはじめとして多くの賞を受賞している。

　現在、「ミャンマー」はミャンマーで最も人気のあるビールのナショナル・ブランドかつトップ・ブランドとなっている。国内市場だけではなく、前述したように、同ブランドはいくつかの外国へも輸出されているようである。したがって、「ミャンマー」はまだ歴史は浅いが、ローカル・ブランドのレベルを経ず、わずかな時間でナショナル・ブランドとなり、今やリージョナル・ブランドとなりつつあるといえよう。しかしながら、「ミャンマー」のブランド企業 MBL 社は国家の資本が入っているとはいえ独占企業ではないので、トップ・ブランドといってもその地位は競争にさらされている。第 2 回目の訪問で調査したところでは、前述したルビー・マートには多くのビールのブランドが

写真12 「ミャンマー」の競合ブランド群

図表1 ヤンゴンのスーパー、ルビー・マートにおけるビール・ブランドの価格

ブランド名	容量(ml)	アルコール(%)	価格(チャット)	コメント
ミャンマー	330	5.0	800	
ミャンマー DS	330	7.7	780	MBLの新ブランド
Andaman	330	5.0	500	MBLのブランド
	330	8.0	1,000	MBLがライセンス生産黒ビール
タイガー	330	5.0	850	MBLがライセンス生産
Dragon	330	5.0	510	ミャンマーのブランド
ビアラオ	330	5.0	400	ラオスのブランド
シンハー	330	5.0	500	タイのブランド
Cheers X-Tra	330	6.5	510	タイのブランド
Chang	330	6.4	520	タイのブランド
Folsom	330	7.2	400	アメリカのブランド
Budweiser	355	5.0	1,050	アメリカのブランド

（調査日：2012年11月15日、参考：1チャットは約0.1円）

売られている（写真12）。価格については図表1「ヤンゴンのスーパー、ルビー・マートにおけるビール・ブランドの価格」にまとめた。同図表から価格が安いビールのブランドが少なからず存在しているにもかかわらず、「ミャンマー」が国内市場で評価されているのはブランド力のたまものだと思われる。

また、同図表から国内のライバル・ブランドの「Dragon」をはじめ、グローバル・ブランド、リージョナル・ブランドのミャンマー市場進出がうかがわれ、今後競争が激化するのは明らかである。したがって、これまでの野外看

図表2 ヤンゴン市の小売店における「ミャンマー」の価格

ヤンゴン市の小売店	ルビー・マート	City Mart Supermarket	Ocean Supercenter	Jyanko Super Market	小売居酒屋
「ミャンマー」の価格（チャット）	800	750	750	850	1,200

(調査日：2012年12月24日〜26日)

板やビール・サーバーやロゴ入りグラスの提供といったディーラー・ヘルプスを行うだけではなく、いよいよ TVCM を開始したということである[9]。(なお、第2回目の実証研究において、「ミャンマー」はラオスのビエンチャンのコンビニ、M-Point-Mart およびタイ・バンコクの日系デパートの伊勢丹、いずれの店舗においても販売されてはいなかった。「タイガー」は伊勢丹で販売されてはいたが、それはミャンマーの MBL 社のものではなく、タイの APBC 社のライセンス生産であった)。

　第3回目の調査で、ルビー・マートだけではなく、そのほかの小売店の「ミャンマー」の価格調査を試みた結果を図表2に示す。これによれば、「ミャンマー」は定価価格ではなく、店により多少の価格差があるので、競争が存在していることがわかり、きわめて興味深い。なお、City Mart Supermarket は日本の生協のような小売店であり、韓国のブランド「Cass」が売られていた。Ocean Supercenter はショッピングセンターといわれているが日本の総合スーパーのような小売店であり、「ミャンマー」は調査の範囲では City Mart Supermarket とともに最安値で販売されているが、タイの「シンハー」はルビー・マートより高い 600 チャットで売られていた。Jyanko Super Market は日系の商品を扱っている小型の総合スーパーで、調味料をはじめ多くの日本のブランドが売られている小売店であり、「アサヒスーパードライ」が棚に並んでいた。最後のチャイナタウンの小売居酒屋とは、ビールやウイスキーなど酒類の小売を行うとともにそこで飲酒ができる、日本でいえば立ち飲み酒屋といった小売店である。

　したがって、ミャンマーのヤンゴン市場ではブランドの価格は定価ではなく、すなわち一ブランド一価ではなく、価格競争が存在するブランド市場となって

いることは明らかである。

　次に、輸出先のひとつである日本市場における「ミャンマー」はリージョナル・ブランドかどうかについて考えてみたい。ほとんどの日本の消費者は「ミャンマー」の存在をまだ知らない。その結果、市場はかなり限定されたものとなっている。以前は九州の業者も輸入販売していたが、輸出用の「ミャンマー」が瓶入りから缶入りに変更された結果、それまでの顧客である飲食店が取り扱いを止めたため、今では総代理店の株式会社藤江商会が唯一の取り扱い業者となっている。まさに総代理店として、日本市場のマーケッターである。同社によれば、缶入りになったため、やはりミャンマー・レストランやそのほかの飲食店からの注文が減り、販売は減少しているとのことである。

　そこで、同社は「ミャンマー」の本格的なチャネル再構築を図っているが、日本市場でのブランド認知がなく、しかも取扱量がまだ少ないため、コストの制約があり、順調とはいえず、販売拡大には苦戦しているようである。そのような状況のもとで経営的には苦しいが、同社はネット通販、（量的には一時よりは減少している）飲食店および主として在日ミャンマー人[10]を対象としているミャンマー版コンビニエンス・ストアへの卸売り、そして、次第に評価され、売り上げが増えつつある同社店頭での直接小売を地道に行っているとのことである。

　先日、調査のため在日ミャンマー人が多く集まるリトル・ヤンゴンと呼ばれている高田馬場に行き、とあるミャンマー・レストランでランチを注文した。その店には日本の瓶ビールの「アサヒスーパードライ」が並んでいたが、「ミャンマー」はみうけられなかった。その後、ミャンマー版コンビニと思われる雑貨店を訪れてみた。あるビルの8Fのフロアーに4軒が軒を並べていて、いずれもワンルーム・マンションの部屋ぐらいの広さに、食料品、飲料、雑貨、薬、書籍などありとあらゆるミャンマーの商品が売られている。そのうちの2軒の店には「ミャンマー」が売られていて、1軒では1缶（330 ml）が350円、もう1軒では300円で、価格が50円も違い、多少不思議な気がした（なお、もう1軒では扱っていなかった。残りの1軒は開店前であったので調査ができず不明）。一方、ネット通販は12缶4,032円、1缶当たり336円という価格である。したがって、日本市場ではまだブランドが確立していないためか、価格

のコントロールが不十分なことがうかがわれる。

　しかも日本市場ではブランド力のある日本のビールが1缶（350 ml）215円で販売されている。日本の消費者にとっては、「ミャンマー」は何の情報もなく、ブランド力がない上に価格が高い。そうなると日本市場で認知されても評価されるということは困難なことであるといわざるをえない。現時点でいえることは、ただものめずらしい高価格なビールという評価が与えられるだけかもしれない。したがって、日本市場の現状からでは「ミャンマー」はグローバル・ブランドどころかリージョナル・ブランドということもできないといわざるをえない。この先、日本市場において「ミャンマー」が消費者に認知、評価、支持されるには本格的なブランド・マーケティングが必要となるであろう。その前に、コスト競争に勝つために日本のビール醸造企業にOEM生産を委託してコストを下げることから始めなければならないかもしれない。

　今後、リトル・ヤンゴンの在日ミャンマー人だけではなく、日本の消費者に向けた「ミャンマー」のブランド・マーケティングが必要とされる時期を迎えるかもしれない。しかしながら、その主体となるマーケターは日本の総代理店の藤江商会がなるのか、ミャンマーのMBL社が日本に直接進出してMBL JAPANを設立し、その任に当たるのか現時点ではわからないといえる。それに成功して、初めて「ミャンマー」のグローバル・ブランドへの途がみえると思われるが、それにはブランド情報の発信をはじめとして多くの課題が横たわっているといわざるをえない。

(3) ラオス人民民主共和国のブランド「ビアラオ」

　ラオスも多くの日本人にとっては馴染みのない国である。一部の日本人にはかつてのベトナム戦争でジャール平原の攻防戦などが記憶の底にあるだけで、ほとんど何も知らない国のひとつではないだろうか。研究旅行で初めて訪れた首都のビエンチャンの市内を走っているバスの多くに、日の丸が付いているのを見て驚いたのが実感である（写真13）。それには「From the People of Japan」と付記されており、日本から贈られたものとわかったが、これまでまったく知らないことであった（なお、同じように中央アジアのキルギス共和国の首都ビシケクの市内でも同様に日の丸が付いたバスを見たことがあった）。

写真13　日本国民から贈呈されたバス

もちろん、ラオスのブランドについても何も知らないというのが実情であった。

ラオスは面積24万平方キロメートル（日本の約63％）、人口は626万人（2010年）、在日ラオス人は2,639人（2011年8月現在)、一人当たりのGDPは1,203ドル（2011年)、通貨はキープ（Kip)、宗教は仏教で日本とは友好な関係にある[11]。ラオスの略歴を記せば次のようになる。

18世紀、3つの王朝に分裂し、タイとカンボジアの影響下にあった。

19世紀半ばごろには、タイの支配下に置かれた。

1893年、仏泰戦争の結果、フランスの保護国となり、仏領インドシナ連邦に編入された。

1945年、日本支配下で独立を宣言したが、第二次大戦後、仏領インドシナ連邦に再編入された。

1946年、第一次インドシナ戦争が起こり、1949年、フランス連合内のラオス王国として名目上独立。1953年、フランス・ラオス条約により完全独立。独立後、右派、中立派、左派（パテート・ラオ）による内戦が長く続いた。

1975年、パテート・ラオが王制の廃止と人民共和国の設立を宣言し、ここに革命が達成された。その結果、ラオスの国家建設と統治は、パテート・ラオの主体であった人民革命党が担うことになった。以後のラオスの政治経済史は大きく3期に分けることができる。

第1期（1975年―1985年）は社会主義国家建設期である。

第2期（1986年―1997年）は経済改革期であり、自由市場経済を目指す包括的な経済改革へと変貌した。

第3期（1997年―現在）は、アジア通貨危機から現在までの期間で、経済開発が課題となっている。

人民革命党は経済自由化と対外開放を進める一方、一党支配体制を維持している[12]。

第Ⅴ章　後発・追随ブランド　165

写真14　ショッピングセンター

写真15　M-point-Mart

写真16　「ビアラオ」

写真17　Phimphone Minimart

　なお、2012年11月には、ラオスのビエンチャンでアジア欧州会合（ASEM）が開催された。

　研究開始。ラオスの首都ビエンチャンは、ミャンマーのヤンゴンからみれば、街はこざっぱりしていて、東南アジア特有の屋台は特定の場所での夜店（Night Market）およびバス・ステーション、大型の商業施設の周辺にはあるが、それ以外の歩道や道路にはあまり見られなかった。また、滞在時間が短かったせいか、中国資本によるショッピングセンター（写真14）は見ることはできたが、いわゆるスーパー（GMS）は探すことができなかった。しかし、コンビニエンス・ストアがあり、それは、M-point-Mart（写真15）というチェーンの店で、店頭にはATMがあり、基本的には日本のコンビニと同様であり、多くのブランド商品が棚に並べられていた。その多くは外国のブランドであり、日本の「キッコーマン」もあった。その中で見つけたのが、ビール

のブランド「ビアラオ」（写真16）である。その他にワインの品揃えが充実しているPhimphone Minimartというコンビニエンス・ストアも目に付いた（写真17）。

ラオスを訪問する前には読むことがなかったが、持参したラオスのガイドブック[13]には、「ビアラオ」はラオスのナショナルブランドビールと記されているが、この表現はブランド・マーケティングの観点から翻訳をすれば、「ビアラオ」はラオス唯一の国産ブランドかつナショナル・ブランドのビールであるということになる。しかも研究旅行の間に日帰りで訪れたビエンチャンからメコン川の友好橋を渡った国境の町、タイのノンカイの小売店にも「ビアラオ」が売られており、また、そこでは「ビアラオ」の看板も見られ、ナショナル・ブランドからリージョナル・ブランドへと歩みを進めていることがみうけられた。

試しにコンビニエンス・ストアのM-point-Martで1缶（330ml）の「ビアラオ」を7,000キープ（日本円で約70円[14]）で買い求め飲んだところ、少し軽い感じがしたがおいしいビールであった。そこで、ラオスの研究対象のブランドを「ビアラオ」に決め、本格的に情報を集めようとした。

ガイドブックを見直したところ、「ビアラオ」の工場見学ができる[15]というので、資料ないしは情報が入手できるかと思い訪問したが、大変残念なことに工場が工事中のため見学中止という看板が出ていた（写真18）。帰国後、念のため調べたところ最新のガイドブックには工場見学の記事はなかった。

事前に何の準備もなく研究対象を「ビアラオ」に決めたので、時間等の制約の中、直接ブランド企業にアプローチするすべがなく、何らかの資料を求めて町を駆け巡ったところ、いくつかの発見があった。それは至る所にある「ビアラオ」の広告看板である。「ビアラオ」を扱っている小売店、レストラン、飲食店の前の道路際に必ずといっていいほど、それはあった。よく見ると「ビアラオ」単独のもの（写真19）とライセンス生産している「カールスバーグ」との両ブランドが掲げられているもの（写真20）とがあった。そのほかにも街には「ビアラオ」のTシャツ（写真21）が売られており、また、ホテルやレストランではロゴ入り[16]グラス（写真22）、氷入れ（写真23）、ナプキン入れ（写真24）もみられ、プロモーション活動やディーラー・ヘルプスの一端

第Ⅴ章　後発・追随ブランド　167

写真18　工場見学中止の看板

写真19　「ビアラオ」の看板群

写真20　「ビアラオ」と「カールスバーグ」

写真21　「ビアラオ」のTシャツ

写真22　ロゴ入りグラス

写真23　ロゴ入り氷入れ

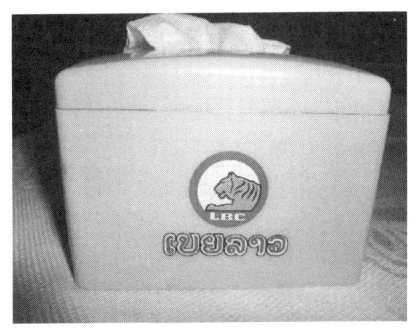

写真24　ロゴ入りナプキン入れ

がみうけられた。

　したがって、「ビアラオ」のブランド・コミュニケーションには著しいものがあり、それはほかならぬブランド・マーケティング活動そのものである（なお、「ビアラオ」のTVCMについては短い滞在時間であったため不明であるが、ラオス航空の機内誌Champa Holidaysの裏表紙に「ビアラオ」全面広告が載っていた。その一方、同誌の表紙裏には「タイガー」の広告があり、広告合戦の一端が見受けられた。また、日本語のフリー・ペーパーの『季刊テイスト・オブ・ラオス』No. 32（2013年7〜9月号）にも「ビアラオ」の広告が掲載されている）。

　ラオスでは「ビアラオ」の文献、資料が入手できなかったので、やむなく日本で「ビアラオ」の本格的な研究を開始することになった。もちろん、同ブランドについての著書も論文もこれまで目にしたことはない。

　そこで、インターネットによって、情報収集から始めることとなった[17]。

　1971年、「ビアラオ」のブランド企業のラオ醸造会社（Lao Brewery Company：LBC）はフランス、ラオス両国の企業家により合弁会社として設立された。当時の社名は、Brasseries et Glacières du Laos（BGL）。

　1973年、ビール販売開始。国内市場向けのブランドは「ビエーフ・ラリュ（Bière Larue）」、東南アジア市場への輸出向けのブランドは「"33" export」。

　1975年、革命により、ラオス人民民主共和国が設立され、BGL社は国有化され、LBC社となった。

　1986年、新経済機構（the New Economic Mechanism：NEM）が始まった。

　1990年、輸出用のブランド「"33" export」廃止。

　1993年、LBC社は合弁企業として再出発。資本の49％はラオス政府が所有し、残りの51％は外資（Loxley：25.5％、Italian：25.5％）となった。

　1995年、国内向けのブランド「Bière Larue」の廃止と新たにラオスの国名の別称であるラオを名乗る「ビアラオ（Beerlao）」の創造。

　2002年、ラオス政府が外資から彼らの持ち分を買い取り、LBC社を100％支配することになったが、同年、カールスバーグ社（Carlsberg）[18]とタイにおける同社の合弁相手であるTCC社のおのおのが25％ずつ所有することになり、政府の持ち分は50％となった。

第V章　後発・追随ブランド　169

　2005年、LBC社の持ち分が再度変更となり、ラオス政府が50％、カールスバーグ社が50％となった。同年、ブランド拡張をして、オリジナルの「ビアラオ・ラガー」だけでなく、「ビアラオ・ライト」「ビアラオ・ダーク」を創造した。また、合弁企業のパートナーであるカールスバーグ社のブランド「カールスバーグ」のライセンス生産と展開を始めた。

　2007年、インターナショナル・コンペティションにて「ビアラオ・ダーク」が金賞、「ビアラオ・ラガー」が銀賞とダブル受賞した。また、モンド・セレクションでの銀賞をはじめ数々の国際的コンテストで好成績をおさめている。

　2008年、新たなブランド「Xane Xang」を創造した。

　2009年、「ビアラオ」はベトナムで開催された東南アジア大会（Southeast Asian Game）の公式スポンサーになるとともに多くのスポーツ・イベント等を後援している。

　このように「ビアラオ」のブランド企業であるLBC社は、資本構成と経営形態の幾度の変遷を経て、今日に至っているのである。同社はシンガポールの有力なリージョナル・ブランドの「タイガー」（写真25参照）の進出にもかかわらず、ラオスのビール市場の大多数のシェアを握っているとのことである。しかしながら、「タイガー」以外にも競合ブランドは見受けられる。したがって、市場シェアは次第に下がりつつあるものと思われる。なお、ビエンチャンのコンビニ、M-Point Martで調査した競合ブランド群（写真26）の価格は図表3に示される（なお、「A&W」は飲んでみたところ、何か香料が入っている感じがして、ビールとはいいがたいものであった）。

　また、ラオス北部のルアンババーン[19]で「ビアラオ」の価格調査を試みた

写真25　「タイガー」の屋外看板　　写真26　競合ブランド群

図表3　ビエンチャンのコンビニ，M-Point Mart におけるビール・ブランドの価格

ブランド名	容量(ml)	アルコール(%)	価格(キープ)	コメント
ビアラオ	330	5.0	7,000	
カールスバーグ	330	5.0	8,500	LBC のライセンス生産
シンハー	330	5.0	9,500	タイのブランド
A&W	325	0.0	4,000	Root Beer[20]

(調査日時：2012年11月17日，参考：1キープは約0.01円)

写真27　ルアンパバーンの小売店　　写真28　ルアンパバーンの夜店の屋台

が、同地の小売店（写真27）でも同じ7,000キープであった。したがって、ラオス全土を調査したわけではないが、おそらく均一価格、すなわち定価販売が行われているようである。もちろん、同地の夜店の屋台（写真28）では、8,000キープで売られており、飲食店価格であった。したがって、「ビアラオ」は有力なナショナル・ブランドかつトップ・ブランドとなっていることが推測される。

現在、「ビアラオ」はイギリス、アメリカ、カナダ、オーストラリア、ニュージーランド、韓国、日本、ベトナム、カンボジア、フランス、タイ、デンマーク、香港、マカオ、スイス、中国、シンガポール、オランダなどに輸出されている。したがって、同ブランドはすでにリージョナル・ブランド、グローバル・ブランドへの途を歩み始めているようである。前述したように、「ビアラオ」はミャンマーのスーパーで販売されていることがわかっているが、

図表1をもとに販売価格を比較すれば、「ミャンマー」が800チャットに対し「ビアラオ」は400チャットとかなり安く売られており、ミャンマーのヤンゴン市場では価格訴求のモノ商品扱いで、必ずしもブランドとみなされているとはいうことができない。また、タイとの国境の街ノンカイでは売られていたことが最初の調査でわかっていたが、再びノンカイを訪れてみると、不思議なことに「ビアラオ」はどの店にも見当たらなかった。さらに、タイ・バンコクではコンビニエンス・ストアのセブン-イレブンにも日系百貨店の伊勢丹ばかりか酒類小売店でも販売されていなかった。したがって、輸出といってもまだ本格的かつ大規模なものとは思われない。

それでは、輸出先のひとつである日本市場についてみてみよう。私の知る限り日本の流通において「ビアラオ」を見たことはない。そこで、インターネットで日本における同ブランドの動向について調べたところ、ネット通販を行っている日本の業者が存在することがわかった。それが「ビアラオ」の日本正規代理店の株式会社アムズインターナショナルである[21]。同社を訪問し、インタビューを試みた[22]。その結果、同社は以前には「ビアラオ」を取り扱っていたが、現在、取り扱いをやめているということが判明した。また、もう1社が輸入販売しているようであるといわれたが、後日、調べたところ不明であった。

したがって、日本市場では「ビアラオ」はブランド評価ばかりか、ブランド認知もいまだないといわざるをえないといえよう。換言すれば、「ビアラオ」は現状ではリージョナル・ブランドになっているかもしれないが、日本市場から判断する限り、グローバル・ブランドどころかリージョナル・ブランドであるとも必ずしもいうことができない。日本でブランドとなるにはブランド・マーケティング活動の必要があるが、それにはマーケッターの不在問題の解決をはじめ、かなり課題があるといわざるをえないであろう。

(4) おわりに

これまでの考察によって、ほとんど情報がなかったミャンマー、ラオスにもブランドが存在し、ブランド・マーケティングが行われていることが明らかとなった。その代表的な事例として考察したのが、ミャンマーで見つけた「ミャ

ンマー」であり、また、ラオスで見つけた「ビアラオ」である。ともに国名を名乗るビールのブランドという共通点があった。通常、ブランド名に国名を名乗るということはあまりなく、大変興味をそそられた[23]。とりわけビールのブランドに国名を使うということは、私の知る限りでは他には例がないものである。そこで、「ミャンマー」「ビアラオ」の両ブランドの事例研究を、多くの制約、制限のある中で試みたのである。

「ミャンマー」「ビアラオ」、両ブランドにはいくつかの共通点があるが、それらをブランド・マーケティングの観点からあげてみれば次のようになる。

両ブランドとも国名を名乗るブランドである。

両ブランドのブランド企業はジョイント・ベンチャー（合弁企業）であり、いずれも国営企業と外国の有力なブランド・ビールのブランド醸造企業との組み合わせであり、モノとしてのビールについていえば、両ブランドとも味はおいしく、品質は高い。また、ブランド・マーケティングの展開には、合弁のパートナーであるブランド企業の影響が強く推測される。すなわち、資本、生産技術ばかりかブランド・マーケティングも導入したものと思われる。おそらくブランド・マーケティングはパートナーのイニシアティブで行われているが、その根本であるブランドの創造、すなわちブランドのネーミングにおいては、「ミャンマー」「ラオス」、それぞれの国営企業の意向が反映されたものと考えられる。その結果、国名を名乗るというきわめてナショナリズムを感じさせるブランドが生まれたものといえるであろう。

両ブランドとも、グローバルにみればパイオニア・ブランドではなく、時間的にかなり後発の追随ブランドである。それにもかかわらず両ブランドは、ブランドの発展モデル[24]に即していえば、装置産業に位置づけられるビールの商品特性のためか、当初より外国のビール・ブランド企業と合弁し、ナショナル市場を前提とした大量生産を行い、ローカル・ブランドの段階をパスし、長い時間を経ることなくすでにナショナル・ブランドからリージョナル・ブランド、さらにはグローバル・ブランドへ展開中ということである。しかしながら、情報の開示と発信が十分ではない。そのため、国外市場においてはまだブランドとして確立したものであるとはいえない。

当然、今後グローバルな競争に直面することが想定されるので、その一端に

ついては後述するが、両ブランドともリージョナル・ブランドさらにはグローバル・ブランドになるには大きな課題がある。それはブランド・ネームそのものによるものと思われる。国名をブランドにすることは、ナショナル・ブランドまでの展開には大なる価値をもたらすが、国内市場を越え、外国市場において展開する際には国名を名乗るブランドというのは必ずしもプラスの価値だけを意味するものではない。それは国家としてのミャンマーとラオスのそれぞれのカントリー・ブランド、すなわち国家イメージが問題となるからであり、ブランド展開のネックになる恐れが十分にある。そもそも消費者はミャンマー、ラオスと聞いてビールを連想するであろうか。したがって、かなりな困難が待ち受けているといわざるをえないであろう。

新聞の報道によれば、「ラオスは1997年にWTO加盟を申請。国内の制度改正などの準備を経て、2012年10月26日、世界貿易機構（WTO）は一般理事会の特別会合を開き、ラオスの加盟を承認した[25]」。したがって、ラオスは自国の市場を本格的に開いたのである。同様にミャンマーもこのところ急速に民主化だけではなく、経済の開放を行い始めている。そうなると、グローバルな競争が始まり、「ミャンマー」も「ビアラオ」もこれまでとは違うグローバルな競争にさらされることとなる。たとえば、日本のビール、「サッポロ」が「ラオスでも近くビールを販売する計画。ミャンマーは卸や免税店の運営会社を通じ、輸入ビールの販売が許可されているヤンゴンなどの免税店で売り出す[26]」という報道がなされている。いよいよ両ブランドはリージョナル・ブランドおよびグローバル・ブランドとの本格的な競争に入ることになるのである。

たしかに「ミャンマー」も「ビアラオ」も飲んだところおいしいビールである。しかしながら、グローバルにみれば、両者ともにオリジナルなパイオニア・ブランドではなく、追随ブランドといわざるをえない。たとえば、M. Jackson の『世界の一流ビール500』[27]には両ブランドとも影も形もない。換言すれば、世界には一流といわれているビールのブランドが数多く存在し、競争の中でそれぞれ消費者のブランドとしての評価と支持を得て、展開されているのである。「ミャンマー」も「ビアラオ」もともに、このような多数のブランドが存在し、激しいブランド間の競争にさらされる次のレベルへと移行する

チャレンジの最中といえるのかもしれない。

　次に今後のグローバル・ブランドとの競争に対する戦略として、まず、「ミャンマー」についていえば、国内市場を見直すことである。そもそも人口が多いミャンマーはビール市場もかなり大きなものであると推定される。詳しいデータがないので断言はできないが、今後、ビール消費量はますます拡大することになると予想される。その理由として、政治の民主化の進展に伴い、外国資本による投資の拡大などをはじめとする多くの要因から、経済成長が今後一段と高まると思われる。その成果として一人当たりのGDP、すなわち消費者の所得が、2010年においては702ドルとまだかなり低いが、今後急激に上昇し、その一部はビールの消費増大に向かうものと思われる。また、現在では同国の女性は、伝統的な宗教や道徳の教えからほとんど飲酒をしないといわれるが、かつての日本もそうであった。ミャンマーも経済成長によって、社会構造ばかりか人々のライフスタイルが大きく変わる可能性があり、そのひとつに女性の飲酒がビールの消費拡大につながる大きな可能性があるということになる。その際に大きな役割を果たすのが、ブランド・コミュニケーションである。

　したがって、「ミャンマー」がリージョナル・ブランド、グローバル・ブランドを標榜し続けるのは長期的な目標としては結構なことだと思われるが、それよりも国内市場に大きなチャレンジが待っていることになるであろう。すでにその兆候は表れている。前述したように、ヤンゴンのスーパーマーケットのルビー・マートには多くのライバル・ブランドが見受けられる。それらとの競争に打ち勝つためには、いよいよ本格的なブランド・マーケティング展開の努力が求められるといえよう。そのひとつが、ブランド・コミュニケーションとしてのテレビCMの本格的な活用かもしれない。

　また、「ビアラオ」についていえば、ラオスの国内市場は人口が少ないために大きくはない。そこで、「ビアラオ」は必然的にナショナル・ブランドから脱却し、リージョナル・ブランドを志向しなければならない。重量があり、その割には価格が安いというビールの商品特性から、当面は物流コストがそれほどかからない陸続きの外国市場に進出し、ミャンマーをはじめとしてタイ、ベトナム、カンボジアなどの隣接する市場でリージョナル・ブランドとしての地位を確立することが最大のチャレンジとなるであろう。日本市場についていえ

ば、代理店が取り扱いをやめたことから明らかなように「ビアラオ」はまだブランドとしては認知されていないといわざるをえない。在日ラオス人はその数がすくなく「ビアラオ」の核としての市場にはなりえない。したがって、強力なブランド力を持つビールのブランドが激烈な競争をしている日本市場への本格的な進出にはかなり困難があり、時間もかかるものと思われる。

「ミャンマー」「ビアラオ」のいずれのブランドについてもいえることは、今後順調に発展し、リージョナル・ブランド、グローバル・ブランドとして展開する際に、前述したカントリー・ブランドだけではなく、ブランド企業の一翼を担う合弁企業のパートナーのブランド、「タイガー」「カールスバーグ」との調整が大きな課題になるものと思われる。それとともに、ビールという商品はミャンマー、ラオスの両国にとって、オリジナルなものではない。世界には、「ギネス[28]」「バドワイザー」「ハイネケン」をはじめとするグローバル・ブランドやリージョナル・ブランドが目白押しの状態にあり、外国ブランドの模倣から始まった「ミャンマー」や「ビアラオ」には世界の消費者に訴える情報の創造と発信が必要と思われるが、それはかなり困難なものであるといわざるをえない。

第2回目の実証研究により「ミャンマー」と「ビアラオ」両者のブランド比較が可能となる。まず、図表1のミャンマーのヤンゴンのスーパーでの価格比較から、「ミャンマー」が800チャット、一方、「ビアラオ」は400チャットで販売されており、明らかに「ミャンマー」のブランド力があることと「ビアラオ」は価格訴求で販売されていることがわかる。このことはラオスのビエンチャンでのコンビニエンス・ストアでも同様である。図表2には「ミャンマー」の価格については表示されてはいないが、タイのブランド「シンハー(Singha)」が図表1にも図表2にもあり、同ブランドを基準に考察を加えれば、ヤンゴンでは「ミャンマー」800チャット、「シンハー」500チャット、「ビアラオ」400チャットであり、ビエンチャンでも「シンハー」9,500キープ、「ビアラオ」7,000キープであり、結局、価格でいえば、「ミャンマー」＞「シンハー」＞「ビアラオ」となり、「ミャンマー」と「ビアラオ」両者のブランド力が推定できる。

最後に、ミャンマーへの第3回目の実証研究から、「ミャンマー」の小売価

格が750チャットから850チャットまであり、小売り店舗ごとの価格競争が存在していることが明らかとなった。したがって、MBL社の価格支配力は完全なものとは思われない。また、特殊な小売居酒屋では1,200チャットであり、飲酒店では価格が高くなるものと思われる。しかし、第2回目の訪問時に行ったミャンマー料理の評判の高いチェーン・レストランでビールを注文した際に、缶入りの「ミャンマー」が缶ごと出てきて、多少驚いた。通常、レストランではビールを含むアルコール類は価格が小売よりも高くつけられていると思われるが、逆にそのレストランの料金は700チャットで他のどの小売店の価格より安いのでさらに驚いた。詳しい理由は不明であるが、たぶん、レストラン・チェーンの大量の購買力が低価格仕入れ、低価格提供をもたらしたのかもしれない。「ミャンマー」の価格についてはさらなる研究が求められるところである。他方、ラオスへの第3回目の実証研究から、「ビアラオ」の価格についても新たな発見があった。それはビエンチャンばかりか観光都市のルアンババーンでも同じく7,000キープで売られており、「ビアラオ」は国内市場では圧倒的なブランド力を発揮しているということである。「ビアラオ」の価格についてもさらなる研究が求められるものである。

　これまでの「ミャンマー」「ビアラオ」の事例研究によって、ミャンマー、ラオスともにブランド・マーケティングの辺境の地ではなく、すでに多くのブランドが存在し、消費者が自由にブランドの選択ができるブランド社会に突入していることが明らかとなった。ほとんど情報のない中、限られたごくわずかな資料と実態調査に基づいて試みた一連の研究は、決して十分な成果といえるものではないが、ミャンマー連邦共和国とラオス人民民主共和国の両国において、ブランド・マーケティングの生成と発展が明らかとなった。今後のブランド・マーケティング研究の進展のための踏み石のひとつになればとの思いからまとめたものである。多くの消費者が日常的に消費するビールというブランドゆえ、「ミャンマー」[29]「ラオビア」はいずれブランド・マーケティングの研究者たちが関心を持ち、研究の進展がみられることが期待される。

　なお、価格についての考察も試みたが、それは限定された都市の特定の店舗におけるものであり、その結果、市場全体を必ずしも正確に表しているものではないかもしれない。そのほかにも多くの足りない点や誤解があると思われ、

今後さらなる研究が必要になるものと思われる。

3　メカニズム・ブランド

3-1　カメラのブランド「キヤノン」

(1) はじめに

　かつて世界に冠たる地位を占めていた日本の家電製品のブランドは、韓国や中国の進出により今やその面影がないが、「キヤノン」「ニコン」といった日本のカメラ・ブランドは、ドイツの「ライカ」、アメリカの「コダック」といったかつてのグローバル・ブランドに追いつき、追い越し、その後、今日まで長期にわたって世界のトップを占めている（図表4～図表6）。

　しかも「ソニー」「パナソニック」といった日本の新たなブランドが参入し、それなりのシェアを確保している。したがって、日本のカメラ産業は、例外的に韓国の「サムスン」が健闘しているのを除けば、他国の追随を許さず、グローバル市場において圧倒的に強いブランド力と競争力を持続しているといえる。日本のカメラ・ブランドが持つ強い競争力の理由は一体何であるのか。それには技術力、生産力＝生産効率、ブランド力といった要因などが、まず考えられる。

　日本のカメラ産業の優位性は、世界中の消費者の評価と支持を求めて情報を発信し続けた日本のカメラのブランド企業のブランド・マーケティング努力の結果によるものである。たとえば、世界中の観光地で「キヤノン」「コニカ」のネックストラップ付きの一眼レフを誇らしげに持っている多くの消費者を見れば明らかであるが、それはとりもなおさずブランド・マーケティングによってもたらされたブランド力がその重要な要因となっているということを証明するものといえるであろう。

　ブランド力を取り上げる前に、何よりもまず、カメラのブランドについての理解から考察を始めなければならない。カメラのブランド「キヤノン」「ニコン」「ソニー」「パナソニック」などはいずれも企業ブランドである。たとえば、

図表4　一眼レフカメラのグローバル・ブランド・ランキング

	2008年度	2009年度	2010年度	2011年度	2012年度	2013年度	2014年度
1	キヤノン	キヤノン	キヤノン	キヤノン	キヤノン	キヤノン	キヤノン
2	ニコン	ニコン	ニコン	ニコン	ニコン	ニコン	ニコン
3	ソニー	ソニー	ソニー	ソニー	ソニー	ソニー	ソニー
4	オリンパス	オリンパス	ペンタックス	ペンタックス	ペンタックス	リコー	リコー
5	ペンタックス	パナソニック	オリンパス	オリンパス	オリンパス	オリンパス	オリンパス

図表5　ミラーレスカメラのグローバル・ブランド・ランキング

	2010年度	2011年度	2012年度	2013年度	2014年度
1	ソニー	ソニー	ソニー	ソニー	ソニー
2	オリンパス	パナソニック	オリンパス	サムスン	サムスン
3	サムスン	オリンパス	ニコン	オリンパス	オリンパス
4		ニコン	パナソニック	パナソニック	富士フィルム
5		サムスン	キヤノン	ニコン	パナソニック

図表6　コンパクト・デジタルカメラのグローバル・ブランド・ランキング

	2008年度	2009年度	2010年度	2011年度	2012年度	2013年度	2014年度
1	ソニー	ソニー	ソニー	ソニー	キヤノン	キヤノン	キヤノン
2	キヤノン	キヤノン	キヤノン	キヤノン	ニコン	ニコン	ニコン
3	コダック	サムスン	サムスン	ニコン	ソニー	ソニー	ソニー
4	サムスン	コダック	ニコン	サムスン	サムスン	サムスン	サムスン
5	ニコン	ニコン	パナソニック	富士フィルム	富士フィルム	富士フィルム	パナソニック
6	パナソニック	富士フィルム	コダック	パナソニック	パナソニック	パナソニック	富士フィルム
7	オリンパス	パナソニック	富士フィルム	オリンパス	オリンパス	オリンパス	カシオ

図表4、5、6出所：会社四季報『業界地図』東洋経済新報社，2009年度版～2016年度版より著者作成。

カメラ・メーカーのキヤノン社を取りあげてみれば、商品ブランドは「EOS」「IXY」ではなく、「キヤノンEOS」「キヤノンIXY」といったように、いずれも商品ブランド単独ではなく、企業ブランドと商品ブランドとの複合ブランドとして消費者にアピールしている。その結果、一般ブランド商品、たとえば、のど飴の「ヴィックス」や風邪薬の「ルル」のようなブランドだけを訴求するものとは消費者の認識と反応が異なるものとなっている。もともと「キヤノン」[30]「ニコン」[31]「ソニー」[32]「パナソニック」[33]といった企業ブランドの中で、「ソニー」以外は商品ブランドをもとに社名変更を行い、新たな社名がそのまま企業ブランドになったのである。その結果、前述した「キヤノンEOS」のように、企業ブランドと商品ブランドの複合化がみられ、なかには1眼レフ「ニコン」のように企業ブランドと商品ブランドが同一のものとなっているものもある。

　カメラ・ブランドは、「キヤノン」「ニコン」をはじめとして、カメラ・メーカーが商品ブランド名に社名変更したように、ブランドが重要なものであるとみなされる。しかしブランドとはいっても一般ブランドと明らかに異なるものである。一時、世界最強のカメラ・ブランドのひとつといわれながら、フィルムカメラからデジタルカメラへの革新的なメカニズムの転換に乗り遅れあっという間に経営不振に陥り、会社更生法を申請した「コダック」[34]や「ポラロイド」[35]の例にみるように、カメラ・ブランドはブランドが重要であるのは事実であるが、ブランド力、消費者のブランド・ロイヤリティの意味合いが一般ブランドとは大きく異なる。換言すれば、カメラ・ブランドはブランド力以上にメカニズムが最重要なメカニズム・ブランドである。したがって、カメラ・ブランドは一般ブランドとは大きく異なるメカニズム・ブランドとして理解、分析しなければならない。

　まず、メカニズム・ブランドであるカメラ・ブランドは一般ブランドと比較するまでもなく、消費者のブランド・スイッチが容易に行われるものである。しかしながら、銀塩カメラからデジタルカメラへと革命的なメカニズムのイノベーションが起こったにもかかわらず、この数十年間にわたり、「ニコン」と「キヤノン」の両ブランドがグローバル・ブランド・シェアの1,2位を占め続けている。ところが、2000年ごろを境にして、トップ・ブランドの交代がみ

られた。すなわち、それまで長いこと「ニコン」の後塵を拝していた「キヤノン」がトップ・ブランドへと飛躍し、今日までその地位を維持している（図表4）。

そこで、メカニズム・ブランドとしての「キヤノン」の事例研究をブランド・マーケティングの観点から試みるものであるが、まずは「キヤノン」ブランドの創造から今日までの70年にわたるブランド力の形成過程を概観する。なお、現在、「キヤノン」はカメラのブランド、事務機のブランド、そして、医療機器のブランドと拡張し、展開しているが、あくまでもカメラのメカニズム・ブランドとしての「キヤノン」を中心に論じるものである。

(2) ブランド創造

つい最近まで不覚にも「キャノン」と認識していたが、実はそれは間違いで正しくは「キヤノン」であることがようやくわかったが、それでは曖昧模糊としたカメラのブランド「キヤノン」の創造はいかがなものであろうか。

「キヤノン」ブランドはその前身の「カンノン」から始まる。ただ、「カンノン」のネーミングについての詳細な説明は残念なことに1987年に発行されたキヤノン社史に記されていない。しかしながら、2012年発行の社史には次のような簡単な記述がある[36]。「当初、吉田五郎は、自身の観音信仰と結びつけて、カメラ名を『カンノン(KWANON)』、レンズ名を『カサパ(KASYAPA)』（ブッダの弟子の迦葉尊者）とした。」

いずれにせよ今日の「キヤノン」の前身の「カンノン」の創造は当然キヤノン株式会社の創業時にさかのぼることになる[37]。1933（昭和8）年、同社の前身精機光学研究所が設立され、翌1934（昭和9）年、実質的な創業者である吉田五郎が、当時世界最高レベルの「ライカ」「コンタックス」に追いつき追い越せと、自らが開発をしたカメラの試作品に「カンノン」と名付けたことに始まるものであるといわれている。すでに述べたようにカンノンとは、彼が信仰していた観音様にちなみ、臨済宗大本山建仁寺元管長の中村泰祐老師が命名したという[38]。

しかしながら、もうひとりの創業者である内田三郎は吉田の信仰から生まれた「カンノン」を近代的な高級カメラのイメージになじまないとして避け、そ

れに代わる新たなブランドとして「キヤノン（CANON）」を決定した。CANONには判断の基準、聖典等の意味があり、正確を基本とする精密工業の商標にふさわしいとしたが、その元がカンノンにあることは、発音からも否定はできない。この名称は1935（昭和10）年商標出願が行われ、同年秋には登録された[39]。

ここに今日まで続くブランド「キヤノン」が創造されたのである。

創業時から初期において、会社名の変遷があった。

1933（昭和8）年、精機光学研究所開設。

1936（昭和11）年、日本精機光学研究所と名称変更。

1937（昭和12）年、精機光学工業株式会社設立。

(3) ブランド誕生期

1935（昭和10）年、カメラの後発、追随かつ模倣ブランドの「キヤノン」が誕生したが、ブランド企業に当たる精機光学研究所には販売経路がなく、そのため、1936（昭和11年、第1号のカメラには、近江屋写真用品株式会社が独占販売権を持つ販売元となり、ブランドは同社の商標「ハンザ」を冠した「ハンザキヤノン」[40]として販売者、製造者のダブル・ブランドで展開された。

このころの『アサヒカメラ』や『日本写真興業通信』には次のような記事がみられる[41]。「『ハンザキヤノン』は日本産の『ライカ』模倣品である。その機能は『コンタックス』の影響を見逃すことはできないが、大部分は『ライカ』と類似している。」「『ハンザキヤノン』は、国産カメラの陋習を打破し、国産品としても斯くのごとく優秀なる高級カメラの製作が可能であると云うことを立証し、その機能は、『ライカ』『コンタックス』に比し少しの遜色もないと云われる。」

「ハンザキヤノン」の定価は「ライカ」の約半額という設定で、275円であったが、当時の物価からすれば文字どおりの高級カメラである。それよりも名の知られていない精機光学研究所による高級35 mmカメラの商品化は、日本のカメラ業界に大きな刺激を与えた。これはやがて追随するメーカーが現れたことでも立証される。しかも第二次大戦後の日本のカメラ産業発展の重要な礎石ともなり、また今日隆盛を極めている35 mm一眼レフにもその命脈を保

ち続けているといえなくもない[42]）。

　この 35 mm カメラの「ハンザキヤノン」を標準型として、1938（昭和 13）年、名実ともにブランド企業となった精機光学工業株式会社（その前身の精機工学研究所から名称変更）はその最新版を自己のメーカー・ブランド（MB：Maker Brand）「キヤノン」として販売した。標準型と比べ変わった点は、フィルムカウンターが軍艦部に移され、さらにスローシャッター機能が付加され、価格は F2 レンズ付きが 550 円、F2.8 レンズ付きが 480 円であった。また、同年暮れから翌 1939（昭和 14）年にかけて「キヤノン」普及型も発表された。最新版が標準型の上位機種として高価格帯を狙ったのに対し、普及型は文字どおり価格を抑えた製品で、戦後 J 型と呼ばれたカメラの前身である。性能的には距離計測連動機構が省かれたビューファインダー方式のカメラで、レンズ取付けマウントもバヨネットではなく、ライカタイプのねじ式にしている。スローシャッターはもちろん付いていない。レンズはニッコール 50 mmF4.5 付きで、価格は 195 円であった。さらに 1939（昭和 14）年暮れには最新型からスローシャッターを除いた新標準型が発売されてラインナップが入れ替わり、この型の出現で、長い間親しまれてきたボディ前面のフィルムカウンターが消え去った[43]）。

　このようにしてメカニズム・ブランドの「キヤノン」は誕生し、その展開が始まったが、それを助けたのが日本光学工業株式会社と近江屋写真用品株式会社であり、「『キヤノン』カメラの生みを助けたのが日本光学とすれば、育てを受け持ったのが近江屋とたとえられよう。」[44]）

　メカニズム・ブランドの特徴のせいか、「キヤノン」は誕生早々から、その市場を日本国内だけではなく海外にも広げていた[45]）。

　したがって、カメラのブランド「キヤノン」は一般ブランドとは異なり、その誕生当初より市場は地方、ローカルに限定されず、広く海外にまでむけられていた。そのうえ、「キヤノン」は高級品としての展開であり、一般ブランドの発展とは明らかに異なるプロセスのもとに展開されたのである。いずれにせよ、「ライカ」に追いつき、追い越すことを目指して、「キヤノン」は後発、追随かつ模倣ブランドからその展開が始まったのである。当時、競合ブランドにはドイツの「ライカ」「コンタックス」ばかりか国産の「マミヤ」「ミノルタ」

などがすでに存在していた。

なお、「キヤノン」は誕生早々から通常のカメラだけではなく、医療用のX線間接撮影カメラへとブランドが拡張されている[46]。

(4) ナショナル・ブランド

　第二次世界大戦のため精機光学工業は軍需生産に従事し、カメラとしての「キヤノン」の生産、販売は一時中断された。1945（昭和20）年終戦。同年秋には、「ライカに追いつき、追い越せ」というスローガンのもとに会社再興[47]。

　生産再開。新製品の開発。「'46年10月、外観は一見『ライカ』に類似しながら、一眼式連動距離計という『ライカ』にない独自の機構を備えた戦後初の新製品SⅡ型を発売した。ファインダーカバー内に二重像合致式距離計と逆ガリレオ式ビューファインダーを同一光学系内にまとめたもので、ピント合わせ視野観察を一つのファインダー内で行うことができ、便利で速写性が向上したと好評を博した。」[48]

　1947年、社名を精機光学工業株式会社からカメラの商品ブランド名「キヤノン」と一致させて、キヤノンカメラ株式会社に変更。「この社名変更は製品名と会社名は同じにしたほうが明確で得策だ、といった単純明快な発想によるもので、事実、カメラを買いたさのあまりジープで直接、目黒本社工場を訪れる進駐軍将兵たちには、カメラのキヤノン名を覚えなじめるのは早いが、そのカメラを作るメーカー名の精機光学工業は記憶しにくかったようだ。」[49]

　1948年、日本光学工業株式会社は戦前、戦中に引き続いてレンズを供給してきたが、同社は自社によるカメラの開発生産計画を決定し、キヤノンカメラでのレンズ生産も軌道に乗ったこともあり、レンズの供給を停止した[50]。

　1949年、カメラは自由販売へと移行したが国内需要は望むべくもなく、カメラ産業は依然として1948年9月GHQ発令の輸出促進指令に沿って輸出市場に依存していた。しかしながら、輸出市場とはいえ、海外市場への自主輸出ではなく、もっぱら在日進駐軍に対する国内輸出ルートで、一部香港への輸出が含まれるものの写真機輸出公社が買い上げ、それを供給するという形がとられた[51]。同年4月、独創の3段変倍一眼式連動距離ファインダー機構を備えたⅡB型を発売した。この機構は、SⅡ型の一眼式連動距離計の光路内に焦

点距離を可変する光学系を置き、ファインダーの視野倍率を上げて距離速度の向上を図るとともに交換レンズの使用に対応できることを目的に開発された。この機構はⅡB型以降の「キヤノン」35 mm高級カメラにも継承され、「キヤノン」を特徴づける仕様として高く評価された[52]。また、同年末、銀座に初のサービスステーションを開設した[53]。

1950年、朝鮮動乱が勃発。巨額な特需が発生し、朝鮮動乱ブームの招来があり、景気は大きく好転し、国内にカメラ熱が起こった。その口火を切ったのは理研光学工業株式会社が発売した低価格の二眼レフカメラ「リコーフレックスⅢ型」で、またたく間に二眼レフブームとなった。それに続く35 mmレンズシャッターカメラの伸びの余波を受けて高級35 mmカメラの市場はあまりパッとしなかった[54]。

同年9月、サンフランシスコで開催された全米カメラ展示会で「キヤノンⅡB型」は一等賞を獲得。しかし、当時の社長御手洗毅がエル・アンド・ハネウエル社を訪問した際、次のようにいわれた。「これ(『キヤノンⅡB型』)は、今出ている『ライカ』よりも数段上のものである。非常に優秀で、これが仮にドイツから出たとしたらホットケーキのごとく売れるだろう。しかし、これはメイド・イン・ジャパンである。そこで、これがアメリカにおける販売ということについては相当気長におやりになったらいいでしょう。」[55]

1951年、同型式カメラとしてはわが国初の最高速シャッタースピードに1/1000秒を備えたⅢ型、コードレスでフラッシュが使えるレール直結式フラッシュ装置付のⅣ型を発売。このⅣ型はスローシャッターダイアルの切り替えによって高速同調、低速同調の接点が切り替わる簡便な機能を備えていた[56]。

1953年、レンズのブランド・ネームをこれまでの「セレナー」から「キヤノンレンズ」へと変更[57]。

第二次世界大戦後の事業再開以降の販売実績は以下のとおりである。

1946年758台、1947年2,695台、1948年3,624台、1949年5,988台、1950年9,168台、1951年10,775台、1952年19,490台、1953年28,800台1954年38,400台であり、特に朝鮮動乱を契機に51年以後急速に伸長していることが読み取れる[58]。

このように戦後またたく間に「キヤノン」は新たなメカニズムに基づく新製品を毎年のように開発、発売し、高い評価を得るとともにナショナル・ブランドへの地歩を固めていったのである。

(5) グローバル・ブランド

第二次世界大戦後、「キヤノン」はアジアを中心に世界各地で手広く展開され始め、外国人バイヤーの間ですこぶる好評であった[59]。

そんな折、1951年末、イギリスの世界的貿易商社ジャーデン・マセソン社[60]と輸出総代理店契約を結び、1952年から5年間、製品の70%を同社に供給することとなった。「キヤノン」のグローバル・ブランド化を始めたのである。

まず、1952年8月、「キヤノン」の輸出総代理店のジャーデン・マセソン社は「コダック」「ライカ」が市場を支配していたアメリカ市場[61]における「キヤノン」の輸入元としてバルフォア・ガスリー社[62]と契約を結んだ。「バルフォア社は、東部地区担当をレイグラム社（Raygram、ニューヨーク）、中部地区担当をホーンスタイン社（Hornstein、シカゴ）、そして、西部地区担当をクレーグ・ムービー社（Craig Movie、ロサンゼルス）とする3卸業者と契約、その3社から、全米8,000の小売店に向けて販売し、リペアサービスはシカゴのインターナショナル・フォト・コーポレーション（International Photo Corporation）と契約して受け持つといった仕組みだった。」[63]こうして「キヤノン」のアメリカ市場でのネットワークが確立された[64]。当時、アメリカで販売されていた「キヤノン」の価格は、IVS型（＝IVF型）50 mmF1.8レンズ付きで284ドル、これに対し「ライカ」Ⅲ型50 mmF2レンズ付きは345ドルであった[65]。

ジャーデン・マセソン社との契約は、1956年11月の期限を待たずに、1955年6月に解消した。わずか3年6カ月で終わったが、同社の紹介によって得られた約70カ国に及ぶ国々の代理店がそのまま「キヤノン」の代理店として残された。ジャーデン社からの移籍メンバーも含めて、1955年7月に営業部内に輸出課が新設され、ヨーロッパ市場にも進出した。1957年9月、テベールはスイスのジュネーブにキヤノンユアラップ（Canon Europe S. A.）を設立し、

ジャーデン社時代からの代理店を中心に 13 カ国で 1 国 1 代理店の販売網を組織した[66]。

このように「キヤノン」は 1950 年代の半ばまでには、リージョナル・ブランドの段階を飛び越し、一挙にグローバル・ブランドへと発展を始め、今日に続くのである。その背景には、「キヤノン」が新たに研究開発し、販売を始めた次のような数多くのカメラ・メカニズムのイノベーションの成果があげられる。たとえば、「50 mmF1.2 付 VT 型（35 mm 広角、50 mm 標準、距離測距用の 3 弾切替え式、外部取り付けファインダーのパララックス自動補正、フラッシュタイムラグ切替え式シャッター機構、セルフタイマー、背蓋開閉式、下部トリガー式巻き上げ）」「35 mm 一眼レフ『キヤノンフレックス』（着眼式ペンタプリズムファインダー、エシュレット格子付ピントガラス、クイックリターンミラー、完全自動絞り、外部連動セレン式露出計、速写性重視の底部トリガーレバー）」「7 型（①一般写真撮影用レンズとしては、世界最高の明るさを誇る 50 mmF0.95 レンズの装着、②ブライトフレーム手動四段切替えパララックス自動補正付ユニバーサルマークファインダー）」「自動露出機構を組み込んだ『キヤノネット』」「ズームレンズ」「超望遠レンズ 2000 mmF11」などである[67]。このように機構、すなわちメカニズムの革新を実現したが、それらと同時にカメラの量産化の体制づくりと品質管理（QC）にも成功した[68]。

したがって、メカニズム・ブランドである「キヤノン」は一般ブランドの展開モデルであるローカル・ブランド→ナショナル・ブランド→リージョナル・ブランド→グローバル・ブランドというプロセスを一段階ずつ経ることなく、独自に開発したメカニズムが評価、支持され、後発、追随かつ模倣ブランドとしてではなく、メーカー・ブランドのひとつとして、わずかな期間でグローバル・ブランドへと発展したのである。

(6) 新たなる展開

1960 年代に入り、グローバル・ブランドとなった「キヤノン」は新たなる展開と発展を迎えた。これまでの（医療用を含む）カメラを中心とした事業から多角化を始め、事務機分野に進出し、ブランド拡張を行った。"右手のカメラ、左手の事務機"をスローガンに、1966 年には、事務機の売上げは全体の

16.5％であったが、電卓や複写機等の新製品も加わった1968年には22％、1969年には42％にも達するようになった。そこでカメラ専業というイメージを拭い去り、カメラと事務機の総合精密機械メーカーとして大きく飛躍するため、社名をキヤノンカメラ株式会社から現在のキヤノン株式会社に改めることとし、1969年3月1日付けで社名変更を行った[69]。

新たに進出した事務機分野の製品、たとえば、卓上電卓、ファクシミリ、複写機など[70]にもれなくブランド「キヤノン」が付与され、その結果、「キヤノン」はカメラのメカニズム・ブランドだけではなく、事務機のメカニズム・ブランドも兼ねることとなり、さらに、キヤノン株式会社全体を表す企業ブランドへと「キヤノン」ブランドは拡張されていった。換言すれば、「キヤノン」は企業ブランドと商品ブランドとを兼ねることとなったのである。

「キヤノン」が成長、発展するには、メカニズム・ブランドであるため、メカニズムの技術革新が重要であるのはもちろんのことであるが、同時にブランド・マーケティングの展開もそれに劣らず重要である。

「キヤノン」はナショナル・ブランドとして国内販売網の充実を図り、TV広告を開始し、サービス拠点を充実してきたが、それだけではなく、グローバル・ブランドに必須な世界に広がる販売網を構築していった[71]。

以後、産業財である事務機および半導体機器のブランドではなく、カメラという耐久消費財のメカニズム・ブランドとしての「キヤノン」を中心に考えることとする。

その後、カメラの技術革新が進み、「キヤノネット」「キヤノンデミ」「キヤノンペリックス」「キヤノンFTQL」、オートフォーカス採用の「キヤノンオートスライド500EF」など、新製品を継続的に展開している[72]。そのほかにもメカニズム・ブランド「キヤノン」は絶え間ないメカニズムの技術革新、改良を続けている。その成果は、たとえば、「35mm一眼レフカメラEF」とレンズのシステム開発と高級FD交換レンズ群の中にみられる[73]。

1970年代には、「キヤノン」ブランドは拡張され、半導体機器に新規参入し、今日ではブランド企業キヤノン株式会社の経営のひとつの柱となっている。

しかしながら、1980年代に入ると、カメラ市場は成熟し、カメラ・ブランド「キヤノン」の売上は横ばいとなっていった（図表7）[74]。

図表7　1980年代の『キヤノン』カメラの売上の推移

1980年	122,597
1981年	144,507
1982年	133,576
1983年	145,125
1984年	151,535
1985年	135,492
1986年	116,615

単位　百万円

出所：キヤノン史編集委員会『キヤノン史―技術と製品の50年』p.368，キヤノン株式会社，1987年より，著者作成。

(7) カメラ・メカニズムの一大革新――銀塩カメラからデジタルカメラへ

20世紀後半に始まるデジタル革命はカメラにも広がり、従来の銀塩（フィルム）カメラから新たに革命的なデジタルカメラが出現し、大きな発展をみせ今日に至っている[75]。

1969年　アメリカのベル研究所のW. S. BoyleとG. E. Smithがデジタルカメラの基幹部品であるCCDを発明。

1981年　「ソニー」が電子スチルカメラ「マビカ」を発表。

1989年　「フジフィルム」が世界初のデジタルカメラ「DS-X」を発売。その後、「コダック」「東芝」「オリンパス」が続く。

1995年　「カシオ QV-10」が爆発的なヒット。デジタルカメラの市場拡大が始まった。

1997年　一眼レフの構造をもつ「オリンパス C-1400L」が発売される。

2000年　「キヤノン IXY DIGITAL」を発売。

いよいよ「キヤノン」がパイオニアとしてではないが、デジタルカメラ市場に本格的に進出した。2000年あたりを境に、銀塩カメラからデジタルカメラへの大転換がみられる（図表8）。

「キヤノン」は（1989年に販売し大ヒットとなったオートフォーカス「EOS-1」の「EOS」をそのまま継承し）、200年、デジタル一眼レフカメラ「EOS D3」そして、2003年には「EOS Kiss Digital」を発売し[76]、デジタルカメラ市場に進出するとまもなく市場のトップシェアを獲得し、グローバル・トップ・ブランドの地位を確立していった（図表4）。また、2004年には、高画質と高速レスポンスの両方を実現した「EOS-1D Mark II」を発売し、プロ用デジタル一眼レフカメラのNo.1ブランドとなった[77]。

第Ⅴ章　後発・追随ブランド　189

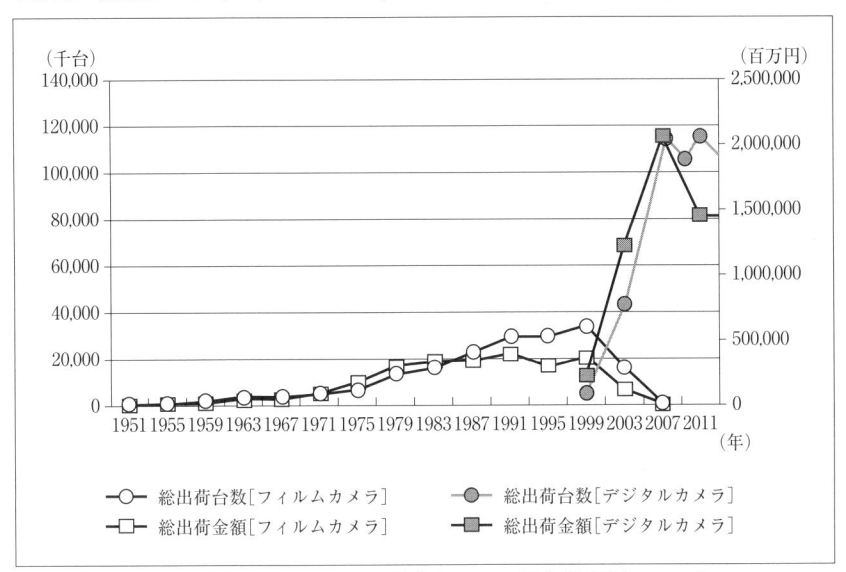

図表8　銀塩カメラ（フィルムカメラ）とデジタルカメラの出荷推移

出所：中道一心『デジタルカメラ大競争』p.34、同文舘出版、2013年。

　なお、図表9の「ニコン」のシェアが図表6と比べて低いが、図表6は販売シェア、一方、図表9は生産シェアであり、「キヤノン」はコンパクト・デジタルカメラでもほぼ全量が自社生産であるが、「ニコン」は自社生産の比率がかなり低く、大半はOEM/ODM生産に依存していることが反映されているためである[78]。

　21世紀に入りデジタル化の流れはコンパクト・デジタルカメラだけではなく、一眼レフにもおよび、デジタル一眼レフの市場が拡大した。その中でも「キヤノン」はトップ・ブランドの地位を占め続け、2012年以降はコンパクト・デジタルカメラでもトップとなり（図表4および図表6）、他方、ミラーレスカメラのシェア（図表5）は低いが、カメラの総合グローバル・トップ・ブランドとなっている。

図表 9　コンパクト・デジタルカメラの生産会社別の世界シェアの推移

メーカー＼年	'97	'98	'99	'00	'01	'02	'03	'04	'05	'06	'07	'08	'09	'10	'11	'12
キヤノン	5.2	4.8	1.7	21.4	7.5	10.4	15.7	19.2	18.1	18.3	15.5	16.6	15.9	16.3	15.3	18.6
ソニー	10.4	17.6	16.8	13.2	13.9	17.2	17.9	19.6	13.9	13.8	12.4	13.0	12.3	10.9	8.9	12.1
サムスン	0.3	—	—	—	—	—	—	—	5.5	8.7	7.5	8.4	7.4	8.3	9.5
パナソニック	2.6	1.9	—	—	—	—	2.8	3.9	7.3	7.6	8.3	8.5	5.6	6.2	7.2
三洋電機	17.3	17.6	27.7	21.4	18.1	16.9	17.5	15.2	13.2	8.0	11.0	10.9	9.8	9.9	5.7	3.8
ニコン	—	1.0	3.9	1.4	1.7	1.4	2.0	1.5	1.4	2.2	3.2	3.5	1.6	0.9	2.4	2.6
オリンパス	3.9	8.0	5.7	1.6	2.1	1.4	3.4	1.7	2.8	4.1	3.0	2.3	1.9	0.8	1.0	1.2
フジフィルム	13.0	11.2	10.9	15.0	10.7	10.8	8.2	4.2	6.2	5.5	1.3	0.9	1.5	1.7	0.8	0.5
カシオ	22.5	11.2	7.6	2.8	3.8	1.1	5.2	4.0	4.2	2.0	0.8	0.2	0.3	0.3	—	—
コダック	—	—	—	—	—	—	3.8	4.4	4.1	—	—	—	—	—	—	—

出所：中道一心『デジタルカメラ大競争』pp.53-54、同文舘出版、2013 年より抜粋して作成。

(8) おわりに

　カメラというメカニズム・ブランドの「キヤノン」は継続的なメカニズムの開発競争に打ち勝ち、50 年以上にわたりグローバル・ブランドとして評価と支持を勝ち得ている代表的なトップ・ブランドのひとつとなっている。その間、カメラにはそれまでの銀塩（フィルム）カメラからデジタルカメラへの革命的なイノベーションが起こり、「コダック」「ポラロイド」といったグローバル・ブランドが消滅するという栄枯盛衰がみられたにもかかわらず「キヤノン」は生き残り、今日に至っている。それは「キヤノン」がメカニズムの継続的な技術競争に打ち勝ち、それまでの「キヤノン」ブランドのイメージを新たなる「キヤノン」ブランドのイメージに投影し、メカニズム・ブランドかつ企業ブランドの「キヤノン」がグローバルな消費者の評価と支持を獲得し続けていることを意味するものである。

　しかも 2000 年ごろを境に「ニコン」を抜き、「ソニー」「パナソニック」「サムスン」といった世界的な家電企業の新規参入や台湾の OEM/ODM 企業の成

長にもかかわらず、「キヤノン」はグローバルワンとなって以来その地位を持続している。グローバルにわたる「キヤノン」の販売網の構築、広告・宣伝、サービス・サポートなどをはじめとするマーケティング力がその背景にあるのは事実であるが、それ以上に「キヤノン」をカメラのグローバル・トップ・ブランド足らしめているのは、米国特許取得件数が10年連続で日本企業の第一位[79]にみられるようにメカニズムの開発力、技術力にあるのは言を俟たないであろう[80]。

　メカニズム・ブランド「キヤノン」はカメラのメカニズムのイノベーションを常にリードし、その先駆的機能がついにプロのカメラマンの評価を得、その後、次第にセミ・プロ、マニア、そして、一般消費者大衆の評価と支持を勝ち得たことになる。したがって、これまで考察したカメラのメカニズム・ブランド「キヤノン」の事例研究から、メカニズム・ブランドが長期にわたるブランド力を維持するには、「コカ・コーラ」「キッコーマン」といった一般ブランドとは大きく異なり、何よりもメカニズムの小手先の改良、改善だけではなく、常に画期的なイノベーションに挑戦し、消費者、ユーザーにより多くの満足を与える新たなメカニズムを創造し、付加続けることが重要かつ必要であるといえるであろう。

3-2　韓国の家電ブランド「サムスン」

　日本の隣国のひとつである韓国には、多くのローカル・ブランド、ナショナル・ブランドが当然存在しているが、日本の消費者は韓国のブランドに対する認知がほとんどないのが実情である。2003年の韓国ドラマ「冬のソナタ」をきっかけとして韓流ブームが起こり、韓国に対する理解やイメージが一時的に好転したが、それでも多くの日本人は韓国のブランドを知らない。

　隣国日本市場の消費者にはほとんど認知、評価がないという韓国のブランドの中で、すでにグローバル・ブランドといわれてインターブランド社のブランド価値評価では世界のベスト100に入り、しかもソニーを追いつき、追い越した韓国の最強のブランド、M. Haigによって、「のし上がるブランド」と評されたメカニズム・ブランドの「サムスン」[81]について考察を試みてみたい。

(1) はじめに——「サムスン」ブランドとは何か

「サムスン」のブランド価値はソニー (ベスト 25 位) を抜き、2007 年度には世界の 21 位にランクされている[82]が、隣国日本ではそれほど評価されていない。このギャップはなんであろうか。

詳しくは後述するが、「サムスン」は「コカ・コーラ」や「キッコーマン」のような商品ブランドではなく、韓国の財閥グループ名であるとともに、多くの企業群からなるサムスン・グループの統一企業ブランドである。周知のよう

図表 10　サムスン・グループ全体図 (2002 年)

電子系
サムスン電子
サムスン SDI
サムスン電機
サムスン・コーニング
サムスン SDS

金融系
サムスン生命
サムスン火災
サムスン・カード
サムスン証券
サムスン・キャピタル
サムスン投資信託運用
サムスン・ベンチャー投資

化学系
サムスン総合化学
サムスン石油化学
サムスン精密化学
サムスン BP 化学

機械系
サムスン重工業
サムスン・テックウィン

その他
サムスン物流
サムスン・エンジニアリング
第一紡績
サムスン・ネットワークス
サムスン・エバーランド
新羅ホテル
第一企画
エスワン
サムスン・ライオンズ
サムスン医療院
サムスン経済研究所
サムスン人力開発院
サムスン総合技術院
サムスン文化財団
サムスン福祉財団
湖巌財団
サムスン言論財団

出所：韓国経済新聞社編、福田恵介訳『サムスン電子』p.23, 東洋経済新報社、2002 年。

に財閥はかつての日本に存在し、大きな経済的支配力を持っていたが、第二次大戦後にGHQの指令により解体された。他方、韓国では朝鮮戦争後の経済成長の中で財閥が発展し、幾度かの危機を乗り切り、現在でも生き残り、韓国経済を支配している。たとえば、サムスン・グループは上場企業時価総額の全体の約2割弱を占め、また、サムスン・グループの生産は、韓国のGDPのかなりの割合を占める巨大企業グループである[83]。

したがって、テレビをはじめとする家電のメカニズム・ブランドとみなされている「サムスン」は多くの企業群を傘下にもつ財閥の統一企業ブランドである。(図表10参照) 現在、サムスン・グループ企業の中核を占めるのがサムスン電子であり、携帯電話機のグローバル市場をリードする商品ブランド「ギャラクシイ (Galaxy)」を展開している企業である。

(2)「サムスン」ブランド前史

1938年、創業者、李秉喆が青果物や乾物を取り扱う貿易会社の三星商会を設立。[84]

1948年、三星物産公司設立。砂糖と服地を生産したが、後の第一製糖[85]と第一毛織の前身である。

1969年、三星電子工業(現サムスン電子)、三星三洋電機(同左)を設立し、電子産業に進出。

1970年、三星NEC(現サムスンSDI)設立。

1972年、白黒TV生産開始。

1973年、サムスン・コーニング設立。

1977年、韓国半導体通信を買収し、半導体事業に進出。カラーTV輸出開始。三星建設、造船、精密などを設立し、重工業に進出。

1980年、通信機器事業に進出。

1983年、三星半導体通信(現サムスン電子)が韓国初の64KDRAM開発、半導体メモリー事業がスタート[86]。

1938年創業以来1980年代までは、韓国内企業として発展し、財閥化の基礎を作ったが、モノの生産に比重があり、ブランドの重要性を認識していない時期であった。換言すれば、この期間の三星は、その中核事業である三星電子工

業の（一般消費財である）家電製品についていえば、アメリカや日本の OEM 生産をしていたにすぎない[87]。他方、電子部品の半導体は部品であり、価格と品質に重点が置かれ、どちらの分野においてもブランドの重要性は認識されていなかったのである。したがって、この時期の同社はブランドを創造するのではなくただ単にモノを安く作る企業にすぎなかったのである。いわば三星電子工業は日本企業の技術の吸収、模倣の段階であった[88]。

(3) 「サムスン」ブランドの再創造
──「三星」から「サムスン（SAMSUNG）」へ

1980年代に入り、サムスン・グループの三星電子工業は大きく発展した。まず、1984年には社名を三星電子に変更した。同社は、「日本的現場管理を徹底的に学習し、品質と生産性の向上について、小集団活動やZD活動、TQC、TPMの導入と体系的な実施を行った。製品の多様化と高付加価値化としては、カラーブラウン管の開発を行い、自社ブランドを育成するためにOEMから脱却した。さらに、R&D組織を創成して技術自立を目指した。最終的には、ブランドの輸出と海外生産を行うまでになった。」[89]

この時期に至りようやくブランドの重要性を認識したのである。もちろん、それまでもブランドがなかったわけではない。それは現「サムスン」と同じ「三星（サムスン）」である。

「『三星（サムスン）』の『三』は、韓国では強力で大きいことを意味し、最も好まれ、使われる数字だ。『星』は、いつまでも変わることなく、明るく高く輝くものの象徴である。」[90]

1987年に1代で巨大な三星財閥を作り上げた創業者の李秉喆が亡くなり、3男の李健熙が跡を継ぎ、1988年から第二創業が開始されたのである。この期にブランド「三星」は新たにブランド「サムスン」へと再創造、すなわち、再生されたのである。また、1993年にはそれまでの3つの星が輝くロゴから現在使われている青い楕円のロゴへと変更した[91]。「三星」と「サムスン」は韓国語での表記は同じであったが、グローバル化を目指し、1998年にはこれまでの漢字の表記から英語の表記「SAMSUNG」に統一したのである。その後、長野オリンピックをはじめとするスポーツの世界大会の公式パートナーやスポ

ンサーになり、ブランド・マーケティングを開始したのである[92]。

(4) 急速なグローバル・ブランド化

韓国の国内家電市場では「三星」は当初よりナショナル・ブランドであり、現「LG」の「金星」とともにトップ・ブランドであったが、1997年の国際金融危機を乗り切り、21世紀になるころにはリージョナル・ブランドの段階[93]をほとんど経ることなく、「サムスン」はアメリカ市場を席巻し、EU市場にも進出し、一挙にグローバル・ブランドへと成長した。参考までにインターブランド社のグローバル・ブランド価値評価ランキングでは、「サムスン」は1999年にはランク外であったが、2000年の43位から順調に順位を上げ、2005年には21位に上がり、2006年には20位となり、初めてソニー（26位）を追い抜いたのであるが、その後は2年ほど21位を続け、2009年には19位[94]、そして、2015年には7位と躍進している（図表11参照）。このインターブランド社のブランド価値評価は商品ブランドではなく企業ブランドであり、「サムスン」は前述したように財閥の統一企業ブランドであり、単純に「ソニー」

図表11 「サムスン」と「ソニー」のブランド価値の変遷

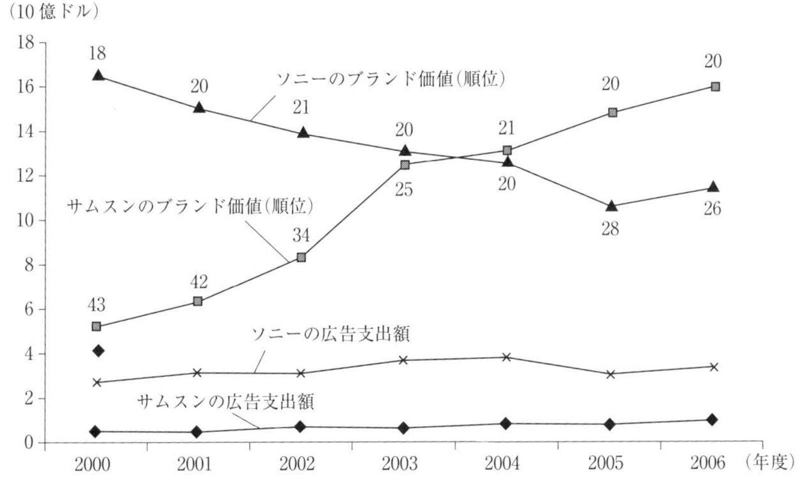

出所：張世進『ソニーVSサムスン』p.120、日本経済新聞出版社、2009年。

と比較することは問題が残るものである。

　しかしながら、いまや「サムスン」は間違いなくグローバル・ブランドであるといえるが、その歩みはノーマルなものではなく、キャッチ・アップからの急速な成功事例である。しかもその主要な商品は、半導体、液晶パネルといった部品、生産財の比重が大きい。一方、消費財は薄型テレビと携帯電話機（ケータイ、スマートフォン）などであるが、消費者のブランド認知、評価がインターブランド社のブランド・ランキングと遊離があることは否めない。「サムスン」は特殊なブランドであり、いくつかの課題を抱えたままグローバル・ブランドへ展開したのである。

(5) 若干の考察

　「サムスン」は特殊なブランドである。ブランドの展開からいえば、家電製品については、本書第Ⅱ章の図表3-1で示したブランド展開モデルのバリエーションのひとつの「OEM（ライセンス生産）から自己ブランドへ」であり、半導体や液晶パネルについては、現在でもOEM生産を継続していることから、図表3-2「OEM（ライセンス生産）、自己ブランド並立」に該当する。したがって、「サムスン」の展開は、両モデルのミックスされたものである。

　「サムスン」はキャッチ・アップに成功したブランドということになるが、はたしてそうだろうか。張世進によれば、「サムスン電子は早くからマーケティングの重要性を認識し、1995年…4億ドルのマーケティング予算を設け、…ブランドイメージを上げるための集中的な投資に踏み切った。しかし、サムスン電子は伝統的にコスト削減と規模の経済を活用して市場シェアを増やしていくような戦略を進めてきたため、マーケティングに資源を集中させるのは容易ではなかった。当時、サムスン電子のマーケティングに対する認識は、『良い製品は自然に売れ行きが伸びる。そして、マーケティングはセールスに過ぎず、セールスはme-too製品や低品質の製品を売るためのものだ』」[95)]とのことである。そのためサムスン・グループの商社である日本サムスン電子の売り上げは2008年12月現在で1兆1,000億円を越えているが、その4分の3が電子／情報通信機器関連製品・部品である。

　その一方、2007年の11月に白物家電の日本市場からの撤退もあいまって、

家電製品の巨大な消費市場である日本の消費者は「サムスン」の認知がほとんどない。しかも日本は韓国の隣国であり、いわば「サムスン」にとってはリージョナル市場である。もちろん日本の家電市場は多くの電機メーカーが多くのブランドを展開しているので、競争は厳しいが、「サムスン」の今後の再展開を期待したい（すでにスマートフォンで再進出を始めたが期待通りにはいかず、現在では、「サムスン」ブランドの表記なしで展開している）。日本市場である程度ブランド展開に成功しなければ、「サムスン」は真のグローバル・ブランドとは必ずしもいえなくなるであろう。

　もうひとつ、2003年の時点では、「一部のアメリカ人は、サムスン電子を日本の企業だと誤解している。……まだブランド・パワーが弱いということである」[96]。しかも2009年でも依然として「サムスン」が強いといわれている[97]アメリカの学生の過半数がサムスン電子は日本メーカーであると認識し、韓国という答えは10％弱にすぎないといわれている[98]。もちろんブランドは基本的には無国籍であり、消費者が「サムスン」を韓国のブランドではなく日本のブランドであると認識しようが、関係がないのはいうまでもないことではある。

　アナログ時代のキャッチ・アップ・ブランドからデジタル時代の雄になったが、「サムスン」ブランドはメカニズム・ブランドのため規模の経済による価格競争力によるところが大であった。しかしながら、新たなライバルが出現してきている。それは低価格の中国のブランド、たとえば、「小米」「华为」「魅族」「一加」などのスマートフォンである。いずれにせよ、ブランドとしての「サムスン」が真のグローバル・ブランドとなるには隣国の日本市場が今後とも試金石となるであろう。

3-3　台湾の家電ブランド「エイサー」

(1) はじめに

　台湾は1950年代以降、工業立国を目指した経済政策を採用し、アジアNIEsのメンバーの一員として、経済成長を実現したが、その後の発展は、ブランドを創造し、展開するマーケティング企業のそれではなく、アメリカ、日

本などの下請生産、すなわちOEM生産に特化した独特なタイプのようにいわれてきた。1980年代後半には外国資本を積極的に誘致し、電子産業を中心とした科学技術重視の工業経済を確立してきている。とりわけ台湾のIT産業は独特な生産システムであるOEM（Original Equipment Manufacturing：相手先ブランドの委託生産）、ODM（Original Design Manufacturing：相手先ブランドの委託設計と委託生産）、ファウンドリー（foundry：受注加工生産）に特化することで、主としてアメリカの大手ITメーカーからの受注によって積極的なビジネスを展開し、急速に規模を拡大してきた[99]。1994年のアメリカの『フォーチューン』誌が報じたように、アメリカのIT企業、たとえば、ヒューレット・パッカード社、アップル社、シスコ社、デル社などが販売しているブランドのほとんどが、実は台湾の企業により台湾で生産されている。このようにアメリカのIT企業の多くが台湾に生産拠点を築いたため、台湾はあっという間にアメリカと日本につづくエレクトロニクス大国になった[100]。その後現在まで、IT製品のOEMとODMは台湾での基幹産業のひとつになっている[101]。

　パーソナル・コンピュータ（PC）といえば、かつては世界を席巻した「IBM」とほとんど同義語であったが、今日のコンピュータ市場はグローバルに変質し、アメリカの「HP」「デル」、日本の「富士通」「NEC」、アメリカのIBM社のPC事業部を買収した中国の「レノボ」など多くのブランドがひしめいている。その中で、「エイサー」は、今や台湾を代表するグローバル・ブランドのひとつとなっている[102]。

　台湾ITベンチャーの雄、「エイサー」は、韓国の「サムスン」と同様に、OEMから独自のブランド展開を開始し、しかもブランド変更を行い、わずかな期間でグローバル・ブランドにまで成功裏に発展したマーケティングの特異な事例である。

(2)「エイサー」ブランド以前

　「エイサー」のブランド企業は英語ではAcer Incoporated 中国語では宏碁股份有限公司（以下、宏碁社と表記する。なお、多くの文献では、宏碁（エイサー）と表記されているために企業とブランドとの間での誤解が生じることが

あるため、ここでは、宏碁社は企業としての宏碁股份有限公司の省略形、「宏碁」は同社の中国語表記の企業ブランド、「エイサー」は同社の中国語圏以外でのグローバルな企業ブランドと明確に区分して表記する。）の企業ブランドとして有名であるが、「エイサー」ブランドは同社の創業時には誕生していなかった。設立当初の同社の英文表記の「マルチテック（Multitech）」がそれにあたるものであった。

次に宏碁社の創業時から「エイサー」ブランド創造までの企業としての発展を概観することにする[103]。

宏碁社は宏碁電脳公司（Multitech）として1976年に台湾にて設立された[104]。

創業者は台湾の交通大学電子工学科出身の施振榮（スタン・シー）である。当初は11人の社員からスタートした。主要製品は小型計算機であった。後に、3,000人の技術者を訓練し、計算機、処理機の知識普及・啓蒙をはかり、台湾の小型計算機市場を創出してきた。

しかし、同社の初期の成功は何といってもパソコンキットである。任天堂などのゲームソフトのプログラム開発を行っていたが、むしろパソコンキットの成功からパソコン製造（OEM）を展開し、成長した。

1977年、アメリカ製品の輸入代理業務を行うアメリカ支社を設立した[105]。

1978年に開発に着手し、1980年に完成した中国語の入出力が可能な「天龍中文電脳」（天龍中国語ワープロ）[106]が、同社にとって初めての自社ブランドである。

1981年には、8ビットのコンピュータ学習機「小教授1号（Micro・Professor I：マイクロ・プロフェッサーI）[107]、1982年にはアップルの互換機である同2号、1983年には同3号が開発され[108]、ドル箱となった。1984年の売上高は実に30億元に達し、わずか3年間の間に10倍以上の成長である。また、「小教授」において注目されるのは、輸出を始めたことである。ちなみに1983年5月には海外のディーラーを集めた販売会議を開催している。参加したディーラーは20カ国あまりから40名以上に及んだ[109]。ところが、「小教授2号（マイクロ・プロフェッサーII）」はその価格の安さと独特の設計から市場では喝采をもらったが、設計理念が「アップルII」と似ているということ

で、告訴され、裁判の結果、「小教授3号（マイクロ・プロフェッサーⅢ）」まで販売中止に追い込まれた[110]。その後も知的所有権をめぐる問題が起こり、知的所有権侵害だけでなく、知的所有権保護の重要性をも認識するようになる[111]。

1980年代後半になると自前のブランドを創造・販売するようになり、グローバル化に乗り出して行く。この時期、関連会社を多く設立し、グループ組織の拡大を図った。同じグループに明碁コンピュータ社や揚智科研社があり、前者は中国大陸市場への進出、後者はR&Dの推進を行った。

また、同社はすでに1978年には、台北、台中、高雄の3カ所に研修所を設立し、4年間で3,000人のエンジニアに電子回路や機器制御などについて、50時間の研修を行った。台湾市場という庭を整備する役目を自認し、販売促進のため、月刊の『庭師の話』という冊子を発行し、当初、2,000部だった発行部数は20,000部にまで伸びた[112]。

1982年には台湾の21の県に「小教授2号」が行き渡り、86年には、高雄にコンピュータ1,000台教室ができた。国際コンピュータ囲碁大会、科学技術論文賞、学生コンピュータ・サマーキャンプなどを主催した[113]。

したがって、宏碁社および中国語での企業ブランド「宏碁」は、「エイサー」ブランドの創造以前にすでに台湾全島をカバーする存在であった。

(3) 「エイサー」ブランドの創造

1987年、宏碁社は中国語圏以外の市場における企業ブランドをそれまでの「マルチテック」から「エイサー」に変更した[114]。同社の中国名および中国語表記の企業ブランドはそのままに、英語表記を「Acer（エイサー）」と変更し、ここに企業ブランド「エイサー」が新たに創造されたのである。つまり、「エイサー」は外国向けの新たな企業ブランドということになるのである。

同社はそれまで外国市場に対しては企業ブランド「マルチテック」を使用していたが、スキャナー製造メーカーの全友電脳股份有限公司の企業ブランド「マイクロテック」と紛らわしく、さらにまた、「テック」の付く企業ブランドが数多くあり、差別化が難しくなるために、当時2,000万ドルの価値があるといわれていたにもかかわらず、「マルチテック」をやめ、新たに「エイサー」

という外国市場向けの企業ブランドを創造したのである。

「エイサー」は「積極的、活力のある」という意味とブリッジゲームの「Ace（エース）」の意味とを含んでいる。さらにアルファベット順でも常にトップに位置し、強い印象を与えることも考えたうえで創造されたものである。多くの台湾企業が中国語の発音のブランドを使用しているのに対し、同社は中国人には中国語名の「宏碁」、外国人には英語名の「エイサー」という、いわばダブル・ブランド戦略をとったのである。

新たに創造した企業ブランド「エイサー」に対する同社のブランド戦略の最終的な目標は世界最大の市場、アメリカであった。しかしながら、「エイサー」はアメリカ市場では苦戦することが多かった。その一方で、「エイサー」はアメリカ以外の市場、特に発展途上国の市場に力を入れ、一定の成果を得てきた。アメリカでシェアを一気に拡大することは難しいが、まだ未成熟な、そしてアメリカの大手ブランド企業が重視していない新興市場ならば、ブランドの確立は比較的容易だと考えたのである。自社ブランド戦略において、広告や販売への資源の投入に加えて、製品開発力が鍵になると考えた。また、企業イメージの重点は革新であり、先進的な技術と革新的な製品は、ブランド・イメージを引き上げる最良の手段であると理解されていた[115]。

1988年3月、IBM社の「PS/2モデル30」の互換製品を世界で始めて市場に出し、5月には、日本で日英2カ国語パソコンを発売し、成功を収めている。

1989年には、テキサス・インスツルメンツ（TI）社とDRAM生産の合弁企業を設立した[116]。

1990年、かつてない深刻なパソコン不況が襲い、それに「HP」や「デル」の流通革新と低価格戦略が加わって、世界の、そして台湾のパソコン産業は大きな展換を迫られることになった。自社ブランド路線を採っていた企業の多くは開発コストの回収が困難になり、倒産に追い込まれた。一方、生き残った企業の大部分は、自社ブランド路線を放棄し、OEM/ODMへ傾斜した。そのような中で、宏碁社はOEM/ODMを継続するとともに自社ブランド路線を堅持したのである[117]。

これまで宏碁社は大きく成長してきたが、次第に企業体質の問題を抱えるようになった。経営環境の大きな変化に対応するために、1989にはダウンサイ

ジング、リストラクチュアリングに相当する天蠶変を行い、1992年からはリエンジニアリングを開始し、ビジネスモデルを修正し、ファストフード・モデルと分散的管理のクライアント・サーバーメカニズムを採用するなど宏碁社の役割はブランド名の供給と研究・開発のサポートとなったのである[118]。

1992年には、ブランド普及予算約100万ドルで、電通ヤング社とルビカム社の企画により欧米で大規模な宣伝活動を行った[119]。

1993年以降、同社の業績は急速に回復し、高成長を達成した[120]。

委託生産企業はしばしば自社ブランドを創造しようとするが、これは顧客である委託企業との利害対立につながっていくことが多い。宏碁社もこの問題に直面したが、自社ブランド事業とOEM/ODMの関係については、リスク分散、生産規模の拡大、技術の学習という面から相互補完的であると考えていた。自社ブランドで獲得した利潤を生産能力の拡大やOEM/ODMの顧客企業へのサービスに投資できると同時に、OEM/ODMによって大量生産することでコストを引き下げ、収益を増加させれば、より多く研究開発に投資し、自社ブランド事業の規模を拡大できるという好循環を想定したのである[121]。2000年に、同社の自社ブランドによる収入は12億ドルだったのに対し、他のグローバル・コンピュータ企業の委託で生産した製品による収入は18億ドルだった。同社の多くの顧客企業にとっての懸念は、宏碁社に仕事を与えることが、安価な「エイサー」という類似ブランドへの助成金支給となってしまうのではないか、というものだった。この問題に対する同社の解決策は、企業分割だった[122]。

宏碁社は3次にわたる再編を行い、2000年、宏碁コンピュータ社から製造部門を切り離し、OEM/ODM事業に特化した緯創資通社として独立させた。宏碁コンピュータ社に残された部門は、それまで主に台湾市場での販売を担っていた宏碁科技社と合併し、新しい宏碁社（現在の宏碁股份有限公司）の中で、自社ブランドの運営やサービス事業に従事することになった。自社ブランド事業とOEM/ODM事業とはそれぞれ別会社として歩むことになったのである。なお、再編の過程で、コンピュータ周辺機器の製造・販売を担っていた明碁電通社（その後、明基電通社に改名）を独自のブランド「BenQ」を創設し、「エイサー」から独立することになった。経営も独立し、時に「エイサー」と

ブランド間で競合するようになった[123]。

(4)「エイサー」はローカル・ブランド、ナショナル・ブランド、リージョナル・ブランドをパス

宏碁社の企業ブランド「宏碁」は当初よりローカル・ブランドを飛び越え、台湾市場のナショナル・ブランドになっていたのである。

1980年代から台湾各地で展示販売会を開催し、いずれも1万名を越す参加者を集めたが、この展示会の狙いは、消費者に自らコンピュータの操作を体験してもらうことで販売を促進することであった。また、台湾での「宏碁」ブランドの販売を総括する宏碁科技社は、1985年から台湾で初めてコンピュータ・フランチャイズ・チェーン店 Infoland：「宏碁資訊広場」を展開し、その店舗数は台湾全島で100店以上になった。国内市場での激しい競争に立ち向かうため、50カ所以上の広場がパソコン実習教室の資格を取得し、情報の普及、技能の教育を通じて消費者と「宏碁」との関係を深めていった[124]。

したがって、「エイサー」の動きの陰に隠れているが、すでに宏碁社は台湾全土に渡るチャネルを構築しており、しかも新たに創造されたブランド「エイサー」はナショナル市場である台湾ではそれ以前の企業ブランド「宏碁」と表記が変わらなかったために、英語表記の変更にもかかわらず従来と同様に台湾全島で消費者の支持と評価を得続けたのである。

近隣市場に対しては、資料が十分にないので確かではないが、中華圏、すなわち中国語圏の市場では、すでに確立されていた「宏碁（Multitech）」がすぐに「宏碁（Acer）」へとなんら問題なく移行したと思われる。さらに、たとえば、日本、アメリカ市場においても「マルチテック（Multitech）」から「エイサー（Acer）」へのブランド変更はスムーズに実現し、いわば「エイサー」はローカル・ブランド、ナショナル・ブランド、リージョナル・ブランドのいずれの段階を経ることなく、グローバル・ブランドから登場したのである。

(5)「エイサー」のグローバル・ブランド化

1988年、「エイサー」は、日本メーカーのブランドと変わらない「高価格路線」をとって日本市場で販売を開始する[125]。

1992年、宏碁社は地域密着による世界ブランド「グローバル・ブランド、ローカル・タッチ」（全球品牌結合地縁）を掲げた[126]。

1992年、コンピューターと消費者向け電子技術を総合し、通信、教育、エンターテインメント、AVなどのマルチメディア対応パソコン「エイサーPAC」、ワークステーションの機能を持ち、価格はパソコン並みの64ビット機「エイサー・フォーミュラ」、95年には家庭用マルチメディア対応パソコン「アスパイア」を開発、販売した。特に「アスパイア」は「エイサー」のブランド・イメージ・アップに貢献した[127]。

宏碁社は「コカ・コーラ」のように広告に多額の投資をすることは不可能である。そこで、徐々に納得させる潜移黙化方式という戦略で企業イメージを作り上げた。アメリカ市場での知名度はもう一歩のところまできたので、コンピュータ界の巨人たちに負けないためには、よりアグレッシブな広告戦略をとらなければならなかったが、「コンパック」のような大量広告戦略はとらなかった。日本や第3世界の国々では、「エイサー」についての報道が頻繁なので、これを広告の代わりとして情報発信に利用した。それとともに新しいメイド・イン・タイワンのイメージ作りを心がけたのである[128]。

1993年に、「エイサー」はラテンアメリカ、東南アジア、中東の3つの地域でブランド1位を獲得した。翌年、損失続きだったアメリカ市場でも黒字化し、全米第9位のブランドとなった。全世界では第7位であった[129]。

1994年、アメリカの番付会社によると、「エイサー」は約1.8億ドルの価値をもち、台湾企業のなかでは最高であった[130]。

1995年には、「エイサー」の販売台数は世界で第10位であった。しかし、5位までとの差はそれほど大きなものではなかった[131]。

1997年にアメリカのテキサス・インスツルメンツ（TI）社のモバイルコンピュータ部門をTI社が有するノートパソコンのブランド「Travel Mate」や「Extensa」も含めて買収した[132]。その結果、宏碁社のグループに入ったTI社のイタリア子会社が強力な販売力を発揮し、「エイサー」はイタリアで最大のシェアを獲得した。2000年、イタリア以外のヨーロッパ諸国においても「エイサー」のパソコンの販売を大きく伸ばし、2004年には西欧のノートパソコン市場で最大のシェアを取るに至った。ライバルの「HP」がヨーロッパ市

場において、ディーラー経由から直販に軸足を移すという失策を犯したために、宏碁社はHP社から離れた優秀なディーラーを取り込むことでシェアを伸ばし、ヨーロッパ市場で「HP」を追い抜いたのである[133]。

その後、世界中に工場や合弁会社を設立し、現地での上場を果たし快進撃を続けた。しかしながら、1999年、国際化の過程で最大の失敗ともいえるアメリカ市場からの撤退を余儀なくされた[134]。この時期の「エイサー」ブランドのマーケット・ポジションは、ノートパソコンでシェアNo.1を占めているのは台湾、イタリア、インドネシアの3カ国。No.3の位置にあるのはスイス、オランダ、スペイン、ニュージーランド、メキシコ。ノートパソコンとデスクトップを合わせたデータではNo.3以内に入っている国は台湾、マレーシア、タイ、インドネシア、フィリピン、シンガポール、香港、南アフリカなどであった[135]。

2001年に、ブランドのロゴを「Acer」から「acer」に変更した[136]。

2002年に宏碁グループの経営者である李焜耀は「ブランドの位置づけを台湾だけのブランドにしてはいけない。世界のブランドとすることを最終目標とするべきだ。当然、人材の国際化、資源の分配、国際資本の指示なども、世界ブランドの販売に成功するカギとなる」と述べている[137]。

(6) 新たな展開

「エイサー」の目標は新鮮技術をどこでもだれでも楽しめるようにというコンセプトのもとでのグローバルブランドとなることである[138]。新鮮技術からスタートし、「エイサー」は新鮮な価格という概念を導いた。「エイサー」の戦略は、比較的短い時期の間で小幅に価格を下げ続け、消費者の負担を減らそうというものである。すなわち、消費者へのアピールとコンセンサスの形成である[139]。「ブランド品は品質とサービスがいいだけではなく、大量生産によるコンポーネントコストの低下から、より安い製品価格を提示すべきである[140]」。

2007年にはアメリカ市場を中心に「Gateway」「eMachine」というブランドを展開していたゲートウェイ社を買収し[141]、2008年には、オランダのパソコンメーカーのパッカードベル社を買収し[142]、その結果、「東芝」「レノボ」を次々と追い抜き、世界PC市場3位[143]、2009年には「デル」を抜き、初の

2位に浮上した[144]。

　2009年には、新たにCULVプラットフォームを搭載したノートパソコンを「Timeline」シリーズとしてヨーロッパ、アメリカ、アジアの市場に同時に投入している[145]。

　2009年10月に発表された、2009年7～9月期のパソコン（PC）台数シェア（米ガートナー調べ）で、「エイサー」の宏碁社は米HP（ヒューレット・パッカード）社に次ぐ世界第2位に躍進した。同社のCEO兼社長のG. Lanciは、「ここまで成長してきた強みは何か」という質問に対し、次のように答えている[146]。「何と言っても製品の力が大きいと思います。我々は、モバイルコンピューティングを強力に推進しています。メインのパソコン（PC）を持ち歩けることを目指し、高性能で洗練されたデザイン、なおかつ低価格のノートPCを提供することに注力してきました」。換言すれば、「エイサー」のこれまでの成功の要因を低価格と低級商品と決め付けられるが、「常に消費者の要求に応える商品を発売しているだけで、安売りに頼っているのではない[147]」ということになる。

　同社は、ゲートウェイ社、パッカードベル社といったパソコンメーカーを傘下に収め、マルチ・ブランド戦略を推進してきた[148]が、その結果、「acer」を先端技術モデル、「Gate Way」「Packard Bell」を流行モデル、「eMachines」を廉価な入門モデルと位置づけ、ブランドの棲み分けをしている。しかしながら、同社の大規模化と多ブランド経営には、世界市場の支持が不可欠であるのは当然のことである[149]。

(7) おわりに──若干の考察

　すでにみたように企業ブランド「エイサー」の展開は企業ブランド変更の事例である。パソコンという製品特性とブランド企業である宏碁社は当初OEM企業であったにもかかわらず、「天龍中文電脳」や「小教授」といったいくつかの自社ブランドを台湾全島で展開した。すでに企業ブランド「宏碁」はナショナル・ブランドとなっていた。さらに、中華圏においてはすでにリージョナル・ブランドとなっていたために、新たに英語表記のネーミングを「マルチテック」から変更して創造した「エイサー」は当初よりグローバル・ブランド

として成功することを求められたのであるが、わずかな期間でそれをなしえたきわめて特殊かつ複雑な事例である。これはそもそも台湾市場が小規模なため、外国市場を志向し、グローバル・ブランドを目指さなければならなかったからである。

現在、宏碁社は得意分野の研究開発とブランド管理だけを行い、生産・販売・物流等一連の業務を下請けや提携という形で外部企業に委ねることにより、コスト削減と市場への反応速度の向上[150]を求め、ブランド・マーケティング企業[151]へと変身したようである。

宏碁社の売り上げに占める海外比率は97％になり[152]、まさに「エイサー」はグローバル・ブランドというべきものである。

前述したように、宏碁社の世界パソコン市場への出荷台数は、2004年には、デル社、HP社、IBM社、富士通・富士通シーメンス社に続く第5位であったが、2005年には、富士通・富士通シーメンス社を追い抜き第4位にあがり、2007年には、HP社、デル社に続く第3位になり、2009年、2010年にわたり、瞬間的には順位は変動するが、デル社とデッドヒートの戦いをしながら、トップのHP社を追随している[153]。

しかしながら、「Business Week」誌が2001年以降、毎年発表しているインターブランド社の「ベスト・グローバル・ブランド・ランキング」には、たとえば、「HP」は2010年では第10位、「デル」は第41位にランクされているが、「エイサー」はランキング外である[154]。この背景には、インターブランド社のブランド評価方法に問題があるのは事実である[155]が、宏碁社の経営戦略によるところも原因として考えられる。さらにいえば、「エイサー」自体のブランド力にもその原因があるかと思われる。換言すれば、世界の消費者がモノとしてのパソコン、すなわち「エイサー」のプロダクト（製品）を評価しているが、ブランドとしての支持、評価が十分高くはないということである。そうであるならば、世界のトップにごく近い出荷、販売という実績は一体どのように考えればいいのであろうか。世界の消費者がプロダクト（製品）としての「エイサー」を購買するだけであり、ブランドとしての「エイサー」は評価・支持されていないのであろうか。

そこで、「エイサー」の消費者、すなわち顧客であるユーザーについて考え

てみることにする。彼らは次のようないくつかのグループからなるものといえる。買い替えユーザーでパソコンに詳しく、ブランドよりは価格と性能を重視するプロないしはセミプロに近い消費者群、所得が高くない価格志向の消費者群、現地のマーケッターが「エイサー」ブランドの展開に成功した市場の消費者群、ライバルのブランドが進出していなかったために「エイサー」がパイオニア・ブランドとなった市場の消費者群などが考えられる。換言すれば、宏碁社は販売にはかなり成功したとはいえそうであるが、現時点ではマーケティングにも成功したとは残念ながらいい難い。

そもそもマーケティングとは、ブランドの創造、展開、管理からなる一連のものである。したがって同社は、ブランドを創造し、展開を始めたので、マーケティングの開始があったようにみうけられるが、よくよく考えてみれば、ブランドの展開を現地の合弁会社ないしは代理業者に一任していることからわかるように、本来ブランド所有者でブランド企業である宏碁社自体が世界の多くの市場で自らは「エイサー」の展開を行っていないことは、結局、マーケティングを行っていない、すなわち、委託しているということになるのである。

同社の経営首脳陣がいくらマーケティングの重要性を唱えても、ブランドの展開を外部企業に一任している以上、厳密にいえば、マーケティング企業とはいえない。したがって、同社は一見ブランド・マーケティング企業にみえるが、実はそうではない。現時点では、製造企業の部分とマーケティング企業の部分とブランド・マーケティング企業の部分とがミックスされ、さらにある一面では総合商社を兼ねるといった複雑かつ変則的なものであるとしかいいようがない。「エイサー」を所有するする宏碁社がOEMから成長した企業であり、また、IBM社の強い影響の下で大規模化した結果、ブランドの創造、展開、管理からなるマーケティングより生産志向にならざるをえなかったことは十分に想像がつく。

しかしながら、同社は今後マーケティング企業から、ブランド・マーケティング企業へと変化せざるをえないと思われるが、それにはいくつかの課題が残されている。まず、同社の企業ブランド「エイサー」の展開を世界的規模でコントロールし直す必要がある。次に、世界の消費者への「エイサー」ブランドの情報発信力がいまだ強力ではない。さらなるブランド力のためには今後は製

品のコピーや改良の情報ではなく、オリジナルな情報を世界の消費者に発信する必要があるかと思われる。というのは、パソコンはメカニズム商品であり、消費者の誰でも違いが明らかにわかる機能・性能情報を創造すれば、ブランド評価が変わりうるものである。同様にOEMから出発した韓国の企業ブランド「サムスン」の事例が参考になるかもしれない。さらに、2006年に中国大陸で発生した「エイサー」の品質とアフター・サービスをめぐる消費者からの大量のクレーム問題[156]にみられるように、まだ解決しなければならない消費者の信頼の獲得という課題がある。日本だけではなく世界の市場におけるブランド評価が上がるためには、消費者の「エイサー」への信頼が重要な課題であるといえよう。

したがって、ブランド・マーケティングの観点からいえば、企業ブランド「エイサー」はきわめて複雑かつ特異な事例であるといえるであろう。たしかに企業ブランド「マルチテック」から「エイサー」への変更はかなり成功裏のうちに進んだが、今後、「エイサー」が真の意味でのグローバル・ブランドになるには、ある限定された国、地域ではなくワールドワイドで消費者のブランド評価・支持を得なければならないといえる。

同社はマルチ・ブランド戦略を採用しており、その展開を外部企業に一任するというビジネスモデルを修正することから、ブランド・マーケティング企業への道が開けると思われる。それにはまず同社の創業者から現経営者のブランド理解が単なるブランド名であり、マーケティングの理解が販売に近いものであり、さらにまた、これまでライバル・ブランドより低価格訴求を消費者に対して行ってきたのは戦略をどう転換するのか、今まさにターニングポイントにさしかかっているものと思われる。というのは、このままでは宏碁社はブランド・マーケティング企業からますます遠ざかり、パソコンの総合商社に近づくばかりで、同社の企業ブランド「エイサー」はバラバラで統一のないものとなり、「エイサー」の将来は風前の灯となるかもしれない。

3-4　中国の家電ブランド「ハイアール」

中国の代表的な家電ブランドの「ハイアール」の発展についての事例研究を

行うこととする。

　まず、「ハイアール」ブランドの保有者は、海爾（ハイアール）集団であり、「ハイアール」は同集団が持つ企業ブランドである。たとえば、ハイアールの洗濯機の一つには「小小天童」というブランドを付与し、「ハイアール」の「小小天童」というダブル表示ブランドを採っている。この海爾集団はいまや急成長の最中であるといわれている。同社は1955年に設立され、幾度となく組織変更し、1983年には倒産寸前になったが、1984年、青島冷蔵庫総廠と改称し、1993年には海爾と再度社名変更し、それ以降、急速に成長している国有企業（集団公司）である[157]。

(1) モノ社会

　同集団は、前身である青島日用電機廠の時代に「白鶴」ブランドの洗濯機で失敗し、倒産寸前になった。ブランドの発展段階からいえば、当時の中国はまだ社会主義の時代であり、外国のブランドのないモノ商品の社会であった。「白鶴」は粗末な外観と品質が悪かったため[158]国内のモノ商品レベルでの競争に負けたということである。

(2) ブランド社会の開始

　中国では1978年の改革開放政策により市場経済化が始まり、グローバル・ブランドとの競争が始まったといえる。しかしながら、中国政府は国内メーカーの保護、育成するために高関税政策[159]を取った。その結果、グローバル・ブランドは高価になり、実質的には競争関係にはなく、「ハイアール」は依然としていまだブランドではなく単なるモノ商品であった。

(3)「ハイアール」のローカル・ブランド化、
　　ナショナル・ブランド化、コピー・ブランドの出現

　1980年代に入り、日本の家電ブランドが中国で人気が高かった時期ではあるが[160]、中国の家電業界は輸入規制と高率の関税の下に大きく成長を始めた。海爾も経営陣を一新し、大きく発展し始めた。新経営陣はマーケティングの必要性とブランドの重要性をよく理解し、3つの政策を採用し、実行した[161]。

①1980年代より外国企業から技術と設備を導入し、製品の品質を向上させた。②1990年代に入ると独自の販売経路を構築した。計画経済時代の流通経路からメーカー直販体制に持ち込み、各地の卸売商からじかに小売商に商品を流す経路と、系列販売・サービス代理店に直接流す経路を開拓した。③顧客満足（CS）の追求である[162]。これにより、消費者、顧客の不信から脱却し、「ハイアール」ブランドの信頼を勝ち得るようになった。

グローバル・ブランドとの競争が始まっていたが、競争の中心は主としてモノ商品と他のローカル・ブランド、ナショナル・ブランドとの間でのそれであり、その競争に打ち勝ち、「ハイアール」は、ローカル・ブランドからナショナル・ブランドへと急速な発展をみせた。そして、「ハイアール」はいくつかの商品分野で、国内のローカル・ブランド、ナショナル・ブランド、そして次第に関税率が低下し、規制緩和の下で中国市場に浸透してきた日本などのグローバル・ブランドとの激烈な競争にも打ち勝ち、国内のトップ・ブランドへと発展した[163]。この「ハイアール」ブランドの発展の要因は、上述したような3つの新しい政策があげられるが、それにもまして価格の安さがあげられる。当時の中国の消費者の多くは、まだ所得水準が低く、「安価なものを選ぶ。なかには高い金を出す豊かな消費者もいるが、そういう人は外国ブランド志向が強く、中国ブランドは、はなから眼中にない」といった状況であった[164]。

この時期に「ハイアール」ブランドは、冷蔵庫のブランドから、ブランド拡張を志向した。中国市場で勝ち得た「ハイアール」のブランド力を背景に、海爾集団は多くの中国企業のM&A（企業買収）を行い、エアコン、洗濯機などに「ハイアール」ブランドを拡張し、その結果、「ハイアール」は電子レンジ、アイロン、テレビを含むほとんどすべての白物家電製品のブランドへと発展した[165]。

そしてまた、携帯電話機のように外国のメーカーからOEM供給を受け、それに「ハイアール」ブランドを付与し、中国国内市場で展開を始めている[166]。こうして、「ハイアール」は中国で最も価値あるブランドとなったのである[167]。

中国市場では日本企業がコピー・ブランド、イミテーション・ブランドの横行に苦慮していたが、次第に「ハイアール」の偽ブランド、イミテーション（模倣品）もみられるようになり、同社は知的財産権保護を課題とするまでに

なってきた[168]。しかし、その一方では、「『ハイアール』の大型冷蔵庫は、なぜかサムスンの冷蔵庫にそっくりなのである。『ハイアール』のエアコンはなぜかダイキンのエアコンにそっくりである。[169]」というのが実情であった。

(4) 「ハイアール」のリージョナル・ブランド化、グローバル・ブランド化

　現在の「ハイアール」は、中国から世界へ輸出するばかりか、アメリカ、ヨーロッパ、アジアに生産工場を持つまでに発展し[170]、ブランド発展段階のリージョナル・ブランド、グローバル・ブランドへと急速に発展した。海爾集団は日本の三洋電機と合弁会社を設立したことなどにより、世界でNo.1の白物家電製品の生産を誇るまでになったが、まだ課題も多い。

　まず、前述したように、「ハイアール」は、まだキャッチ・アップ・ブランドの段階が続いており、「『マネはマネ』で、独創性が見られないのが欠点である。いずれ、第二の「ハイアール」が出現し、低価格で立ち向かってくるであろう[171]」。

　それには、創造性のある技術の開発と価値ある情報を創造し、「ハイアール」に付加しないと、メカニズム・ブランドであるゆえに、ブランド・スイッチが起こりうる可能性が高いといえるだろうし、ブランド価値の低下を招き、リージョナル・ブランド、グローバル・ブランドどころではなく中国国内市場のナショナル・ブランドに成り下がってしまう可能性もあるといえるだろう。そのためには何よりもオリジナリティ、創造性が重要であるといえるが、海爾集団が研究開発費の支出を急激に増やしていることから[172]、ブランド・ロイヤリティを持つグローバル・ブランドへと発展する可能性も大いにあり、今や、踊り場かもしれない。その試金石が家電のブランド間競争が世界で一番激しいといわれている日本市場であり、日本の消費者に「ハイアール」がブランドとして認識され、評価されるかどうかが鍵であると思われる[173]。現時点では、前述したように、消費者への価値ある情報が十分ではなく、その結果、まだモノ商品として認識されているのが実状であるのが大なる課題といえよう[174]。

4　一般ブランド

4-1　タイのエナジードリンクのブランド「レッドブル」

　タイ王国（以下、タイと記す）はASEAN（東南アジア諸国連合）の有力なメンバーの一国で、現在BRICsについで経済発展の最中だといわれている。その経済構造は、かつてのアジアニーズ、現在のBRICsと同様に先進諸国からの投資と工場の誘致で経済成長を志向しているところである。しかしながら、1997年には通貨危機に見舞われ、混乱に陥ったが、その後回復し、また成長路線を歩み始めているといえよう。タイは日本をはじめ欧米諸国のグローバル企業のOEM生産と輸出生産の基地として、雇用の増大と個人所得の増加がみられ、消費者市場が急速に発展している東南アジアの優等生といわれる国である。このような消費者市場の拡大、発展を背景に、タイもブランド・マーケティングの時代に入ったといわれている。

　しかしながら、わが国ではタイのマーケティングについてはほとんど研究がなされていないし、紹介されてもいないといえる[175]。ましてやタイのブランドについては皆無といっていいであろう[176]。そこで、わが国ではこれまでほとんど試みられていないといえるタイのブランドの動向について、考察を試みることとしたい[177]。

　ここでは、タイのブランドの中で代表的な健康、エナジー・ドリンク飲料のブランドの「レッドブル」のケースを取り上げ、検討することとする。

「レッドブル」

　そもそも私がこれまでまったく知らなかった「レッドブル」というブランドに関心を持ったのは、タイへの実態調査の準備のためにタイに関する文献を何冊か読んでいたところ、中公新書の物語歴史シリーズの中の1冊である「物語タイの歴史」の中に、タイのブランドの「レッドブル」が日本でも売っているという記述[178]があったのがきっかけである。そこで、早速調べたところ、か

なり有名なブランドでアメリカでも人気があるもので、日本でもコンビニエンス・ストアなどで売っているというので、1 缶 275 円で買い求め、タイでの「レッドブル」との比較をしようと考えたのである。

タイへの実態調査研究の際に、現地のコンビニエンス・ストアで「レッドブル」を瓶入りと缶入りをそれぞれ 10 バーツ（約 30 円）と 12 バーツ（約 36 円）で買い求めた。タイの「レッドブル」の価格がかなり安いので驚いたが、日本では 150 円で売っているリポビタン D がタイでは 10 バーツ（約 30 円）で売っているので、日本とタイとの物価の違いなのかもしれないと考えたが、味については、タイの「レッドブル」と日本の「レッドブル」の両者を飲み比べたが、タイのほうがやや甘い感じがするがほとんど両者には違いがないというのが印象であった。

日本に戻り、研究を始めたところ、いくつかの疑問が生まれ、インターネットで調べたが、Redbull Company および日本法人 Redbull Japan のホームページにも詳しい説明がなく、やむなく、日本で販売されている「レッドブル」のラベルに輸入者と表記されている日本法人、レッドブルジャパン株式会社に問い合わせをしたところ、タイの「レッドブル」とはまったく関係がなく、資本関係も人的関係もまったくない、という返事で、さらに、質問をしようとしたところ、わが社は非公開会社であり、情報を開示する義務はなく、したがって答えられないという拒絶の返事が返ってきたのであった。

そこでやむなく、タイを再訪問することとなった。幸運なことに私の友人がタイの「レッドブル」を展開している TC ファーマシューティカル・インダストリー株式会社のオーナーと広報担当者を知っており、機密保持の壁が厚かったが、いくつかの質問に可能な限りの範囲で親切にも答えてくれた。

(1)「レッドブル」以前

いまだタイが発展途上に入る以前の 1965 年に日本の大正製薬のブランド「リポビタン D」（写真 29）がタイ市場に進出し[179]、タイの健康、エナジードリンク市場をほぼ独占的に支配し、「リポ」の愛称で親しまれていた。しかしながら、タイの所得水準は未だ低く、エナジードリンクを飲用する消費者は当然限定されたものであった。

(2) ブランド化の開始

それまで日本のリージョナル・ブランド（現在ではグローバル・ブランド化しつつある）の「リポビタン D」だけであったタイ市場に、現地の民族資本

第Ⅴ章　後発・追随ブランド　215

写真29　リポビタンD(タイおよび日本)　　写真30　クラティンデーン(レッドブル)

による健康、エナジードリンク飲料のブランドが誕生した。1978年に設立された TC ファーマシューティカル・インダストリー社による「クラティンデーン（Krating Daeng：日本語では〈赤い水牛〉の意、英語では〈Red Bull〉）」というブランド名の下に新たなブランドが展開され始めたのである（写真30）。ブランド・コンセプトは2頭の赤い牛が力強く戦っているシンボルマークに象徴されているように、飲めば元気になることを意味し、また、開発するときに、日本のブランド「リポビタン D」に対してタイ人が薬くさいというイメージを持っていることから、タイ人が好みかつ独特の味わいを持つように差別化を試みたのである[180]。

(3) ナショナル・ブランド化とトップ・ブランド化

　タイのブランド「クラティンデーン」（Red Bull）はたちまち評判を得て、ナショナル・ブランド化を実現し、それまでのトップ・ブランドであった「リポビタン D」を押しのけ、トップ・ブランドの地歩を占めるようになった。「貧しい人々のコーヒー」として、広くタイの、とりわけ下層階級の消費者に知られるようになった。

(4) ブランドの拡張

　「クラティンデーン」（Red Bull）だけではなく、新たなブランドを開発し、

順次、「クラティンデーン S」「クラティントーン」「クラティンデーン・エクストラ」「クラティンデーン 250」（写真 31）といったブランド拡張を行い、売り上げとシェアを伸ばした[181]。

(5) イミテーション・ブランドの出現

「クラティンデーン」（Red Bull）がそもそも日本のリポビタン D のイミテーション・ブランドの一種ともいえるが[182]、「クラティンデーン」が成功するに従い、まもなく「クラティンデーン」のイミテーション・ブランドが現れた（写真 32）。

(6) 新たなる展開——「レッドブル」の新たな発展

タイのブランド「レッドブル」に新たな展開が始まった。

1984 年に P&G 社のセールスマンであったマテシッツが、「クラティンデーン」の将来性に目を付け、TC ファーマシューティカル・インダストリー社のオーナーと交渉し、彼が設立する Austrian Red Bull Company の 51％の株式と交換にタイ以外のライセンス権利を獲得したのである。なお、タイのオーナー家は現在まで「silent partoner」のままである[183]。

これ以後、タイの「レッドブル」とオーストリアの「レッドブル」とが並立することとなるが、以下、オーストリアの「レッドブル」（写真 33）を中心に

写真 31　レッドブル、ブランドの拡張

写真 32　イミテーション・ブランド
（中央が「レッドブル」、左右はイミテーション・ブランド）

考察をする。

　まず、「レッドブル」はオーストリア市場で成功し、ドイツ市場にも進出した。その後、アメリカ市場に進出するようになる。日本には、2005年12月から登場し、2006年4月にはコンビニエンス・ストアで販売されるようになり、その後、一部のガソリン・スタンドでも販売されるようになった[184]。

　このオーストリア「レッドブル」はタイ「レッドブル」とは異なるブランド・コンセプトで展開された。これまでエナジードリンクにほとんど接していなかった、ヨーロッパ、アメリカ市場に新たに登場した新製品のブランドであった。対象市場は若者であり、次のキャッチフレーズが有名である。

写真33　オーストリア「レッドブル」

　「Red Bull Energy Drink give you wings（レッドブル翼をさずける）」

(7)「レッドブル」はグローバル・ブランドへ

　現在ではオーストリア「レッドブル」は、世界145カ国で販売されている[185]、紛れもないグローバル・ブランドである。また「レッドブル」は多くのイベントのスポンサーになり、オーナーにもなっている[186]。

　このグローバル化の成功についてはA. Wipperfuthの詳細な研究[187]があるのでここに紹介する。

　　「これほど嫌われた新製品はかってない。
　　レッドブルは破壊的なほど革新的な製品だった。それは合法的だが「ヤバい」刺激剤という新しいカテゴリーを切り開いた。そして、味わいにはまったく重点を置かなかった。しかしそれでもこの飲料を敢然と超高額帯―コカ・コーラの約8倍―で売り出した[188]。その高価格を裏づける権威による推奨がないにもかかわらず。
　　高額で奇妙な味わいの活力炭酸飲料なんて、どう考えても、売り込みにくい複雑なコンセプトだ。しかしレッドブルのマーケティングは、それを

正面から乗り越えた。[189]」

　A. Wipperfuth は「レッドブル」の成功とペプシやコカ・コーラ、アンハイザー・ブッシュなどの大企業によるエナジードリンク市場参入の失敗の要因を以下の10項目にまとめている[190]。

1. うわさを流し、パイプ、思わせぶりな態度を決め込む
2. 初期市場で種をまく
3. 推奨マーケティングに乗り出す
4. マス広告を絞り込む
5. イメージではなく効能を売る
6. 価値ではなくブランド・ペルソナを作り上げる
7. 製品を常に意味のある状況に位置づける
8. 希少性を演出する
9. 従業員がブランドに思い入れを持つ
10. 情熱的でカリスマ的なリーダーを置く

(8) 若干の考察
──2つの「レッドブル」(写真34) 今後の発展と課題

　「レッドブル」は不思議なブランドである。世界の多くの人はオーストリアのブランドと思っている。ちなみに日本で販売されている「レッドブル」にも Made in Austria と記されており、ある面ではそれは当然かもしれない。しかし、タイへ行けば同じロゴ、同じブランド・ネーム、同じシンボルの「レッドブル」が売られている。しかし、前述したように、資本関係から明らかであるがオーストリアの「レッドブル」はタイの「レッドブル」の子会社と位置づけられるので、知的所有権等の問題はなく、相互に共同使用していると思われる。

　このようにタイとオーストリアの2つの「レッドブル」が並立しているケースは、これまであまり見受けられない、きわめて稀なケースである。しかも、タイとオーストリアの「レッドブル」は、それぞれコンセプトが違い、対象市場も異なっている。本家ともいうべきタイの「レッドブル」よりもいわば分家のオーストリアの「レッドブル」のほうがはるかに成功して、いわば本家を

第Ⅴ章　後発・追随ブランド　219

写真34　2つのレッドブル

まったく無視しているような状態である。もちろん、本家のタイのブランド「レッドブル」が、オーストリア人のマテシッツの新たな展開がなければ、グローバル・ブランドへと発展できたかどうかはわからない。しかしながら、オリジナルであるタイのブランド「レッドブル」を意識的に隠して、オーストリアのブランド「レッドブル」を強調するのは如何なものかと思われる。

このような事態になったのにはいくつかの理由が考えられるが、そのひとつにあげられるのは、マテシッツがオーストリアからグローバルに展開する際に、オリジナルがタイのブランドではカッコが悪い、'cool' でないと考えたのであろう。オーストリア・レッドブル社はほとんど語っていないので、推測するしかないといえるが、問題はタイのカントリー・ブランドであることに原因があるのかもしれない。

そのためか、秘密主義である。

通常、ブランド、マーケティングといえば、消費者への正確な情報の提示、提供が求められるが、「レッドブル」はあえて正確な情報の提示を拒んできている。そのため、うわさがうわさを呼び、ブランド・ハイジャックという新しいマーケティングの成功事例といわれたりしているが、はたしてこのままでいいのであろうか。もちろん、現状では、タイのブランド「レッドブル」をオーストリアのブランド「レッドブル」がまさしくハイジャックしたようであるが、いずれこれまでの戦略を転換せざるをえない時期がくるものと思わざるをえない。

最後に、「レッドブル」はタイのものであるのか、オーストラリアのものか、2つの「レッドブル」が存立しているのか、現時点で結論付けるのは困難であるが、現状ではコンセプトの違う2つの「レッドブル」——オリジナルはタイの「ブランド」、グローバルに展開しているのはオーストリアの「ブランド」——が並立して存在しているとみなさざるをえないといえよう。そもそもブランドには国籍はないものと考えられるが、いずれにせよ、「レッドブル」は奇妙なブランド発展のケースといえよう。

4-2 イランのお菓子のブランド「アイディン」

(1) はじめに

イランには長い歴史があり、すでに約2500年前にはダリウスⅠ世で知られる古代ペルシャ帝国、すなわちアケメネス朝ペルシャ[191]が現代のギリシャから小アジア、中東、エジプト、中央アジア、インドまでをその範図として栄えていた。日本にとってもイランは、シルクロードを通して古くから交渉が記録されている。イランには日本からのものは残されてはいないが（あるいはなかったかもしれないが）、その一方、奈良の正倉院には6世紀のイラン、すなわちペルシャのものが現在でも当時のまま保存され、ガラス細工[192]などのすばらしい工芸品は日本に多くの影響を与えたと思われる。

しかし、現在は、1979年にパーレビー王朝がイスラム革命によって崩壊して以来、イランが独自の立場を貫き、アメリカの経済封鎖の下にあるため、現在のイランについての情報、ましてやイランについてのブランド・マーケティング研究は、私の知る限り皆無といっていい[193]。そのような中、たまたまイランを訪れる機会が2度あり、多くの制約の中でイランのブランドについての研究を試みた。もちろん、完全なものとはいいがたいが、イランのブランド・マーケティング研究の第一歩となれば幸いである。

イランを訪れて、まず町を歩いてみると意外な光景に出会う。レストランでは多くの客が撤退したはずの「コカ・コーラ」を飲んでいる[194]。よく見ると「コカ・コーラ」のようであるが、「コカ・コーラ・オリジナル」（写真35）と表記されていて、本物であるのか偽物であるかわけがわからない。観光地のエ

第Ⅴ章　後発・追随ブランド　221

写真35　「コカ・コーラ・オリジナル」　　写真36　「Pepsi Original」

スファハーンや地方都市シーラーズのレストランには、ご丁寧にも同じ広告プレートの中に「コカ・コーラ・オリジナル」と「Pepsi Original」（写真36）とが並んであり、はたしてこれが何であるか、本当に理解に苦しむ。現地の人の話では、「コカ・コーラ」の撤退以降、コーラの新しいブランドが数え切れないほど生まれ、地域ごとにコーラのブランドがあり、まさにコーラ・ブランドの戦国時代のようである。上述の「コカ・コーラ・オリジナル」を多くのイランの人は「コカ・コーラ」であるとみなしているようである。

そればかりか、首都テヘランに新しくできた、フランスのカルフールのノウハウを入れて外国資本が設立し、ハイパー・スターと呼ばれているショッピングモールとスーパーマーケットが合体した商業施設（写真37）には、数多くのブランド・ショップがあり、「ベネトン」「カルバン・クライン」「ピエール・カルダン」「イヴ・サンローラン」「スウォッチ」「クロックス」など、ここがイランかと思うほどである。また、スーパーマーケットの棚には、きちんとパッケージングされた現地イランのブランドが商品ごとに4～8種類も並べられており、ブランド間競争がすでに始まっているようである[195]。

また、地元の人が百貨店と呼ぶ街の中の店舗に案内されたが、そこは写真38にみられるように日本でいえば小規模なショッピングビルといった商業施設で、駐車場はないがテナントには多くのブランド・ショップとセレクト・ショップが入っている。いわば最新のバザールとでもいうべきもので、もちろんアメリカのブランドも日本のブランドも売られており、直接進出なのか正規輸入や並行輸入なのかについては調べることができなかったが、世界中のブラ

写真37　ハイパー・スターの全景とロゴ

バザール　　　　　　　　　　テナント
写真38　最新のバザールとテナント

ンドがイラン市場で展開されていることは明らかである。
　イランのブランド間には次第に優劣がつき、消費者のブランド・ロイヤリティの確立が始まりつつあるようである。それぞれの商品ごとにトップ・ブランド、ナショナル・ブランドが形成されつつある。その選択の基準を聞いたところ、テレビなどの広告と品質の良さであるという答えがあった。
　また、イランへの2回の訪問はホテルではなく、いずれもホームステイをしたのだが、ホストファミリーの生活はブランド中心のライフスタイルであっ

た[196]）。（お世話になったホストファミリーはイランでは少なくとも中の上の部類に入る家庭と思われる）。したがって、現在のイランは訪問前の予想とはかなり違い、イランの経済発展に伴って国内外のブランドが展開され、明らかにブランドの時代、マーケティングの時代に入っており、まさにその進行中かと思われる。商品ごとにトップ・ブランドが生まれ、ブランド間競争が始まっているともいえる。

さらに、数多くのブランドの中からトップ・ブランドの地位を確立したイランのナショナル・ブランドは国外市場へと進出し、そのいくつかはすでにリージョナル・ブランド化を始めている。それらには、洗剤の「Barf」であり、飲料の「Sunich」であり、お菓子・チョコレートの「アイディン（Aidin）」などである。まず、「Barf」についていえば、2003年、私が中央アジアのキルギス共和国を訪れた際に、首都ビシュケク市のバザールで見かけたブランドで、かなり早くからリージョナル・ブランドとなっている。次の「Sunich」は写真39でわかるように、パッケージには、ペルシャ語、英語、フランス語、ロシア語、アラビア語の5カ国表記があり、リージョナル・ブランド化がうかがわれる。そして、「アイディン」についてはイラン滞在中にいく度となく食したところ大変おいしく、大いなる関心を持つようになったブランドである。

そこで、イランにおける研究対象のブランドを「アイディン」に決め、その発展を研究するとともにマーケティングはユニバーサル・ブランド・マーケティングであるという観点からイランのブランド・マーケティングの理解を試みるものである。なお、幸いにも現地の知人の紹介で2度のインタビューが実現した。

(2)「アイディン」前史

1945年、2人の兄弟がイランの北西部に位置するタブリーズ市のバザールで、手作りで飴玉の製造販売をはじめたのが創業である[197]）。その後、顧客の評判を得て、菓子、キャンディ、トフィー[198]を「Irees」の名前の下に販売するよう

写真39 「Sunich」の表示

になった。

1962年、法人化をなしえ、ダダシュ・バラダル社（DADASH BARADAR CO.）となった。新たに投資を行い、手作りから機械生産による大量生産を始めた。

1970年代に入り、タブリーズ市場から首都のテヘラン市場を目指し、テヘランのバザールの卸商人[199]に商品を卸し始める。

その間、同社の資本関係には幾度か変更があった。

(3) ブランドの誕生──ローカル・ブランド

1978年、ダダシュ・バラダル社はそれまでのブランド「Irees」から新たなる商品の統一ブランドとして「アイディン（Aidin）」を創造し、商標登録した。名前の由来は、創業者の故郷の言葉であるトルコ語で月の輝きを意味するのだという。ここに「アイディン」が誕生したのである。しかし、マーケティングおよびブランドの意味についての理解がまだ十分ではなかった。したがって、誕生当初、「アイディン」は次第に拡大した商品ラインの単なる統一名称にすぎなかったのである。

その後、「アイディン」はタブリーズ市場およびテヘラン市場の消費者の評価と支持を得て、ローカルではあるが、単なる商品の統一ブランドから、次第に企業ブランドとしてみなされるようになり、「アイディン」はダダシュ・バラダル社それ自体をも意味するようになった。

この時期にダダシュ・バラダル社には新たな社員、スタッフが入社し、彼らの中のあるものは海外でマーケティングの実務に従事した経験があり、その結果、同社はマーケティングとブランドの重要性を次第に認識するようになった。同社のブランド・マーケティングが始まったのである。なお、写真40は「アイディン」のシンボル・マークと商品ブランド群の一部のものである。

また、この時期に同社の資本関係の変化があったが、その後は今日まで変化なく続いている。

(4) ローカル・ブランドからナショナル・ブランドへ

「アイディン」は消費者の評価と支持を得て次第に市場を広げ、イランのナ

第Ⅴ章　後発・追随ブランド　225

写真40　「アイディン」のシンボル・マークと商品ブランド群の一部

ショナル・ブランドへと発展した。チョコレート、ボンボン、ビスケット、ウエハース、スナック菓子などにブランド拡大を図り、それとともに全国市場を目指した。しかし、消費者の評価と支持は獲得したが大きな障害があった。それはテヘランの大バザールの卸商人であった。彼らはイランの流通を牛耳っており、「アイディン」のナショナル・ブランド化の前に立ちはだかった。

そこで「アイディン」は、試行錯誤と苦労の末、バザールの卸商人の流通支配から独立するために、1990年代から全国に支店、営業所網を構築し、名実ともにナショナル・ブランドへと発展したのである。現在、タブリーズ、テヘラン、エスファハーン、ケルマーン、ゴム、マシュハド、サーリー、シーラーズ、ラシュトに支店、営業所を展開し、イランの全国市場をほとんど網羅している。

だが、イランではいまだバザール商人が力を持っている一端がうかがわれた。それは、たまたま訪れたタブリーズのバザール内にある小売店で、「アイディン」の量り売りをしているのを目撃した。たぶん既得権としてバザールの特定

の商人はいまだブランド化以前の販売方法、すなわち量り売りをしているものと思われる。

現在のイランの全国市場には、強力なライバル・ブランドの「シーリン・アサール（Shirin Asal）」[200]と「アナタ（ANATA）」[201]が消費者の評価と支持を得て、「アイディン」と拮抗するブランドとなっている。

それぞれのブランドについて消費者へのヒヤリングを試みた。ある消費者は「アイディン」がよい、また別の消費者は「シーリン・アサール」がよい、さらに「アナタ」がよいという消費者もいた。その結果、それぞれのブランドに対するロイヤリティを持っている消費者がいることがうかがわれた。なお、この3つのブランドはいずれもテヘラン市ではなく、タブリーズ市が発祥地である。

さらに、テヘラン市のハイパー・スターでフィールド調査を試みた。同店におけるお菓子とチョコレートの売場の棚割のフェースを調査したところ、「アイディン」が約7割、「シーリン・アサール」が約2割、「アナタ」が約1割といった割合になっていた。この棚の割合がブランドのシェアかと思われたが、ダダシュ・バラダル社でのインタビューから、必ずしもそれはブランドの力関係を示したものではないといわれ、むしろそれぞれのブランドのチャネル戦略の違いからその割合になっているということである。

「アイディン」はオープン・チャネル戦略であり、一方、「シーリング・アサール」と「アナタ」は直営店の展開にチャネル戦略の主力を置いているとのことである。したがって、ハイパー・スターの売場の棚の面積比がそのままブランド・シェアを表すものではないが、「アイディン」がトップ・ブランドであることは間違いがない。

これら3つのブランドの戦略についていえば、「アイディン」と「アナタ」はお菓子、チョコレートに限定されているが、「シーリン・アサール」はお菓子、チョコレートだけではなく飲料、食料油、スパゲッティ、砂糖などにまでブランド拡大をしており、総合食料品ブランドを目指している。

価格についての調査をした結果、「アイディン」が一番高く、その次が「アナタ」であり、一番安いのが「シーリン・アサール」であった。同種、同量のブランドの価格を指数化して比較すれば、「シーリン・アサール」を100と

すれば、おおよそ「アナタ」が 110、「アイディン」が 120 となる。この点について、ダダシュ・バラダル社の幹部に問い合わせたところ、「アイディン」は保存料を使わず自然志向、すなわちナチュナルなブランド作りをしているから、意識の高い消費者に選ばれているとのことであった。なお、先に記した首都のテヘラン市では、ハイパー・スターの棚割からわかるように、「アイディン」が強く、一方、第二の都市であるタブリーズ市では、「シーリング・アサール」が「アイディン」に拮抗しているのは、その背景に両都市における所得の違いに多少関係があるものと思われる。換言すれば、所得が高いテヘラン市では高級志向の消費者が比較的多く、そのため「アイディン」が強く、一方、所得がテヘラン市ほど高くはない地方都市のタブリーズ市では価格が安い「シーリン・アサール」を選択する消費者が比較的多いともいえるだろう。

したがって、価格が一番高いにもかかわらず多くの消費者に評価、支持されている「アイディン」がイランの全国市場におけるトップ・ブランドであるということができるであろう。

(5) ナショナル・ブランドからリージョナル・ブランドへ

「アイディン」はナショナル・ブランドになるとともに、1990 年代から次第に、イランの国外市場にも展開され、リージョナル・ブランドの道を歩み始めている。

現在では、ドバイ、バーレーン、オマーン、イラク、クエート、シリアをはじめとするアラブ諸国、また、アゼルバイジャン、アルメニア、アフガニスタン、トルクメニスタン、キルギス、タジキスタン、ウズベキスタン、カザフスタン、ロシアといった旧ソ連邦に属するイスラム圏を中心とした近隣諸国に展開されている。なお、進出していないイスラム圏の国の中にはエジプトなどがある。隣国トルコは競争が厳しくまだ本格的な進出は行われていないということである。

また、「アイディン」はイギリス、マーレシア、オーストリア、ドイツなどでも見かけることがあるといわれるが、それは個人的なオーダーのものであり、まだその規模は小さい。なお、今回の訪問時にはインタビューの途中から輸出部門のマネジャーが参加したが、彼の話では日本進出も視野に入っているとの

ことであった。
　したがって、現在の「アイディン」はリージョナル・ブランドの段階にあるものと推定される。

(6) 新たな展開

　「アイディン」はブランド拡張を行い、着々とイラン国内市場でのトップ・ブランドの地歩を固めつつあるが、それとともに、当然、リージョナル・ブランドさらにグローバル・ブランドを目差している。しかし、いまのところ、イランはまだWTO（世界貿易機関）に加盟しておらず、また、アメリカの経済制裁が行われているといった世界の政治情勢から明らかなように、急速な「アイディン」のグローバル化については、事態の改善を待たざるをえない状況の下にある。

(7) おわりに──若干の考察

　「アイディン」は同ブランドを展開するダダシュ・バラダル社がブランド、マーケティング、すなわちブランド・マーケティングの理解が十分になかったにもかかわらず、試行錯誤の中からブランド・マーケティングに行き着き、現在ではイランのお菓子ブランドをリードするトップ・ブランドとなっている。
　同社でのインタビューの中で、「アイディン」の成功について質問したところ、同国のライバル・ブランドの中でいち早く機械化とそれに基づく大量生産による製品の規格化をなしえただけではなく、パッケージに工夫を凝らし、内容表示を情報として明示したのが成功の原因であるとの答えであった。もちろん、競争関係を考慮した価格設定、テレビ、高速道路の看板、インターネット・サイトを利用した広告や情報発信、これらが今日までの発展をもたらしたのである。
　さらに質問をすると、興味深い答えが返ってきた。同社では「アイディン」の満足度を重視して、常に消費者調査を行っている。具体的には、全国の市場に社員を派遣し、消費者リサーチ、特に消費者のクレーム、不満の調査を行い、ブランドの評価、支持の向上に反映しているとのことであった。
　以上のことからイラン国内市場でのブランド向上は理解できるが、「アイ

ディン」に現在のリージョナル・ブランドからグローバル・ブランドへの展開を期待するのは、はたして可能なことであろうか。たとえば、チョコレートの市場では、ベルギーで創造され、現在はトルコのウルケル・グループの傘下にある高級イメージで日本でも有名な「ゴディバ」[202]をはじめとする多くの競合する有力なグローバル・ブランドが存在している。同様に、お菓子についても、「キャドバリー」「ネスレ」「ハーシーズ」などの強力ブランドがひしめいている。そのようななかで、「アイディン」のグローバル戦略とは何であろうか。

　われわれ日本人がイランのお菓子、チョコレートのブランドを想像できるであろうか。今回のイラン訪問の前に、お菓子、チョコレートの有力なブランドが存在するといわれたが、にわかには信じがたいことであった。なぜイランにお菓子やチョコレートのブランドがあるのかといった感じである。イスラム教と砂漠の国、イランというイメージからはどうしても想像ができない。ナツメヤシやピスタチオを始めとする多種多様な果実をイメージすることがかろうじてできただけであった。

　しかし、イスラム世界ではアルコール、すなわち飲酒は禁止で、その代わりとして甘いもの、スイーツが量、質ともに豊富なことに、イラン訪問により初めて気がついた。その中から生まれ発展したもののひとつが「アイディン」なのである。（ちなみに、イランへの2回の訪問は首都のテヘラン市と北西部のタブリーズ市との2つの都市において、幸いなことにホームステイがそれぞれ

写真41　お茶にお菓子と果物

写真42　10 カ国語による表記

できたため、イランの人々の現実のライフスタイルの一端をうかがうことができた。それは日常的に朝からお茶（紅茶）を飲み、それには必ずお菓子、チョコレート、ケーキ、あるいは果物の盛り合わせが添えられていた。お菓子類などのスイーツは子供だけの食べ物ではなく、大人も食べる必需品となっている。お客をもてなすときもそうである（写真41）。

多くのグローバル・ブランドとの競争の中で「アイディン」が今後グローバル・ブランドへと発展するには、まず、カントリー・ブランドである「イラン・ブランド」のイメージアップが必要かと思われる。現在、西側世界の多くの人々に信じられているあまり芳しくないイメージから「スイーツの国、イラン」といったイメージ・チェンジが必要かと思われる。このスイーツの国、イランの代表的なブランドが「アイディン」に他ならないが、今後、世界の消費者に情報発信を行うとともにイラン国内で試み、成功した、消費者の満足、不満足調査をブランドの再創造に生かしながら、一歩一歩とグローバル・ブランドへの途を歩むことが期待されよう。

なお、「アイディン」のパッケージには、すでにペルシャ語、アラビア語、英語、ロシア語、フランス語、ドイツ語、オランダ語、スウェーデン語、スペイン語、アルメニア語といった10カ国語で説明が記されており（写真42）、グローバル・ブランド化への意思表示がみてとれる[203]。

われわれにはこれまでほとんど知られていない国、イランにおいてもこのようにブランド・マーケティングの生成、発展がみられる。それに伴って、テヘランのバザール商人の流通支配は弱まってきており（たとえば、テヘランの卸中心の大バザールには、閉店しシャッターが下りている空間が目立ち、しかも衣料品の布地を扱っている区画などは人影をほとんど見かけず、閑散としていた――注の写真78参照）、その反面、ブランド企業の存在が次第にイランの経済の主軸になりつつあると思われる。日本にとって遠い国であるが、知らない

うちにイランの経済は変化、発展し、政治体制とは異なり、すでにグローバル化の動きが静かに進行しているのである。そのひとつの事例が「アイディン」である。

　したがって、ブランド・マーケティングは一般的、普遍的、ユニバーサルなものであることが、イランのブランド「アイディン」の発展から明らかであるといえるであろう[204]。

4-3　マレーシアのチョコレートのブランド「ベリーズ」

(1) はじめに

　ASEAN加盟国のひとつであるマレーシアは経済が発展するにしたがい、2012年には一人当たり名目GDPが10,000ドルを超え[205]、タイ、インドネシアとともにブランド社会に入り始めている。

　街には百貨店、ショッピングセンター、スーパーマーケット、コンビニエンス・ストア、専門店など多種多様な小売店が並び、そこには多くの現地マレーシア産のブランドが輸入ブランドとともに売られている。そのひとつにチョコレートのブランドがある。しかもひとつではなく、数多くのブランドがある。たとえば、「Beryl's」（写真43）、「Alfredo」（写真44）、「Tango」（写真45）、「CHECKERS」（写真46）、「Lot100」（写真47）、「D'cocoa」（写真48）、「Oya（UAEブランドのライセンス生産）」（写真49）、そしてチョコレートの専門チェーンのチョコ・ブティック（写真50）のPB（プライベート・ブランド）の「Choc」（写真51）など、多くのブランドが展開されているのである。

　チョコレートのブランドはヨーロッパがパイオニアでマレーシアはあくまで後発、追随のブランドにすぎない。なぜ、マレーシアには多くのブランドが乱立しているのであろうか。マレーシアとチョコレートの関係はどうなっているのであろうか。

　その理由として、すでに論じたイランのブランド「アイディン」[206]と同様に、原則としてアルコール飲料禁止の宗教、イスラム教にたどり着くことになるであろう。つまり、宗教上の理由からアルコール飲料の代わりのひとつとして甘いものとなり、そのひとつがチョコレートとなるのである。したがって、国内

写真43 「Beryl's」

写真44 「Alfredo」

写真45 「Tango」

写真46 「CHECKERS」

写真47 「Lot100」

写真48 「D'cocoa」

市場はかなり大きなものと想定できるが、チョコレートは必ずしも安価な商品ではなく、マレーシアの消費者の所得の上昇に依存することになる。同時に、国内には競合ブランドが数多く存在するために、国外市場志向も強くみられる。

第Ⅴ章　後発・追随ブランド　233

写真49　「Oya」

写真50　Choco BOUTIQUE

写真51　PB：「Choco」

　もちろん、マレーシアがチョコレートの主要な原料であるカカオの世界的な生産国のひとつであることもあげられるであろう。当初は植民地的プランテーションであったが、イギリスから独立後、次第に、原料としての生産だけではなく、加工部門へと進出してきたとも考えられる。もうひとつ、チョコレートの製造が簡単にできることもあげられるであろう。

　5年ほど前、マレーシアのクアラルンプールを初めて訪問した際に、観光の一環としてBeryl's Chocolate Kingdom（写真52）というチョコレートの販売ショップがコースに組み入れられていた。わけがわからないなか連れていかれたそのKingdom王国とは何のことはない「Beryl's」の販売所であった。そこでいろいろな種類の「Beryl's」のアイテム・ブランドの試食をし、しかも販売員が熱心に勧めるので、その中で一番気に入ったフルーツ・チョコレートをいくつか、お土産として義理で買い求め、日本で知り合いにあげたところ、おいしいといわれたのがマレーシアの「Beryl's」のブランド研究に関心を持った切っ掛けである。

　2014年9月7日から9日、マレーシア、クアラルンプールまで出かけてい

写真52 Beryl's Chocolate Kingdom

き、まずチョコレートの専門店チェーン、Choc BOUTIQUEでマレーシア産のチョコレートのブランド調査を開始した。その店の販売員の話ではトップ・ブランドが「Beryl's」でそれに続いているのが同店では販売されてはいないが、「DANSON」(写真53)であるということであった。マレーシアのコンビニエンス・ストアのセブン-イレブン、KK、168 store にも少量サイズのチョコレートのブランドが販売されており、また、上記のブランド以外に「VOCHLLE」(写真54)「FERRERO」(写真55)も売られており、ますます研究への関心が高まった。

しかしながら、インターネットのウェブサイト以外には「Beryl's」に関する情報がまったくなく、しかもウェブサイトの情報もブランド研究を進めるためには不十分なものであり、研究が完成するかどうか、不安があった。ところが、2014年9月8日、再度訪問したBeryl's Chocolate Kingdomで、幸運にも共同経営者の呉瑞獅取締役(写真56)にお会いすることができ、同氏の協力がいただけるということなので、マレーシアのブランド研究の対象として同ブランドを選択することにした。

しかしながら、2回の訪問では十分な理解が得られなかったため、2014年12月10日〜13日にかけて3回目のマレーシア訪問を行い、呉瑞獅取締役へのインタビューを再度試みた。発展途上国のマレーシアで日本をはじめ欧米の強力なブランド[207]がひしめく中で、発展を見せている後発かつ追随ブランドの「Beryl's」の発展を考察することにより、ブランド・マーケティングの理解に資することにしたい。

(2)「Beryl's」の創造

「Beryl's」のウェブサイトには、1995年創業とだけ記述されているにすぎな

第Ⅴ章　後発・追随ブランド　235

写真53　「DANSON」

写真54　「VOCHLLE」

写真55　「FERRERO」

写真56　呉瑞獅取締役

い[208]。そこで、呉瑞獅取締役にインタビューしたところ[209]、事実は次のようになる。「同ブランド誕生の前には、創業者が食料品卸を営んでいたが、1994年、OEMでチョコレートのブランド展開を始めたのが『Beryl's』の創業である。」チョコレートのブランド展開を開始した理由は、当時の商い商品であったマンゴー、パイナップルなどのドライフルーツやドライエビなどの食品はほとんどノウハウの必要性がないので、競争が激しく、新規参入も容易であった。そのため、ノウハウが必要なチョコレートに参入したのである。その際にブランド「Beryl's」が創造されたことになるが、それについて、同取締役が語ったところによれば、次のようになる[210]。「ブランド『Beryl's』のネーミングについてはとりわけ深い意味はない。ただ、やさしい女性のイメージから、ブランド・ネームとして、選ばれただけである。」

したがって、創業当時、ブランドは単なる名前にすぎず、同社の主たる関心

はチョコレートの販売にあり、いわば販売志向の段階にすぎず、ブランド創造の意義が十分に理解されていたとはいいがたい。

1996年にはOEMから脱却し、自社生産を始めたが、当初は職人生産を主体としてパッケージングだけを機械化で行うという半自動の生産体制であった。

ウェブサイトには「Beryl's」のコンセプトとして次のように記されている[211]。「私たちの果たすべき役割はとてもシンプルで、高い品質のチョコレートとお菓子のおいしさをアジアに提供することです。たゆまぬイノベーションで高品質の商品とサービスをお客様に提供することこそ、ベリーズブランドの最上位プライオリティであり、お客様との約束であると考えています。」

現在、「Beryl's」はブランドの多角化を行い、「Byblos」「Shabats」など9つのブランドを展開しているが、それらは主にOEMや低価格ブランドである。

(3) ローカル・ブランド

1994年の創業時、まずクアラルンプールのスーパーマーケットやショッピングセンターで販売を始めた。同時に、旅行者を対象とした観光バスでの車内販売を行った。その後、ショップとしてChocolate Kingdomを設立したが、いずれにせよ、クアラルンプールを訪れた観光客を主たる対象とするローカル・ブランドから始まったのである。

(4) ナショナル・ブランド

ウェブサイトには次のように記されている。「ベリーズブランド製品は、マレーシア国内の高級スーパー、大型スーパー、コンビニエンス・ストア、免税店と記念品店でお買い求めいただけます」[212]。

1998年ごろには、「Beryl's」はマレーシア全土のスーパーマーケットやショッピングセンターで販売されるようになり、ナショナル・ブランドの段階を迎えることとなった。

空港で調査したところ、多くのチョコレート専門店が展開されていて、改めて驚いた（写真57）。たぶん合計10を超えるチョコレート・ショップが数えられる。そこのショップの中にはマレーシアのNo.2ブランドである「DANSON」などのマレーシア産ブランドが販売されていた。もちろん世界中

のグローバル・ブランド[213]も展開されており、マレーシア市場はチョコレートの激戦地のひとつであることは間違いがない

(5) リージョナル・ブランド

「Beryl's」は順調に発展し、ウェブサイトによれば、「マレーシア国内だけではなく、日本をはじめ、ベトナム、フィリピン、シンガポール、インド、香港、マカオ、モルディバ、ブルネイ、ニュージーランドおよびインドネシアに輸出されています」[214]。

写真57 空港のチョコレート・ショップ

　日本に輸出されているというので、日本市場での動向をみるためにウェブサイトの取扱店をクリックしたところ、出てきたのはマレーシアの販売店であった。したがって、まだ日本市場では小売販売が行われていないようである。さらに、ネット通販を調べてみた。出てきたのは1件だけであった。しかも「Beryl's」の「Nueva アソート」が494円（税込）、現在、売り切れとあり、日本では入手が不可能ということになる。

　また、呉瑞獅取締役の話[215]では、日本への輸出は新ブランド「Byblos」での100円ショップへのOEMだという。そうなると、「Beryl's」は日本ではまだブランド以前の状態であり、これでは日本の消費者は「Beryl's」を評価、支持以前の認知さえもしていないことになる。日本の消費者にとって、「Beryl's」はマレーシアのお土産のチョコレートにすぎない。換言すれば、日本市場ではまだ「Beryl's」はブランドとはみなされず、リージョナル・ブランドとはいうことができない。

　さらに、同取締役によれば[216]、1999～2000年ごろから輸出を始めたが、台湾市場にはOEM輸出であり、また、フィリピン、インドネシアなどには「Beryl's」ではなく、別ブランド「Byblos」での輸出であり、厳密にいえば、「Beryl's」のブランド展開ではない。したがって、現状ではやはり「Beryl's」はリージョナル・ブランドとは必ずしもいうことができないといえよう。なお、

現在「ベリーズ」のブランド企業であるベリーズ・チョコレート&コンフェクショナリー株式会社のチョコレート全体の販売は、国内販売と輸出とがおおよそ50対50とのことである。

(6) グローバル・ブランドまで発展は可能か

それでは、「Beryl's」のグローバル・ブランド化は可能だろうか。

グローバル・ブランド市場には多くのブランドが存在し、激しい競争のもとにある。そのような中、「Beryl's」のグローバル・ブランド化の見通しはいかがなものであろうか。

同取締役の話では[217]、創業者兼オーナーは高望みはなく、着実な成功を願っており、グローバル・ブランド化への道のりにはかなりな時間がかかるかもしれないというものであった。

(7) おわりに

過日、Chocolate Kingdom を訪れた際、ショップにいた顧客は多種多様であり、中国人、日本人だけではなく、イスラムの人たちも多かった。チョコレートはハラールの食べ物で、そのためにイスラムの消費者に好まれるお菓子である。同時に、チョコレートは全世界の誰からも好まれるものである。したがって、ブランドの再創造とマーケティングの再構築に成功したならば、より幅広い消費者の評価と支持を得て、「Beryl's」のさらなる発展の可能性はかなり大なるものとなるであろう。それには何よりも国内市場でNo.1のブランドを維持し続けなければならない。

操業当初の原材料のカカオ使用量がたったの年間1〜3トンで半自動の職人生産であったものが、2004年にはオートメーションを導入し、現在では年間8,000〜10,000トンにも達し、その急成長ぶりがうかがわれる。しかしながら、チョコレートの国内市場にはNo.2の「DANSON」をはじめとする同国産の多くのライバル・ブランド、そればかりではなく多くのグローバル・ブランドもひしめいている。しかもPBまで出現しており、次第に成熟化を見せている。したがって、これまでの単なる販売ではなく、新たなるブランド・マーケティングの再構築が必要となる。換言すれば、「Beryl's」のブランド情報の発信、

消費者の反応・評価を基にブランド情報の再創造、再発信を繰り返さなければならない。情報としてのブランドを再創造し、その展開、管理を間違いなく行えば、グローバル・ブランドへと発展する可能性は十分にあると思われる。

というのは、チョコレートのブランドは世界の各国にそれぞれの国産ブランドが多数競合し、リージョナル・ブランドばかりかグローバル・ブランドも数多く存在するが、「コカ・コーラ」のような圧倒的なブランド力を有するグローバル・ブランドはまだないからである。それは同時に、(特許、知的所有権などで競争制限が認められている場合を除いて)、発展途上国のブランドでも先進諸国のそれと同様に後発とはいえブランド・マーケティングの成功の余地がかなり残っているということになるであろう[218]。

4-4　ベトナムの統一ブランド「ハプロ」

(1) はじめに

ベトナム社会主義共和国はマルクス・レーニン主義にホーチミン思想を加えた独自の社会主義国家である[219]。1976年、アメリカとの戦争に勝利し、南北ベトナムを統一した[220]が、その後、経済が行き詰まり、1986年、当時国家主席であったチュオン・チンはドイモイ(刷新)政策を導入した。それまでベトナムの根幹的特徴であった生産手段の所有形態の多様化と価格の自由化を認め、国際分業を重視するというドイモイ政策のもとに市場経済への移行を開始した[221]。

ドイモイ以降、1996年、AFTA(ASEAN自由貿易地域)加盟、2001年、越米通商協定の実施、2002年、中国・ASEANのFTA、2007年、WTO加盟[222]、2008年、日本ベトナム経済連携協定(JVEPA)などによりベトナム経済はグローバル化を志向し、経済発展の最中である。

現在のベトナムは社会主義国家というイメージではなく、訪問すればすぐにわかるようにすでにブランド社会に入っている。しかしながら、ベトナムのブランド・マーケティングについての研究はほとんど見受けられず、まだ闇の中にある。このような現状に鑑み、多くの制約の中、ベトナムのブランド研究を試みた。

首都のハノイ市やホーチミン市には百貨店（写真58）はもちろんのことコンビニエンス・ストア（写真59）や総合スーパー（写真60）もあり、その発展は今や著しいものである。たとえば、ホーチミン市のコープマート（Coop Mart）に行ってみれば、日本の総合スーパーと何ら変わりがない。ただ、セキュリティの職員が目を光らせているのと手荷物をロッカーに入れなければならないのが、違いといえば違いである。店の棚には豊富な商品が並んでいる。それらは日本の「味の素」、即席ラーメンの「エースコック」（写真61）をはじめとして、アメリカ、ヨーロッパ、韓国、中国といった外国のブランドの輸入品や（ライセンス生産を含む）現地生産品、そして、もちろん多くのベトナム国産のブランドもある。

ここで一例としてミネラルウォーターをみてみれば、ベトナムでは水道水が飲用に適さないためか、多くのブランドがコープマートの棚にあった。フランスからの輸入品と思われる「evian」、ネスレ社との提携現地生産ブランドの「La Vie」、ペプシコ社の現地生産の「AQUAFINA」、ベトナム国産の「VinHAO」、コープマートのPB（プライベート・ブランド）と思われる「Coop」、また、少し異なる観がある「H_2OH」である（写真62）。コープマートの棚にはなかったが、これら以外のミネラルウォーターのブランドも数多く展開されている。コープマートで売られていたミネラルウォーターの500 mlの価格を比べたものが図表12になる。

同図表から同じ500 mlのペットボトルのミネラルウォーターにもかかわらず、それぞれのブランドごとに価格が大きく異なっていることがわかる。「evian」は輸入ブランドでかなり高価であり、「ネスレ」の「La Vie」、ペプシ

写真58　百貨店

写真59　コンビニエンス・ストア

第Ⅴ章　後発・追随ブランド　241

写真60　コープマート

写真61　「エースコック」

コの「AQUAFINA」が続き、ベトナム国産のブランド「VinHAO」は比較的安く、それよりもさらに安いのは PB の「Coop」である。なお、国産ブランドの「H$_2$OH」の価格が比較的高いが、同ブランドはミネラルウォーターではなく、レモンや砂糖の入っている加工水であり、同じ棚に並べてあったので、参考までにあげた。試しに飲んだところ、「H$_2$OH」以外のどのブランドも味などに大きな違いはなく、ほとんど同じように思えた。したがって、価格の差はブランド力の差によるものと思われる。

写真62　ミネラルウォーターのブランド

図表12　ミネラルウォーターのブランドの価格

ブランド	価格　単位ドン（円）
evian	22,600ドン（約90円）
La Vie	3,600ドン（約14円）
AQUAFINA	3,500ドン（約14円）
VinHAO	3,200ドン（約13円）
Coop	2,900ドン（約13円）
H$_2$OH	4,800ドン（約19円）

ホーチミン市　コープマート（2011年8月8日調査）
500ml　1円＝250ドンで換算

　このようなミネラルウォーターにみられるように外国のグローバル・ブランドとともに、多くのベトナム国産のブランドがあらゆる商品分野で展開されて

写真63 「CHIN-SU」　　　写真64 「Safoco」のアイテム

いる。そのような中で、ベトナムの事例研究のブランドの候補として、ベトナム独自のものを探してみた。魚が主原料の独特の醤油のブランド「CHIN-SU」（写真63）、日本でも最近売られ始めているという米から作られている春巻きに使うライスペーパーなどのトップ・ブランド「Safoco」などがあげられる（写真64）。まず、「CHIN-SU」について研究を試みようとしたが、同ブランドには制約があり、企業へのインタビューが不可能であるということで断念した。「Safoco」について検討したが、ライスペーパーはいわば最終製品というよりは春巻きを作る素材にすぎずこれも断念した。そのような中、知り合いからインタビューに応じていただけるブランド企業を紹介された。そのブランドが「ハプロ」である。

(2)「ハプロ」とは

　ブランド「ハプロ（Hapro）」については事前にまったく情報収集ができず、いわばぶっつけ本番でホーチミン市でのインタビューに出向いたのである。ベトナム人の案内役はホーチミン市の人で、「ハプロ」については知らないという。彼女の話ではホーチミン市では「ハプロ」はほとんど認知されていないということであった。後に、インタビューの中でわかったことであるが、「ハプロ」のブランド企業であるハプロ・グループは本拠地が首都のハノイ市にあり、そこでは大変有名な非上場の国営企業のグループである。

インタビューの結果、「ハプロ」は国営企業グループの統一ブランドであり、また、グループ傘下の個別企業の企業ブランドでもあり、さらに、商品ブランドでもあるというたいへん複雑なブランドであることがわかった。

インタビューによれば、ハプロ・グループ (HANOI TRADE CORPORATION)[223]はドイモイの結果、1991年に設立された。傘下には子会社17社および関連会社19社、計36社[224]を数え、それらは大別すると、次のように5つの事業部に分かれ、かなり多角化した事業展開を行っている。

① 貿易事業
② 小売事業
③ サービス事業
④ 投資事業
⑤ 製造事業

これらの多角化した事業を統一ブランド「ハプロ」のもとで展開しているのである。以後、ハプロ・グループをハプロ社と表記することにする。なお、ハプロ社はベトナムの4大商社のひとつにあげられている[225]。

(3) 個別事業の企業ブランド「ハプロ」
① 貿易事業

ハプロ社の中核となる事業のひとつが輸出と輸入からなる貿易事業である。小売事業、サービス事業、製造事業が主としてハノイ市を中心に展開されているのに対して、貿易事業だけはホーチミン市に営業拠点があり、特別な事業であることがわかる。インターネットでパプロ社を調べたところ雑貨の貿易の窓口はハノイ市ではなくホーチミン市の HANOI TRADE CORPORATION HOCHIMINH CITY BRANCH（HAPRO）とあり、ハノイ市の窓口は見つけ出すことができない。このホーチミン市のマネジャー[226]が訪問時にインタビューに応じてくれたのである。

彼によれば、事業の中心はハプロ・ブランドのビジネスではなく、OEM で世界中の60カ国以上の諸国の市場にベトナムの竹製品、陶器、手工芸品などの雑貨を輸出しているとのことである。したがって、「ハプロ」は輸出事業の企業ブランドではあるが、OEM のため輸出する個別の商品のブランドではな

い。会話の中で、欧米ではハプロ社の雑貨の評判がいいにもかかわらず、日本への輸出が順調にいっていないので、不思議であるというので、「欧米には竹がない。一方、日本には竹が豊富にあり、したがって竹製品の雑貨も量、質ともに充実している。このような日本市場に進出するには、欧米市場のようなOEMではなく、ブランドとして進出すべきである」と回答した。

　情報が十分にないので推測になるが、おそらくハプロ社はベトナム各地の竹細工の小規模生産者と欧米からのOEM生産の仲介業務をしており、竹細工のブランド創造・展開というマーケティング機能がまだ果たすことができないのではないだろうか。オフィスにはスタッフがほんの数人いるだけであり、事務的な業務が中心の、いわばマーケティング以前の状態のようである。

　本書掲載用に撮らせてもらった製品サンプルの写真が65および写真66である。

② **小売事業**

　ハプロ社の小売り事業は大きく分けると3種類になる。1．スーパーマーケット事業の「ハプロ・マート」（写真67）、2．コンビニエンス・ストア事業の「ハプロ・フード」（写真68）、3．免税店の「ハプロ・デューティ・フリー」（写真69）である。しかしながら、いずれもホーチミン市にはなく、現在、ハノイ市中心に展開されている。

　なお、ハプロ社は日本の100円ショップの大創産業と提携し、ハノイ市に「3万ドン・ショップ」をオープンしている[227]。

③ **サービス事業**

写真65　ハプロOEM竹製品サンプル1　　写真66　ハプロOEM竹製品サンプル2

第Ⅴ章　後発・追随ブランド　245

写真 67　ハプロ・マート　　写真 68　ハプロ・フード　　写真 69　ハプロ免税店

　ハプロ社にはサービス事業部門がある。ベトナム経済の発展に伴って消費者の所得上昇が起こり、サービス需要が生まれてきている。そのひとつが外食であり、もうひとつが観光である。同社は両部門のサービス・ビジネスを展開している。

　同社の外食事業には、レストラン・カフェの「ハプロ・ボンムア」（写真70）があり、ハノイ市中心部の池に面した公園の道を挟んで反対側の道路際のビルの１階にあり、おそらく外食産業にとっては一等地に当たるものと思われる。メニューは食事、お酒、喫茶、アイスクリームなどがあり、ケーキもレジ・カウンターの横で販売している（写真71）。客層は、ベトナムに滞在中もしくは観光客の外国人、おそらく役人の接待と思われるグループ、富裕層と思われる家族連れ、カップルといったようにバラエティに富んでいた。料金が高めに設定されているためか、一般市民らしい姿は見受けられなかった（写真72）。

　同社の観光事業部門は Hapro Travel Joint-stock Company が担っており、ベトナムの観光地へのツアー、伝統的なお祭りのツアーばかりか、エコツアーも実施している[228]。

④　投資事業

　ハプロ社は流通部門への投資をかなり行っている。たとえば、大規模ショッピングセンター（写真73）があり、そのほかにもベトナムの流通インフラへの設備投資を単独もしくは共同で行っている。「ベトナムの４つの牽引的卸企業のサトラ、ハプロ、サイゴンコープ、フータイ各社は共同でベトナム流通ネットワークの開発を目指し、１兆5000億ドンを出資し、投資合資会社（VDA）を設立した。VDA は今後、商用基盤施設ネットワークを確立するた

写真70　ハプロ・ボンムア（外観） 　　写真71　ハプロ・ボンムア看板 　　写真72　ハプロ・ボンムア（店内）

めに取引センターと大型スーパーチェーンの開発そして建設に力を注ぎ、その上で小売と卸のネットワークの再編成に取り組んでいくことになるという。[229]」

　証券投資や不動産投資も行っており、投資機会が豊富にあるベトナムでの投資事業によってハプロ社は強力な複合企業体を目指している[230]。

⑤　製造事業180

　ハプロ社は、輸出および国内用の多くの商品の製造工場や工房を持っている。それらが製造している商品には次のような多種多様なものがある。

　手工芸品、ハンドバッグ、陶磁器、ガラス製品、衣類、壁紙、農産物加工製品、即席めん、伝統食品、缶詰、「ハプロ・ウォッカ」、ワイン、アイスクリーム、「ハノイ・ミルク」、ソーセージ、カシューナッツなどである[231]。

(4) 商品ブランドの「ハプロ」

写真73　ハプロ・ショッピングセンター

　「ハプロ」ブランドとして展開しているいくつかの商品ブランドがあるが、その代表として、ウォッカの「ハプロ」があげられる。ベトナムにはウォッカの製品がそれまでなく、輸入品で代用していたが、ハプロ社はウォッカ・ブランド「ハプロ」の創造と展開を始めたのである。

第Ⅴ章　後発・追随ブランド　247

　インタビューの後、ホーチミン市のスーパーマーケット、コンビニエンス・ストア、酒販店など見て回ったが、売場には「ハプロ」は見当たらなかった。そこでハノイ市まで出かけたところ、「ハプロ・デューティ・フリー」（免税店）でウォッカの商品ブランド「ハプロ」をようやく見つけ、購買した（写真74）。販売員の説明では、品質がよく評判がいいとのことであった。

　同ブランドは、現状では、ハノイ市を中心としたローカル・ブランドのようであり、今後ナショナル・ブランドを目指すものと思われる。なお、同ブランドは、ハノイ市のノイバイ国際空港およびホーチミン市のタンソンニャット国際空港の免税店には見当たらなかった。

　その他にもハプロ社は多くの商品ブランド「ハプロ」を展開している。たとえば、お茶のブランド「ハプロ」があげられる（写真75）。また、コーヒー、ジュース、ワイン、スパイス、缶詰、瓶詰など多種多様な商品ブランド「ハプロ」を展開している。

　しかしながら、いずれの商品ブランドもまだ北のハノイ市中心のローカル・ブランドであり、南のホーチミン市にはそれほど浸透していない。したがって、前述したように、ホーチミン市の消費者には「ハプロ」のブランド認識がみられないということになる。今後、多くのブランドが展開され、競争が激しいホーチミン市で多くの消費者にブランド「ハプロ」として認識され、評価され、支持されることがナショナル・ブランドへの第一歩かと思われる。

写真74　ウォッカのブランド「ハプロ」

写真75　お茶のブランド「ハプロ」

(5) 新たな展開

　ハプロ社は日本流にいえば多くの子会社に現業部門を持つ総合商社のような会社である。多くの子会社群は国営企業を再編したものと思われる。しかも主なビジネスエリアは、政治の中心であるハノイ市およびその周辺であり、現状では「ハプロ」はハノイ市中心のローカル・ブランドであるといわざるをえない。

　今後、小売事業ばかりかすべての事業において、北のハノイ市周辺から南のホーチミン市をはじめとするベトナム全土に発展し、ナショナル・ブランドになりうる可能性が十分にうかがわれる。しかしながら、それにはいくつかの課題があると思われる。そのひとつはドイモイ政策によってそれまでの社会主義的な国営企業の資産、利権、商圏を引き継ぎ、同時に多くの国営企業を再編し市場経済化に適応するためにハプロ・グループが新たに作られたものと思われるが、「ハプロ」ブランドにしても総合的なブランド力を発揮しているとは必ずしもいえない。その一例として、現在のところ、ハプロ社のロゴやシンボルマークの統一はなく、それぞれの事業、商品ごとにばらばらなことがあげられる。同社のブランド「ハプロ」の統一ロゴとして「Hapro」（図表13）があるが、同社傘下の個別事業の企業ブランドとしての「ハプロ」にはそれぞれ異なるロゴとシンボルマークを使っているのである（図表14）。

　したがって、企業ブランド「ハプロ」と商品ブランド「ハプロ」を統合し、強力な統一ブランド「ハプロ」に作り変えなければならないであろう。同時に、新たな市場経済のもとで、市場を構成する自由な消費者の評価と支持を得なければならない。それには消費者への情報の発信[232]が必要であると思われる。これが第一の課題である。

　次の課題は、一日も早くハノイ市周辺のローカル・ブランドからナショナ

図表13　「ハプロ」の統一ロゴ

Hapro

第Ⅴ章　後発・追随ブランド　249

図表 14　個別事業の企業ブランド「ハプロ」のロゴ、シンボルマーク

ル・ブランドへと発展しなければならないことである。ホーチミン市の町中の小売店にも、最近オープンした郊外のイオンモール・ビンズンキャナリー店にも、商品ブランドとしての「ハプロ」は見られなかった。また、ベトナム中部のフエ市の小売店にも商品ブランドの「ハプロ」は見られなかった。もちろん、流通のストア・ブランドとしての「ハプロ」も見ることはできなかった。これまで商圏、利権がなかったホーチミン市をはじめとするベトナムの全国市場に「ハプロ」のブランド展開をすることは、すでに誕生し、展開を始めている多くの現地のローカル・ブランド、ナショナル・ブランドとの競争だけではなく、外国のリージョナル・ブランド、グローバル・ブランドとの競争も意味し、「ハプロ」の成否は、市場経済下では政治力ではなく市場を構成する自由な消費者が究極的には判断することになるであろう。

　第3の課題は、「ハプロ」はその地盤であるハノイ市で苦戦していることである。同グループのスーパー・マーケット部門である「ハプロ・マート」の2カ所の店舗を実際に調査したが、いずれの店舗も客がほとんど入っていなかった。店は少し暗く、商品の品揃えも十分ではなく、店員の態度も十分に教育・訓練されたものとは思われなかった。何人かのハノイ市民にインタビューしたところ、「ハプロ・マート」は認識しているが、あまり利用していないというものであった。ハノイ市内には2013年に新しく大型のショッピングセンターが完成し（写真76）[233]、そこは多くの顧客、消費者、市民でごった返していた。新たな競争に直面しているのである。

　第4の課題は、貿易事業にみられるように、現状のOEMから脱却し、自己ブランドの創造と展開することである。つまり、世界中の市場にOEMではなく、「ハプロ」ブランドを展開することである。海外の大手流通業者の仕様書に基づくOEM生産ではなく、自己の創造したブランド「ハプロ」のもとでの海外、世界展開である。そのためには、単なるモノ作りではなく、情報づくり、価値づくりとその発信が必要となる。それは単なるデザインでもない。そこで、マーケティング、すなわちブランド・マーケティングが必要となるのである。

　このように「ハプロ」の発展には多くの困難な課題が待ち受けていると思われるが、ハプロ社は必ず解決し、ベトナム市場だけではなく周辺のリージョナル市場、そしてグローバルな市場へと進出し、いずれはナショナル・ブランド、

リージョナル・ブランド、グローバル・ブランドへと発展する可能性が見受けられる。

(6) おわりに

現在、急速な経済発展を遂げているベトナムは今後ますますブランド社会へと移行するものと思われる。また、TPP（環太平洋経済連携協定）に参加することを志向していることから、より一層グローバル経済に巻き込まれることになるであろう[234]。このような経済社会の大変革を迎えて、ベトナムの市場ではブランド間の競争が多くのレベルでみられるようになるのは当然であろう。それは単なる国内ブランドと外国ブランドとの競争といった単純なものではなく次のようなものとなるであろう。

写真76 「ヴィンコム・メガモール・ロイヤルシティ」

ベトナムの経済発展に鑑みれば、ブランド化以前のモノ商品とブランド商品との競争、ベトナム国内のローカル・ブランド同士の競争、ローカル・ブランドとナショナル・ブランドとの競争、ナショナル・ブランド同士の競争、ナショナル・ブランドと内外のリージョナル・ブランドとの競争、ナショナル・ブランドもしくは一部のリージョナル・ブランドとグローバル・ブランドとの競争といった複雑なブランド間競争にさらされることになる。（なお、短期間の訪問では断言できないが、ベトナムの全国市場で展開している外国のグローバル・ブランドは見受けられるが、ベトナム国産のナショナル・ブランド[235]はまだそれほど多くのものが全国市場で展開されてはいないと推測される。）

このような状況にあるベトナムを代表するブランドのひとつが「ハプロ」[236]である。しかしながら、同ブランドはいまだローカル・ブランドであり、ナショナル・ブランドにはなっていない。同ブランドを展開しているブランド企業であるハプロ社は非上場の国営企業のためか、ウェブサイトの英語版には、詳細な企業の沿革の説明がないだけではなく、グループの組織などについての十分な説明もない。したがって、企業グループの統一ブランド、個別企業のブランド、商品ブランドとしての「ハプロ」は依然として謎の多いブランドであ

るといわざるをえないであろう。したがって、グローバル企業を目指す同社はベトナムの消費者だけではなく、OEM から脱却するためにも世界の消費者に「ハプロ」についての情報を発信する必要があるといえるであろう。

　それだけではない。すでに述べたように同社の製造ビジネスの一環にある衣類についていえば、製造企業の所有形態は国営、非国営、外資と3つのタイプがあり[237]、その多くは OEM、すなわち CTM 型委託加工[238]であり、付加価値が低い。このように付加価値生産性の低い OEM からの脱却はオリジナル・ブランドとしての「ハプロ」の再創造が必要であり、ブランド創造の人材を確保するのとともにブランドのすべてにわたるリスク負担を負わなければならない。そのためには、何から何まで、多くのビジネスや商品に「ハプロ」を拡大して展開することから、いずれはブランド「ハプロ」の選択と集中が必要となるかもしれない。

　はたして国営企業グループのハプロ社がそのような決断ができるであろうか。もしそれが近い将来に実現できれば、「ハプロ」の今後の動向は大変興味深いものとなり、さらなる研究が必要なブランドとなるであろう。なお、ベトナム南部、中部における「ハプロ」の展開はいまだみることができない。

4-5　ティシューペーパーのブランド「エルモア」

(1) はじめに

　2013 年 2 月 24 日から 27 日にかけて四国の愛媛県と徳島県の実態調査研究に参加した。その際に、最も興味をそそられたのが紙の町を宣言している四国中央市での実態調査である。まず初めに、これまで不勉強のためか、その存在自体を知らずにいた同市の中央という名前に関心をもった。同市は 2004 年 4 月に愛媛県の東端に位置する川之江市・伊予三島市・宇摩郡土居町・宇摩郡新宮村が合併して新しくできた市であり、四国の中心に位置し、将来、道州制が導入された場合にその道庁所在地ないし州都になることを目指して付けられたもののようである[239]。

　同市は全国屈指の紙の産地であることから 2008 年に始まった「全国高等学校書道パフォーマンス選手権大会」通称「書道パフォーマンス甲子園」をもと

にして製作された映画「書道ガールズ!!　私たちの甲子園」の舞台になったところである[240]。

　今回実態調査研究で同市を訪れた際に、宮﨑修同市産業活動部産業支援課課長補佐（兼）産業支援係長から同市の歴史と現状の詳しい説明があったが、当初想定していた「地域ブランド」の話がまったく出ないことに驚いた。通常地方に伺えば、必ずといっていいほど地域ブランドを作り、展開の最中という話になるが、期待に反して、彼の話から四国中央市はそうではないことがわかった。そこで、ますます同市に興味を持った。同市は、製紙、紙加工業において日本屈指の生産量を誇り、紙製品の出荷額が 6 年連続日本一であり、大王製紙株式会社やユニ・チャーム株式会社といった上場企業をはじめとして、多くの企業の本社、本店や工場があり、中堅の製紙、紙加工のメーカーも数多くある。まさに紙の町である。

　同市ではいくつかの企業を訪問したが、なかでも最も興味を持ったのがエルモア株式会社本社工場である。同社は非上場企業であるが年商 1,022 億円（2012 年 6 月期）のカミ商事株式会社[241]の子会社に当たり、ティシューペーパー[242]のブランド「エルモア」の生産を担っている企業である。そこでは、かねてより不思議に思っていたティシューペーパーのポップアップ（Pop-up）を含め箱詰め、5 箱セットのパックまで、ほぼすべてが完全自動化され、ティシューペーパー 4000 t／月、ティシューカートン 2,000 万枚／月の生産[243]を誇るティシューペーパーの生産システムとロボットによる無人物流配送システムの一端を見学することができた。ティシューペーパーの大量生産と出荷を行っているにもかかわらず、工場には人影はまばらであった。

　同社本社工場長の伴野宏夫氏の説明では、「エルモア」はティシューペーパーの有力なブランドのひとつであるということであった。私はこれまでティシューペーパーのブランドは「クリネックス」「スコッティ」「ネピア」「エリエール」はブランド認識していたが、不覚なことに「エルモア」についてはそのほかの多くのティシューペーパーのブランドと同様にモノ認識をしており、換言すれば、街角において無料で配られているティシューペーパーと同じティシューペーパーというモノ認識であり、まったくブランド認識をしていなかった。

そこで、今回のエルモア株式会社への訪問を契機として関心を持ったブランド「エルモア」の事例研究をブランド・マーケティングの観点から試みることにしたい。マーケティング研究をしているといまだに多くの誤解があることを痛感するが、そのひとつが商品ブランドと同一のもののように誤解されている地域ブランドであり、かつては産地ブランドといわれていたものである[244]。当初、ブランド「エルモア」についての知識がなく、四国のローカル・ブランドあるいは地域ブランドかもしれないと大いなる誤解をしていた。

ところが、同市の宮﨑修課長補佐の説明によってはじめて次のことがわかった。四国中央市で誕生したブランド「ユニ・チャーム」「エリエール」「エルモア」は地域ブランドではなく、当初より個別企業のブランドであり、現在では、「ユニ・チャーム」はリージョナル・ブランドへと展開中であり、「エリエール」と「エルモア」はナショナル・ブランドとなっており、今後、リージョナル・ブランドまで発展する可能性があると思われる。

(2) ティシューペーパー

ティシューペーパーはアメリカ生まれである[245]。ティシューペーパーの出現は第一次世界大戦中にアメリカで進められた綿花の代用になる医療用材料をパルプから作ろうという軍事目的の研究の産物だった。その後、品質改良を繰り返し、1924年、アメリカのキンバリークラーク社（Kimberly-Clark Corporation）によって、「Kleenex」というブランドで開発、誕生したのがティシューペーパーの始まりである。なお、現在のような紙が1枚づつ出てくるポップアップの機能が開発されたのは1929年である。

日本では、1963（昭和38）年アメリカのキンバリークラーク社と日本の十條製紙が合弁企業、十條キンバリー株式会社を設立し、翌1964年に「クリネックス」が販売され、ほぼ同時期にアメリカのスコット・ペーパー社と日本の山陽パルプが合弁企業、山陽スコット株式会社を設立し、「スコット」の展開を始めている。それまで、ほとんどちり紙や京花紙が家庭用薄葉紙の中心であった日本市場であったが、化粧落としという新しい用途の製品として宣伝するようになってから急速に普及し、アメリカ生まれのティシューペーパーが現在のような日常の必需品となり、世界でも類を見ないティシューペーパーの大

量消費を今日まで続けているのである。

　ティシューペーパーは不思議な商品である。東京では毎日のように盛り場の駅周辺で広告入りのものが無料で配られている。無料にもかかわらず、その品質は決して悪くはない。知り合いの外国人から日本人は不思議であるといわれた。無料なのに多くの日本人は街中でのティシュー配りをわざわざ避けて歩いているのが理解できないというものである。彼らの母国の多くではいまだに質のいいかつ安価な紙が入手できないことがその背景にあると考えられる。一方、日本では家庭だけではなく、どこへいってもティシューペーパーが見受けられる。無料配布があることから明らかなように、空気、水、それらに次ぐどこにでもありふれた商品かもしれない。

　ティシューペーパーは現在の生産技術をもってすれば、参入障壁となる特許、ノウハウなどはほとんどなく、だれでもが新規参入可能な商品である。また、エルモア本社工場長のいうように差別化が困難な商品である。それにもかかわらず、一部の消費者には明らかにブランド志向が見受けられる。換言すれば、ティシューペーパーに対する消費者の態度は、一部には、たとえば、「スコッティ」といったブランドのティシューペーパーでどうしても鼻をかみたいといい、また、多くの消費者はブランドはどうでもよく、鼻をかめさえすればそれでよしというように分化しているものと考えられる。

　ティシューペーパーが誕生してからこれまでの数十年間は、新聞紙、古紙、その他の紙、あるいはハンカチーフをはじめとした布などの代用品で済ませていた消費者に、ティシューペーパーはその手軽さ、便利さをアピールすることにより成長してきたといえるであろう。しかしながら、その市場は日本をはじめとする先進国ではほぼ飽和に近付いているかもしれない。もはや価格が安くなっても需要は増えないという市場構造になってきたのである[246]。

(3) ブランドの誕生

　ここで本題に戻り、「エルモア」について論じることにする。しかしながら、「エルモア」についての研究がこれまでまったくなく、また、同ブランドについての文献もなく、しかもブランド展開企業のカミ商事株式会社の社史もない中で論を進めざるをえない。

周知のように「エルモア」は「クリネックス」「スコッティ」といったパイオニア・ブランド、そして、「ネピア」「エリエール」といった有力ブランドがひしめく中、遅れて創造され、展開されてきた後発の追随ブランドである。

「エルモア」というブランドは、フランス語で「彼女」という意味の「エル = elle」、「私」という意味の「モア= moi」を組み合わせた造語であり、「彼女と私」という意味である[247]。このブランド「エルモア」はカミ商事が所持しているティシューペーパー、トイレットペーパー等のブランドである。

しかしながら、「彼女と彼」とティシューペーパーとの間にはなにも連想されることがない。まず、フランス語では音の響きはいいかもしれないが、意味がわからない。その説明ないし説得のコミュニケーションが不足しているのかもしれない。そもそもブランド・ネームは単なる名前ではなく、それ以上のものである。何らかのイノベーションを反映したものや、消費者への強いメッセージを意図したものでなければならない。ところが残念ながら、「エルモア」は多くの消費者に、何も特別な情報を訴えることができない。

ここで「エルモア」と、実態調査で今回訪問したエルモア株式会社との関係を簡潔に記せば、エルモア株式会社は原料調達から研究・開発、製造、加工、販売、物流までを手掛ける紙の総合商社かつ「エルモア」のブランド企業であるカミ商事株式会社を中核とするグループの加工を担当している子会社で、同様な役割を担うのが、関東・首都圏をターゲットにしているエルモア関東株式会社（本社・東京都、工場・栃木県佐野市）である[248]、ということになる。したがって、「エルモア」はブランド展開企業であるカミ商事株式会社が卸に相当し、生産を子会社のエルモアが株式会社に委託しているPBであると考えることもできるが、両者を一体と考えれば、メーカー・ブランド（MB）とみなすこともできる。なお、現代では、MBもPBもその垣根が低くなり、両者の区分はそれほど意味をなさなくなってきている。

(4)「エルモア」のブランド・マーケティング

前述したように、私はこれまで「クリネックス」「スコッティ」「ネピア」「エリエール」については辛うじてブランド認識があり、それらの広告情報に接したことがあるが、その一方、「エルモア」についてはまったく知らなかっ

た。そこで知り合いの範囲で「エルモア」について聞いてみた。ある人（複数）は知らないといい、また、ある人（複数）は「エルモア」のブランド認識を持っているが、彼らにさらに聞いてみるとティシューペーパーの安いモノという認識であった。また、彼らの多くは「エルモア」が何を意味するかも知らなかった。したがって、「エルモア」のブランド・コミュニケーションが不十分であることは間違いのないことである。

　それにもかかわらず、「エルモア」が、エルモア株式会社本社工場長がいうように市場で評価されているブランドであるということは、同ブランドが価格訴求に成功していることに他ならない。今日では、ある一定以上の規模のスーパーマーケット、ドラッグストアには「エルモア」は必ずといっていいほど棚に置かれており、しかも多くの店では店頭のディスカウント品としての役割をはたしている。この「エルモア」の誕生から今日までの発展のプロセスについては、ブランド企業のカミ商事の社史もなく、「エルモア」について記された資料、文献もなく、四国中央市に問い合わせたがわからないということであった。したがって、気が付いてみたら、ティシューペーパーのブランド「エルモア」があったということになるのであろうか。

　ちなみに近くのスーパーマーケットでティシューペーパーのブランドの価格調査を試みた（スーパー：ライフ向ケ丘遊園駅前店、2013年3月2日調査）。

「エルモア」　　200組＋20組×5P（パック）　298円
「スコッティ」　　160組×5P　　　　　　　　278円
「クリネックス」180組×5P　　　　　　　　278円（本日限りの特売品）
「エリエール」　　200組×5P　　　　　　　　298円

（なお、参考までにコンビニエンス・ストアのセブン-イレブン[249]とスリーエフ[250]で調査したところ、どちらにも「エルモア」は棚に置かれていなかった）。

　その結果、「エルモア」はライバル・ブランドより1組当たりの価格が10％以上安いことが明らかである。現在の生産技術水準からみれば、各ブランド間にモノとしての品質には大きな差異は考えられず、「エルモア」が低価格を武器に競争してきたのはいうまでもない。したがって、「エルモア」は価格訴求のブランドあることがわかる。さらにいえば、ブランドというよりはモノ商品

として認識されているものといえるかもしれない。

　多くの消費者から、単なる安いモノ商品に「エルモア」と名付けたものにすぎないという認識をされたならば、今後増えると思われる PB（プライベート・ブランド）および新規参入の新たなライバル・ブランドの出現により、ますます競争にさらされることとなり、店頭販売でもネット販売のいずれにもみられるような価格アピールを継続しなければならなくなり、いずれはティシューペーパーの「サムスン」になり、常にライバル・ブランドとの価格訴求に活路を見出し続けなければならなくなるであろう。しかしながら、「エルモア」が後発の追随ブランドの代表的ブランドで、今や世界最強を誇るグローバル・トップ・ブランドとなっている「サムスン」のような存在になれるのであれば、それはひとつの大きな成功事例といえるであろう[251]。

　そうなるには、ティシューペーパーの商品特性から明らかなように、原料の紙パルプと生産された製品の物流を考慮して、「エルモア」が日本のティシューペーパーの「サムスン」を目指し、さらなるコスト志向、すなわちコスト・カットのためには大量消費市場の近くに立地しなければならない。したがって、何も四国中央市で大量生産する必然性があるとはいえない。日本には栃木県にもうひとつの工場があるが、九州と北海道にも工場の進出が必要になるかと思われる。さらにいえば、「エルモア」が低価格を武器にリージョナル・ブランド、グローバル・ブランドへと発展するには、中国をはじめとして世界中の消費市場の近隣に生産基地を作る必要がある。

　しかし「エルモア」はブランド・マーケティングではなく、あくまでも低価格での大量販売のために生産志向を貫くことになるのであろうか。その戦略では同じ品質のブランド間では価格が最も安く、同じ価格のブランド間では数量が最も多いという限りなくモノ商品に近付くものとなるのである。

(5) おわりに

　これまでティシューペーパーに対してはモノ認識でブランド認識をしてこなかったが、「エルモア」を中心に改めてティシューペーパーのブランドを考えてきた。まず、今回の実態調査研究でいくつかの企業、業者、NPO、等々を訪問したが、会議室や工場の片隅には必ずといっていいほどティシュー

ペーパーが置いてあり、よく見るとそのブランドは「エルモア」であった（もちろん、大王製紙の会議室だけは当然のように「エリエール」が置いてあった）。

　すでに述べたように、「エルモア」のブランド・マーケティングは、ブランド・マーケティングではなく、実は価格戦略にすぎないということになる。それでは、これから改めて「エルモア」のブランド・マーケティングをドラスティックに展開することがはたして可能であろうか。もはやティッシュペーパーのイノベーションを考えにくい現状の下では、「エルモア」の情報発信力を高めるには何らかの情報の付加が必要である。しかしながら、現時点ではそれは大変困難なことかもしれない。ただひとつ可能な手段としては、消費者に大量広告によって情報を伝達することがあげられるが、コスト・パーフォーマンスを考えれば最適な経営判断とはいえないであろう。逆に、さらに生産コストを削減し、費用のかかるブランド情報の展開コストも削減し、寡占市場となっているティッシュペーパーの市場で生き残ることを目指す、すなわちこれまでの低価格訴求の戦略を継続することにならざるをえないのであろうか。したがって、「エルモア」はブランド・マーケティングのオーソドックスな事例であるとは必ずしもいえない。しかも円安が進み、ティッシュペーパーも値上げが目前に迫ってきている[252]。低価格戦略はひとつのターニングポイントを迎える局面に入りそうである。

　ティッシュペーパーの市場は、これまではハンカチを駆逐し、ちり紙、京花紙の市場を奪い、新たなライフスタイルを提案することによって成長してきたが、生産は寡占体制となり、イノベーションの余地は少ない[253]。市場には有力なブランドが存在し、しかも価格訴求のライバル、PBがますます数多く出現し、価格競争が激化し、「エルモア」の成長の余地は限られてきている。そこで、「エルモア」のブランド・マーケティングが必須となると思われるが、すでに触れたように、現状ではそれも考えにくい。あえていえば、「エルモア」にオリジナリティのある情報の創造を行い、それを消費者に発信することかもしれないが、現実にはまさしく困難なことかもしれない。追随ブランドの宿命を感受することになるのである。

　そうなると、「エルモア」の成長、発展の可能性は国外市場かもしれない。

まだ品質的に十分ではないティッシューパーパーが流通している国が世界には多く存在し、トップ・ブランドを目指して、それらの諸国へ進出すれば大きな成功を収めるかもしれない。しかしながら、日本のブランドだけではなく、世界のグローバル・ブランドとの競争がそこには待っているかもしれない。ブランドとして進出するのか、低価格を武器にモノ商品に近いブランドとして進出するのか、二者択一となるであろう。

最後に、ブランド・マーケティングの長い歴史が教えるところでは、「キッコーマン」や「コカ・コーラ」のようにブランド・マーケティングの成功によって、グローバル・ブランドとなり、世界中の消費者によって、評価、支持され、世紀を超える成長を続けているブランドはいくつかあげられるが、その反面、価格訴求、すなわち安売りでは一時的に天下を、市場を、消費者を獲得することはできるが、それが長期にわたり継続したというブランドの成功事例については、私は知らない。心すべき課題となるであろう[254]。

5　おわりに

本章で考察した後発、追随ブランドは、主として19世紀後半から誕生したパイオニア・ブランドを模倣したものである。グローバルにみてパイオニア・ブランドの多くがアメリカ、ヨーロッパ、日本などの先進諸国で誕生していたが、後発、追随ブランドは発展途上国をはじめとして世界中のあらゆる国においてみられるものである。

まず、醸造ブランドの「ミャンマー」「ビアラオ」はヨーロッパ、シンガポールの醸造ブランドの追随ブランドとして誕生し、ナショナル・ブランドまでは順調に発展した。今後さらにリージョナル・ブランド、グローバル・ブランドへと発展するには大きなハードルが存在し、いまや踊り場に差し掛かっている。

しかしながら、メカニズム・ブランドの後発、追随ブランドである「キヤノン」「サムスン」「エイサー」「ハイアール」は企業ブランドとして、コスト競争に打ち勝ち、その後の新たな技術開発に成功し、グローバル・ブランドへと

発展している。このようにメカニズム・ブランドは後発、追随であってもグローバル・ブランド、グローバル・トップ・ブランドへと発展することが可能であることが示されたが、その後のブランド展開の途はいまだ課題が多い。確実にいえることは、ブランド情報も重要であるが、それ以上に技術革新(イノベーション)が重要で、それがないと低コストだけではブランド発展が止まることになる。

そして、一般ブランドの後発、追随ブランドである「アイディン」「ベリーズ」「エルモア」のようにナショナル・ブランドまでは発展しているが、リージョナル・ブランド、グローバル・ブランドに発展するにはいくつかの壁、課題があり、踊り場にさしかかっている。

そのような中で日本のブランド「リポビタンD」を模倣、追随した「レッドブル」は、made in Thailand のブランドから枝分かれした made in Austria のブランドとの二つのブランドが並立しながら発展し、その一方のオーストリアの「レッドブル」はいまやグローバル・ブランドとなっている。したがって、「レッドブル」のブランド発展史は、一般ブランドの後発、追随ブランドであっても、グローバル・ブランドへと発展することが可能であることを示している。それは主として、ブランド情報の創造と発信に成功したことによるものである。

なお、ベトナムの統一ブランド「ハプロ」のように、ブランドを企業グループ・ブランド、企業ブランド、商品ブランドとカテゴリーを拡げているものもあるが、今後、ブランドの選択と集中が必要となるであろう。

注

1) 梶原勝美『ブランド・マーケティング研究序説Ⅱ』pp. 67-179、創成社、2011年。
2) 根本敬・田辺寿夫『アウンサンスーチー』p. 120、角川書店、2012年。
3) 桐山昇・栗原浩英・根本敬『東南アジアの歴史』pp. 259-260、有斐閣、2003年；藤田幸一「ミャンマーにおける市場経済化と経済発展構造」藤田幸一編『ミャンマー移行経済の変容』pp. 3-11、アジア経済研究所、2005年。
4) 根本敬・田辺寿夫、前掲書、pp. 24-55。

5) 2012年12月24日および25日、ヤンゴンでビア・レストラン「GUZU」のオーナーから、市場では入手できない「ミャンマー」のロゴ入りビア・グラスをいただいた。また、現在では入手不可能なロゴ入りTシャツ（写真25参照）と大変貴重な「ミャンマー」のプロモーションCDもいただいた。（当該プロモーションCDはテレビでCMとして放映されたようであるが、中身は「ミャンマー」の純粋な広告というよりは、MBLが支援しているスポーツの告知を兼ねたブランド・コミュニケーションを意図したディーラー・ヘルプスのひとつと考えられる。）そのほかアドバイスもいただいた。ここに感謝の意を表するものである。

6) http://nakanaokiyoshi.fc2web.com/ygn/60beer/beer.html （2012/9/18 閲覧）。

7) http://myanmarbeer.com/index.php/we-are-myanmar/profile-of-mbl （2012/9/18 閲覧）。

8) 2012年10月25日、「ミャンマー」の日本総代理店をしている株式会社藤江商会副社長の藤江ミイ工学博士に大変お世話になった。ここに感謝の意を表するものである。

9) 第2回目の滞在では短い期間であったが、テレビを見ることができた。MRTV-4ではいくつかのCMが放映されていた。たとえば、「ギャツビー」、「ニベア」などがあったが、結局、「ミャンマー」のCMは見ることができなかった。たぶん、「ミャンマー」のTVCMの出稿量がまだそれほど多くはないと考えられる。

10) 外務省のウェブサイトでは前述したように8,577人（2010年12月、外国人登録者数）とあるが、実際はそれ以上のミャンマー人が日本に滞在しているとみられる。

11) 外務省のウェブサイト── http://www.mofa.go.jp/mofaj/area/laos/data.html （2012/11/06 閲覧）。

12) 天川直子「現代ラオスの課題」天川直子・山田紀彦編著『ラオス　一党独裁化の市場経済化』pp. 3-4、アジア経済研究所、2005年。

13) 地球の歩き方編集室『地球の歩き方 D23 ラオス 2008-2009年版』p. 55、ダイヤモンド・ビッグ社、2008年。

14) 第1回目の調査時点、2012年9月。今回、2013年8月の第4回目の調査時点では、為替の変動があり、約90円である。

15) 『地球の歩き方』編集室、前掲書。

16) ロゴはLBC社の統一ロゴとして使われ、ビール以外の同社が展開している、たとえば、ミネラルウォーターの「Tigerhead」にも付されている（写真27参照）。しかし、ライバルであるシンガポールのビールのブランド「タイガー（Tiger）」との関係を考えると、不思議なことがある。また、また今回の訪

問先のルアンババーン（ルアンブラバーン）には、「Lionhead」というLBC社のミネラルウォーターと紛らわしいブランド・ネームとトラではなくライオンのロゴを付したミネラルウォーターのブランドが見受けられた（写真28参照）。

17) https://en.wikipedia.org/wiki/Lao_Brewery_Company（2012/9/18閲覧）。
https://en.wikipedia.org/wiki/Beerlao（2012/9/18閲覧）。
http://www.beerlao.jp/about/index.html（2012/9/18閲覧）。

18) デンマークの世界的なビール醸造企業で、同社のブランド「カールスバーグ」はグローバル・ブランドとなっている。

19) ルアンババーンはラオス北部にある都市。旧王宮や寺院など数多くの歴史的建物が残されている古都で、1995年にユネスコの世界遺産に登録され、現在では、観光都市となっている。

20) ハーブエキスを調合したアメリカの伝統的な炭酸飲料。アルコール分は含まれていない。こい褐色で、注ぐとビールのように泡立つ。── http://www.jkn21.com/body/display/（2012/12/07閲覧）。

21) http://www.beerlao.jp/company/index.html（2012/9/18閲覧）。

22) 2012年10月24日、かつて「ビアラオ」の日本の正規代理店であった株式会社アムズインターナショナル斎藤真紀代表取締役社長にお会いし、「ビアラオ」の貴重なお話を伺った。ここに感謝の意を表するものである。

23) 日本では商標法によって、国名を称する商標は禁じられているが、企業名、すなわち、商号には「日本」が使われており、それが企業ブランド化し、ブランドのように扱われているものがある。たとえば、ハム、ソーセージの「日本ハム」、航空会社の「日本航空（Japan Air Line）」などいくつかの日本を名乗る企業ブランドの事例が見受けられる。

24) 梶原勝美、前掲書、pp. 61-66。

25) 日本経済新聞、2012年10月27日。

26) 日本経済新聞、2012年11月2日。

27) M. Jackson, *Great Beer Guide,* Dorling Kindersley, 2000（渡辺純編集協力、ブルース・原田訳『世界の一流ビール500』ネコ・パブリッシング、2003年）。

28) 梶原勝美、前掲書、pp. 107-120。

29) 2015年8月19日、MBLの55％の株式を保有するF&Nよりその保有全株をキリンホールディングスシンガポール社が取得し、キリンホールディングの傘下に入った。

30) 1933年、精機工学研究所創業、1936年、日本精機研究所と名称変更、1937年、精機光学工業株式会社設立、1947年、同社はブランド名に合わせて、キヤノンカメラ株式会社に社名変更したが、さらにブランド拡張に合わせて、社名からカメラを取り、1969年、キヤノン株式会社に社名変更。

31) 1988年、日本光学工業株式会社（1917年創業）から、ブランド名に合わせて、株式会社ニコンに社名変更。
32) 1958年、東京通信工業株式会社（1946年創業）から、企業ブランドを想定して、ソニー株式会社へ社名変更。
33) 2008年、松下電器産業株式会社（1918年創業）から、ブランド名に合わせて、パナソニック株式会社に社名変更。
34) 「コダック」は1888年に創造された最古のカメラ、フィルムのブランドで、K. L. Kellerが1925年から今日まで全米ナンバーワンのブランドのひとつであると論じていた――K. L. Keller, *Strategic Brand Management*, Prentice-Hall, 1998（恩蔵直人・亀井昭宏訳『戦略的ブランド・マネジメント』pp. 57-58、東急エージェンシー、2001年）。しかしながらブランド企業であるコダック社が世界で初めてデジタルカメラを開発したにもかかわらず、デジタル化に乗り遅れ、2012年に連邦倒産法11章の適用を申請し、2013年承認を得た――「コダック」『ウィキペディア日本語版』https://ja.wikipedia.org/（2014/05/22閲覧）。
35) 1948年「ポラロイド」は創造された。インスタント・カメラのパイオニア・ブランドであったが、デジタルカメラの普及により、ブランド企業であったポロライド社は2005年に買収され、2008年、買収企業も倒産し、2009年、Gordon Brothers GroupとHilco Consumer Capitalが合同で買収し、この2社とGlobal Industrial Servicesによるコンソーシアムとして Summit Global Groupが設立され、2010年から「ポラロイド」はブランドとして復活した。
36) 企画本部社史編纂室『挑戦の70年、そして未来へ　キヤノン70年史1937-2007』p. 15、キヤノン株式会社、2012年。
37) キヤノン史編集委員会『キヤノン史―技術と製品の50年』pp. 2-7、キヤノン株式会社、1987年。
38) 「観音様はあらゆるもの、所に身を移され、慈悲の徳をもって、全ての人をお救いになります。カメラは自分が持って、他社の長所・美・特徴にピントを合わせて写します。相手の心、立場に立ち、相手そのものになるということです。まさに観音様そのものであります。その意味で『カンノンカメラ』と命名されたと聞いております。」；横田好太郎『キヤノンとカネボウ』pp. 159-162、新潮選書、2006年。
39) キヤノン史編集委員会、前掲書、pp. 8-9。
40) M. Prichard、野口正雄訳『50の名機とアイテムで知る図説カメラの歴史』pp. 106-109、原書房、2015年。
41) キヤノン史編集委員会、前掲書、pp. 9-10。
42) 同上、p. 10。

43) 同上、pp. 13-14。
44) 同上、p. 13。
45) 同上、pp. 12-14。
46) 同上、pp. 17-19。
47) 同上、pp. 19-31。
48) 同上、p. 31。
49) 同上、p. 32。
50) 同上。
51) 同上。
52) 同上、p. 33。
53) 同上。
54) 同上、pp. 33-36。
55) 同上、p. 34。
56) 同上、p. 35。
57) 同上、p. 37。
58) 同上、p. 35。
59) 同上、p. 39。
60) Jardine Matheson & Co. 1832年マカオで設立。1860年には極東地区最大の貿易商社となる。開港早々の横浜にも支店を開設、英一番館の名で親しまれた。
61) キヤノン史編集委員会、前掲書、p. 40。「イーストマン・コダック社の直接小売店は全米で3,500軒あり、カメラ専門店は非常に少なく薬屋の兼業が5-6万軒、その他玩具屋、貴金属屋などでカメラを売っていました。これらは、3,500軒の小売店から配給を受けるわけですからイーストマン・コダック社の直接契約店は非常に売り上げも多く大きくなれるわけです。ライカの直接契約店も2,500軒あると聞きました。」
62) バルフォア・ガスリー社（Balfour Gathrie）は創業100年（当時）の業績を持ったイギリス系の貿易商社でジャー電車とは業務提携関係にあった。
63) キヤノン史編集委員会、前掲書、p. 39。
64) 同上、pp. 39-40。
65) 同上、p. 40。
66) 同上、pp. 75-76。
67) 同上、pp. 53-76。
68) 同上、pp. 70-71。
69) 同上、pp. 78-79。
70) 同上、pp. 80-85。
71) 同上、pp. 74-76。

72) 同上、pp. 86-93。
73) 同上、pp. 125-134。
74) 同上、p. 368。
75) 中道一心『デジタルカメラ大競争』pp. 30-33、同文舘出版、2013年。
76) 企画本部社史編纂室、前掲書、pp. 659-660。
77) 同上、p. 661。
78) 中道一心、前掲書、pp. 158-160。
79) http://web.canon.jp/pressrelease/2015/p2015jan13j.html（2015/10/6 閲覧）。
80) ブランド企業であるキヤノン株式会社は次のように評されている。「キヤノンは技術者集団である。技術開発でいいものを作れば、それが売れる、と信じる集団である。」荒井裕之『キヤノンの高収益システム』p. 25、ぱる出版、2005年。
81) M. Haig, *Brand Royalty: How the World's Top 100 Brands Thrive and Survive,* Kogan Page, 2004（和田敏彦訳『ブランド・ロイヤリティ』pp. 497-499、グラフ社、2007年）。
82) *Business Week;* 8/6/2007、Issue 4045, pp. 59-64, McGraw Hill なお、インターブランド社の2015年ランキングでは第7位にランクされている。
83) 韓国経済新聞社編、福田恵介訳『サムスン電子』pp. 36-42、東洋経済新報社、2002年。
84) 洪夏祥、宮本尚寛訳『サムスン経営を築いた男李健熙』p. 33、日本経済新聞社、2003年。
85) 同社は、砂糖・塩・食用湯などの基本的調味料を「ペクソル（백설：白雪）」というブランドで展開しているが、1993年、サムスン・グループから分離した──「CJグループ」『ウィキペディア日本語版』https://ja.wikipedia.org/（2009/9/26 閲覧）。
86) 日本に根付くグローバル企業研究会＆日経ビズテック編『サムスンの研究』p. 325、日経BP社、2005年。
87) 曹斗燮「サムスンの技術能力構築戦略」『赤門マネジメント・レビュー』4巻10号（2005年10月）、p. 518、特定非営利活動法人グローバルビジネスリサーチセンター、2005年。
88) 同上、pp. 517-519。
89) 同上、p. 519。
90) 北岡俊明＋「ディベート大学」『世界最強企業サムソン恐るべし！』p. 117、こう書房、2005年。
91) 「サムスングループ」『ウィキペディア日本語版』https://ja.wikipedia.org/（2009/9/26 閲覧）。

第Ⅴ章　後発・追随ブランド　267

92)　北岡俊明＋「ディベート大学」、前掲書、p. 200。
93)　韓国の隣国日本での「サムスン」のブランド認知、評価はまだ低いが、その一方、中国では日本と異なりかなり高い。「サムスン」は1985年から中国に進出し、1992年からは対中投資が本格化し、19箇所に生産法人を設立し、2000年以降にはIT製品を中心に「サムスン」のイメージが最高級ブランドへと飛躍し、たとえば、「エニーコール」は中国消費者の間で最も欲しい製品に選ばれ、モニターは3年連続国内市場占有率1位に輝いた――金柳辰、丸子徹訳『なぜ、サムスンは中国で勝てたのか？』pp. 42-45、彩図社、2006年。
94)　Business Week, 'THE 100 TOP BRANDS'.
95)　Sea-Jin Chang *SONY VS SAMSUNG*, John Willey & Sons, 2008（張世進『ソニーVSサムスン』pp. 117-118、日本経済新聞社、2009年）。
96)　洪夏祥、宮本尚寛訳、前掲書、pp. 221-222。
97)　「サムスン」はアメリカで5年連続最高ブランドに選ばれている――http://www.sjchp.co.kr/koreanews（2009/10/1閲覧）。
98)　http://it.nikkei.co.jp/business/news/index.html（2009/10/1閲覧）。
99)　李右婷「台湾におけるモノづくりの特徴と人的資源管理の変化―エイサー（Acer）社の事例を参考に―」『月刊経営労働』2009年6月号、p. 5、経営労働協会、2009年。
100)　B. C. Lynn, *END OF LINE THE RISE AND COMING FALL OF THE GLOBAL CORPORAION*, Doubleday, 2005（岩本孝子訳『つながりすぎたグローバル経済』p. 71、オープンナレッジ、2007年）。
101)　「編集長インタビュー　産業空洞化を恐れるな　施振榮　台湾宏碁（エイサー）グループ創業者」『Nikkei Business』、2008年12月22日・29日号、p. 100、日経BP社、2008年。
102)　M. Kotabe and K. Helsen, *Global Marketing Management 4th Edition*, John Wilery & Sons, Inc., 2008（栗木契監訳『国際マーケティング』p. 5、碩学社、2010年）；横井弘海「台湾を代表する国際ブランド『acer』」『外交＝Diplomatic relations』第21巻第2号、p. 14、外交知識普及会、2003年。
103)　小林守「台湾ITメーカーの雄　宏碁（エイサー）の発展とビジネスモデル」『アジアクラブマンスリー』69号、p. 1、2003年3月。
104)　荘幸美『台湾IT産業の経営戦略』p. 142、創成社、2004年。
105)　スタン・シー（施振榮）『エイサー電脳の挑戦』p. 142、経済界、1998年。
106)　同上、p. 36。
107)　同上、p. 34。
108)　荘幸美、前掲書、p. 142。
109)　佐藤幸人『台湾ハイテク産業の生成と発展』pp. 198-199、岩波書店、2007年。

110) スタン・シー（施振榮）、前掲書、pp. 66-67。
111) 同上、pp. 66-78。
112) 同上、p. 34。
113) 同上、p. 35。
114) 同上、pp. 90-91。
115) 佐藤幸人、前掲書、pp. 204-205。
116) スタン・シー（施振榮）、前掲書、p. 165。
117) 佐藤幸人、前掲書、pp. 205-207。
118) スタン・シー（施振榮）、前掲書、pp. 123-137。
119) 荘幸美、前掲書、p. 149。
120) 佐藤幸人、前掲書、p. 207。
121) 同上、pp. 204-205。
122) M. Kotabe and K. Helsen、栗木契監訳、前掲書、pp. 282-283。
123) 佐藤幸人、前掲書、pp. 208-209。
124) 荘幸美、前掲書、p. 148。
125) スタン・シー（施振榮）、前掲書、p. 81。
126) 荘幸美、前掲書、pp. 167-168。
127) スタン・シー（施振榮）、前掲書、pp. 82-83。
128) 同上、pp. 84-88。
129) 同上、p. 140；荘幸美、前掲書、p. 176。
130) スタン・シー（施振榮）、同上、pp. 91-92。
131) 荘幸美、前掲書、p. 150。
132) 李右婷、前掲論文、p. 7。
133) 佐藤幸人、前掲書、pp. 214-215。
134) 「世界第 2 位の PC メーカー育ての親エイサー CEO 兼会長王振堂（世界が認める中国人）」『月刊中国 news：中国新聞周刊日本版』p. 31、日中通信社、2010 年 8 月。
135) 白水和憲「'Acer' ブランドの強化に向けて―2002 年春、習志野の日本エイサー新屋完成―」『アジア・マーケットレヴュー』12 巻 21 号、p. 13、重化学工業社、2000 年。
136) 「エイサー（企業）」『ウィキペディア日本語版』https://ja.wikipedia.org/（2010/9/28 閲覧）。
137) 荘幸美、前掲書、pp. 151-152。
138) スタン・シー（施振榮）、前掲書、p. 187。
139) 同上、p. 189。
140) 同上、p. 201。

141) 松尾泰介「台湾エイサーが米ゲートウェイを買収へ　世界のパソコン市場で中国レノボに対抗」『アジア・マーケットレヴュー』19 巻 16 号、pp. 16-17、重化学工業社、2007 年。
142) 松尾泰介「台湾エイサーが世界市場で 2 位に浮上　低価格パソコンが伸びて米デルを抜く」『アジア・マーケットレヴュー』21 巻 22 号、p. 19、重化学工業社、2009 年。
143) 同上、pp. 18-19：日経新聞、朝刊、2007 年 8 月 28 日。
144) 日経新聞、朝刊、2009 年 10 月 18 日。
145) 李右婷、前掲論文、p. 8。
146) 「インタビュー　ジャンフランコ・ランチ氏　エイサー CEO 兼社長　モバイル PC はもっと伸びる　大量販売でさらに低価格へ」『日経コンピュータ』2010 年 1 月 20 日号、p. 83、日経 BP、2010 年。
147) 前掲『月刊中国 news：中国新聞周刊日本版』p. 31。
148) 前掲『日経コンピュータ』p. 84。
149) 前掲『月刊中国 news：中国新聞周刊日本版』p. 32。
150) 前掲『月刊中国 news：中国新聞周刊日本版』pp. 32-33。
151) 梶原勝美「ブランドの展開モデルと事例研究」『専修大学商学研究所報』第 41 巻第 3 号、pp. 54-56、専修大学商学研究所、2009 年 10 月。
152) 前掲『Nikkei Business』p. 99。
153) http://techon.nikkeibp.co.jp/article/news（2010/10/7 閲覧）。
154) http://www.interbrand.com/ja/best-global-brands（2010/10/7 閲覧）。
155) インターブランド社のベスト・グローバル・ブランド・ランキングはブランド・ランキングとうたってはいるが、実は、企業ランキングに近いものである。なお、「エイサー」がランキングを上げるには、宏碁社の財務内容を改善することおよび企業ユーザーの評価・支持を上げることが、消費者ユーザーの評価・支持のさらなる獲得とともに必要になるものと思われる。
156) 前掲『月刊中国 news：中国新聞周刊日本版』p. 33。
157) 安室憲一『中国企業の競争力』pp. 136-137、日本経済新聞社、2003 年。この海爾集団は、雇用が 1970 年代の約 500 人から 2000 年の 30,000 人に急増し、売り上げも 1997 年の 38 億元から 2004 年の 153 億元へと急増し、中国の経済発展の一翼を担っている企業集団である。
158) 同上、p. 137。
159) 丸川知雄『現在中国の産業』p. 3、中公新書、2007 年。
160) 同上、p. 3。このころから東京の秋葉原の電気街で中国人の旅行者が大きな電気製品を買い漁る姿が目立ち始めた。
161) 安室憲一、前掲書、pp. 144-147。

162) 顧客満足、CS（Customer Satisfaction）の理念を採用し、海爾は徹底した顧客サービスを行った。「初期の製品は故障が多かったため、24時間のサービス体制を敷いた。顧客から苦情が来ると24時間以内に必ずサービス・スタッフが家庭を訪問し、たいていは無料で修理した。無料点検、無料配送、設置場所などの無料インテリア相談なども始めた」──安室憲一、同上、pp. 146-147。しかし、本来の顧客満足とは若干異なるものである。というのは、原則として故障が起きる製品を市場に出してはいけないもので、これはマーケティング、ブランドの問題ではなく、生産における品質管理の問題である。

163) 2003年の中国市場シェア。洗濯機、ハイアール、23.0％でトップ、冷蔵庫、21.5％でトップ、家庭用エアコン、13.0％でトップ、電子レンジ、8.0％で4位。日向裕弥「家電産業」丸川知雄編『中国産業ハンドブック』pp. 147-174、蒼蒼社、2007年。しかし、利潤率は2000年の3.4％から2005年の1.3％へと低下している。丸川知雄、前掲書、p. 165。

164) 丸川知雄、前掲書、p. 45。

165) 陳晋『中国製造業の競争力』pp. 127-130、信山社、2007年。

166) 同上、p. 136。携帯電話機のほかにも、PDP（プラズマ・ディスプレイ）、記録型DVDなどがある。

167) http://news.searchina.net/

168) 安室憲一、前掲書、pp. 154-156。

169) 同上、p. 166。

170) 同上、pp. 147-148；陳晋、前掲書、pp. 133-134。

171) 同上、p. 166。

172) 同上、pp. 167-168。

173) ちなみに本書出筆中の2008年1月、念のため、東京新宿にある最大の家電量販店の店頭調査をしたところ、数ある白物家電ブランドの中で「ハイアール」は小型冷蔵庫のコーナーにわずか1種類置いてあるだけで、価格は競合する日本のブランドの70～80％であり、そのほかのものは販売されていなかった。なお、参考までに付記すれば、韓国の「サムスン」ブランドは家電の中にはなく、パソコンのディスプレイのコーナーに2種類だけ売られていた。「LG」ブランドはドラム式洗濯機が2種類、普通の洗濯機が1種類、電子レンジが1種類、競合する日本のブランドより20～30％安い価格で販売されている。そこで、店員にインタビューしたところ、『「ハイアール」、「サムスン」など中国、韓国のブランドは以前にはもう少し扱っていたと思いますが、あまり売れず、結局、日本の消費者は日本のブランドが好きなのでしょう。』もう一度よく見たところ、多くの日本のブランドには日本製というシールが貼ってあり、「メイド・イン・ジャパン」というカントリー・ブランドを強調してあるのが目についた。

第Ⅴ章　後発・追随ブランド　271

174)　「ハイアール」のブランド発展は、第Ⅰ章「図表1　ブランドの発展モデル（基本モデル）」にかなり類似しているといえよう。ただし、技術、設備、ノウハウについては外国からの導入が発展の重要な要因となっているが、外国「ブランド」のOEM生産をしてこなかったということは、特筆されよう（陳晋、前掲書、pp. 132-133)。

175)　わが国ばかりか、世界的に見てもあまり研究が紹介されていない。私の知る限りで言えば、次のような研究書があるが、内容は病院マーケティングのケースとしてタイの病院についての研究であり、マーケティングの本格的な研究とは必ずしもいえないといえよう。P. Kotler, H. Kartajaya, H. D. Hunan, *Think Asean*（洞口治夫監訳、山田郁夫訳『ASEANマーケティング』マグロウヒル・エデュケーション、2007年）。

176)　たとえば、日本産業消費研究所『台頭するアジアブランド』日本経済新聞、2003年の中には、タイのブランドはひとつも取り上げられていない。

177)　本研究は政治的、経済的、言語的、文献的な制約があり、ほとんど日本では紹介されていないタイのブランド研究である。

178)　柿崎一郎『物語　タイの歴史』p. 276、中公新書、2007。なお、同書では、「タイから周辺諸国への主要輸出品の1つにエネルギー・ドリンクがあり、最近日本に入ってきている「レッドブル」もその1例である」と記述されているが、後述するように日本で販売されている「レッドブル」はタイからのものではなく、Maid in Austria という表記が正しいとすればオーストリアからのものである。

179)　大正製薬は現地資本の医薬品製造販売の老舗であるオソサパ・グループを通じてタイ市場に進出し、1996年には子会社として合弁のオソサパ大正を設立した。

180)　T. C. Pharmaceutical Industries Co., Ltd. 社とのインタビューによる。なお、同社とのインタビューにあたり、友人の Dhurakij Pundit University 大学院教授 Dr. Om Huvanandana および彼の甥の Apilux Huvanandana に大変お世話になったことを記して、謝意を表する。

181)　株式会社エヌ・エヌ・エー『タイの華人財閥57家』pp. 41-42、株式会社エヌ・エヌ・エー、2003。

182)　リポビタンDを徹底的に研究して作られたのが、「クラティンデーン」である。同上、P. 42。

183)　インタビューの回答。

184)　「レッドブル」『ウィキペディア日本語版』https://ja.wikipedia.org/。

185)　同上。

186)　F1でのザウバーチーム、BMX、motoGP、ダカールラリーのスポンサーにな

り、2004年にはF1撤退を表明したジャガーチームを買収、ザウバーのスポンサーを打ち切り、2005年からレッドブル・レーシングとして参戦している。モータースポーツ以外でもオーストリア・ブンデスリーグのレッドブル・ザルツブルグなどのサッカーチームをはじめ、数多くのスポーツチームを所有している。また、2003年からレッドブル・エアレース・ワールドシリーズを主催している——同上。

187) A. Wipperfurth, *Brand Hijack marketing without marketing*（酒井泰介訳『ブランド・ハイジャック　マーケティングしないマーケティング』日経BP、2005年）。ただし、彼の研究はオーストリアのブランドとしての「レッドブル」であり、タイのブランド「レッドブル」については触れていない。

188) 交換留学生としてアメリカ、ネブラスカ州立大学に留学中の李瑛株さんの調査によると、同地では、「レッドブル」は1缶2.19ドル、ディスカウント価格は4缶セット7.99ドルで販売されている。

189) A. Wipperfurth、酒井泰介訳、前掲書、p. 65。

190) 同上、pp. 66-82。

191) 宮田律『物語イランの歴史』pp. 40-51、中公新書、2002年。

192) 由水常雄『正倉院ガラスは何を語るか』pp. 31-32、中公新書、2009年。

193) 通常、マーケティング研究、ブランド・マーケティング研究は日本を含め欧米先進諸国の研究がほとんどであり、イランをはじめ多くの発展途上国の研究はまったく見受けられない。なお、日本におけるイラン経済についての研究文献があったので幾つかのものを参考文献として当たってみたが、かなり古いものが多く、しかもマクロ経済的、統計的なものが主なものであり、当然、ブランド・マーケティング研究のものは見当たらない。しかしながら、私が参照した文献の中にイランのブランドに関する記述がみられた。
それは岩崎葉子の「イランの生産組織と流通機構——テヘラン・アパレル産業の事例——」の中にイランのアパレル・ブランドの萌芽について触れられている——原隆一・岩崎葉子編『イラン国民経済のダイナミズム』pp. 93-126、日本貿易振興会アジア研究所、2000年——が、彼女の研究はモノとしてのアパレルの生産と流通を分析したものである。なお、彼女は、『テヘラン商売往来』において、イランのアパレル業界の商人たちについて描いているが、本稿で後述するように、現在イランはブランド・マーケティングの時代に入りつつあるが、アパレルについていえば、私の今回のイラン訪問時のフィールドワークからも国外のアパレルのブランド・マーケティングはみられるが、イラン国産のアパレル・ブランドおよびブランド・マーケティングはまだ萌芽期であり、本格的な展開にはかなり時間がかかるものと思われる。それは岩崎葉子が指摘しているように、イランのアパレルの生産者は小規模であり、かつ、アパレルの

第Ⅴ章　後発・追随ブランド　273

卸が製品企画とリスク負担を回避していることから窺われる。しかしながら、現実のイランには多くのブランドが誕生し、発展している。そのひとつの産業分野が食品加工業かと思われるが、それについて、たとえば、大西圓『イラン経済を解剖する』p. 123、ジェトロ（日本貿易振興会）、2000年——には、「伝統的な輸出加工の典型はキャビアの缶詰とスナックとしてのピスタチオである」とあるが、この記述が時間的に古いかどうかについては判断ができない。本章で述べるように、食品加工業のひとつにあたる果実ジュースやお菓子は、すでにイランのブランドが生成・発展しており、パッケージには何カ国語かでの説明があることから、イラン国外市場へ輸出されているか、あるいはそれを目指した動きがみられる。これらのブランド・マーケティングの動向は、マクロ経済における統計には表れないのか、密輸などの非正規輸出のためなのか、真意は断定できないが、いずれにせよ現状では、ブランド・マーケティングの研究がなされていないのは事実のようである。

194) 1993年、「コカ・コーラ」イランに進出——河野昭三、村山貴俊『神話のマネジメントコカ・コーラの経営史』pp. 291-292、まほろば書房、1997年。

195) イランの消費者にとってセルフ・サービスが初めてではあるがもはやこの新しい買物方法に慣れ、まとめ買いを、曜日、時間によってはレジが大混乱である。それにもかかわらず、インタビューしたところ、多くの消費者はこの新しい大型小売業であるハイパー・スターに満足している様子であった。その一方、店側はセキュリティのために、いまだ客に対して入り口で大きなバッグやリュックサックをロッカーに入れるか中がみえる透明のビニールに入れるよう監督指導している。カメラやビデオの撮影も厳禁している。商品の展示については初歩的なものであり、トイレはそれほど清潔とはいえず、まだ発展途上といえそうである。また、イランの街中ではあまり見受けられない女性の働く姿が、レジおよび商品の品だしをはじめいくつかの局面で見受けられた。これもイランの新しい一面となっているのかもしれない。なお、ハイパー・スターは駐車場の増設の工事中であり、ハイパー・スター以外にもショッピング・センターが近く開店し、すでにモータリゼーションの時代に入っているイランの消費者は、交通渋滞がひどく駐車場がない都心のバザールから郊外の大型店へと買い物行動を変え、いよいよイランの流通革命が始まりつつあるようである。なお、イランにはハイパー・スターだけではなく、すでに年商2兆1000億IRR（約168億円：1IRR = 0.008円として計算）のチェーンストア、Shahrrand Chain Stores Inc.が、Discount、Grocery、Convenience Store、Cash and Carry、Hypermarketといったさまざまなタイプの小売り店舗をイラン中に展開中である。——https://en.wikipedia.org/wiki/Shahrvand_Chain_Stores_Inc（2011/1/12閲覧）。

196) たとえば、車はイランのブランド「SAMAND」、家電製品でいえば、「ソニー」「LG」「サムスン」などのブランドで満たされ、ご主人は登山をはじめとスポーツ愛好家であり、ご自慢の登山用品のブランドをみせていただいたが、それらは日本のブランド、ドイツのブランド、イタリアのブランドなどであり、私には特殊な未知のブランドであった。もちろん、食料品などの日常品の多くはイランのブランドである。なお、写真77は、ホスト・ファミリーのお宅にあった日本ではほとんどみることができない made in Japan を強調したソニーのテレビである。

197) 以下の記述は、第1回目は2010年12月25日、第2回目は2011年5月25日、いずれもダダシュ・バラダル社を訪問して行ったインタビューおよび同社のウェブサイトに基づくものである——http://www.aidin.com/En/HistoryE.aspx（2010/12/25閲覧）。

198) 砂糖・バターを煮詰めた菓子。

199) イランのバザールには2種類があり、テヘランの大バザール（写真78）はイランの全国市場に対する卸の機能をはたしており、その下に各都市の小売りのバザールがある。したがって、2010年に世界遺産に登録されたタブリーズのバザール（写真79）は小売のバザールということになる。なお、参考までに岩崎葉子によれば、「ペルシャ語におけるバザールが多義的な用語であるため、特定の場所としての市場（いちば）と特定商品の流通範囲を示す抽象概念としての市場（しじょう）を厳密に分けることが難しくなり、ときとして議論が一層錯綜した可能性は指摘できる。しかし考察の対象が「場所としてのバザール」であることが明確である場合においてすらも、明らかに流通機能が異なると考えられる常設市場と非常設市場の峻別を明らかにしないまま議論が進められることなどがあった。」——原隆一・岩崎葉子編、前掲書、p.126。

200) 次の写真80は、「シーリン・アサール」と、たまたまテヘランの散歩の最中

写真77　made in Japan

第Ⅴ章　後発・追随ブランド　275

写真78　テヘランのバザール 　　写真79　タブリーズのバザール

写真80　「シーリン・アサール」とその直営店

　　に見つけた「シーリン・アサール」の直営店。
201)　写真81「アナタ」のシンボル・マークと代表的な商品ブランド。
202)　「ゴディバ」『ウィキペディア日本語版』https://ja.wikipedia.org/（2011/01/20 閲覧）。
203)　私が試食したところ、「アイディン」のお菓子、チョコレートはどれもおいしいものであり、グローバル化する資格を十分に持つものである。あとはブランド・マーケティングのグローバル展開の成否ということになると思われる。
204)　2回にわたるイランにおける実態調査およびダダッシュ・バラダル社におけるインタビューに基づくものである。1回目のインタビューは、2010年12月25日、2回目は2011年5月25日、いずれもタブリーズ市の同社において行った。
205)　http://www.mofa.go.jp/mofaj/area/malaysia/data.html（2014/12/16 閲覧）。

写真81　「アナタ」のシンボル・マークと代表的な商品ブランド

206) 梶原勝美「イランのブランド『アイディン』」『専修大学商学研究所所報』第42巻第4号、2011年；梶原勝美「イランのブランド『アイディン』〈補遺〉」『専修商学論集』第93号、pp. 41-50、2011年；梶原勝美『ブランド・マーケティング研究序説Ⅱ』pp. 170-179、創成社、1911年。
207) 「Nestle」「Cadbury」「Kinder」「kisses」などである。
208) http://berylschocolate.com/jpn/corp.html（2014/7/16 閲覧）。
209) 2014年12月12日、Beryl's Chocolate Kingdom の事務所において試みた第2回目のインタビュー。
210) 2014年9月8日、Beryl's Chocolate Kingdom の事務所において試みた第1回目のインタビュー。
211) http://berylschocolate.com/jpn/corp.html（2014/7/16 閲覧）。
212) 同上。
213) その中には空港内に専門ショップがあるグローバル・ブランドの「GODIVA」も含まれる。
214) http://berylschocolate.com/jpn/corp.html（2014/7/16 閲覧）。
215) 第1回目のインタビュー。
216) 第2回目のインタビュー。
217) 同上。
218) なお、同取締役の話では、創業者兼オーナーは、現在、事業の多角化に関心を持ち、現在、ベーカリー・カフェ・レストランの「Leuain」の展開を始め、チェーン店が6店舗に達しているという。
219) トラン・ヴァン・トゥ『ベトナム経済発展論』pp. 54-55、勁草書房、2010年。
220) ベトナム経済研究所編、窪田光純著『ベトナムビジネス』p. 30、日刊工業新聞、2008年。

第V章　後発・追随ブランド　277

221) トラン・ヴァン・トゥ、前掲書、pp. 51-53。
222) 同上、pp. 57-59。
223) HANOI TRADE CORPORATION は日本語では多様に翻訳されている。たとえば、ハプロ社──「ベトナムにおけるサービス産業基礎調査」p. 20、日本貿易振興機構（ジェトロ）、ハノイ総合貿易会社── http://chudauceramic.vn/tabid/295/default.aspx （2011/11/14 閲覧）、交流ハノイ貿易株式会社── http://www.haprocraft.vn/ （2011/11/14 閲覧）、ハノイ貿易総公司（ハプロ）── http://news.searchina.net/ （2011/11/14 閲覧）、ハノイ商業総公社（ハプロ）── http://news.nna.jp.edgesuite.net/ （2011/11/14 閲覧）、などがある。なお、本書では、後述するようにハプロ社に統一して表記する。
224) 子会社：Bat Trang Ceramic Joint-Stock Company, Hapro Distillery Joint-Stock Company, Hanoi Building Material Joint-Stock Company, Thuy Ta Joint-Stock Co-mpany, Hanoi Building Investment and Glass Joint-Stock Company, Live Stock Pro-duction & Trading Joint Stock Company, Import-Export Southem Hanoi Joint-Stock Company, Cho Buoi Joint-Stock Company, Long Bien Trade investment Joint-Stock Company, Phuong Nam PUNA Joint-Stock Company, Hapro Travel Joint-stock Company, Hanoi Trade & Investment Company (TIC, Hanoi Manufacturing-Import export Agricultural products company, Hanoi Trading Service Fashion Company (Hafasco), Trang Thi Trade & Service company, Hanoi Import-Export and Investment corporation (UNIMEX), Hanoi Food State Own-Member Limited Company. http://www.haprogroup.vn/en/subsidairu-companies.html （2011/11/14 閲覧）。
関連会社：Tan My Production-Trading and services Joint stock company, Hapro supermarket of decorative plans corporation, Bohemia Crystal Hanoi Co., Ltd, Hanoi optic Joint Stock Company, Lixeha Joint-Stock Company, Hanoi supply ration of industry Joint Stock company, Traditional Food Joint-Stock Company, Hapro pure water Joint Stock Company, Hanoi Trade Development Joint-Stock Company, Thang Long-Wine Joint Stock Company, Hapro Service Joint-Stock Company, Viet Bac Limited Company, Long Son Joint-Stock Company, Hanoi Milk Joint-Stock Company, Asia East Joint-Stock Company, Hanoi Commercial Import Export Joint-Stock Company, Hanoi Import-Export Development investment Joint-Stock Company, Hapro Herbal Wine Joint-Stock Company, Hanoi General Trade-Service company. http://www.haprogroup.vn/english/index.php/aboutus/subsidairu-companies.html （2011/11/14 閲覧）。
225) http://blogs.yahoo.co.jp/。
226) ハプロ社のホーチミン市支店の責任者である Mr. Dang Quang Vu（Foreign

Relations Manager)であり、十分な時間がではなかったが、快くインタビューに応じていただいた。記して、謝意を表す。

227) 財団法人商品産業センター「ベトナム食品マーケット事情調査報告書」p. 53、2009年3月── http://www.shokusan-sien.jp/；http://blogs.yahoo.co.jp/。

228) http://www.haprotravel.com（2012/1/1閲覧）。

229) http://blogs.yahoo.co.jp/nhatanhjl/52226623.html（2011/11/14閲覧）。

230) http://www.haprogroup.vn/english/index.php/investment.html（2011/11/14閲覧）。

231) http://www.haprogroup.vn/english/index.php/manufactor.html（2011/11/14閲覧）。

232) わずかな滞在で確信は持てないが、ホーチミン市でのテレビCMでいえば、「ハプロ」のCMに接していない。これが事実であれば、ホーチミン市の多くの消費者が「ハプロ」を認知していないこともうなずけることとなる。

233) 読売新聞国際版、2013（平成25）年8月15日。同紙によれば、同ショッピングモールは600店舗の商店が入り、その中には世界各国のブランド・ショップもあり、シネコン（複合型映画館）、ボーリング場、スケートリンクも併設され、アジア最大級を誇っている。

234) 日本経済新聞、2011年12月16日、「TPP交渉参加国の思惑　2　ベトナム」。

235) ブランド「ハプロ」はベトナム政府の商工大臣からベトナムを代表するブランドとして次のような表彰を受けている。'Good Reputation Exporter Award', 'Gold Elite Enterprise Award', 'Vietnam Super Brand Award', 'Top Trade Service 2007 Award' http://www.haprogroup.vn/english/index.php/aboutus.html（2011/12/09閲覧）。

236) 現状では「ハプロ」はローカル・ブランドといわざるをえないが、ベトナムには数はまだそれほど多くはないが、すでにいくつかのナショナル・ブランドが成立している。たとえば、今回の実態調査のコーディネイターの新妻東一三進ベトナムJSC代表が作成したデータを基に、分類、整理、追加したのが、図表15ベトナム・ナショナル・ブランド一覧表である。

237) 後藤健太「繊維・縫製産業──流通未発達の検証」大野健一・川端望編著『ベトナムの工業化戦略』pp. 135-163、日本評論社、2003年。

238) 縫製品の輸出の大半は委託加工契約による生産・流通の下で行われている。ベトナム縫製企業は裁断（Cut）、縫製（Make）、仕上げ（Trim）の三工程のみを行うことから、この生産・流通形態は一般的にCMT型委託加工と呼ばれている──同上、p. 139。

239) 「四国中央市」『ウィキペディア日本語版』https://ja.wikipedia.org/（2013/03/05閲覧）。

第Ⅴ章　後発・追随ブランド　279

図表15　ベトナム・ナショナル・ブランド一覧表

Ⅰ　醸造ブランド

対象商品	ブランド・ネーム	ブランド企業
ビール	「SAIGON」「333」	SABECO

Ⅱ　一般ブランド

乳製品、飲料	「Vinamilk」	Vietnam Dairy Products Joint Stock Company
	「TH true」	TH MILK
	「Number 1/02」	Tan Hiep Phat Group
コーヒー	「G7」	Trung Nguyen Group
即席ラーメン	「Vifon」	Vietnam Food Industries Joint Stock Company
菓子・ドライフルーツ	「AFC」「Slide」	Kinh Do Corporation
	「Vinamit」	Vinamit Joint Stock Company
肉製品	「VISSAN」	ベトナム畜産技術一人有限責任会社
ランジェリー	「Vera」	Quadrille & Vesa International Limited
バッグ	「Miti」	Miti Company Limited
製靴	「bitis」	Bitis Footwear Supplier Vietnam
文房具	「Thien Long」「flex office」	Thien Long Group
陶器	「Minh Long」	Minh Long I Co., Ltd.

Ⅲ　メカニズム・ブランド

家電	「Kangaroo」	Kangaroo Group

Ⅳ　ストア・ブランド

カフェ	「Highlands Coffee」	Viet Thai International Joint Stock Company
飲食業	「Golden Gate」	Golden Gate Group

Ⅴ　企業ブランド

マンション	「Vinjomes」	Vingroup
リゾート開発	「Vinpeal Land」	
ショッピングセンター	「Vincom」	
病院	「Vinmec」	

240) http://shodo-performance.jp/?page_id = 36（2013/03/02 閲覧）。
241) 「四国は紙国」Ⅱ-5、一般財団法人シック産業・技術振興センター。
242) 本稿では最近の慣例に従ってティシューペーパーと表記するが、詳しくは、「『ティシュ』は日本工業規格（JIS）が定めた表記法。『ティシュー』は主にメーカーが使っていて、英語の tissue の発音はこれに近い。そして『ティシュ』は口語あるいは俗語体。」──市川隆「ジャパナイゼーションの博物誌 第4回 万能衛生紙」『グッズプレス』p. 118、1996年8月。
243) カミグループ・パンフレット。
244) もう一つは、マーケティングは大量販売であるといったプロダクト・マーケティングである。詳しくは、梶原勝美『ブランド・マーケティング研究序説Ⅰ』創成社、2010年；梶原勝美『ブランド・マーケティング研究所説Ⅱ』創成社、2011年。
245) 市川隆、前掲論文、pp. 117-120；日刊工業新聞社『モノづくり解体新書一の巻』pp. 58-61、1992年；「ティシューペーパーの歴史」、公益法人紙の博物館所蔵のパンフレット；20年誌編集委員会『山陽スコット20年誌』山陽スコット株式会社、1981年；十條キンバリー株式会社25年史編纂委員会『十條キンバリー25年誌』十條キンバリー株式会社、1988年。なお、公益財団法人紙の博物館、竹田理恵子司書・学芸員にお世話になった。記して、謝意を表するものである。
246) 日本におけるティシューペーパーは競争激化のため製紙業界と同様に寡占化が一部ではみられ、1993年、「スコッティ」を展開していた山陽スコット株式会社の親会社と「クリネックス」を展開している十条キンバリー株式会社の親会社が合併したため、ティシューペーパーの製造販売をしていた両社も合併し、現在では、日本製紙クレシア株式会社として「クリネックス」と「スコッティ」のダブル・ブランドを展開する企業となっている。その一方、消費市場には多くのブランドが PB のかたちで新規参入し、激しい競争が行われている。
247) 「エルモア」『ウィキペディア日本語版』https: //ja. wikipedia. org（2013/02/15 閲覧）。
248) カミグループ・パンフレット。
249) セブン-イレブンにはメーカー・ブランド（MB）がなく、プライベート・ブランド（PB）に近い形でフェイシャルティシュー320枚160組×5P が 298円、鼻にうるおい保湿なめかゲル 200 mm × 225 m　400 枚（200 組）が一個 248 円で販売されている（2013/03/05 調査）。
250) スリーエフでは PB と 5P は販売されていず、MB 中心で、「スコッティ・ウルトラソフト」188 mm × 234 mm　400 枚 200 組が 155 円、「カシミア EX200 スコッティ」214 mm × 218 mm が 236 円で販売されている（2013/03/04 調査）。

251)「サムスン」は家電製品のブランド、すなわち、メカニズム・ブランドであり、高品質で低価格ならば消費者のブランド・スイッチがおこるが、一般ブランドである「エルモア」は品質の改善の余地が現在では少なく、低価格だけではいつまでも追随ブランドのままで「クリネックス」、「スコッティ」をはじめとする有力ブランドの地位を脅かすことは難しいといわざるをえない。

252)「製紙大手各社は、ティッシュペーパーやトイレットペーパーなど家庭紙の目上げに向け、スーパーや卸売業者との間で価格交渉を進めている。急速に進行した円安で海外から輸入する原料のパルプや木材のチップの価格が上昇し、収益を圧迫しているためだ。各社は工場から集荷する家庭紙の価格を10〜15％程度引き上げる方針だ。」── http://headlines.yahoo.co.jp/hl?a＝20130410-00000124-jij-bus_all（2013/04/10閲覧）。

253) イノベーションの余地がまったくないわけではない。たとえば、古紙からティッシュペーパーをリサイクルで作る、洗って繰り返し再利用ができるティッシュペーパーの開発などエコロジーの観点からいくつかのものが考えられるが、それ以外にも新たな用途の開発など、いずれにせよ、パイオニアにならなければならない。

254) 今回の実態調査研究は、「エルモア」のブランド企業のカミ商事株式会社ではなく、子会社で生産に特化しているエルモア株式会社の工場見学であったため、ブランド・マーケティング研究の観点からいえば、十分なヒアリングができなかった。機会があれば、次回にはぜひカミ商事株式会社を訪れ、さらなる研究を試みてみたい。

第Ⅵ章
伝統産業のブランド

1　はじめに

　これまで本書で論じてきたように、醸造ブランド、メカニズム・ブランド、一般ブランド、PB（プライベート・ブランド）、農産物のブランド、サービス・ブランドといったブランドが誕生し、発展してきている。その結果、消費者の周りには多くのブランドが氾濫し、ブランド社会が実現するにしたがい、今までブランドとは縁がないと思われていた伝統産業の商品にもブランド化の動きがみられるようになってきた。

　しかしながら、伝統産業のブランド化にはいくつかの壁があり、それを打ち破ることはかなりな困難が付きまとう。まず、伝統産業には生産者が小規模かつ多数存在し、個別企業が主体のブランド創造、展開からなるブランド・マーケティング以前の家業的、生業的な経営が多い。次に、産出する生産物が職人生産や自然を対象とするものが多く、そのため標準化が困難であり、消費者に常に同じ満足を保証するブランドとはなりにくい。さらに、伝統的な卸が流通を支配し、価格決定権を握っている。

　このような中で伝統産業にもブランド化を成し遂げ、流通の支配から脱し、自らのブランドに責任を取る経営を目指そうとする新たな動きが出てきている。その反面、伝統産業の中には相変わらず旧来の伝統的な経営の中に埋もれているものもあり、一口に伝統産業といってもさまざまなのが現状である。

　本章では、日本における伝統産業のブランドとそれにかなり類似する農産物のブランドについていくつかの事例を取り上げ、考察することとする。

　また、最後には、伝統産業からブランド化に成功した中央アジアのキルギスの伝統的な飲料マクスムのブランド「ショロー」の発展プロセスについての考

察を試みることとする。

2　日本の伝統産業のブランド

2-1　水引のブランド「御国」

(1) はじめに

　専修大学社会科学研究所の実態調査で 2014 年 2 月 25 日から 27 日まで、長野県飯田市を訪問した。毎日、朝から夕方までぎっちりとスケジュールが組まれており、講演と実態調査が続いたが、講演の中で 2、3 人の講師の方々が飯田市は伝統産業の水引（みずひき）（写真 1 および写真 2）が有名で、生産額は全国一であるということを話していた[1]。

　かねてより伝統産業のブランドに関心を持っていたので、飯田市における実態調査研究の研究テーマを伝統産業の水引に定め、ブランド・マーケティング[2]の観点から研究することとした。

　水引についていえば、私はブランドを知らない。これまで年に数回買うか買わないかといった水引は、単なる水引というモノ商品にすぎないと考えていた。しかしながら、実際には水引のブランドがすでに存在し、ブランド・マーケティングが行われているかもしれない。研究を本格的に始めるにあたり、文献を求め本屋に行ったところ、思いのほか多くの水引の本が並んでいたのでそのなかの何冊かを買い求めた[3]。もしかすると水引は伝統の中に埋もれているのではなく、新しい可能性を見出しつつあるのかもしれない。

写真 1　金封（熨斗袋）　　　写真 2　結納水引

第Ⅵ章　伝統産業のブランド　285

水引のブランドがあるのか、ないのか。もし、ブランドがあるならば、その発展プロセスおよびそのブランド・マーケティングとはいかなるものであるのか。これらの関心が高まり、水引のブランド事例研究を株式会社田中宗吉商店の水引「御国（みくに）」印に焦点を当て、進めることとしたい。

(2) 水引とは

　水引は伝統的に祝儀や不祝儀の際に用いられる飾りで、贈答品の包み紙などにかける紅白、黒白、金銀などの帯紐であり、形や色によりさまざまな使い分けが行われている。現在では新たな色が加えられ、カラフルな水引も生まれている。また、飾り紐としてだけではなく、鶴、亀、松などの置物や髪飾りとしても使用されている。

　水引の語源、由来にはいくつかの説があり、まるでその歴史の古さを証明しているかのようである。

　水引の語源は、紙縒りが元の紙に戻らないよう糊水を引いて乾かし固めたことからとする説と、紙縒りを着色水に浸して引きながら染めたことからとする説とがある。しかしながら、水引は平安時代以降の呼称で（それ以前は「くれない」）、麻紐から紙縒りになったのは室町時代以降であるから、紙縒りに糊水を引いたことから水引になったとは考えられない。着色水に浸して引きながら染めたことに由来して水引という言葉が生まれ、当初、染められたものは紙縒りではなく麻紐のことと考える方が自然であろう[4]。

　また、水引の使用の起源についてもいくつかの説がある。

　水引の起源は、小野妹子が隋からから帰った際、同行した返礼使が持参した貢物に結ばれた紅白の麻紐にあり、そこから宮廷への献上品には紅白の麻紐を結ぶ習慣が生まれ、室町時代に麻紐の代わりに紙縒りの水引になったといわれる[5]。なお、別の説もある。室町時代の日明貿易において、明からの輸入品の箱すべてに赤と白の縄が縛り付けられていた。この縄は明側が輸出用の品を他と区別するために使用していたにすぎなかったが、日本側がこの縄を贈答に使用する習慣と誤解し、以後の日本で贈答品に赤と白の紐をかけるようになったというものである[6]。

　宮廷への献上品には紅白の麻紐を結ぶ習慣が生まれたが、室町時代後期にな

ると次第に麻紐の代わりに紙縒りに糊水を引いて乾かして固めた水引が使われるようになった。しかしながら、水引の需要は特殊なものでその市場は限定されたものであった。

　今日生産の一大拠点である飯田の水引は髪を結ぶ元結から始まった[7]。昔から木材と清列な水が豊富で和紙作りが盛んであった飯田において、地元の楮（こうぞ）、三椏（みつまた）を使った丈夫で水にも強い飯田台帳紙を活用した元結製造が、江戸時代、飯田藩主堀親昌[8]によって殖産興業の一環として始まった[9]。その後美濃から移り住んだ稲垣幸八や桜井文七の努力により、大きく発展した[10]。

　明治時代に入り、断髪令が出て、元結の消費量は少なくなった。その一方、消費生活の向上で水引の使用が定着するに伴って水引の需要は増加していった[11]。そのため元結に改良を加え、元結に代わる新たな商品として、光沢のある丈夫な水引を作り出し、市場の開拓に努めた。水引の技術改良のひとつに、1904（明治37）年、後に述べる田中宗吉商店の創業者、田中虎治郎の考案した屋外天日製造機があげられる。

　また、1916（大正5）年、石川県金沢市の津田左右吉が津田式水引折型を創案し、平面的な水引から立体的な鶴亀、松竹梅などの細工を考案した[12]。

　昭和になり、水引のさまざまな結び方が開発され、需要がさらに増加していった。金封、結納品、水引細工の生産が増える中、飯田では原料の和紙の生産が公害騒動を引き起こし[13]、その生産を伝統的な和紙の生産地である四国に依存するようになり、そこでの水引生産が始まった。それに石川県金沢の水引生産も相まって、次第に飯田の独占が崩れていった。さらに、平成に入ると日本人の生活習慣が大きく変わり、伝統的な水引に対する需要は減少しつつある。しかも技術移転した中国からコストの安い水引が大量に輸入されるようになり、飯田の伝統的地場産業の水引は厳しい競争にさらされているのが実状である。

　なお、私の研究テーマであるブランド[14]についていえば、現時点では、水引のブランドといえるものは存在していないようである。商標登録された印や銘柄はあるにはあるが、それはあくまで業者間のものであり、消費者がブランド認識できる印、シンボル、サインといったものは個々の水引には付されてい

ない。

(3) 株式会社田中宗吉商店の沿革

現在、「御国」印の水引の製造販売元である株式会社田中宗吉商店のウェブサイトをみれば明らかなように登録商標として「御国」が掲げられている。登録商標「御国」がブランドか、単なる登録商標かについては次に論じるとして、ここでは「御国」印の水引の製造販売元である同社の歴史について簡単に触れることとする。

株式会社田中宗吉商店の歴史とは田中家4代にわたる歴史に他ならない[15]。

1877（明治10）年、初代にあたる田中虎治郎が元結の繁昌院の総本家から分家し[16]、元結水引製造問屋、東繁昌院として創業。当初は半農半商であった。

1904（明治37）年、田中虎治郎が屋外天日製造機を考案し、水引の半機械化を図った[17]。

1913（大正2）年、田中虎治郎の長男、宗吉（本家の田中長一との連名で）、改良巻取紙切断機の実用新案登録、第29801号[18]。

1917（大正6）年、田中宗吉が2代目として事業を引き継ぐ。

1950（昭和25）年、個人経営から法人となり、株式会社田中宗吉商店を設立。「御国」を商標登録。

1957（昭和32）年、田中宗吉の長男、章伍が2代田中宗吉を襲名し、3代目として事業を引き継ぐ。第二次大戦後の経済発展に伴い、営業品目も結納品・金封・祝儀用品など充実させた。

1980（昭和55）年、2代田中宗吉の長男康弘、専修大学商学部を卒業し、株式会社田中宗吉商店入社。

1984（昭和59）年、2代田中宗吉の突然の他界により、長男田中康弘（3代田中宗吉を襲名せずに）4代目として事業を引き継ぐ。

1998（平成10）年、長野冬季オリンピックの選手役員への贈答水引と同パラリンピック勝者月桂冠の水引を受注し、納入した（写真3および写真4）。

同社は1877（明治10）年の創業以来、伝統的地場産業、水引製造の元祖の

写真3　長野オリンピックの贈答水引

写真4　パラリンピック勝者月桂冠の水引

写真5　正月飾水引

写真6　水引リース「銀水引」

ひとつとして先駆者的立場から、飯田の水引の名声を全国に高め、業界発展に寄与してきた老舗である。創業以来、堅実な経営を行い、特に昭和30～40年代の高度成長期には、水引の需要の増加を背景に取扱品目の多様化、たとえば、正月飾水引や水引リース「銀水引」（写真5および写真6）の商品化に成功し、売り上げを拡大し、1993（平成5）年までは順調に発展してきた。

　ところが、平成不況が始まって以降、消費者の生活習慣の変化、節約志向によるジミ婚などの影響をまともに受け、ブライダル市場の大変革とともに業界全体が構造不況に陥り、同社の売り上げはピーク時の約3分の1にまで急激に低下してきた。そのため、社員のリストラを敢行し、同社の生き残りとV字回復を図っている。まさに同社は正念場に差し掛かっているのである。

　しかしながら、水引を巡る環境は一段と悪化し続けている。たとえば、大店

法の緩和によって、大手流通資本のチャネル支配力が増し、長年培ってきた卸問屋から小売店、そして、消費者、ユーザーへといった伝統的チャネルが機能しなくなりつつある。その結果、価格支配権を大手流通資本に握られ、さらに海外からの超低価格品も参入し、競争は一段と激化している。

その反面、包装資材関係（ラッピング、菓子業界、料理業界）の取引先がこのところ確実に増加し、取引品目も増加、充実し、いまだ規模は小さいが、新たな有望市場と期待をしているということである。

(4)「御国」はブランドか、単なる商標か

いまや田中宗吉商店の代名詞となっている「御国」印は1950（昭和25）年から今日まで65年の歴史と伝統を持ち、業界では一目置かれる存在であるという。同社の2代目、初代田中宗吉が、水引を使うという素晴らしい国、日本を尊び、敬う気持ちから、この「御国」を創り、3代目の2代田中宗吉が商標登録をし、今日まで同社の商標として、前記したようにウェブサイトにも記載されている。

したがって、「御国」は同社の商標であることは間違いがないが、ブランドといっていいのであろうか。そもそも商標は名前、シンボル、サイン、デザインなどの独占使用権の承認という法的保護を求めて申請し、登録が認められるものである。商標は一度商標として認められれば、10年に一度、更新の手続きをすれば、半永久的に商標権という知的財産の権利は継続される。しかしながら、商標を登録したにもかかわらず、商標それ自体の価値を高める努力をしなければ、ただの登録済みの商標ということになり、経営的にはほとんど意味をなさない。

「御国」についていえば、今日まで田中宗吉商店の水引の印として、業界、取引先の間では、有名かつ一流の銘柄として通用してきている。そのため、「御国」はブランドであると思われがちである。しかしながら、実は、「御国」は商標であることは間違いがないが、現状では決してブランドとはいえない。

というのは、ブランドは個人もしくは企業などの組織が創造、展開するが、それをブランドとして認め、評価し、支持するのは、あくまでも市場の消費者である。ちなみに「御国」のロゴ（図表1）ができてはいるが、（今回の実態

図表1　「御国」のロゴ

写真7　カタログ・デザイン

調査で同社を訪れた際に）立派なカタログ（写真7）[19]をいただいたが、そこに載っている商品には「御国」印はおろか「御国」を特定する何物も情報として付加されていない。現物の商品をみても同様であり、いわば、すべてが無印の水引である。これでは、一般の消費者が「御国」の水引をみて、すぐにこれは「御国」の水引であるとブランド認識することは不可能である。

したがって、田中宗吉商店の「御国」は商標ではあるかもしれないが、消費者からいえば、ブランドではないといわざるをえない。「御国」は水引というモノ商品の単なる登録済みの商標にすぎず、それは一般消費者にはまったく認知されておらず、業界、取引先の間といった限られた世界で認められた符丁や屋号のようなものにすぎない。その結果、ブランド化されていない「御国」は、野菜や果物と同様に、生産者である同社には価格決定権がなく、それは流通業者が握ることにより、結果として、価格競争が激しくなり、コスト志向とならざるをえなくなる。

(5)「御国」ブランドか、新たなブランドの創造か

田中宗吉商店の「御国」が生き残るためには、これまでの伝統的な商売、経営ではなく、何よりもまずブランド概念の導入が必要である。新しいブランド概念に基づいて、新たなビジネスモデルの構築とその実行が必要となる。

これまで4代にわたる100有余年は環境に恵まれ、順調に発展してきたといわれるが、よくみてみると、節々に新たな経営、技術革新（イノベーション）

を行って、それに成功した結果として発展したのである。それらは、元結から水引へと主力商品の変更、屋外天日製造機の発明、結納品・金封への事業拡大などである。つまり、何も努力しないで発展してきたわけではない。

逆境にある現在、生き残り、発展するにはブランド付与が必須であるが、そのブランドとして、これまでの商標である「御国」をブランド化するのか、「御国」はその役割を終えたとして、それに代わる新たなブランドを創造し、展開するのかは、経営者の意思決定次第である。

ブランドとは、単なる名前ではなく、最終需要者である消費者への情報の塊、すなわちコンテンツの集合体である。これまで使ってきた「御国」を継続し、消費者に訴求し、伝達し、評価される新たな情報を創造し、付加するのか、あるいは、まったく新しいブランドを創造し、展開するのか、いずれかの決断である。

(6) ブランド・マーケティング戦略

ブランド創りは経営責任者である田中康弘が「御国」のブランド化を進めるのか、新たなブランドを創造するのかを決めることから始まるのである。

そこで、ここでは、仮のことではあるが、同社の登録商標「御国」をブランド化するとの前提から、ブランド・マーケティング戦略の作成に必要な考え方を提示することにすることとする(以下の議論は、「御国」ではなく、新たなブランドを創造した場合でも、もちろん該当するものである)。

最初に、水引という商品特性から、消費者がこれをブランド認識することは容易なことではないと思われるが、まず、「御国」をこれまでのモノ商品からブランド商品へと代えなければならない。単なる結び紐というパーツから最終製品、すなわち最終消費財としてブランド化することである。

次に、ブランド情報の創造と付加。消費者が「御国」の水引をみたら、水引のブランドであることがすぐにわかるような情報、すなわち、ロゴ、シンボル、デザインなどの付加である。たとえば、水引を2色でデザインし直す、小さなM(「御国」のイニシャルのM)のマークがつながっている水引に代える、熨斗袋の一部に「御国」印を付す、新たな「御国」独自のデザインを創る、これらのコンビネーションが、その一例である。他の業者がまだ創造していない水

引のブランド情報の創造と付加である。したがって、決してコピーしたものではなく、あくまで独自のオリジナリティのある情報の創造と付加が必要である。

第3に、水引の新たな用途を開発し、製品の多様化を計ることである。これまでの伝統的な需要に依存するのではなく、現在の消費者が欲する新たな商品を開発することである。現在の水引についていえば、その需要は祝儀袋としては多くて年に数回、結納としては通常は一生に一回であり、それではあまりにも需要が限定され、少なすぎる。そこで、これからは日常的に使われる消費財分野に進出すべきである。たとえば、バッグ、ミサンガ、ストラップなどがそれである。もちろん、同社にはすでに商品化している水引キーホルダーの「キューブ」「しずく」「香り」といったシリーズ[20]がある。それらは一見ブランドのようにみえるが、いずれもブランド化されたものではないモノ商品である。重要なのは新たに開発した商品にいち早く「御国」ブランドを付与し、パイオニア・ブランドを創造、展開することである。新たな商品にブランドを付与する場合、新たな商品のすべてに「御国」ブランドを付与し、統一ブランドとして「御国」を使うのか、それとも新たな商品には「御国」ではなく、新たなブランドを付与する個別ブランドを採用するのか、この決断も経営者の意思決定に依存することになるのである。

第4に、ブランド「御国」についての情報を消費者へ発信しなければならない。ブランドは情報を創造しただけでは意味がなく、それを消費者に発信し、消費者に受容され、認知、評価、支持されることが必要である。情報の発信方法には、たとえば、高額な費用のかかるテレビCMからほとんど費用がかからない口コミまで多種多様なものがあるが、今後、インターネットの普及、発展によってインターネット媒体を利用することがますます求められよう。

第5に、ブランド「御国」の価格はこれまでのコスト・プラス方式や慣行的価格ではなく、消費者の満足を基準に考えるべきである。換言すれば、「御国」が消費者に与えることを約束する満足を金銭的表示したものがブランドの価格となる[21]。あとは、消費者がそれをどう評価するかというのが課題で、競争業者との価格競争から離れ、「御国」独自の消費者市場を創れるかどうかにかかってくる。

第6に、「御国」のチャネル戦略についていえば、これまでの伝統的な取引

先を中心とするのか、新しいチャネルを構築するのかは、これも経営者の意思決定である。ブランド「御国」という新しい酒をこれまでの古い袋のままでおなじみさんである伝統的な取引先に売るのか、新しい袋に入れ替えて新しいチャネルを構築して売るのかという決断である。なお、水引は心と心をつなぐ特殊な商品であるため、商品をみて購入したい消費者の心情が強いため、カタログによる通信販売やネット通販が行われているが、注文は多くないといわれている[22]。しかしながら、それはモノ商品の水引であり、「御国」がブランド化され、消費者の評価、支持を得られた暁には、カタログ通販やネット通販での注文が増えることは明らかである。

最後に、忘れてはならないのがブランド「御国」の保証情報である。消費者からのクレームには責任を持って対処し、それがいずれは信用、信頼情報へと代わり、ブランド力を高め、ブランド・ロイヤリティを形成する助けとなるのである。

いずれにせよ、「御国」は水引のパイオニア・ブランドを目指すべきである。まだ水引のブランドが存在していない今こそそのラスト・チャンスかもしれない。

ブランド時代の現在、消費者はブランドの洪水の中でおぼれているので、消費者がブランド認知、評価、支持するには、消費者にとって最初のブランド、すなわちパイオニア・ブランドにならなければならない。パイオニア・ブランドは当初苦労するが、成功の可能性は高く、しかも成功した暁には、消費者から水引ではなく「御国」と認識され、呼ばれるかもしれない。たとえば、「味の素」「キッコーマン」、かつての「ウォークマン」のようになれるかもしれない。そうなれば大成功である。

しかしながら、ブランド・マーケティングには絶対がない。常に試行錯誤の繰り返しである。そのために、田中宗吉商店に不足しているのは、資本だけではなく、それ以上に求めなければならないのは人材かもしれない。スカウト人事をするのもいいが、必要に応じ必要な人材を雇うのではなく、アウトソーシングするのも一案かと思われる。デザイナー、ブランディング・プランナー、広告クリエーターなどである。

今後、田中宗吉商店はブランド「御国」に会社のすべての資源を投入しなけ

ればならない。ブランド「御国」の創造、展開に成功し、その管理が順調にいけば、「キッコーマン」「コカ・コーラ」のように何百年も成功裏にトップ・ブランドを継続することができるのである。

(7) おわりに

　これまで考察したように、水引の「御国」はブランドではなく、また、田中宗吉商店の行っている経営活動はマーケティング、すなわちブランド・マーケティングではなく、単なる生産活動と営業活動ないしは販売活動である。換言すれば、現状はブランド以前、ブランド・マーケティング以前の状況である。このままでは写真にみられるように、素晴らしい伝統工芸品である「御国」の水引がモノ商品で終わってしまう危機にある。そのためには、何よりも「御国」のブランド化が必要となるのである。

　水引にはいまだブランドがないゆえに、水引のパイオニア・ブランドとして「御国」をブランド化し、ブランド・マーケティングを試みれば大きく成功する可能性は十分にある。すでに飯田水引協同組合が「飯田水引」を組合の共同ブランドとして団体商標登録している[23]が、それは現状では残念ながらあまり意味をなさない産地ブランドである。というのは、何か問題があれば、だれが、どの生産者が、どの企業が解決するのかという責任の所在が不明確であるからだ[24]。したがって、同社独自のブランド「御国」でチャレンジするラストチャンスかもしれない。

　そのためには何よりも消費者へ「御国」を発信しなければならない。そのひとつとして、同社の140年にわたる歴史から、単なる老舗、暖簾といった旧来の概念ではなく、消費者に訴えるためのブランド「御国」のブランド物語（ブランド・ストーリー）を新たに創ることが鍵となるかもしれない。次に、同社の敷地内にある古い旧家のたたずまいの治宗園（写真8および写真9）を改修し、「御国」の情報発信のイベントの場とする。たとえば、水引博物館とし、入場料を取り、希望者には水引の体験学習を行い、さらにお茶とお菓子のサービスを行えば、それは飯田市の観光資源のひとつとなり、「御国」の評価の向上の手助けとなるかもしれない。また、最近注目を浴び始めている水引アートの教室を「御国」ブランドで展開すれば、「御国」を広めるだけではなく、水

第Ⅵ章　伝統産業のブランド　295

写真8　治宗園の門

写真9　治宗園の中庭

引デザイナーの養成にもなり、一石二鳥となるであろう。

　最後に、ブランドを創るということは、全国市場におけるナショナル・ブランドではなく、究極的にはグローバル・ブランド、すなわち世界の「御国」を目指すということである。夢と志は大きく持つ必要がある。それに成功した暁には、「御国」は永続するブランドと必ずやなるであろう[25]。

2-2　七味唐辛子の伝統的ブランド「八幡屋礒五郎」

(1) はじめに

　そば、うどんに薬味として何気なく振りかける七味であるが、正式には七味唐辛子といい、「八幡屋礒五郎」というブランドが存在することを長野に旅したときに初めて知り、大いに興味がそそられ、帰り際に長野駅ビルの売店でお土産として買い求めることとなった。

　調べてみたところ、これまでモノ商品とみなしてきた七味唐辛子にはブランドが存在していた。すなわち、東京薬研堀に創業した「やげん堀七味唐辛子本舗中島商店」、京都清水の「七味家本舗」、そして、長野の「八幡屋礒五郎」という日本三大老舗七味唐辛子製造業者があることがわかった。七味唐辛子は約400年前に生まれたが、その土地その土地で風味が微妙に違う。たとえば、東京の「やげん堀七味唐辛子本舗中島商店」は焼き唐辛子の辛さと胡麻の風味が、京都の「七味家本舗」は香りのよさが、そして、長野の「八幡屋礒五郎」は辛みと香りのハーモニーが特徴である[26]。

そこで、300年以上の歴史があり、日本三大老舗七味唐辛子のひとつである「八幡屋礒五郎」について、伝統的ブランドの観点から研究を試みることとする。

(2) 七味唐辛子

七味唐辛子は唐辛子を主とした香辛料を調合した日本の調味料（ミックススパイス）で、七味と略されることもある。唐辛子を主原料とし、七種類の香辛料を混ぜて作られることからその名がある。必ずしも同じ原料で作られるとは限らず、生産者によっては原料が異なる[27]。

たとえば、前述した日本の三大老舗の七味唐辛子を一覧表にまとめてみると図表2のようになる[28]。

七味唐辛子は原料として唐辛子、芥子（けし）の実、陳皮、胡麻、山椒、麻の実、紫蘇、海苔、生姜などから七つのものを選び、ブレンドして作られることになる[29]。

また、一味唐辛子とは原料が唐辛子のみのものをいう。したがって、唐辛子の辛みが強いのが一味であり、一方、辛みは一味より控えめながら風味がよいのが七味ということになる。両者、すなわち、一味唐辛子と七味唐辛子の使い分けは人それぞれということになる[30]。そもそも七味唐辛子はそれ自体だけを食することはなく、通常、薬味[31]や吸い口[32]として使われる日本食の伝統的調味料であり、あらかじめ料理に入れられることもあるが、その多くは食卓

図表2　日本三大七味唐辛子の七味（商品記載の原料より）

ブランド名	七味の原料〔商品に記載順とは異なる。（　）内は商品記載表記〕						
八幡屋礒五郎 （長野）	唐辛子	山椒	麻の実 (麻種)	胡麻	陳皮	紫蘇	生姜
やげん掘 七味唐辛子本舗 （東京）	唐辛子	山椒	麻の実	黒胡麻	陳皮	けしの実	焼唐辛子
七味家本舗 （京都）	唐辛子	山椒	麻の実 (おのみ)	黒胡麻	白胡麻	青紫蘇	青のり

第Ⅵ章　伝統産業のブランド　297

に塩、醤油などとともに七味入れの容器の中に入れられた形で置かれており、好みに合わせて使われるものである。換言すれば、七味唐辛子は料理を引き立てる中間財、飾りということになる。そのため、料理をする人や容器に七味を入れたり、補充する人を除いて、多くの消費者は七味唐辛子に対してはモノ認識であり、ブランド認識をすることは困難である。その結果、世の中に七味唐辛子のブランドが存在していることを知らない消費者が大半である。なお、七味唐辛子は商品生産されたものだけではなく、自家生産されるものもある。七味唐辛子のレシピがインターネットに多数公開されており、消費者が自分の好みに合わせ個人的に作ることが可能なものとなっている。

　このようなことから七味唐辛子のブランド化には通常の消費材の完成品である一般ブランドとは異なる多くの障壁が存在している。それにもかかわらず、七味唐辛子にもブランドがあるという。そのひとつが「八幡屋礒五郎」である。

(3) ブランド創造

　七味唐辛子のブランド「八幡屋礒五郎」の誕生は江戸時代の中期にまで歴史を遡ることになる[33]。

　日本に入った唐辛子が七味唐辛子として普及したのは江戸時代初期であるが、それより遅れた江戸中期の元文元（1736）年、長野市西山地方（同地は陳皮以外の六種の七味の原料の栽培に適していた）出身の祖先を持つ初代勘右衛門が七味唐辛子を善光寺の境内で売り出したのが「八幡屋礒五郎」の始まりである。

　「初代勘右衛門が創業し、二代目五左衛門が製造方法を確立し、販路の拡大を図る中で、善光寺堂庭で仮店を設けて販売を手がけ、善光寺という、全国的な信頼を集める巨大な力の下で商売をする効率の良さを悟りました。善光寺からの信頼を得るまでにはさまざまな苦労があったと想像されますが、堂庭の中で一番よい場所御高札前に店を張る特権を許されたのは、三代目儀左衛門の時代からだったといわれています。江戸末期から明治初期の善光寺界隈の様子を知る上で貴重な資料となる、長尾無墨編輯『善光寺繁盛記』（明治十一年〈1878年〉出版）に、八幡屋礒五郎の古い売り姿が描写されています。『枝垂れ柳の下に高札が立っていた。その下に大きな傘を開き、台をしつらえて、一人の老人が七色唐辛子を売っていた。その袋の表には『善光寺御高札前八幡屋

礒五郎』の十三文字が記されている。台の上には、大きな袋や小さな袋が左右に積まれていた。箱も置かれていて、味ごとに七つに区分されている。そして、客の好みに応じて、小サジで、七つの味を調合して売っていた。』」[34]

したがって、江戸時代の中期から明治時代にかけての時期には、七味唐辛子のブランド「八幡屋礒五郎」が明らかに誕生していたことになるであろう。「八幡屋礒五郎」というのはおそらく屋号からきたものと推測されるが、同ブランド企業の株式会社八幡屋礒五郎のウェブサイトにも、また、同社について記述した文献にも残念ながら詳しい説明はない。

(4) ローカル・ブランド

七味唐辛子のブランド「八幡屋礒五郎」は善光寺御高札前で参詣土産として発展し、信州善光寺のローカル・ブランドとして確立されていった。また、長野県というローカル市場では現在でもその存在は圧倒的である[35]。

販売方法は客の好みに合わせ、七味を調合するという独特のものであった。そのような中いくつかの挑戦を試みている。そのひとつは6代目栄助が考案したブリキ缶のパッケージである。「八幡屋礒五郎の七味とうがらしの特長として、忘れてはいけないのが、パッケージのデザイン。紙袋のデザインは、江戸末期にはやった木版画の技法を用いて作られたものです。以前は先祖の出生地である鬼無里村で作られた和紙『山中紙』を使っていました。もうひとつのパッケージ、ブリキ缶は、六代目栄助が大正十三年、五十六歳のときに考案したものです。紙袋よりも食卓での実用に便利で、耐食性も強く、現在も八幡屋礒五郎の顔として多くの人に使われています。ブリキ缶のデザインも、六代目栄助が考案したと言われています。赤地に斜めに大きく描かれた唐辛子。その上部のへたの部分に振り出し口を重ねると開くように作られています。裏面には空と石畳の中に建つ善光寺。金、銀、青、赤の四色が艶やかです。」[36]

さらに、1952（昭和27）年、7代目栄助のときに、善光寺御高札前から現在の大門町に出店した[37]。

(5) ナショナル・ブランド

20世紀末、七味唐辛子のブランド「八幡屋礒五郎」がローカル・ブランド

からナショナル・ブランドへと発展の時期を迎えたのである。

「六年に一度の善光寺御開帳や新幹線開通、長野冬季オリンピックなどにより長野のおみやげとして知られるようになりました。」[38]

9代目に当たる現社長の室賀豊が専務の時代、彼は大改革を断行し、長い歴史がある伝統的な家業から企業を目指した[39]。それは同時に「八幡屋礒五郎」がローカル・ブランドからナショナル・ブランドへと脱皮することでもある。

まず、それまで客の注文に応じて七味唐辛子を調合していたのを改革し、調合の機械化を導入するとともに本社・工場を移転し、生産効率を上げた[40]。

次に、以下のような新機軸を次々と打ち出した[41]。

① インターネット販売
② 多彩な用途開発
③ オリジナル七味缶（アニバーサリー缶）
④ イヤーモデル缶
⑤ 原材料分野への進出

その結果、以前は善光寺門前の大町店で販売される小売の割合がほとんどだったが、現在では卸の比率が70％を占めるようになった。次第に、卸を通して、広域市場のスーパーマーケットや百貨店で販売されるようになり、市場が広がり、「八幡屋礒五郎」がナショナル・ブランドになりつつある[42]。たしかに、先日市場調査したところ、神奈川県川崎市にあるイオングループのダイエー向ヶ丘店でも販売されていた。

(6) 新たなる展開

「八幡屋礒五郎」はブランド拡張を試み、現在では、多種多彩なアイテム・ブランドが展開されている（図表3）。調味料だけではなく、ストラップ、スイーツ、化粧品といった新分野にまでブランド展開を始めている。

また、「時には使われない日もある：定食屋編」「おいしいのはお蕎麦」など七味唐辛子のユニークなテレビCMを放映。前者のシリーズはACC地域ファイナリスト賞を受賞し、後者はACCファイナリスト賞を受賞した[43]。なお、これらのCMはローカルなもので、今後、「八幡屋礒五郎」がナショナル・ブランドとしてさらなる展開を目指すのであれば、全国CMを行い、全国の消

図表3 「八幡屋礒五郎」のアイテム・ブランド群

01 七味唐からし	02 ゆず七味	03 深煎七味
04 山椒七味	05 一味唐からし	06 BIRD EYE	07 粉山椒
08 七味ガラム・マサラ	09 七味胡麻	10 イヤーモデル缶	11 ひとふり袋
12 詰め合わせ・容器	13 調味料・料理素材	14 スイーツ	15 ジェラート
16 オリジナルグッズ	17 調合	18 コスメシリーズ	

出所：株式会社八幡屋礒五郎ウェブサイト
https://www.yawayaya.co.lp/brand/products.html （2016年2月）

費者に情報の発信、提示をする必要があるであろう。もちろん、費用対効果の問題があるのは事実であるが、インターネット情報よりはマス・メディアを使用した全国広告はインパクトが大きく、ナショナル・ブランドとして確立するひとつの有力な手段といえるものである。

　2004年には「八幡屋礒五郎」は「信州ブランド・デザイン賞2004」で金賞受賞[44]している。

　しかしながら、「八幡屋礒五郎」はこれまでの善光寺土産という信州ブランドではなく、今後は全国へ情報発信し、一般ブランド、すなわち七味唐辛子という調味料のナショナル・ブランドとして消費者の認知、評価、支持を獲得することが急務といえるであろう。

(7) おわりに

　これまで、七味唐辛子の伝統的ブランド「八幡屋礒五郎」について考察してきた。しかしすでにブランド創造のところで触れたが、ブランド名の由来および七味唐辛子とブランド名の「八幡屋礒五郎」との関係が不明である。真実は280年もの長い歴史のかなたに見え隠れする幻のごときものなのであろうか。

　長い歴史を持つ長野の善光寺御高札前を発祥の地とする七味唐辛子のブランド「八幡屋礒五郎」が現時点で確立したナショナル・ブランドとなるのはそう簡単なことではない。

　まず、伝統的老舗ブランド間の競争があげられる。

　伝統的ブランドの「やげん堀」と「七味家本舗」というさらに歴史と伝統のある老舗ブランドが存在している。それらのものと明確に差別化した情報の発信が必要となるであろう。消費者に十分な理解がされえない「歴史と伝統」というスローガンだけではあまり意味がない。香りと風味に違いがあるといわれるが、七味唐辛子に関してはまったくの素人で目利きではない一般消費者の誰でもがわかるような説明が必要かもしれない[45]。また、素材の良さと原料が地元というが、それが結果として、ブランドにどう反映されているのかが消費者には伝わりにくいと思われる。換言すれば、老舗ブランド間の競争に打ち勝つためには、「八幡屋礒五郎」の歴史と伝統に基づく独自性、オリジナリティをアピールする情報の発信が求められるであろう。なお、ウェブサイトには

図表4　七味唐辛子のブランド比較

ブランド	表記	数量	（税抜）価格	（8%税込）価格	賞味期限
「八幡屋礒五郎」	販売者	14 g	341 円	368 円	2016/6/8
「やげん堀」	製造者	16 g	380 円	410 円	2017/8
「SB」	製造者	15 g	118 円	127 円	2018/5/10
「ハウス」	──	10 g	148 円	159 円	──
「トップバリュ」	販売者	27 g	93 円	100 円	2017/2/15

（2015/10/9調査、ダイエー向ケ丘店）[46]

"忘れられぬ、信州の味"とあるが、これだけはわかったようで何もわからないので、「八幡屋礒五郎」のブランド・コンセプトを容易にわかるように情報発信する必要があると思われる。また、根元と称しているが（たぶんこれは本家、元祖といった意味かと思われるが）「やげん堀」と「七味家本舗」との間には問題はないのであろうか。

　次に、価格競争を中心にブランド企業との競争について考えてみる。

　香辛料、調味料のブランド企業の七味唐辛子のブランドがすでに全国市場で流通している。たとえば、前述したダイエー向ケ丘店で調べた七味唐辛子のブランド比較を図表4に示す。

　同図表から明らかなようにブランドごとにかなりの差異が見受けられる。まず、表記が「やげん堀」「SB」が製造者、一方、「八幡屋礒五郎」「トップバリュ」は販売者である[47]。また、賞味期限に差が生じている。「八幡屋礒五郎」では、ゴマや麻の実をすりつぶして使用しているので酸化が早く、賞味期限が短くなっているという。賞味期限の差は、製造工程の違いによるものであろうか。

　そしてブランドごとの差異が最も目立つのが価格である。「SB」「ハウス」といったブランド企業のブランドは「八幡屋礒五郎」「やげん堀」といった伝統のある老舗ブランドよりかなり価格が安い。これは何を意味するのであろうか。七味唐辛子の消費者は次のような3種類に区分ができる。

　一部のブランド・ロイヤリティの強い消費者。価格が高くても、常に特定のブランドを購入する。おそらく、彼らが購入するのは「八幡屋礒五郎」や「や

げん堀」であろう。もちろん、彼らは七味唐辛子に対し強いブランド認識をしていると思われる。

　ブランド認識はしているがロイヤリティはそれほど強くない消費者。彼らは七味唐辛子を一応ブランド認識しているが、品質などのこだわりがそれほど強くなく、価格志向の消費者だといえる。おそらく、彼らが購入するのは「SB」や「ハウス」であろう。

　残りの消費者はブランド認識というよりはモノ認識であり、七味唐辛子というモノがあれば、価格は安ければ安いほどいいという価格志向が強い消費者である。PBの「トップバリュ」やブランド化がなされていないモノ商品としての七味唐辛子を購入するものと思われる。

　以上のように、七味唐辛子の市場は大雑把に3つに区分できるかと思われるが、そのなかで「八幡屋礒五郎」が市場を広げ、ナショナル・ブランドへと大きく発展するためには、標的市場（ターゲット）を明確に設定し、これまでのお土産ブランドの延長としての高級ブランド化を追求するか、価格政策を再構築し、より大きな市場を構成する大衆ブランド化を追求するのか、大きな岐路に立っていると思われる。

　この点に関して、興味深い記述がある[48]。「こうした場合、議論に上るのは『量は売らなくても小売り（大門町店）だけに限定してとがったコンセプトを維持するか、逆に販路を広げて薄いコンセプトになっても量を確保するか』という問題である。後者は経営学で『ブランド価値の希釈化』とも言われうるがこれを受け入れるかどうかの問題、と言い換えることもできる。この点について同社は、八幡屋礒五郎の唐辛子を「地域限定のお土産とするか、どこででも手に入るグロサリー（日用品）にするか」という表現で議論している。だが、室賀社長は『それは商品構成で対処できる』と考える。具体的には、大門町店で売る商品と一般で売る商品を分ける。または長野県で売る商品と県外で売る商品を分ける、ということだろう。」

　この記述からひとつの疑問が生じてくる。というのは、ブランドが消費者に評価、支持され、市場が拡大してもブランド化の希釈化という現象は起こらない。それは七味と同じ調味料の「キッコーマン」をみれば明らかなように、日本のブランドから今やグローバル・ブランドへと発展しているが、ブランドの

希釈化が起こっているとは考えにくい。そもそもブランドは職人生産ではなく機械生産で、標準化、均一化、規格化したものをいう[49]のであって、この考えからいえば、商品を分けるということの意味は、「八幡屋礒五郎」と異なるブランドを創造し、ダブル・ブランドで展開することになるのであろうか。

今やナショナル・ブランドの確立の時期に来ていると思われる。そこで、ブランドの原点に立ち戻る必要があると思われる。

何をもって、「八幡屋礒五郎」というのであるのか。「八幡屋礒五郎」の消費者に訴求する価値は一体何であるのか。

新たなブランド・マーケティングの構築が求められている時期かもしれない。

もし、それに成功すれば、明るい展望が開けるものと思われる。

今や日本食、和食は世界的ブームになっている。このブームは一過性のものではなく当分続くことだろう。そして、その先には世界的な食事のひとつとして定着するものと思われる。これは七味唐辛子にとっても大きなチャンスとなるものである。

この研究の延長で調べたところ、日本の隣国で唐辛子の国と思われている韓国には七味唐辛子がない[50]。また、同様に隣国の中国には、"七味粉"という似たような調味料があるが、使い方は炒めるときに使うものである。中国で麺やスープに振りかける日本の七味唐辛子と同じ作用の調味料にはホワイトペッパーが使われている[51]。したがって、世界の前に隣国の韓国、中国という巨大な市場の消費者が今か今かとリージョナル・ブランドとなった「八幡屋礒五郎」を待っているといえるであろう。

もちろん、東南アジア、アメリカ、ヨーロッパなど世界中の市場も待っていると思われる。七味唐辛子のブランド「八幡屋礒五郎」というおいしい香辛料、調味料の価値を世界の消費者に広め、グローバル・ブランドへと展開していくのが次の、あるいは次の次のブランド・ミッションになるものと思われる[52]。

2-3 日本における農産物のブランド

(1) はじめに

2011年3月11日、日本は1000年に一度といわれる未曾有の大震災に見舞

われた。東日本大震災である。甚大な人的、物的被害を被った。中でも地震が引き起こした津波により福島原発事故が起こり、かつてソ連の時代に起こったチェルノブイリ原発事故に匹敵する放射能被害を福島県だけではなくかなり広範囲に巻き散らかし、特に農産物への放射能汚染という深刻な問題を引き起こした。これは天災か、人災かという議論があるが、農産物の放射能汚染を契機として、ブランドおよびブランド・マーケティングの観点から、日本の農業の問題点についての新たな切り口を探ってみたい。

　原発事故の発生以来、政府は放射能汚染による農産物の出荷制限・停止ないし解除を発表した。ほうれん草から始まり、お茶にまで広がり、原発がある福島県だけではなく、近隣の宮城県、岩手県、茨木県、栃木県、はたまた神奈川県、静岡県など広範囲にわたる農産物に対しての放射能汚染による出荷制限・停止である。次第に除染が進んだせいか、出荷制限・停止が解除されて来ているが、いまだ一部の農産物が出荷制限・停止のままにある。農産物ばかりではなく、畜産物にも汚染は拡大し、騒ぎがそれだけ大きくなった。放射能汚染の藁を食料とした肉牛の問題である。肉牛の出荷停止は供給制限となり、価格が高騰するのかと思えば、多くの消費者が放射能に対する恐怖から消費を控え、その結果、需要の減退が供給の減少よりはるかに大きく、価格が通常の半額さらには3分の1ほどにまで下落したということである。

　ところが同じ牛でも、牛乳についていえば何事もなかったように従来どおり店頭に並んでいる。牛肉は汚染され、大きな問題となっているので、当然、同じ放射能汚染地域には乳牛も数多く飼育されているはずであるので、牛乳も問題になるかと思われたが、不思議なことに牛乳については何ら問題となってはいない。この違いは餌（エサ）の違いに起因するのであろうか。さらにいえば、政府による発表はまだないが、本当に牛乳は安全なのであろうか。一般に牛乳は畜産物とみなされがちであるが、実は我々消費者が小売店で購買し、消費している牛乳は原乳を工場で加工した加工食品、加工製品ということである。もちろん、福島県の原乳については2011年3月21日に政府ではなく福島県から出荷停止が指示された。その結果、テレビでは酪農家が搾った原乳を捨てている映像が繰り返し放映されていた。その後、放射能検査の結果を見て4月8日から、政府、福島県ではなく、地方自治体によって地域ごとに解除されている。

しかしながら、牛乳の加工、販売についてはまったく規制されていない。

　放射能汚染に対し、消費者、特に幼児、子供を持つ母親は戦々恐々である。いずれにせよ、見えない敵、放射能に対し政府だけではなく生産者、流通業者、消費者、地方自治体、すべてが悪戦苦闘の最中である。不思議なことに、農産物や畜産物の放射能汚染に関していえば、当事者は政府だけのようである。というのは、政府はベクレル[53]やシーベルト[54]の数値を発表しているが、多くの国民にとってはわけがわからない。しかも出荷制限・停止の決定やその解除を事務的に、まさにお役所仕事的に発表している。このようにすべて政府に頼っているのが現状であるが、説明責任が果たされているとはいい難く、国民は不安と恐怖にさらされている。ところが、生産者、流通業者の顔がまったく見えない。ただ、政府と原発事故の当事者である東京電力株式会社[55]への不満・不安と恨み言だけである。

　一方、牛乳は牛肉や他の農産物とは違い、政府に頼ってはいない。この両者の違いはなんであろうか。それはブランド商品とモノ商品の違いに起因するものである。確かに牛乳は原乳を原料とした加工製品であり、それには多くのブランドがあり、もちろん、全国にはブランド化されていない牛乳もあるかと思われるが、通常、我々消費者が接する牛乳はブランド商品である。ほうれん草などにはブランドがなく、牛肉には「松坂牛」とか「山形牛」とかいった産地ブランドはあるが、個別の商品ブランドはまだ見当たらない。国民、すなわち消費者の不安は、日本の農産物（以後、農産物は牛肉などの畜産物や水産物を含む一次産物を代表する）がモノ商品のままであることに起因している。とういのは、もしブランド商品であれば、消費者に不安を与えるのであれば、そのブランドの破棄あるいはブランド企業の倒産までもあるので、ブランド企業は安全に対する責任に対して全力を尽くすことを消費者は十分に認識している。

　一方、日本の農産物はその生産者が企業ではなく、多くは小規模な農業者であり、結局、誰も責任を負わず、いわば最終的には消費者の自己責任となっている。では、政府が責任を取るかといえば、説明責任も十分ではなく、PL（製造物責任）法[56]でも農産物は除外されている。これでは消費者の不安、不満は解消されない。日本の安全神話が崩れたといわれるが、そもそも日本製品は安全で安心だという商品への安全神話は農業ではなく、グローバルな競争に

打ち勝った日本のブランド企業の長年にわたる努力によって、グローバル・ブランドとなった工業製品から生まれたものである。

そこで、東日本大震災によって発生した原発事故が引き起こした農産物への騒動を契機として、日本の農業だけではなく、畜産業や水産業、すなわち一次産業に存在する問題点をブランド・マーケティングの観点から考察し、併せて農産物のブランド化への適応を検討してみたい。

(2) ブランドとは、ブランド・マーケティングとは

日本の農業は、日本の歴史、風土、文化そのものだといわれるが、その生産物である農産物は市場、すなわちスーパーマーケットや八百屋、米屋などの小売店の棚に並べば商品となる。そこで、農産物は商品[57]である以上、モノ商品ばかりではなく、たとえば、レモンの「サンキスト」、バナナの「チキータ」などのアメリカのブランドだけではなく、「雪国まいたけ」「雪国もやし」[58]のような国産のブランド商品も出現してきている。そのほかにも、「魚沼産コシヒカリ」「夕張メロン」「栃木とちおとめ」「宮崎完熟マンゴー」といった農産物の産地ブランド[59]が雨後のタケノコのように現れ、さらにまた、個人の農業者が自称する農産物ブランドも目にするようになってきた。したがって、意識するしないにかかわらず、知らないうちに農産物のブランド化が開始され始めているように思われる。

このように農産物にも二次産業、すなわち製造業、加工業の生産物と同様にブランド化の波が押し寄せ、多くの農産物がブランドの対象となり始めているようにみえる。しかしながら、現状はブランドの本質を十分に理解せず、とにかくいい名前を付ければ、それでブランドになると思われている。換言すれば、ブランドの理解は10人いれば10種類のものがあり、残念ながらまだ依然としてカオスの観がある。そこで、ブランドの理解をまず明確にしなければならない。すでに本書のまえがきで論じたように、まず、ブランドを以下のように理解する[60]。つまり、農産物のブランドも工業製品やサービス商品のブランドと同じものであるとの理解から論を進めるものである。

　「ブランドとは主として企業が（標準化、均一化、規格化された）モノやサービスに情報を付加して、創造し、展開したものを市場における消費

者や流通業者が『ブランド』として認知、評価、支持するのはもちろんの
　　こと、消費者、流通業者、社員、広告代理店、調査機関、マスコミなどの
　　関係者がさらに情報を創造、追加、付加し、共（に）創（造）されたもの
　　である。」

　したがって、ブランドにとっては情報が重要な意味を持ち、その情報を消費者に伝達するという情報機能がその本質である。その情報の中で、とくに重要なものは、保証情報と責任情報ということになる[61]。最近、コメのトレーサビリティが導入され、生産者から集荷業者、米粉卸、小売店、消費者まで、仕入・出荷記録を保存するシステムができ[62]、消費者にとっては以前より多少は信頼が増したが、いわゆる農産物のブランドといわれているものであっても、まだ十分な情報提供をしているものはほとんどなく、そのため、農産物ブランドの出現が待たれるのである。農産物のブランドが出現するということは、ほかならぬ農産物のマーケティングの可能性があるということになる。そこで、農産物のブランド・マーケティングについての考察を試みるために、マーケティングを次のように理解して、論を進めることとする[63]。

　　「マーケティングとは、ブランドの創造、展開、管理である。」

　なお、上記に説明を若干付加的に追加すれば、次のようにいい換えることができるであろう。（ブランドのないマーケティングは存在しえない。たとえば、ブランドがなくマーケティングという場合は、その多くは単なる販売を意味するものにすぎない。そこで、すべてのマーケティングはブランド・マーケティングとなるのである。）

　　「マーケティングとはブランド・マーケティングと同義であり、ブラン
　　ド企業（に代表される組織ないしは個人）が行うブランドの創造、展開、
　　管理にわたる包括的な経営行動である。」

　このようなブランドおよびマーケティングの理解の下に、論を進めることとする。

(3) 農産物のブランド

　このところ農産物のブランドについての議論を多く目にするようになっている。日本の農業のブランド化、農産物のブランドの必要性がマスコミに盛んに

登場し、農産物の何から何までブランド化を後押しし、名前を付ければいともたやすく農産物のブランドが生まれるといった観がある。はたして、そうであろうか。

周知のように農産物のブランドばかりか畜産物、水産物にもブランドがみられるようになり、それに応じて、一次産品のブランド研究もみられるようになってきた[64]。しかしながら、それらの研究は一見すればブランド・マーケティング研究のようにみえるが、厳密にいえば、従来のプロダクト・マーケティング論の延長のものであり、ブランド・マーケティング論のそれではない。しかも（ここでは詳細は割愛するが）、研究の対象が個別のブランドおよび当該ブランドを展開するブランド企業のブランド・マーケティングではなく、主として産地ブランドの研究である。そこで、農産物のブランド・マーケティングを論じるにあたり、多くの誤解がみられる疑似ブランドである農産物の産地ブランドと商品ブランドである農産物ブランド、両者の明確な理解をする必要がある。

① 農産物の産地ブランド

多くの一次産品のブランド・マーケティング研究者もそうであるが、商品ブランドと一番誤解されているのが、この産地ブランドである。産地ブランドと商品ブランドは多くの共通点があるが、根本的な違いがある。たとえば、かつて「宮崎ブランド」の地鶏が鳥インフルエンザに汚染されてしまったときのように、産地ブランドに何か問題が起こっても、その責任は不明瞭であった。強力なブランド力を持っていた「雪印」を展開していた雪印乳業株式会社が乳製品の食中毒から社長は辞任、長年築きあげてきたブランド「雪印」も放棄せざるを得なくなった[65]のと比べれば明白であるが、産地ブランドには責任の所在が明確ではない。それが商品ブランドとの一番大きな違いである。

したがって、ブランド所有者、展開者が個別企業の場合には当然ブランドといえるが、この「宮崎ブランド」の地鶏、マンゴーに代表される産地ブランドは一見ブランドのようにみえるが、商品ブランドとは似て非なるものであり、あえていうならば、疑似ブランドというべきものである。

同様な産地ブランドとして「静岡茶」や「深谷ねぎ」があげられるが、それ

らを買う消費者は当然おいしいことを期待するが、もし何かの事情でおいしくなければ、消費者はどうするのであろうか。ある消費者はあきらめる、またある消費者はそれを買った店にクレームをいうかもしれないが、いずれにせよ泣き寝入りが関の山である。つまり、責任の所在が不明確であり、多くの消費者は産地ブランドといってもそれはブランドではないということを無意識のうちに理解しているのである。

ここで、日本の農産物でありながら、アメリカの農産物ブランド「サンキスト」[66]に一番近いと思われるイチゴのブランド、しかも最近では海外市場へ輸出され、評判が高い「あまおう」について考えてみたい[67]。当初、「あまおう」は待ちに待った日本で初めての農産物ブランドかと思っていたが、どうもブランドではなく、福岡県の産地ブランドであり、ブランドではなく疑似ブランドというべきものでるといわざるをえない。

確かに「あまおう」は商標登録されているが、それは福岡県農業総合試験場が開発した品種の登録であり、その所有者は福岡の県農協であるJAグループ福岡ということである。その傘下の地域農協がそれぞれ個別に生産農家を指導し、生産された「あまおう」イチゴを集荷し、販売しているが、「あまおう」を称している主体が複数あり、それぞれの生産者、生産地で甘さ、大きさなど独自に標準化を試み、一見ブランドのようであるが、統一的な標準化は行われてはいない。

農産物以外でも最近では水産物ブランドがいわれ始めている。たとえば、「関サバ」[68]「大間のマグロ」[69]などである。まず、「関サバ」についていえば、はたして標準化がどのようにして可能なものであるか、また、そのほかの産地のサバとの違いが何であるかといったことが、疑問である。最近、偽「関サバ」が出回っているという話をよく耳にする。いったい何をもって関サバというのであろうか。「関サバ」とは佐賀関町漁業協同組合のシールを張ったさばであり、市場流通と直販の両者の方法で販売されている[70]。目利きの集合である魚市場のせりを必要とする市場流通に依存するならば、それはブランドではない。そもそもブランドとは目利きが必要ないということである。「大間のマグロ」についても同様である。ブランドとはその所有者が価格を決められるものであるが、「大間のマグロ」はその他のマグロと同様に魚市場で目利きが

セリで価格を決めている。このような現状から、「関サバ」「大間のマグロ」の両者とも養殖ではなく天然の水産物であり、標準化が困難であることも加え、いずれもブランドとはいえず、疑似ブランドである産地ブランドといわざるをえない。

そのほかに長い歴史のある伝統工芸品などの地場産業に地名などが付加されている産地ブランドは、生産者が小規模、多数であり、ある程度の標準化はなされているが、個別企業のブランドでないのとあいまって、擬似ブランドと考えられる。ただし、日本各地に存在する地酒は産地ブランドではなく、地方ブランド、すなわちローカル・ブランドであるのはいうまでもない（なかには、焼酎の「イイチコ」のようにローカル・ブランドからいまやナショナル・ブランド化したものもある[71]）。

なお、地名＋産物からなる産地ブランドと同じように使われる場合がある地域ブランドの背景には、平成の市町村の大合併があり、2006年の商標法の一部改正による「地域団体商標制度」の新たな導入があげられる[72]。

そもそも地域ブランドとは、本来はある一定の限定された地域におけるブランド、すなわちローカル・ブランド、地方ブランドを意味するものであり、この場合の地域ブランドは当然ブランドである。ただその市場が限定された一定の地域市場であるということである。多くのブランドは当初はローカル・ブランド、すなわち地域ブランド、地方ブランドから発展するものであり、まだナショナル・ブランド、全国ブランドにまで発展していないブランドを意味するものである。しかしながら、上述したように、地域ブランドを拡大解釈し、なんでもブランドの状態が生まれてきている。

ここでもう一度明確に区分けをすれば、産地ブランドは疑似ブランド、同様な意味で使われる地域ブランド（拡大地域ブランドを含む）も当然疑似ブランドである。その一方、地域ブランドが、ある特定の地域でその地の企業が創造、展開、管理しているローカル・ブランド、地方ブランドを意味する場合には、もちろん、その地域ブランドはブランドである。

ブランドはすでに定義したように、標準化、規格化、均一化がその前提である。通常は工業製品を生産ないしは販売する企業に限られ、農産物のような自然を対象とする一次産品は必ずしも同一な形、量、内容が保証されず、いわば

規格のないバラバラな生産物であり、ブランドとはみなされていない。しかし、たとえば、アメリカの農民の団体であるサンキスト連合会が展開する「サンキスト」のような農産物もブランドとしてみなされるようになってきている。

なお、日本でも愛媛県青果販売農業協同組合連合会が創造し、その後愛媛県農業協同組合連合会に改組され、現在ではその子会社として株式会社えひめ飲料が展開している「ポンジュース」[73]が農産物ブランドと考えられる。しかし、ブランドの所有者は農民の団体であるが、「ポンジュース」は工場で生産される加工食品、すなわちジュース飲料のブランドであり、厳密にいえば農産物のブランドとはいえない。

ただし、当然のことではあるが農民が生産する農産物がすべてブランドであるというのは明らかに間違いである。というのは当該ブランドの主体が明確ではなく、責任の所在が不明確であり、標準化、規格化も徹底していないケースが多いからである。また、農産物ばかりか、水産物、林産物もそうである。「関サバ」はブランドではなく、産地ブランドである。「紀州炭」もそうである[74]。また、お茶についていえば、「静岡茶」は産地ブランドであり、その一方、同じお茶でもブランドの主体であるマーケッターが明確である株式会社伊藤園の「お～い、お茶」は、いうまでもなくブランドである。

したがって、農産物ブランドは農民の集合である農協もしくは農産物生産企業が展開する場合以外は、ブランドとはいうことができない。そもそもブランド主体は情報の創造、発信と保証、責任が必要であり、特殊な場合を除いて、通常の小規模な生産者である個々の農民ではそれらは無理なことである。なお、日本ではこれまで農業への企業の参入が制限、禁止されていたが次第に緩和され始め、企業が農業に参入し、その結果としての大規模経営、さらには農業技術の発展を背景にした農産物の工場生産の進展から、農産物の標準化、規格化が進み、ブランド化がなされる可能性は十分に考えられる。前述した「雪国まいたけ」「雪国もやし」はその先駆けかもしれない。

農産物の産地ブランドの問題点は責任の所在、すなわちマーケティング主体であるマーケッターに行き着く。現時点では、地方自治体が産地ブランドの情報発信を試みているが、当然のように、彼ら地方自治体は責任を負わない。したがって、産地ブランドはブランドを称しているが、それらはブランド・マー

ケティング論の枠組みの中ではブランドではない。疑似ブランドとして扱うべきものである。

② 農産物のブランド

多くの農産物は食事、食料の原材料、中間財であり、最終消費財ではない。しかも重量が重く、それに対する価格は安い。その結果、物流コストが相対的に高くなる。そのうえ、農産物の多くが生鮮品であるため、日持ちがせず、賞味期限がある、といったさまざまな制約がある商品ということになる。

ブランドは原材料、中間財ではなく、最終商品であり、しかもその多くは不特定多数の消費者を前提とした大規模生産から生まれるものである。したがって、ウェブサイトや農産物の商品そのものに農業者が顔写真や有機農法、無農薬栽培といった情報を付加して、ネット通販や産地直販の店舗で販売している農業者個人が称するブランドがあるが、彼らの生産量には限界があり、不特定多数の消費者を対象とすることは不可能である。ブランドと称するのは自由であるが、それは明らかにブランド・マーケティング論でいうブランドではない。したがって、マニア・ブランドといえる場合もあるかもしれないが、その多くは擬似ブランドにすぎない。

アメリカにはオレンジンやレモンの「サンキスト」やバナナの「チキータ」などの有名なブランドがあるが、最近、日本でも農産物のブランドが地域団体商標や地理的表示保護制度（GI）[75]を背景として続々と生まれてきている。そのほかに、「サトーのごはん」「サトーの切り餅」があげられるが、それらはブランドには違いがないが、即席ラーメンと同じような加工食品のブランドであり、農産物のブランドではない。もちろん、農産物を原料にしたブランドであるのは間違いがない。それでは牛乳はどうであろうか。牛乳には多くのブランド、「明治」「森永」「メグミルク」などのナショナル・ブランドや数多くのローカル・ブランドが展開されているが、実は、牛乳は加工製品であり、厳密にいえば畜産物のブランドではない。ちょうど、果実のみかんと加工製品であるみかんジュースとの関係と同じかと思われる。

しかしながら、現時点における厳密な意味での農産物のブランドはケチャップのブランド企業のカゴメ株式会社が展開する「こくみトマト」[76]と農産物の

工業化に成功した株式会社雪国まいたけのブランド、「雪国まいたけ」「雪国もやし」だけかもしれない。しかしながら、農業技術の進歩により、近年では水耕栽培あるいはフィルムを使ったアイメックなどによるトマトやパプリカ、メロンを始めとする多くの野菜や果物が可能となっている。ユビキタス環境制御システム（自律分散型環境制御システム）により、温度、光、水、肥料などをコンピュータで管理し、それとともに塩分、放射能、重金属などの有害物を排除し、安全・安心な農産物がまるで工場生産のように大量に生産ができる植物工場がすでに実用化されている[77]。それらの農産物のブランド化は可能のように思われるが、まだ一般の消費者には知られていない。

　また、水産物ではかなり前から養殖に成功した牛海老の別名であるブラックタイガーは、工業製品と同様の規格化が実現しているが、いまだブランド化はされていない。ブラックタイガーはあくまでも食事、食料の安い材料のままであり、ブランドとはなっていない。それでは卵はどうかといえば、たしかに大量生産され、コストを下げ標準化されているようであるが、まだブランドはごく一部のものにしか見当たらない。そのひとつが、日本農産工業株式会社の「ヨード卵光」であるが、情報としては卵に印刷された紙のシールを直接貼り付けただけものである。一部のグルメ・マニア・ブランド、健康オタク・ブランドから本格的なブランドになるためには、卵に直接ブランド情報を印刷するようになることが必要かと思われる。そのような高度な印刷も現在では技術的には十分可能であるということである。そうなって初めて、卵のブランドが生まれることになると思うが、そう遠くない時期に実現されるかもしれない。

　したがって、現状では農産物の加工食品のブランドは数多くあるが、生鮮農産物のブランドはほんの数えられる程度である。生ものである農産物には多くの制約があるが、新たな生産技術の導入・改良、そして、パッケージングの技術開発・改良で、ロングライフの農産物が新たなブランドとして登場する日がくるかもしれない。

　しかしながら、農産物のブランド化とはただ単にそれにふさわしい素敵な名前を付ければ、それでなし得られるのではなく、消費者にブランドとして認識、評価、支持されなければブランドとはいえない。それには情報の創造と消費者への情報の伝達が必要となる。もちろん、その情報の中心は消費者に対する保

証と責任ということになるのである。

(4) ブランド・マーケティングからみる日本の農業の問題点

　日本の農業については多くの課題、問題点があり、今日まで多くの観点から議論がなされてきている[78]。しかしながら、現状ではそれらの問題点の解決はいまだほど遠いといわざるをえない。ここでは日本の農業の問題点をブランド・マーケティングの観点から考察することとしたい。すでに論じたように、ブランドには多くの機能・役割があるが、中でも重要なものは次の2つのものである。そのひとつは、標準化に基づいた保証と責任であり、もうひとつは、情報の創造と発信である。

　まず、標準化がなされなければ、ブランド・マーケティングは成立しえない。市場に出されたブランドが個々バラバラであれば、内容の保証ばかりか満足の保証も不可能であり、ブランド企業は責任のとりようがない。したがって、標準化が重要であるが、日本の農業に当てはめて考えてみれば、多くの問題点が浮かび上がってくる。

　そもそもブランドは大量生産と不特定多数の顧客である消費者を前提とするものである。したがって、現在の日本の農業のように小規模な生産形態からブランド化を目指すことは不可能である。もちろん、小規模生産からブランドを創造し、それが市場の消費者により評価・支持され、生産規模の拡大を図り、広域市場のブランドへと発展するのが工場生産のブランドには見受けられる。しかし、日本の農業は規模の拡大が農地法および農地所有者である農民の農地に対する特殊な意識・感情により、容易ではなくかなり困難である。この点が重要なポイントである。

　これを解決するには、かなりな政治的努力と時間がかかる農地法の改正をしなければならない。しかも、たとえそれが実現しても農民の意識が変わらなければ、農地の売買と賃借が自由にできるとはいえ、やはりかなり時間がかかると思われる。この壁を打ち破るには、たとえば、日本の農業技術と種子をもって、自然条件が日本と似通っていて、しかも自由な参入と農地展開が可能な外国に農地を求めるのが、そのひとつの解決かもしれない。換言すれば、農地法の改正と農民の意識改革が実現するか、さもなければ、外国に農地を求め

ることから始めなければ、農業のブランド・マーケティングは実現不可能かもしれない。それには、いずれにせよ資本が必要となるので小規模な農業者ではなく、農業生産法人[79]あるいは革新的な農業者が規模を拡大し、新しい農業の主体とならざるをえない。あるいは（一般）企業[80]の農業への参入障壁を早急に取り除かなければ、本格的な農産物のブランドおよびそれを展開するブランド・マーケティングはありえない。それらが実現されない限り、保証と責任が不明確で、一種の擬似ブランドというべき産地ブランドがいいところである。

多くの反対があると思われるが、農業のブランド化とは、これまでの小規模な農業者が政府の規制、補助、保護の下でかろうじて行っていた生業の農業からサヨナラすることである。自由な参入[81]と競争に農業をさらすことである。長い間政府の保護と規制のもとにあった日本の農業にとっては、今いわれている自由貿易協定（FTA：Free Trade Agreement）や環太平洋戦略的経済連携協定（TPP：Trans Pacific Partnership）よりさらに厳しい一面がある。したがって、農業を今後どうするかという重要な政治的課題にならざるをえない。というのは、日本の農業をグローバルな動きから隔離し、ガラパゴス化させてきた犯人を探せば、規制と保護を求め続けた選挙民という農民と、その票をあてにした政治家との結合およびそれに便乗した農政の官僚組織、さらに農協（JA）、農機具メーカーが共同正犯である。その結果、日本の農業は衰退し、現在では、農業人口252万人、一人あたり年間所得187万円、専業農家はわずか2割、2人に1人は70歳以上といった状況で、農業の収入は低く、しかも経費がかかる、すなわち儲からないものとなっており、農家の後継ぎでも農業をやろうとはしないし、新規就農しようという人も出てこない、魅力のないものとなったのである[82]。彼らは何事にもチャレンジせず、長い間、大きな無駄を無視し、言い訳として小手先の小さな努力をしていたにすぎない。その結果、農業には有能な人材が集まらず、そのツケが国民、すなわち消費者に回っているということになる。

日本の消費者は、たとえば、国際価格の何倍もする世界一高いコメの価格を押し付けられ、日本のコメは世界で一番おいしくかつ安全・安心であるとの神話を信じ込まされてきている。そのせいか、消費者はかつて米作が不作の際に

緊急輸入したタイ米には価格が日本米の何分の一といった安い価格であったにもかかわらず、ほとんど見向きもせず、しまいには町の小売店が処分に困り、ただで差し上げますということになったが、それに対しても消費者は見向きもしなかったのである。したがって、日本の消費者にも問題がないわけではないが、共同正犯の彼らと比較をすれば当然罪はない、あるいはたとえあったとしてもごく軽いものにすぎない。まさに消費者は被害者である。

　これまでの経験から、保護し続けた産業が大きく発展し、グローバルな競争力を持つようになった例はない。グローバルに発展したものは、保護によるものではなく、競争に打ち勝ってなしえたものである。農業もほかの産業と同様であり、特別な聖域ではないと思われる。そのような中、新たな農業の展開を提案したのが、今村奈良臣による農業の第六次産業化論である[83]。その提案はかなりの支持を得て、2010年11月26日、農林漁業六次産業化法案（通称)[84]として可決、成立し、新たな展開が始まっている。しかしながら、その対象はあくまでも農業生産法人、農業者であり、第三者の自由な参入と展開を意図したものではない。いずれにせよ、日本の農業は政府の規制と保護で自由裁量の範囲が限られている。これは規模の拡大を制限するものでもあり、それから脱皮するには、広域農業特区をつくることが、その解決の第一歩かもしれない[85]。

　しかしながら、農業の規模が拡大すればそれでブランド化が進展するわけではない。標準化に成功した大量生産の農業者は、次には、消費者に向けて情報を創造し、それを発信しなければならない。しかもその情報に消費者が好意的に反応して、はじめてブランドとなるのである。その上ブランド化を試みる農業者は、消費者に対しあらゆる責任を負わなければならない。そうなると当然現在のような小規模な農業者ではなく、大規模な農産物生産を行う農業企業にならざるをえない。したがって、現状からみて日本の農産物のブランド化は、先駆的に農地を使わず、工場生産的に作られる農産物以外はまだまだ遠い先のことだと思われる。

　したがって、日本の農業の現状は、ほんの一部のブランド化された農産物があるにはあるが、ブランド・マーケティングのインフラストラクチュアが制度的、人的、ノウハウ的にまだできていないということになる。

(5) おわりに

これまでブランドおよびブランド・マーケティングの観点から日本の農業をみてきたが、日本の農業のブランド化、ブランド企業の出現と発展、ブランド・マーケティングの開始と進展は、消費者による究極の選択から始まる。換言すれば、安全・安心を無責任で官僚主義的な政府に依存するか、利にさとく必ずしも消費者志向とはいい難い場合もある営利企業であるブランド企業に依存するのか、両者の択一選択となるのである。しかしながら、たとえば、「雪国まいたけ」が放射能数値のチェックができることをテレビのCMで流しているように、少なくとも情報の発信[86]があることから、多くの消費者はブランド企業が展開する農産物のブランドを次第に選択するものと思われる。

農産物は特別なもので、政治的、感情的な商品であるといわれるが、多くの問題を含みながらもブランド化およびブランド・マーケティング化は必ず進行するものと思われる。というのは、産業の米といわれる鉄、エネルギーの元となる石油、はたまた生命の源である水も今や国際メジャーが牛耳っていることからわかるように、農産物だけが特別であるというのはいかがなものであろうか。さらに、バイオ・テクノロジーの発展による農産物の品種改良や栽培技術の革新により、どんな土壌たとえ砂漠でも農作物の耕作の可能性とともにロングライフなどの保存技術や流通方法の革新・改良を見込めば、農産物のブランド化、ブランド・マーケティング化は、それほど遠くはないことだと思われる。現状では、ブランド・マーケティングは農産物のほんの一部のものに適応されているにすぎないが、もしブランド化に成功すれば、農業の生産物である農産物も、工業製品やサービスと同様に、当然ブランド・マーケティングの対象となるのである。ブランド化、ブランド・マーケティング化とは、標準化・規格化に見られるように生産方法が工場生産に近づくことである。ファストフードがブランド化した背景には、セントラルキッチンによる大量・集中調理が知られている。このことは、農業だけではなく、畜産業、水産業にも当てはまるものであり、現状では農業が一番遅れていて、一方、一番進んでいるのは、養殖技術が著しい進歩を見せている水産業かもしれない。そのうち、近大印のマグロの刺身のブランドが食事を豊かにしたり、食卓を賑わす日がくるかもしれない。

遅れた産業といわれている農業を始めとする第一次産業にも次第に産業革命がおこり、たとえば、農業を生業から経営へと変革する動きがみられ[87]、近い将来には、多くのブランド農産物と農業企業のブランド・マーケティングが必ず出現し、発展するものと思われる。その先駆的なものとして、便利な食材としてのモヤシであるが、ある消費者はブランドとしての「雪国もやし」を選択し、その他の消費者はよく見るとブランドが付与されているがそれは無視してモノ商品としてのモヤシを選択している。また、たとえば、キャベツを千切りにしたものやモヤシ、キャベツ、ニンジンなどをカットしてビニールのパッケージに入れられたカット野菜はもはや農産物ではなく、厳密には加工食品とみなさなければならないが、多くの消費者はブランド付与のある常時100円ないし108円で店頭に並んでいるカット野菜[88]をブランド商品ではなく、依然として農産物、すなわちモノ商品とみなしている。したがって、原乳と牛乳もそうであるように、今後、従来の生鮮品としての農産物と加工食品の垣根がかなり低くなるかもしれない。いずれにせよ消費者は、常時買うことができ、しかも（天候に左右される現在の生鮮農産物とは違い）価格が安定し、おいしく、栄養があり、安全・安心でしかも手軽に調理ができる農産物のブランドを待望しているのは間違いのないことである。

　農業への自由な参入[89]と発展を制限している規制行政を全廃ないし緩和することによって、はじめて多くの農産物のブランドが生まれることになる（日本の誇るグローバル・ブランドは政府の規制や保護のない厳しい競争の中から生まれ、日本だけではなくグローバルな消費者の評価・支持を得て発展したのである）。東日本大震災の復興として、被災地に農業特区を作り、農業への自由な参入と大規模農業の発展を可能にするインフラストラクチュアの整備が、ブランド・マーケティングの観点から望まれる。もし、それが実現すれば、現在、先駆的に消費者の評価と支持を得たブランド展開をしている株式会社雪国まいたけのような第2、第3の農産物ブランド企業の出現と発展が、多くの農産物の分野にみられるようになり、その中からおのずと農産物のブランドおよびブランド・マーケティングの発展がみられるようになるものと思われる。そうなれば、農産物のブランドは第二次産業の工業製品のブランド、第三次産業のサービス商品のブランドと何ら変わりなく、日本の消費者に、これまでのモ

ノ商品としての農産物だけではなく、新たな選択肢を提供することになるのである。

2-4 お茶のブランド

(1) はじめに

　かつてイザヤ・ベンダサンが『日本人とユダヤ人』の中で、日本では安全と水は無料、すなわちただであるといった[90]が、それだけではなくお茶もただであった。ところが、現代の日本では多くの日本人は浄水器をつけた水道水を飲んだり、あるいはミネラルウォーターを買って飲むようになり、水はただではなくなりつつある。安全についても警備会社の発展を見れば明らかなように、安全をお金で買う人が多くなり、ただではなくなりつつある。

　しかしながら、お茶についていえば、現在でもただである。外国人が驚き不思議がるように、日本では日本食のレストランや料理屋に行けば、何もいわなくてもお茶が出る。もちろん、このお茶は勘定には含まれず、ただである。お代わりも自由で、何杯飲んでもただである。その一方、コーヒーや紅茶はそうではなく、お店ではセットでなければ、注文すれば必ず料金を取られる、すなわち有料である。

　知り合いのお宅でも会社でも、どこへいってもまずお茶をといって出てくるのが、日本茶といわれる緑茶である。このように日本におけるお茶はいわば空気のようなものである。もちろん、おいしいお茶菓子があれば、お茶の味も一段と引き立つことになる。

　お茶、すなわち日本茶はお茶の木の若葉を摘んで乾燥させた茶葉を急須に入れ、熱湯を注ぎ、それを飲むものである。お茶は乾燥したり、ブレンドするといった加工の過程が入るが、紛れもなく農産物である。

　しかしながら、それまで長い間無料であったはずのお茶が缶やペットボトルに入れられ、有料で売られるようになった。しかも多くの消費者は次第に何の抵抗もなく有料のお茶を飲むようになってきた。このドリンクとしてのお茶にはすでに数多くのブランドがあり、お茶のブランド・マーケティングの展開が市場において競争裏に行われている。その結果、これまでお茶といえば、茶葉

からお湯で抽出した飲むお茶を連想していたが、この農産物としての茶葉だけではなく、加工飲料のドリンクとしてのお茶のブランドまで含むすべてがお茶として認識されるようになってきた。

　農産物のブランド・マーケティングについては本書ですでに論じた[91]が、そこでの考察は農産物をはじめとした一次産品についてのものであった。ここでは、日本を代表する農産物のひとつであるお茶のブランドについて、加工品、加工飲料を含め、ブランド・マーケティングの観点から考察を試みたい。

(2) お茶について

　茶には、緑茶、紅茶、ウーロン茶などいろいろな種類があるが、すべて同じチャ（学名 Camellia(L.) O. Kuntze）という木の新芽から作られる。形、色、香り、味がさまざまな茶があるのは、その作り方が異なるからである。茶の原料は、緑茶も紅茶も同じチャという木の新芽から作るが、緑茶向きの中国種（var. sinensis）と紅茶向きのアッサム種（var. assamica）の2つの大きなグループがある。日本では茶の種類は図表5のように分類されている[92]。

　われわれ日本人が飲む日本茶である緑茶が人の口に入るまでには、いくつかの工程がある。まず、生葉を収穫し、それを乾燥させながら成形操作を繰り返して、煎茶特有の針のような細長い形状の荒茶ができ、その重量は生葉の5分の1程度になる。このような荒茶をブレンドし、さらに乾燥させつつ、独特の香りや味を引き出したものが製茶になる。この製茶をわれわれ消費者がお湯で抽出して飲むのが緑茶、いわゆるお茶である。

　平安時代の日本に中国より薬として導入されたことからわかるように、緑茶にはさまざまな効能があるといわれてきている。そのもととなる茶葉に含まれる成分は図表6であり、茶葉特有の成分と生理活性は図表7のようにまとめられる[93]。

　日本では多くの地域で茶の栽培が行われている。ちなみに2010年度におけるお茶の生産、すなわち生葉収穫量・荒茶生産量の都道府県別上位10位までのランキングは図表8に示される。これを2004年度と比べると、ランキングは上位5位までは不動であるが、福岡県が7位から6位に上がり、奈良県が6位から7位に下がり、10位だった長崎県が12位に下がり、新たに愛知県が10

図表5　茶の分類

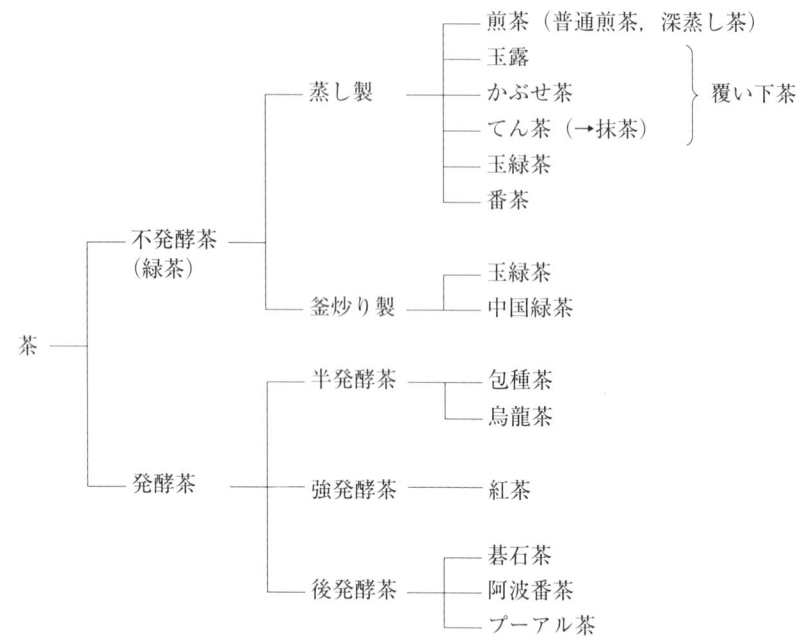

```
					┌─ 煎茶（普通煎茶，深蒸し茶）
					├─ 玉露　　　　　　　　　　　┐
			┌─ 蒸し製 ─┼─ かぶせ茶　　　　　　　　　├ 覆い下茶
			│		├─ てん茶（→抹茶）　　　　　┘
	┌─ 不発酵茶 ─┤		├─ 玉緑茶
	│　（緑茶）　│		└─ 番茶
	│		│
	│		└─ 釜炒り製 ─┬─ 玉緑茶
茶 ─┤			　　　　　　└─ 中国緑茶
	│		┌─ 半発酵茶 ─┬─ 包種茶
	│		│　　　　　　└─ 烏龍茶
	└─ 発酵茶 ──┼─ 強発酵茶 ─── 紅茶
			│		┌─ 碁石茶
			└─ 後発酵茶 ─┼─ 阿波番茶
					└─ プーアル茶
```

出所：武田善行『茶のサイエンス』p.133、筑波書房，2004年。

位に上がっている。しかしながら、その生産量は押し並べて減少している。たとえば、生葉収穫量でいえば、首位の静岡県は197,300トンから148,900トンへと大きく減少し、第2位の鹿児島県も123,500トンから119,200トンへと減少している。このように日本における茶の主要な生産地はほぼ固定化されているが、その生産は2004年から2010年の6年間において、じり貧傾向にあるものと思われる。

　茶の生産量の減少は茶に対する需要の減少に他ならない。そこで、茶の需要の増加を図らなければならない。それには需要の中心をなす飲用としての茶だけではなく、その他の用途における需要の増大と新用途の開発が必要である。たとえば、飲用だけではなく、茶そば、和洋菓子などの食用の原料としての茶、抗菌材、消臭剤、染色剤といった工業用原材料として、また医療用の新薬の原材料として、さらには民芸品の原材料および茶畑の景観を観光に利用すると

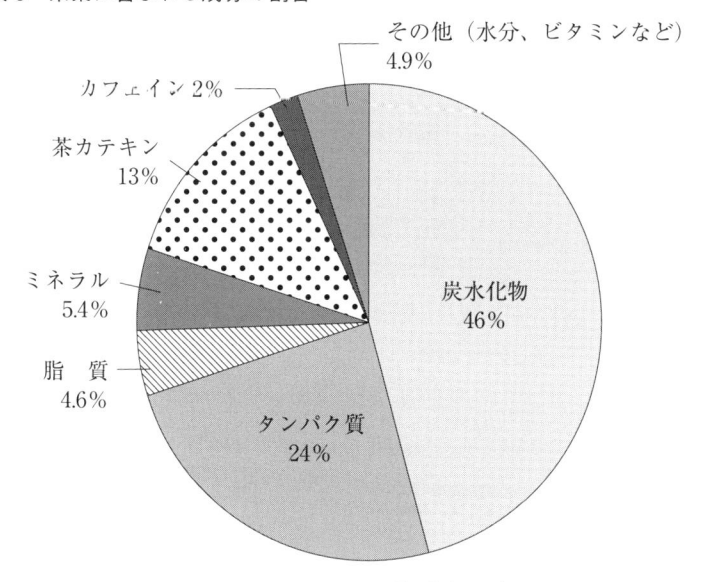

図表6　茶葉に含まれる成分の割合

（円グラフ）
- その他（水分、ビタミンなど）4.9%
- カフェイン 2%
- 茶カテキン 13%
- ミネラル 5.4%
- 脂質 4.6%
- タンパク質 24%
- 炭水化物 46%

100g 当たりの g 数（重量%）

出所：伊勢村護、藤森進編著『緑茶パワーと健康のサイエンス』はじめに x、アイ・ケイコーポレーション、2004 年。

いったことが考えられる[94]）。

　しかしながら、これらの飲用以外の用途や新用途の開発には莫大なテマ・ヒマ・カネ・知識・ノウハウが必要であり、通常の茶の生産者である農業者ができるものではない。それらは農業者以外の大企業ないし専門業者に依存し、農業者はその原材料の茶の生産をするにすぎない。

　そのため、飲用としてのお茶の付加価値を高めるブランド化が求められる。お茶はそのまま食する農産物ではなく、加工のプロセスが必須のものであり、かつまた主要な需要をなす飲用についていえば、茶葉を急須に入れ、お湯を注ぎ、抽出したものを飲むのが通常であり、ティーバッグ以外の日本茶、すなわち緑茶はたとえブランドが付加されていたとしても消費者の目に直接触れることはなく、ブランド認識にはかなりなハードルがあるものである。このような緑茶に対し、マーケティングの観点からの先行研究が開始されているのは興味

図表7　茶葉特有の成分と生理活性

緑茶成分	機能・効能
水溶性成分（20〜30％）	
カテキン類（10〜18％）	抗酸化，抗突然変異，抗がん，抗動脈硬化，血中コレステロール上昇抑制，血圧上昇抑制，血糖上昇抑制，血小板凝集抑制，抗菌，抗ウイルス，むし歯予防，抗腫瘍，抗アレルギー，腸内フローラ改善，消臭，環境ホルモンの作用抑制，脳障害軽減
カフェイン類（2〜3％）	中枢神経興奮，睡眠防止，強心，利尿，抗喘息，代謝充進，体熱産生促進
テアニン（0.6〜2％）	精神リラックス，抗がん剤の作用増強，アルツハイマー病予防
γ-アミノ酪酸（0.1〜0.2％）	血圧上昇抑制，抑制性神経伝達
フラボノール（0.7〜1.2％）	毛細血管抵抗性増加，抗酸化，血圧降下，消臭
複合多糖（0.6％）	血圧上昇抑制，抗糖尿病
ビタミンC（60〜260 mg％）	抗壊血病，抗酸化，がん予防，風邪予防
サポニン（0.4％）	抗喘息，抗血圧低下，抗肥満
食物繊維（3〜7％）	胆汁酸排泄促進，血漿コレステロール低下，肝機能改善
不溶性成分（70〜80％）	
タンパク質（24〜31％）	栄養素
食物繊維（32〜44％）	便秘防止，大腸がん予防
ビタミンE（17〜68 mg％）	抗酸化，がん予防，抗不妊
β-カロテン（3〜21 mg％）	抗酸化，ガン予防，免疫反応増強
フッ素	むし歯予防
亜　鉛	味覚異常防止，皮膚炎防止，免疫機能低下抑制
セレン	抗酸化，がん予防，心筋障害（克山病）防止

出所：伊勢村護、藤森進編著『緑茶パワーと健康のサイエンス』はじめにxi。アイ・ケイコーポレーション、2004年。

図表8　茶の都道府県別生産量

2010年

都道府県	生葉収穫量	荒茶生産量
1．静岡県	148,900	33,400
2．鹿児島県	119,200	24,600
3．三重県	33,200	7,100
4．宮崎県	17,400	3,570
5．京都府	12,100	2,640
6．福岡県	10,900	2,280
7．奈良県	8,210	2,050
8．佐賀県	7,080	1,570
9．熊本県	6,830	1,380
10．愛知県	4,610	929

（トン）

2004年

都道府県	生葉収穫量	荒茶生産量
1．静岡県	197,300	44,200
2．鹿児島県	123,500	25,200
3．三重県	33,300	7,640
4．宮崎県	18,600	3,780
5．京都府	13,800	2,950
6．奈良県	12,200	2,920
7．福岡県	10,900	2,260
8．佐賀県	9,770	2,170
9．熊本県	9,200	1,860
10．長崎県	5,370	1,060

（トン）

出所：農林水産省作物統計書より著者作成。

深い[95]。

(3) 産地ブランドの確立

　お茶には数多くの産地ブランドがすでに存在している。たとえば、「静岡茶」「宇治茶」「狭山茶」などである。「静岡茶」は一番有名なお茶であり、前述したように静岡県は茶の生産量が2010年には（生葉）148,900トンを数え日本一であり当然である。「宇治茶」は一番おいしいといわれているが、生産量は宇治が属している京都府が第5位の（生葉）12,100トンであり、量的評価ではなく質的評価が高い産地ブランドといえる。この「静岡茶」「宇治茶」は全国的に知れ渡っている産地ブランドといえる。一方、「狭山茶」は埼玉県の在である狭山の産物であり、埼玉のローカルなブランドである。その埼玉の茶の生産量は2010（平成22）年ではランキング外の13位の（生葉）3,390トンにすぎない。もちろん、そのほかにも多くのローカルなお茶の産地ブランドがあるのはいうまでもない。

ちなみに日本全国にわたるお茶の産地ブランドを都道府県別に北から南へ次にあげてみる[96]。

　　岩　手　県—「気仙茶」
　　宮　城　県—「桃生茶」
　　秋　田　県—「檜山茶」
　　茨　城　県—「猿島茶」、「奥久慈茶」、「古内茶」
　　栃　木　県—「鹿沼茶」、「黒羽茶」
　　埼　玉　県—「狭山茶」、「川越茶」
　　千　葉　県—「佐倉茶」
　　東　京　都—「東京狭山茶」
　　神奈川県—「足柄茶」
　　新　潟　県—「村上茶」
　　富　山　茶—「バタバタ茶」
　　石　川　県—「加賀棒茶」
　　山　梨　県—「南部茶」
　　長　野　県—「伊那茶」、「赤石銘茶」
　　岐　阜　県—「揖斐茶」、「白川茶」、「恵那茶」、「下呂茶」、「津保茶」、「郡上番茶」
　　静　岡　県—「静岡茶」、「川根茶」、「やぶきた茶」、「沼津茶」、「富士茶」、「朝比奈玉露」、「足久保茶」、「本山茶」、「両河内茶」、「庵原茶」、「梅ヶ島茶」、「岡部茶」、「棒原茶」、「金谷茶」、「天竜茶」、「藤枝茶」、「掛川茶」、「菊川茶」、「小笠茶」、「袋井茶」、「渋川茶」、「ぐり茶」など。
　　愛　知　県—「西尾茶」、「足助寒茶」、「新城茶」、「宮崎番茶」、「三河茶」
　　三　重　県—「伊勢茶」、「度会茶」、「飯南茶」、「鈴鹿茶」、「大台茶」、「亀山茶」、「水沢茶」、「伊賀茶」など。
　　滋　賀　県—「朝宮茶」、「政所茶」、「土山茶」、「水口茶」
　　京　都　府—「宇治茶」、「宇治番茶」、「和東茶」、「両丹茶」
　　兵　庫　県—「丹波茶」、「母子茶」、「やしろ茶」、「あさぎり茶」、「朝来みど

り」
奈　良　県―「大和茶」、「月ヶ瀬茶」、「福住茶」、「柳生茶」、「山添茶」
和歌山県―「色川茶」、「川添茶」、「音無茶」
鳥　取　県―「鹿野茶」、「智頭茶」
島　根　県―「出雲茶」、「大東番茶」
岡　山　県―「美作茶」、「作州番茶」
広　島　県―「世羅茶」
山　口　県―「小野茶」
徳　島　県―「阿波番茶」、「相生番茶」、「歩危銘茶」
香　川　県―「高瀬茶」
愛　媛　県―「新宮茶」、「久万茶」、「鬼北茶」、「宇和茶」
高　知　県―「碁石茶」、「土佐番茶」、「土佐茶」、「仁淀茶」
福　岡　県―「八女茶」、「星野茶」
佐　賀　県―「嬉野茶」
長　崎　県―「彼杵茶」、「世知原茶」、「島原茶」
熊　本　県―「くまもと茶」、「矢部茶」、「相良みどり」、「岳間茶」、「水源茶」
大　分　県―「因尾茶」、「津江茶」
宮　崎　県―「日向茶」、「五ヶ瀬茶」、「都城茶」
鹿児島県―「鹿児島茶」、「知覧茶」、「えい茶」、「薩摩茶」、「宮之城茶」、「みぞべ茶」、「たからべ（財部）茶」など。
沖　縄　県―「山原茶（やんばるちゃ）」

　これらのお茶の産地ブランドは北海道、青森県を除いて、それぞれ歴史的、地域的に確立されてきたものであるが、ブランドの定義から厳密にいえば、いずれもブランドではなく擬似ブランド[97]の産地ブランドにすぎない。「静岡茶」を想定してみれば明らかなように、同じ「静岡茶」といっても生産者により味、香り、色などが微妙に違い、必ずしも標準化されてはいない。もちろん価格もばらばらである。また、もし「静岡茶」に何か不都合があれば、どこに問い合わせをすればいいのか、静岡県なのか、静岡市なのか、静岡農協なのか、

あるいは「静岡茶」を買い求めた小売店なのか、わからない。つまり、責任の所在が不明確である。そこで、多くの消費者はたぶん面倒なのでクレームを諦める可能性が高い。したがって、「静岡茶」はブランドではなく、擬似ブランドの産地ブランドとみなさざるをえない。

ところが、責任の所在を明示した「静岡茶」の商品がある。たとえば、写真10に見られるようにパッケージの裏には問い合わせ先があり、販売者と明示されている一見ブランドのようにみえるものがある。しかし、この「静岡茶」という表示は個別企業、業者の商標にはあたらず、ブランド名とはいえない。販売者の「静岡茶」ということも考えられるが、パッケージの表に「やぶきたくき入り『静岡茶』」とあり、あくまでも茶葉の産地とモノとしての表示である。したがって、ブランドの定義からこの商品は産地ブランドの「静岡茶」を表した擬似ブランドであり、ブランドではないといえる。

しかしながら、事態は大きく変わりつつある。世の中のブランド・ブームを背景に、多くの消費者が農産物をはじめとした一次産品のブランドを付加した商品をブランドとして認めるようになってきた。それを後押ししているのがマスコミ報道と政府あげてのジャパン・ブランドのアピールである。その結果、「静岡茶」は2005年の商標法改正により新たにできた地域団体商標として、静岡県経済農業協同組合／静岡県茶商工業協同組合によって登録されている[98]。また、2014年、農林水産省により導入され、2015年6月11日に申請が開始された地理的表示保護制度（GI）の登録の発表が2015年12月22日にあり、第1回目の7産品の中に福岡県内の「八女伝統本玉露」が入った[99]。このようにお茶のブランド化の動きが活発にみられ始めたが、今後の展開が注目される。

(4) 緑茶ドリンクのブランドの登場

長い間、無料であったお茶を加工飲料、すなわちドリンクとしてブランド化し、それに成功したのが伊藤園の「お～いお茶」である。それまでも有料なお茶がないわけではなかった。私の知っている限りでは、和風喫茶店で和菓子とともにメニューに載っている玉露などのお茶、そしてその昔、駅弁とともに売っていた、当初は素焼きの容器、その後プラスチック容器に変わったが、その容器に入れられたお茶だけかもしれない。

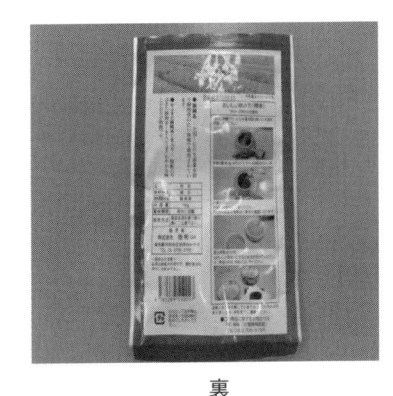

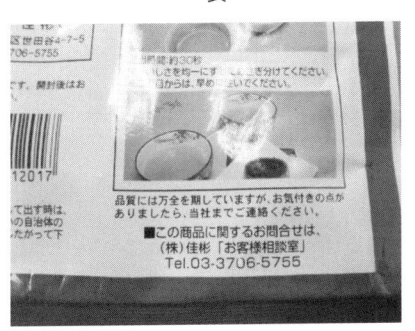

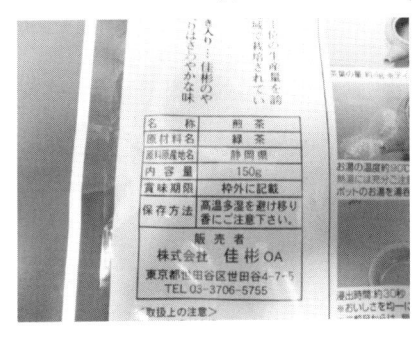

第Ⅵ章　伝統産業のブランド　329

写真10　静岡茶

　従来、商品としての飲料にはアルコール、炭酸、砂糖が入っており、一方、お茶にそれらを入れるのは考えられない[100]。したがって、飲料としてのお茶を有料で売ることは長い間考えられなかった。それを覆したのが、株式会社伊藤園の「お〜いお茶」である。はじめてのお茶のブランドの登場である。ここにお茶は急須から入れたものを飲むといういわば自家生産・消費から、新たに商品として生まれ変わったのである。農産物としての茶葉ではなく、それを原料とした加工飲料、すなわちドリンクとしてのお茶のブランドの誕生である。なお、表示には緑茶（清涼飲料水）とある。
　ここでお茶のパイオニア・ブランドの「お〜いお茶」の発展事例を簡単にみることにする[101]。

1968年　（参考）「お〜いお茶」のフレーズを世に広めたCM。

1985 年　（参考）世界で初めての緑茶飲料「缶入り煎茶」の発売開始。
1989 年　ブランド「お～いお茶」の誕生。
　　　　「伊藤園お～いお茶新俳句大賞」キャンペーン開始。
1990 年　世界で初めてのペットボトル入りの緑茶飲料を発売。
1993 年　（参考）アサヒ「十六茶」（緑茶飲料ではない）発売。
1999 年　「お～いお茶新俳句大賞」の応募作品が 100 万句を突破。
2000 年　業界初の「ホット対応ペットボトル」の販売開始。
　　　　（参考）キリンの「生茶」発売。
2002 年　累計販売本数が 50 億本突破（500 ml ペットボトル換算）。
　　　　（参考）「お～いお茶」ではなく、同じ製品を「TEA'S TEA」ブランドと再創造しアメリカ市場進出[102]。
2003 年　「お～いお茶」がすべての茶系飲料の中で販売量 No.1 ブランドとなる。
2004 年　（参考）サントリー「伊右衛門」発売。
2006 年　累計販売本数が 100 億本突破（500 ml ペットボトル換算）。
2007 年　（参考）日本コカ・コーラ「綾鷹」発売。
2009 年　累計販売本数が 150 億本突破（500 ml ペットボトル換算）。
　　　　「お～いお茶」はペットボトル入り 6 種類（「お～いお茶」「お～いお茶　濃い味」「お～いお茶　ほうじ茶」「お～いお茶　玄米茶」「お～いお茶　玉露の旨み」「お～いお茶　まろやか」）、ティバック 4 種類、粉末タイプ 3 種類、茶葉 7 種類へとブランド拡張[103]。

　伊藤園はお茶を商なう卸であった。同社がお茶のドリンクのブランドを開発するにはパイオニアとしての多くの苦労があり、中でもお茶の風味を失わずに酸化を防ぐことが難しく、商品化まで 10 年の歳月をかけようやくできたのが 1985 年に発売した缶入り「煎茶」であったが、初の無糖飲料としてのお茶は市場の消費者には受け入れられなかった[103]。そこで、1989 年にブランド「お～いお茶」を創造し展開したところ、1990 年代に入り、消費者の支持を受け、急激に売り上げを伸ばし、今日まで発展してきたのである。換言すれば、ドリンクとしての緑茶というモノではなく、CM で評価の高かったフレーズから創

造した「お〜いお茶」というブランドが消費者に多くの情報を発信し、それが消費者に受け入れられ、評価と支持を得たことになる。したがって、ブランドの重要性が「お〜いお茶」の事例から明らかとなる。

　その後、続々と追随ブランドが市場に現れた。追随したブランドの多くは大手飲料メーカーのブランドであり、競争が激化してきているが、「お〜いお茶」は現在でも40％前後のシェアを保持し、20年間、トップ・ブランドを続けている[104]。その間の「お〜いお茶」の累計販売本数が150億本とすると、生まれたばかりの赤ん坊から高齢の老人まで日本人一人当たり約120本、年平均6本飲んでいることになる。驚くべき数字である。このように「お〜いお茶」は強力なブランド力を持ち、ブランド企業の伊藤園は大企業になりつつある。換言すれば、中小企業であった伊藤園がブランド「お〜いお茶」を創造・展開、すなわち、マーケティングを始め、それに成功し大企業へと発展したのである。その成功の秘密はほかでもない、ブランド・マーケティングの成功である。第一に、パイオニア・ブランドであること、第二に、常に新たな改良を行い、業界をリードするとともに、それらを消費者に情報として発信していること、第三に、CMだけではなく、たとえば、お〜いお茶新俳句大賞などで消費者への情報発信を行っていることなどである。

　したがって、伊藤園はこれまで無料であったお茶を有料の飲料として商品化し、ブランド「お〜いお茶」を創造し、展開することにより、コーヒー、コーラ、紅茶といった砂糖入りか炭酸入りのドリンク飲料の中に新たに無糖飲料の市場を創り、消費者の評価・支持を得てきたのである。その成功の原因として、お茶は日本人になじみが深く、日常的に飲んでいるものであり、しかも砂糖を入れないのでダイエット・ブームに適うものでもあったことがあげられる。また、健康ブームでお茶の成分であるカテキンが注目されたのもフォローの風となった。その結果、「お〜いお茶」の成功は消費者の価値観とライフスタイルを変えたのである。つまり、お茶は無料から有料へ。お茶は入れるものから買うものへ。お茶は持ち歩きができるものへ。健康のため有糖から無糖へ。それを後押ししたのがコンビニエンス・ストアであった。「お茶にお金を払うという発想自体があり得なかったのだが、それを自然なものに変えたのがコンビニでの弁当販売だ。顧客は弁当を買い、一緒にお茶も買っていく。コンビニ

写真11　お茶のブランド

チェーンが競って店舗数を伸ばしていった90年代、『お～いお茶』も大きく売り上げを上げていった[105]」。

　ちなみに「お～いお茶」の表示には販売者株式会社伊藤園とある。したがって、同社は「お～いお茶」の製造者ではなく販売者であり、換言すれば、同社はメーカーではなく、あくまでもブランド所有者、展開者、すなわちマーケター、ブランド企業ということである。

　現在、市場には、「お～いお茶」の追随者として、サントリーの「伊右衛門」[106]、キリンの「生茶」[107]、アサヒの「十六茶」[108]、コカ・コーラの「綾鷹」[109]などがあげられる（写真11）。それらのブランド企業は製造者の場合と販売者の場合との両者があるが、いずれの場合でも、ブランド・マーケティングの展開に成功し、いまやナショナル・ブランドとなり、たとえば、キリンの「生茶」は中国、東南アジアでも展開されている。なお、その他にも数多くの緑茶ドリンクのブランドが展開されている[110]。

(5) お茶のブランド・マーケティング

　前述したお茶のブランドは飲料、すなわちドリンクとしての加工飲料であり、厳密には農産物のブランドとはいえない。現時点では農産物としてのお茶のブランドは見当たらないが、それは可能なことなのであろうか。そこで、お茶の

ブランド化、すなわちブランディングの可能性のいくつかの方向性について次に考察を試みてみたい。

① 農業者個人のブランド

　日本のお茶の生産者は小規模かつ多数な農業者であり、アメリカの農産物のブランド「サンキスト」や「チキータ」のようなブランドを想定することは現状では不可能である。ブランド展開の対象となるのは不特定多数の消費者、顧客であり、しかも標準化と情報発信が必要であり、その結果、小規模なお茶の生産者である農業者個人では標準化と情報の創造、発信が困難であるといわざるをえない。

　しかしながら、まったく不可能なことではない。たとえば、生産者である農業者が自己のブランドを創造し、自己のウェブサイトを開設し情報発信をすることによって、特定の消費者を顧客にするマニア・ブランドまで展開することは可能だと思われる。そのブランドは農業者個人の名前かもしれないし、情報とは彼の顔写真とか無農薬・有機栽培とかいったアピールであるかもしれないが、マニア・ブランドの後の展開についてはいくつかのものが考えられる。

　①マニア・ブランドのままで、少人数のファンである特定の顧客を対象にして、ブランドの拡大を試みない。
　②マニア・ブランドの成功を背景に、多くの仲間の農業者を取り込み、生産規模を拡大し、資本を充実させて企業化を図り、マニア・ブランドからローカル・ブランドそしてナショナル・ブランドを目指す。
　③マニア・ブランドの成功を背景に、多くの仲間の農業者とともに農業生産法人を設立し、ブランドは法人のものとして継続使用し、ナショナル・ブランドを目指す。

② 農業生産法人、協同組合による企業化

　小規模生産者であるお茶の農業者個人ではブランド化をするには多くのハードルがあるため、まず、農業生産法人か協同組合を作り、ブランド・マーケティングを試みる可能性が考えられる。

① 協同組合を作り、地域団体商標、地理的表示（GI）の登録によって国家のバックアップを利用してブランド化を目指す。ただし情報の発信と品質の管理、そして、責任の所在の明確化といった多くの課題がある。
②「ポンジュース」[111]のお茶版——愛媛県青果販売農業協同組合連合会（その後、愛媛県農業協同組合連合会に改組され、現在ではその子会社の株式会社えひめ飲料）が創造し、展開・管理している「ポンジュース」のビジネスモデルをお茶に応用し、お茶のドリンクのブランドを創造し、展開することである。すなわちお茶の加工飲料のブランド化である。
③ お茶の農業生産法人、協同組合が企業化し、六次産業化し、自らのブランドを創造し、小売部門を展開したり、自らのお茶処のチェーン化を試みる。
④ お茶の農業生産法人、協同組合が企業化し、大手の小売業者と製販同盟を結び、ブランド化を展開すること。これには茶葉とドリンクのMBとPBの両者のブランド展開が考えられる[112]。
⑤ お茶の農業生産法人、協同組合が企業化し、小売業者ではなく、大手のレストラン・チェーンないしはカフェ・チェーンと製販同盟を結び、主として茶葉のMBとPBの両者のブランド展開をすることが考えられる。

③ 夢のコラボレーション

　お茶のブランド化において、一番のネックは情報の創造ではないだろうか。多くの日本人はすでにお茶についての知識、情報を持っている。そのような消費者に受け入れられるような情報の創造には、何か新たな情報の付加が必要となるかもしれない。そこで、お茶に関して素晴らしい情報を持っているが、いまだブランドとしては使われていない茶道を利用するのはどうであろうか。もし可能であれば、お茶のカリスマとして情報価値の高い茶道の家元とコラボレートするのはどうであろうか。それが実現すれば、「伊右衛門」が、多くの消費者にとってそれまでほとんど知られていなかった京都・福寿園を持ち出して成功した以上のインパクトがあるブランドになるのは、ほぼ間違いのないことであると思われる。茶道の家元、たとえば、表千家印のお茶がブランド化されたならば、その情報は消費者に計り知れないインパクトを与えるものとなるであろう。しかしながら、その実現は残念ながら不可能なのかもしれない。

④ 原材料としての新たな展開

　お茶の飲料から脱皮し、原材料として新たな展開を試みることもそのひとつかもしれない。すでに論じたように、お茶を原料とした茶そばやお菓子は数多くみうけられるが、新たな用途にチャレンジすることもあげられる。お茶のエキスのサプリメントだけではなく、何か新たな情報の創造に基づくブランドの誕生がみられはじめている。たとえば、緑茶カテキン飴・テアニン飴、粉末緑茶、緑茶染繊維、お茶の石鹸、茶まくら・茶入浴・緑茶消臭剤、緑茶和紙商品・多孔体緑茶樹脂粒、光触媒カテキンフィルター、カテキンミスト（スチーム式加湿器）などである[113]が、いずれにせよ、まだ商品化されただけの段階であり、現時点ではブランド化されたものとはいいがたい。しかもそれらの商品化をなしえた開発者は、お茶の小規模生産者である農業者ではなく、農業以外の企業ないしは業者である。

　お茶のブランド・マーケティングはこれまでの単なる小規模な農業者が作る農産物としてのお茶では不可能かと思われる。生産者である農業者個人がビジネスへ転身し、ブランドを創造し、起業するか、個人ではなく共同で企業化するか、あるいは外部から企業が新規参入するか、いずれにせよ不特定多数の消費者に対し、情報発信と責任を明確化し、標準化・規格化を実現することを前提に、消費者に評価・支持される何か新しい価値ある情報の創造が必須のことである。

(6) おわりに

　これまで考察したように、農産物のお茶のブランドについていえば、現状の延長線からでは多数の小規模農業者が特定の地域でつくる擬似ブランドの産地ブランドとみなさざるをえない。したがって、現状では農業者個人主体のお茶のブランド・マーケティングは考えにくい。

　しかしながら、お茶のブランドの主体が小規模農業者ではなく、農業生産法人や協同組合が企業化するか、緑茶ドリンクのように外部の企業がそれにかかわるのであれば、多くの可能性が考えられる。しかも市場は日本だけではなく、中国、台湾、韓国、東南アジアといった国々も顕存市場であり、ブランド化に成功すれば、ローカル・ブランドからナショナル・ブランドへ、そしてリー

ジョナル・ブランドへの展開が考えられる。さらに、すしをはじめとする日本食の世界的なブームを背景に日本茶としての緑茶飲料のグローバル・ブランドへの道も決して不可能なものではなく、十分に実現できるであろう。

　それを実現するのは、現状では、緑茶飲料の「お～いお茶」「生茶」「伊右衛門」「綾鷹」の中のいずれかのブランドであるかもしれない。しかもひとつではなく複数のブランドが、グローバル・ブランドへと発展することも十分にありえることである。

　リージョナル市場にはウーロン茶、グローバル市場には紅茶、コーヒーといったライバルの飲料が数限りなく存在[114]し、さらに同じ緑茶にもライバルとしての中国茶、韓国茶があるが、日本の緑茶飲料のブランドはブランド・マーケティングの力によって、それらのライバルに打ち勝つ可能性が十分あるものと思われる。その力強い手助けになると思われるのが、日本食であり、また、「ジャパン・ブランド」である。

　日本の緑茶飲料のブランドがグローバル・ブランドへと展開されるようになった暁には、日本食に伴う飲料から脱皮し、緑茶飲料のイメージを拡大し、たとえば、無糖であることから健康飲料として、また安らぎやリフレッシュを与える飲料として、競合する多種多様なお茶だけではなく、コーヒー、そしてコーラなどの炭酸飲料にも大きな影響を与えることになるであろう。現在の日本市場における激烈なブランド・マーケティング競争の中から勝ちあがったブランドがグローバル・ブランドの有力な候補となると思われる。

　いくつかの緑茶飲料のブランドがグローバル化に成功すれば、原料としてのお茶の需要は増大し、生産量も増大するものと思われる。ただし、その生産地は日本のお茶の産地に限定されるわけではなく、コストの関係から農業技術を移転し、お茶の生産に最適な日本以外の国や地域になるかもしれないのも当然のことである。

　もちろん、お茶を原材料とした夢の新製品のブランドが、いずれは創造され展開されると思われるが、そのブランド企業となるのは農業者ではなく、おそらく農業以外の一般企業がなしえることになるであろう。

　したがって、日本のお茶の生産者である小規模農業者は現状に甘えることなく、今後、ますます進展すると思われるお茶のブランド化を考慮しなければ、

蚊帳の外に置かれてしまうことになるかもしれない。換言すれば、モノとしてのお茶づくりを続けるだけの農業者は、お茶のブランドの原料生産者となり下がるか、頑張って個人ブランドを創造したとしても規模の小さい特殊な市場やマニア向けの市場に限定されることになってしまうことは十分に考えられる。停滞したお茶の需要を盛り返し、その増大を図るには、たんに茶葉を生産するのではなく、そのブランド化を試みなければならない。それにはモノ・コンシャスではなく、ブランド・コンシャスの人材が必要となると思われる。しかしながら、農業の六次産業化がいわれているにもかかわらず、現状では、そのような人材は、農業の世界ではなくビジネスの世界から出現するものと考えざるをえないといえよう。そのような中、地域団体商標、地理的表示（GI）の登録によってお茶の産地ブランドが生まれており、それが新たなブランドとして認知、評価されるか、今後の展開が注目されよう。

　お茶のブランド化とは、農業としての茶葉の生産に新たな競争と可能性をもたらし、それとともにお茶の生産の活性化だけではなく、生産農業者に考える農業、創造する農業への道を示唆するものでもある。同時に、お茶のブランド化はすべての者に大きな成功の可能性を秘めたチャレンジを意味するものでもあると考えられる。

3　外国の伝統産業のブランド

3-1　キルギスの伝統的飲料のブランド「ショロー」

　伝統的飲料の商品化とブランド化に成功した事例として、ソビエト連邦から1991年に独立し、社会主義から市場経済に移行した中央アジアのキルギス共和国の今や代表的なブランドとなった「ショロー」の発展の軌跡を研究することとする[115]。

　まず、「ショロー」ブランドは株式会社ショローが保有する企業ブランドである。同社は1991年にキルギス共和国がソビエト連邦から独立した翌1992年にわずか4人で設立し、キルギスの伝統的な大麦焙煎発酵飲料の商品化に初め

て成功し、独自の販売システムを構築した。その後急速に成長して1999年には個人企業から法人化をなしえ、起業からわずか十数年で社員数1,000人を越えたキルギスの代表的な未上場の家族経営企業である[116]。

(1) モノ社会

同社が設立された1992年はソビエト連邦の崩壊と市場経済化の開始による未曾有の経済的混乱期[117]であった。ハイパーインフレと物不足と失業の時代であった。このようなときにソ連時代には建築技師をしていた創業者のエゲンベルディエフ・タビルディがそれまで伝統的な飲料でキルギス人がそれぞれの家庭で作って飲んでいたマクスム（大麦焙煎発酵飲料）[118]の商品化に成功した。多くの人は当初商品化を危ぶんだが、それは、マクスムは前述したようにお金で買う商品ではなく、家庭で作ったものを家庭で飲むものであり、商品としてのマクスムは考えられなかったからである。しかし、自宅の庭に大釜を置き、マクスムを作り、（キルギス共和国の首都であるビシュケク市の）バザールに売りに行ったところすぐに売り切れたので、彼は成功を確信した。まもなく小さな工場を建て、マクスムの生産を拡大した。

したがって、当初はモノとしてのマクスムを作り、それを対面販売していたにすぎない。ウェブサイトでエゲンベルディエフが語っているように、ブランドもマーケティングもまったく知らない中でビジネスを始めたのである[119]。

(2) ブランド化の開始

次第に生産量も増加したが、バザールだけでは販売に限りがあった。そこで、人が集まるビシュケク市の中心地の街角でも販売するようになった。試行錯誤の上、街角の路上で量り売りする販売員として女性を雇ったが、すぐに消費者に対する共通のイメージを作る必要を感じ始めた。そこで、シンボル・マークを作り、シンボル・カラーを白と水色と赤に決め、ここにブランドとして、「マクスム・ショロー」が生まれたのである（写真12）。というのは、個人的に製造販売をするうちは生産者と消費者がじかに対面するのでブランドの必要はないが、工場を作り大量に生産し、販売のために販売員を雇い始めることにより、ブランドの必要性が生まれてきたのである。また、1995年には早くも

TVのCMを始め、1996年からは屋外看板を媒体とした広告を開始した。

　このころに、同社はマーケティングを導入し始めたといっている。最初は市場調査からであったが、次第にブランドの重要性を理解し始めたといえよう。

　この「マクスム・ショロー」は今まで家庭の味、家庭の飲料であったマクスムを多くの消費者に商品として、おいしく、手軽に、安価で提案したオリジナルかつパイオニア・ブランドであり、そのためライバルのブランドはなかった。あえてあげれば、「コカ・コーラ」か（ルーブルからソムへと通貨変更したために、コインがなくなり）売り子が手売りしている自販機のジュースなどしかなく、いわば「マクスム・ショロー」のほとんど独占市場であった。そのため、次第に多くの消費者は、省略してただ「ショロー」と呼ぶようになったが、とりわけマクスムをこれまで知らなかった非キルギス人、たとえば、ロシア人などが「ショロー」を飲むようになるころには、企業ブランドの「ショロー」が、商品ブランドとして認識されるようになった。もちろん、正式には「マクスム・ショロー」である。

　この「マクスム・ショロー」は1998年にはボトル化を始め、新しいチャネルにも進出し、それに従いブランドの重要性はなおいっそう高まるとともに、ブランド力を持ち始めた（写真13）。

写真12　マクスム・ショローの販売の様子

(3) 強力なローカル・ブランド化とブランド拡張

　次第に「ショロー」は、首都のビシュケク市においてローカル・ブランドの地歩を急速に築くことになった。しかも「マクスム・ショロー」ブランドは強力なブランド力を持つようになり、それを背景にブランドの拡張を始めたのである。

　1999年には、ミネラルウォーターのブランド、「レジェンド・ショロー」を

写真13 「マクスム・ショロー」のボトル

開発し、市場に導入した。このころには、同社は明らかにブランドの意味を十分理解し始めたといえる。というのは、以前は「ショロー」という企業ブランドと「マクスム」というモノの単なる名前の組み合わせでもあったものから、新たなミネラルウォーターのブランドは、「ショロー」という企業ブランドと「レジェンド（伝説）」という商品ブランドの組み合わせのダブル表示ブランドを採用していることから明らかといえよう。しかもこの「レジェンド」はキリル文字[120]だけではなく英語でも表記されている。もちろん、「ショロー」のシンボル・マークも付されている。（写真14）なお、ミネラルウォーターには、グローバル・ブランドの「ボナクワ（Bonaqua）」[121]、ロシアのリージョナル・ブランドの「ボルジョミ（Borjomi）」[122]などのライバル・ブランドが多数存在していた中で、「レジェンド・ショロー」は、それまで馴染みのあるガス入りミネラルウォーターではなく、ガスなしのブランドであるが、それにもかかわらず健闘し、いまやトップ・ブランドになりつつある。

また、2000年には「馬乳酒」のブランド「クムーズ・ショロー」を開発し、2002年にはこれまで不可能とされていたロングライフで6カ月間も持つボトル化に成功して、ロシアに輸出を始めている。

2003年には、乳酸飲料の「チャラップ・ショロー」（写真15左）および（発酵前のマクスムであるジャルマにチャラップを割った）「ジャルマ・ショロー」（写真15右）を導入した。

同社はこのようにブランドを拡張してきたが、同時期に、ウェブサイトを立ち上げ、TV広告、インターネットのバナー広告、ラジオ広告、雑誌広告、新聞広告を使い、消費者に情報を発信し始めている。そのほかにも、サッカー・チームのスポンサーになったり、マウンテン・バイクのイベント・スポンサーになったりもしている。さらに、映画製作の後援も行っているし、パブリシティにもたびたび登場している。

第Ⅵ章　伝統産業のブランド　341

写真 14　（左）旧「レジェンド・ショロー」のキルギス文字のラベル、（右）旧「レジェンド・ショロー」の英文のラベル

写真 15　（左）「チャラップ・ショロー」、（右）「ジャルマ・ショロー」

(4) イミテーション・ブランドの出現と対抗策

　「ショロー」がブランド力を持つに従い、2002 年ごろから「マクスム・ショロー」を模倣するイミテーション・ブランドがいくつか出現してきた。そのひとつが、「ショロー」のイメージにあまりにも似ているので（写真 12 および写真 16）、やむをえず、対抗策として「ショロー」は 2006 年にブランドのイメージ・チェンジを行った。シンボル・マーク、ロゴを変え、販売員のカラーも一新した（写真 12、写真 17：写真 18 および写真 19）。
　「ショロー」はブランドのイメージ・チェンジに成功し、いくつかのイミテーション・ブランドとの競争に打ち勝ち、その結果、彼らの多くは市場から撤退したが、いまだ若干のマクスムのブランドが生き残って市場で競合している（写真 20）。

(5) 「ショロー」はナショナル・ブランドへ

　イミテーション・ブランドの出現があったが、「ショロー」は順調に発展し、次第に首都ビシュケク市だけではなくキルギスの全国市場への展開が始まった。

写真16 「ショロー」のイミテーション

写真17 新「マクスム・ショロー」の販売員
（出所：マクスム・ショローのウェブサイト）

写真18 旧「ショロー」のロゴ

写真19 新「ショロー」のロゴ

写真20 マクスムの競合状態

　1996年には南部の第2の都市オッシュ市に工場を新設するとともに、全国への供給、販売体制を確立し、ナショナル・ブランドの地歩を確立した。

　「マクスム・ショロー」をはじめとする多くの「ショロー」ブランドは、今やキルギス中のスーパーマーケット、キオスク、食料品店で販売されている。もちろん、

販売員による量り売りではなく、ボトルで売られている。「ショロー」のボトル化により、対面販売だけではなく、スーパーマーケットなどのセルフサービスでも販売されるようになり、ブランドの重要性が一段と増大した。

(6)「ショロー」はリージョナル・ブランドへ

　「ショロー」はさらに発展し、2006年から2007年にかけて、キルギスの隣国、カザフスタン共和国[123]とロシア連邦および中国の新疆ウイグル自治区にも進出し、いまやリージョナル・ブランドになりつつある。

　「ショロー」はキルギス民族の枠を超え、異民族のカザフ人やロシア人にも評価され始めている。それはキャッチ・アップ・ブランドではなく、オリジナル・ブランド、パイオニア・ブランドであることがその理由であると考えられる。同社の経営幹部がいうように、今や最大のライバル・ブランドは「コカ・コーラ」かもしれない[124]。(写真21：キルギスのビシュケク市の小型スーパーでの写真)

(7) 若干の考察——今後の発展と課題

　これまでの若干の考察から、「マクスム・ショロー」はオリジナル・ブランドであるため、その発展パターンはブランド発展の基本モデルのそれである。「ショロー」は当初は企業ブランドおよびマクスムの商品ブランドであったが、次第にブランド拡張を行い、ショロー社が展開する統一ブランドともなっている。

　ここでは、マクスムの商品ブランドとしての「ショロー」について、今後の課題を考察してみたい。

　まず、これまでの路上販売のシステムの再検討があげられる。そもそも「マクスム・ショロー」は飲料であることから、季節的な制約があり年間商品ではない。暑い期間だけの路上販売は、人事管理

写真21 「ショロー」と「コカ・コーラ」

の観点からはもちろん衛生面からも若干の問題が発生する可能性が考えられる。その解決策のひとつとして自動販売機の導入などが考えられるが、キルギスには現在コインの流通がなく、すべて紙幣なため（しかもかなり汚れた紙幣が多い）、自動販売機の導入には投下資本が高額になる、コストがかかる、メインテナンス等に課題がある[125]。

いずれにせよ、キルギスを含め中央アジア諸国が経済発展し、豊かな消費者が増大するに従い、安全、保証に関するブランド情報はますます重要なものとなるであろう。したがって、今後路上販売よりボトルの比重がますます高まるものと思われる。

次に、グローバル・ブランドにまで発展できるかどうかである。ミネラルウォーターは別として、「マクスム・ショロー」についていえば、キルギス独自のものであり、グローバル化する可能性は大いにあると思われる。しかしながら、おいしい、渇きを癒す、自然のもの、価格が安い、空腹を満たすといった、これまで成功した情報だけではグローバル化を実現するには十分ではないと思われる。さらに何かを加える必要がありそうである。そのひとつは、キルギスの「カントリー・ブランド」かもしれない。あるいは創造的な情報かもしれない。神話、伝説になるような物語かもしれない。それに成功すれば日本でもブランド展開は可能だと思われる（迅速に展開するにはOEMを利用することも考えられる）。

今から世界へ向かってウェブサイトを充実して情報発信するのもそのひとつかもしれない。

3番目には、現在、ラベルの文字はキリル文字であるためロシア語圏では判読可能であるが、グローバル化するには（ミネラルウォーターの「レジェンド」のように——写真13および写真14参照、なお、その後、「レジェンド」はラベルを変更して現在ではキリル文字ではなくアルファベットで表記している——写真22）、少なくとも片面はアルファベットで表記する必要がある。もちろん、将来的には、コカ・コーラのように世界中の国々でその市場の言語でも「ショロー」と表記する必要

写真22 新「レジェンド・ショロー」のラベル

があるかもしれない。

　さらに、グローバル化するためには味の工夫が必要かもしれない。が、それ以上に現在の「マクスム・ショロー」は生ものて、ボトル詰めしても飲料期間が短い。グローバル化とは販売、消費地域が無限に拡大するということであり、技術的イノベーションを図り、ロングライフ、すなわち長期間味の変わらない「マクスム・ショロー」作りが当然必要となるであろう。

　それには技術、時間、資金が必要なのはいうまでもないことであろう。これからが正念場であるといえよう[126]。

4　おわりに

　本章では、これまでブランドではなくモノ商品とみなされてきた伝統産業にもブランド化の動きがみられることから、いくつかの事例研究を試みた。

　まず、日本の伝統産業の中から長野県飯田市の水引のブランド「御国」を取り上げ、考察を加えた。その結果、商標登録されているにもかかわらず、現状では「御国」は消費者のブランド認識がなく商品ブランドではない。しかしながら、今後、ブランド企業、マーケターとなるべき株式会社田中宗吉商店がその経営姿勢の原点にブランドを置き、新たな改革と商品イノベーションを行えば、ブランド化の途がおのずとみえてくると思われるが、現状ではまだ時間がかかるかもしれない。

　一方、日本独自の調味料のひとつである七味唐辛子にすでに商品ブランドがいくつかあることを知り、その中のひとつ「八幡屋礒五郎」のブランド発展について考察を行った。同ブランドはローカル・ブランドであるのは明らかであるが、今後、ナショナル・ブランドへと発展するには課題が多い。それを克服すれば、同ブランドはオリジナリティがあるゆえに、リージョナル・ブランド、グローバル・ブランドへと発展する可能性があるかもしれない。

　次に、日本における農産物のブランドについて考察を試みたが、現状では規制行政と過度の農民保護とがその意に反し農産物のブランド化の大きな壁となっている。その中で、地域団体商標、地理的表示保護制度（GI）ができ、

政府のジャパン・ブランドのアピールもあり、今後の展開が注目される。

また、本章では、農産物のブランドとしてお茶について考察したが、農産物としてのお茶のブランド化には多くの課題があり、その一方、お茶の加工製品であるドリンク飲料はすでにブランド化に成功し、あるものはローカル・ブランド、ナショナル・ブランドを経てリージョナル・ブランドからグローバル・ブランドへと発展を始めている。これを日本食、和食の世界的ブームが後押しをしているのは明らかである。

なお、外国の伝統産業のブランドとして中央アジアのキルギス共和国の伝統的飲料のブランド「ショロー」のブランド発展についての研究を行った。同ブランドは家内生産されていたものを商品化、ブランド化し、それに成功し、いまやリージョナル・ブランドにまで発展している。しかしながら、グローバル・ブランドまで発展するにはかなりな障害、課題があるかと思われる。

これまで伝統産業のブランド化には多くの制約があり、一筋縄ではいかないと思われている。しかしながら、たとえば、ビールは伝統産業であり、その中から多くのブランドが誕生し、発展してきている。また、醤油の「キッコーマン」ももとは伝統産業から生まれたものである。

したがって、オリジナリティがある伝統産業からブランドが生まれ、いくつかの課題を解決しながら、大きく成功し、グローバル・ブランドへと発展する可能性は依然として存在しているのである。

注

1) 水引の製造・販売元、株式会社田中宗吉商店の4代目当主、田中康弘社長によれば、「飯田の水引の全国シェアーは70％といわれているが、必ずしも正確な統計データの裏付けがあるわけではない。結納品、正月飾、工芸細工の水引のシェアーがかなり高いのは事実であるが、金封（熨斗袋）名での低価格品の水引は、現在、四国の伊予地方のシェアーが飯田を凌駕している」とのことである。

2) 梶原勝美『ブランド・マーケティング研究序説Ⅰ』創成社、2010年；『ブランド・マーケティング研究序説Ⅱ』創成社、2011年；『ブランド・マーケティング研究序説Ⅲ』創成社、2013年。

3) たとえば、梶政華『やさしい花の水引アート』日貿出版社、2011 年；長浦ちえ『水引アレンジ BOOK』エクスナレッジ、2013 年；m90 デザイン室『水引デザイン』誠文堂新光社、2013 年：園部三重子監修、玉乃井陽光『開運水引』（株）日本地域社会研究所、2013 年。
4) 「水引」『語源由来辞典』http://gogen-allguide.com/mi/mizuhiki.html（2014/03/23 閲覧）。
5) 同上：飯田水引のしおり'結び'の郷。
6) 「水引」『ウィキペディア日本語版』https://ja.wikipedia.org/（2014/03/23 閲覧）。
7) 水引の製造方法については、飯田水引協同組合『飯田水引産業史』pp.79-100、飯田水引協同組合、2003 年、参照。
8) 飯田 2 万石の堀家初代藩主、在任、寛文 12（1672）年～延宝元（1673）年。なお、堀親昌は飯田に入城する前は、栃木の烏山におり、同地は当時和紙の生産量が日本一であった。「日本一の水引の産地である長野県飯田市に和紙の製法を伝えたのも烏山の和紙職人でした。飯田の水引は、江戸時代、烏山城主だった堀親昌公がお国替えで飯田城主になる際、烏山から多くの紙漉職人を連れていき、髷を結うための元結と呼ばれる和紙を作らせたのが始まりといわれています。」——栃木県烏山市、合名会社福田製紙所パンフレット。
9) 「飯田水引」『ウィキペディア日本語版』https://ja.wikipedia.org/（2014/03/24 閲覧）。
10) 飯田水引協同組合資料保存委員会「稲垣幸八・桜井文七翁の合同慰霊祭実施について」、2012 年 09 月 22 日。
11) 飯田市美術博物館柳田国男記念伊那民族研究所『飯田・上飯田の民俗Ⅰ』p.145、秀文社、2013 年。
12) 「水引」『ウィキペディア日本語版』https://ja.wikipedia.org/（2014/03/23 閲覧）。
13) 飯田市誌編さん小委員会資料「飯田元結原紙株式会社有毒水流出紛争」；元結原紙の薄紙を作る際に、大量のヘドロが垂れ流され、また、浄化されない漂白剤等の化学薬品が流出して下流住民が訴訟を起こしたが、1933（昭和 8）年、調停により、今後は公害を出さないようにするとの和解が会社と住民の間で成立した。なお、同社は 1939（昭和 14）年、飯田元結工業組合に買収され、その後、同組合は合併を経て、1944（昭和 19）年、原料不足等から閉鎖された。以後、水引の原紙は四国伊予に依存することになる。
14) 「ブランドとは（標準化、均一化、規格化された）モノやサービスに情報を付加して、創造し、展開したものを市場における消費者や流通業者が『ブランド』として認知、評価、支持するのはもちろんのこと、消費者を含む流通業者、社

15) 以下の記述は、4代目当主、株式会社田中宗吉商店田中康弘代表取締役へのヒアリングにもとづくものである。
16) 飯田市美術博物館柳田国男記念伊那民族研究所、前掲書、p. 147。
17) なお、田中式水引製造法として田中宗吉の名のもとに大正5（1916）年、特許第28976号が登録された。
18) 飯田水引協同組合、前掲書、p. 120。
19) 田中宗吉商店パンフレット「御国金封録　色彩幻想」。そこには、同社のことが、御国印　各種水引元結・祝儀用紙製品　製造元　株式会社田中宗吉商店と記されている。
20) 田中宗吉商店パンフレット「水引キーホルダー」。
21) 梶原勝美『ブランド・マーケティング研究序説Ⅱ』pp. 315-317。
22) 飯田水引協同組合、前掲書、p. 111。
23) 同上、p. 135；「飯田水引」、1997年11月認証。登録番号「4084057号」、商標権者は飯田水引協同組合。
24) 梶原勝美『ブランド・マーケティング研究序説Ⅱ』、pp. 51-54。
25) 2014年4月11日～12日、再度飯田を訪問した。その際、田中宗吉商店4代目田中康弘代表取締役に飯田にある水引博物館の案内ばかりか素材としての水引の製造工場（写真23）も案内していただいた。また、多くのヒアリングだけではなく、貴重な書籍、資料等々の提供という最大限の協力もいただいた。ここに記して、感謝の意を表するものである。
26) 長野経済研究所『危機を生き抜く企業力』pp. 180-181、信濃毎日新聞社、2009年。
27) 「七味唐辛子」『ウィキペディア日本語版』https://ja.wikipedia.org/（2015/10/8閲覧）。
28) http://www.geocities.jp/maruhotigar/sitimi.him（2015/10/8閲覧）。
29) http://matome.naver.jp/odai/2134747520916694001（2015/10/8閲覧）。
30) http://matome.naver.jp/odai/2135793204665030101（2015/10/8閲覧）。
31) 「料理に添えて用い、味を引き立て食欲をそそる香辛料や香辛野菜。」

写真23　水引の素材の製造工程

──「薬味」『デジタル大辞泉』http://kotobank.jp/word/（2015/10/8 閲覧）。
32）「汁物に香りを添えるために少量浮かべるもの。」──「吸口」『和・洋・中・エスニック世界の料理がわかる辞典』http://kotobank.jp/（2015/10/8 閲覧）。
33）https://www.yawataya.co.jp/brand/history/history03.html（2015/10/8 閲覧）。
34）https://www.yawataya.co.jp/brand/history/history05.html（2015/10/8 閲覧）。
35）長野経済研究所、前掲書、pp. 185-186。
36）https://www.yawataya.co.jp/brand/history/history06.html（2015/10/8 閲覧）。しかしながら、今日まで続く七味唐辛子のパッケージとしては優れたものといえるが、「名物七味」だけの情報だけであり、今日的な意味でのブランド・ロゴ、ブランド・スローガンとなっていないのが残念である。
37）https://www.yawataya.co.jp/brand/history/history07.html（2015/10/8 閲覧）。
38）同上。
39）長野経済研究所、前掲書、p. 182。
40）同上。
41）同上、pp. 182-184。
42）同上、p. 185。
43）同上、p. 184。
44）同上、p. 186。
45）簡単なモニター調査を学生対象に行った。まず、事前のヒアリングでは、ほとんどの学生は七味唐辛子のブランドが存在していることを知らず、その結果、ブランドごとに味の違いがあることも当然知らないので、その違いはわからないという回答であった。しかし、「八幡屋礒五郎」とその他のブランドを少量味わってもらったところ、彼らにも、風味には明らかな違いがありその差異がわかるという回答が多かった。そして、「八幡屋礒五郎」のほうがいいという答えが大半であった。
46）調査当日、「ハウス」は商品棚に在庫されていず、ただプライスカードだけがあった。
47）「八幡屋礒五郎」では、株式会社八幡屋礒五郎が販売を、有限会社八幡屋プロダクツが製造を行っているためとのことである。
48）長野経済研究所、前掲書、pp. 185-186。
49）梶原勝美『ブランド・マーケティング研究序説Ⅰ』pp. 281-283、創成社、2010 年。
50）専修大学兼任講師、魏聖銓先生のコメント。

51) 専修大学商学部の中国人留学生、叶云鵬君のコメント。
52) その際、「八幡屋礒五郎」がグローバル・ブランドに発展するための鍵がネーミングにあると思われる。たとえば、「キッコーマン」(亀甲萬)はグローバルには「Kikkoman」と表記されているが、いったい、「八幡屋礒五郎」は何と表記すれば最適となるのであろうか。漢字圏では通用すると思われるが、それ以外の多くの国々にとって、ブランド・ネームが問題となる可能性が十分考えられる。
53) 放射性物質が放射線を出す能力を表す単位。
54) 放射能による人体への影響度合いを表す単位。
55) もちろん、東京電力株式会社の顔も見えない。どう見ても正確な情報を広報しているとは思えない。同社は、形式上は民間会社であるが、関東地方の電力を独占している企業で、実態は政府、行政機関以上に官僚的体質で、消費者である地域の国民は不満があってもほかの選択ができず、多くの問題点を抱えている。今回の事故でそれらが露見され、どうみても優良なブランド企業とはいうことができない。
56) 製造物責任法の第 2 条と第 3 条において、農産物と農業者は同法の該当除外であり、責任の所在が不明確な農産物は当然モノ商品となり、消費者が自己責任を負うことになる。
57) 梶原勝美『ブランド・マーケティング研究序説Ⅱ』pp. 269-271、創成社、2011 年。
58) 株式会社雪国まいたけが展開している農産物のブランド。同社は農業生産法人ではなく一般企業であり、農産物であるキノコやモヤシの工場での大量生産に成功したローテクのバイオ・ベンチャー企業である。「雪国まいたけ」、「雪国もやし」だけではなく、「雪国えりんぎ」、「雪国しめじ」、「雪国やさい革命」などのブランドを展開しているが、特に「雪国まいたけ」はナショナル・ブランドから現在ではアメリカ市場、中国市場へも進出し、リージョナル・ブランドを目指している。その先の目標として、ヨーロッパ市場、グローバル・ブランドが考えられる――鶴蒔靖夫『大逆転の戦略』IN 通信社、1996 年；鶴蒔靖夫『雪国まいたけの"脱常識"経営』IN 通信社、2008 年；株式会社雪国まいたけ有価証券報告書（2010 年 04 月 01 日― 2011 年 03 月 31 日期）；http://www.maitake.co.jp/（2011/9/29 閲覧）。
59) 後久博『農業ブランドはこうして創る』pp. 200-212、ぎょうせい、2007 年。
60) 梶原勝美「再考：マーケティング論―マーケティング研究はプロダクトからブランド」『日経広告研究所報』258 号、p. 5、日経広告研究所、2011 年 8 月。
61) 梶原勝美『ブランド・マーケティング研究序説Ⅱ』pp. 287-307。
62) 林雄介『ニッポンの農業』p. 104、ぎょうせい、2010 年。

63) 梶原勝美『ブランド・マーケティング研究序説Ⅰ』pp. 158-164。
64) たとえば、後久博、前掲書；波積真理『1次産品におけるブランド理論の本質』白桃書房、2002年；婁小波・波積真理・日高健『水産物ブランド化戦略と実践』北斗書房、2010年。
65) ブランド「雪印」がなくなっただけではなく、ブランド企業である雪印乳業株式会社もなくなり、同社は全国農協直販、ジャパンミルクネットとともに経営統合された日本ミルクコミュニティ株式会社となり、その後、持株会社雪印メグミルク株式会社の子会社となり、2011年4月に事業会社雪印メグミルク株式会社へ吸収された。なお、主要なブランドは「雪印」から「メグミルク」と変わった。しかし、「雪印」がまったくなくなったわけではなく、ごく少量ながら現在でも製造・販売されている。また、乳飲料のいわゆるコーヒー牛乳の「雪印コーヒー」は継続して「雪印」が使われている。なお、食中毒事件については、藤原邦達『雪印の落日』、緑風出帆、2002年。
66) 梶原勝美『ブランド・マーケティング研究序説Ⅰ』pp. 226-227。
67) 梶原勝美『ブランド・マーケティング研究序説Ⅱ』p. 12。
68) 豊予海峡で漁獲され、大分県大分市の佐賀関で水揚げされるサバ。佐賀関町漁協（現大分県漁業協同組合佐賀関支店）が1996年に商標登録し、2006年には地域団体商標（地域ブランド）として登録されたサバの産地ブランド。
69) 青森県大間町に水揚げされたマグロを意味する一種の産地ブランド。
70) 梶原勝美『ブランド・マーケティング研究序説Ⅱ』p. 52。
71) 同上、pp. 52-53；平林千春『奇跡のブランド「いいちこ」』ダイヤモンド社、2005年。
72) 同上、p. 53。
73) 同上、p. 12。
74) 同上、p. 12、p. 52。
75) 梶原勝美『ブランド流通革命』pp. 30-32、森山書店、2016年。
76) 山下一仁『企業の知恵で農業革新に挑む！』pp. 124-155、ダイヤモンド社、2010年。
77) 池田英男『植物工場ビジネス』pp. 198-203、日本経済新聞出版社、2010年。
78) たとえば、山下一仁は、①農地政策の失敗、②甘い転用規制、③ゾーニングの不備、④農地の売買による規模拡大は進まない、⑤高米価政策の弊害、⑥零細農業への過剰な保護、⑦伸びない単収、⑧農協の横槍、以上の8つをあげている――山下一仁、前掲書、pp. 187-199；また、生源眞一は、日本農業の最大の問題が高齢化が顕著に進んでいて、他方でコメの供給過剰に頭を痛めている水田農業にあると論じている――生源眞一『日本農業の真実』p. 23、ちくま新書、2011年。

79) 農業生産法人とは、農地法上の概念であり、農業経営を行うために農地を取得できる法人である。ちなみに農業株式会社が農業法人たりうるには、農地法2条3項に規定する4つの厳しい要件、①法人形態要件、②事業要件、③構成員要件、④役員要件を満たさなければならない。しかし、養豚業、養鶏業等法人が農地の権利を取得しないでも農業経営を行いうる場合は、必ずしも農業生産法人である必要はないといえる。一方、農業法人とは、法人形態によって農業を営む法人の総称ということができ、農業法人には会社法人と農事組合法人の2つのタイプがある――金光寛之・松藤保孝・松嶋隆弘編著『農業株式会社と改正農地法』pp. 102-103、三協法規出版、2011年。

80) もちろん、これまで大企業が農業に参入した事例がないわけではない。かつてスーパーマーケットのダイエーが牛肉の牧場を自社で展開したり、「純日本品質」をコーポレート・スローガンにして、「きゅうりのキューちゃん」を展開している東海漬物株式会社は中国の生産農家に大規模なきゅうりの生産委託をしており、外食産業の株式会社サイゼリヤはオーストラリアに牧場と農業を持ち、そこで自社製品の製造・加工をしていることが知られている。また、セブン＆アイ・ホールディングスの関連会社としてのセブンファームは、イトーヨーカ堂から出た食品残渣を堆肥化センターで堆肥にして、その堆肥をセブンファームで使用し、そこから収穫された野菜をイトーヨーカ堂が全量買い付けるというビジネスモデルのもとに、農業に参入している。その一方、オムロン株式会社はトマト栽培に参入したが、失敗し撤退している。「ユニクロ」の株式会社ファーストリテイリングも同様に農業に参入を試みたが失敗している。このようにたとえ大企業であっても、必ずしも成功するとは限らない。つまり、農業で成功するためには、農業独特のノウハウと大企業の単なるサラリーマンではなく、農業に情熱を持っている新しいタイプの人材が必要となるのである。その一助となるかもしれない新しい政策が報道された。2011年9月28日の産経新聞によれば、農林水産省は、45歳未満で新たに農業に従事する個人に150万円の給付金を最長7年間支払う制度の創設を平成24年度概算要求に盛り込むということである。最近、企業の農業への新規参入の事例が増加しているが、その多くは政府の公共事業抑制のため仕事がなくなった地場の建設会社、土建会社である。

81) 農業へ参入するには、一般企業だけではなく、実家が農家でない個人が個人事業主として農業に転職するにも制限がある。農地の取得にもその地域の農業委員会の許可が必要である。

82) 山下一仁、前掲書、pp. iii-v。

83) 今村奈良臣「第6次産業の創造を21世紀農業を花形産業にしよう」、『月刊地域づくり』、1996.11、財団法人地域活性化センター、1996年。

84)　六次産業化とは農林漁業（一次産業）×加工業（二次産業）×流通業（三次産業）が連携して新しい事業に取り込むことで、3産業の掛け算も足し算も6なので六次産業化という。六次産業化法の内容は大雑把に言うと農商工連携促進法に木材資源等のバイオマス利用促進、直売所支援、地産地消促進が加わったものである。農水省が単独で施行するもので、農林漁業者は農水省に六次産業化の事業計画を申請し、認定を受ける。施設・設備に対する補助金があるのがこの法律の大きな強みである。具体的には、たとえば、①農業生産法人、農業者が加工施設を新設し、新たな商品を開発、販売する。②農業生産法人、農業者が自らの農産物を使った直営レストランを立ち上げる。③森林組合と地元の温泉が連携してバイオマスボイラーを導入する、等々である。

85)　2011年9月13日の読売新聞（国際版）によれば、農林水産省が農地の規模を拡大して競争力を高めるため、事実上の「離農奨励交付金」の創設を検討しているとのことである。TPPなど世界的に貿易自由化の流れが進む中で、国内農業の競争力強化が急務と判断し、耕作意欲がある若手農家らへの農地集約を促進し、国内農業の競争力強化を目指す。したがって、この政策の規模拡大の対象はあくまでも農業者であり、自由な農業参入ではなく、依然として不公平なものである。しかしながら、その中でわずかな希望を見出すとすれば、規模を拡大した農業者が農業生産法人となり、さらに企業化をなしえ、中堅企業ないしは大企業にまで発展し、ブランド・マーケティングを行うようになることが農産物のブランド化への唯一の道かもしれない。

86)　「雪国まいたけ」「雪国もやし」を展開しているブランド企業である雪国まいたけ株式会社は、放射能数値をウェブサイト上で公表している。消費者はケータイではQRコードからウェブサイトへ、また、パソコンでは直接ウェブサイトへアクセスすることにより、その情報に接することができる。

87)　渋谷往男『戦略的農業経営』日本経済新聞出版社、2009年。

88)　ちなみに近所のコンビニエンス・ストアとスーパーマーケットでモヤシおよびカット野菜のブランドを調べた。「サラダじょうず5品目のサラダ」「サラダじょうず千切りキャベツ」「緑豆もやし」「緑豆もやし少量パック」「手軽に使える万能野菜もやし」などが展開されているが、ブランドといっても多くの消費者が認知していないローカル・ブランドないしプライベート・ブランドが大半であり、結局、現状では多くの消費者は依然としてブランド認識ではなくモノ認識である。現在ではまだ「雪国もやし」「雪国まいたけ」以外にはナショナル・ブランドはないようである。

89)　現在でも一般企業の農業への参入についてはいまだ賛否両論があり、議論が続いている――神門善久『日本の農と食』pp. 211-247、NTT出版、2006年。

90)　イザヤ・ベンダサン『日本人とユダヤ人』p. 14、山本書店、1970年。

91) 「第Ⅳ章伝統産業のブランド　2-3 日本における農産物のブランド」；梶原勝美「農産物のブランド・マーケティング─日本の現状と展望」『SMJ（専修マネジメントジャーナル）』創刊号、専修大学経営研究所、2012 年 3 月。
92) 武田善行『茶のサイエンス』pp. 132-135、筑波書房、2004 年。
93) 伊勢村護、藤森進編著『緑茶パワーと健康のサイエンス』はじめに x -xii、アイ・ケイコーポレーション、2004 年。
94) 武田善行、前掲書、pp. 54-56。
95) 岩崎邦彦『緑茶のマーケティング』農山漁村文化協会、2008 年。
96) http://wkp.fresheye.com/wikipedia（2011/11/01 閲覧）。
97) 梶原勝美『ブランド・マーケティング研究序説Ⅱ』pp. 51-54。
98) 梶原勝美『ブランド流通革命』pp. 30-32。
99) http://headlines.yahoo.co.jp/hi?a=20151222-00050070-yom-bus.all.view-000（2015/12/22 閲覧）。
100) ただし、タイで売られているお茶（日本茶）には砂糖が入っており、甘茶のようである。タイではキリンのブランド「生茶」が日本のものとは異なりタイの消費者の好みに合わせて砂糖が入っている（その後、2007 年には無糖の「生茶」も発売）。もちろん、なかには現地の日本食レストランが展開している「富士」のように例外的に砂糖が入っていないブランドもある。また、現地のお茶のブランドのいくつかは日本をイメージして、たとえば、「OISHI Green Tea 緑の茶おいしい緑茶」というように日本語のブランドおよびロゴを使っている（写真 24）。
101) http://www.itoen.co.jp/oiocha/burandstory/index.html（2011/10/28 閲覧）。
102) 浅島亮子「伊藤園全米で『お〜いお茶』を売る！」『週刊ダイヤモンド』pp. 84-87、2004/07/17。
103) なお、自動販売機では「伊藤園茶の間緑茶」が売られており、表示を見ると販売者伊藤園、商品取扱者大塚食品株式会社とあり、伊藤園は「お〜いお茶」だけではなく、一種の製販ブランドも展開していると思われる（写真 25）。
104) 山本明文「伊藤園お〜いお茶緑茶」『月刊コンビニ』2008 年 12 月号／第 11 巻第 12 号、p. 60、商業界。
105) 石井淳蔵「20 年間シェア一

写真 24　タイ市場での緑茶のブランド

写真 25　製販ブランド

位『お〜いお茶』に学ぶ市場の創り方」『プレジデント』48（3）、pp. 151-153、2010/01/18。
106) 山本明文、前掲論文、p. 60。
107) 緑茶（清涼飲料水）、販売者サントリーフーズ株式会社。峰如之介『なぜ、伊右衛門は売れたのか。』すばる舎、2006 年。
108) 清涼飲料水、製造者キリンビバレッジ株式会社。
109) 清涼飲料水（十六茶）、製造者アサヒ飲料株式会社。
110) 緑茶（清涼飲料水）、販売者コカコーラカスタマーマーケティング株式会社
111) たとえば、プライベート・ブランド「SEVEN＆ i PREMIUM 緑茶」があり、上記のブランドがコンビニエンス・ストアで 500 ml が 147 円で販売されているのに対し、98 円で販売されている。
112) 梶原勝美『ブランド・マーケティング研究序説Ⅱ』p. 12。
113) たとえば、「お〜いお茶」を展開している伊藤園がお茶の樹を植えて「お〜いお茶」のための茶畑をつくる「茶産地育成事業」を 2001 年から宮崎県都城地区で始め、その後、大分県などにも拡大しているが、ここでの生産はあくまでも原料としての茶葉づくりであり、お茶の生産者によるブランド化とは関係がないものである——http://www.itoen.co.jp/ochazukuri/index.html（2011/10/28 閲覧）。
114) 伊勢村護、藤森進編著、前掲書、pp. 174-195。
115) たとえば、中央アジアのキルギス共和国には伝統的な飲料であるマクスムがある——梶原勝美「キルギスのブランド『ショロー』」『専修商学論集』第 87 号、2008 年 7 月；梶原勝美『ブランド・マーケティング研究序説Ⅱ』pp. 87-94。
116) 本研究は、政治的、経済的、言語的、文献的な制約があり、ほとんど日本では紹介されていないキルギスのブランド研究である。なお、本研究の情報源は、一つはロシア語のウェブサイト（http://www.shoro.kg）、二つ目は英語のウェ

ブサイト（http://www.shoro.kg/en）、三つ目は 2007（平成 19）年 8 月 22 日に私がキルギス共和国のビシュケク市にあるショロー社を訪問し、同社の 2 人の若き経営幹部（一人は副社長の Talant Jumazaev、もう一人は広報部長の Aziz Hasanov である）とのインタビューによるものである。

117） http://www.shoro.kg および訪問時のインタビュー。
118） 梶原勝美（共同出筆者チョンムルノフ・チムール）「キルギス共和国の市場経済化の過程と課題」『アジア市場経済学会年報』第 11 号、2008 年 6 月。
119） マクスムとは、大麦を焙煎し、ジャルマと呼ばれる飲料を造り、それを醗酵させたキルギス族の伝統的かつ民族的飲料である。私見であるが、私が飲んだところ最初は癖がありおいしいとは感じなかったが、何回か飲んでいるうちに次第にその味に慣れてきたというのが正直な感想である。
120） インタビュー時に同社の経営幹部に質問したところ、同様な答えが返ってきた。
121） キリル文字とは、主としてスラブ諸語を表記するのに用いられるアルファベットの一種。現在では、ロシア語、ウクライナ語、ベラルーシ語、ブルガリア語、セルビア語、マケドニア語等のスラブ諸語と、ロシアの影響を受けたカザフ語、キルギス語、タタール語、モンゴル語などの旧ソ連内外の諸民族の言語に用いられている。日本ではロシア文字と呼ぶこともある。
122） コカ・コーラ社が展開しているミネラルウォーターのブランド。
123） P. Cheverton, *Understanding Brands*, p, 11, Kogan Page, 2006。
124） 1996 年にカザフスタン共和国のアルマタイ市に合弁で販売会社を設立した。
125） インタビュー時の発言。
126） 2008 年 1 月からコインが導入された。単位は 1、3、5 ソムと 10、50 ティーム（ティームはソムの 100 分の 1）の 5 種類である。したがって、今後自動販売機での新たな展開が期待されると思われる。
127） 東日本大震災のお見舞いとして、ショロー社からミネラルウォーターが被災地に贈られた。

第Ⅶ章
ブランド発展史の課題と展望

1　はじめに

　これまでマーケティングの本質的の理解を目指し、ブランド発展史として事例研究を積み重ねてきたが、その結果、マーケティングとはブランドの創造、展開、管理であるという定義にたどり着いた[1]。しかしながら、企業が行う実践的活動のための理論というべきものは導くことができず、マーケティングのさらなる理解を求めるためには、これからも個々のブランドの事例研究の積み重ねという地味な研究をしなければならない。換言すれば、マーケティング論には他の関連諸科学のような理論、法則というものは見当たらないため、個別のブランド発展の事例研究からの帰納的研究が必要となる。

　したがって現在のところ、理論どおりにマーケティング活動を行えば、企業は成功裏に成長し、利益がもたらされるということは残念ながらありえない。同じマーケティング戦略を作成し実行しても、市場により、消費者により、タイミングにより、必ずしもマーケティング環境は一定ではなく、常にダイナミックに変化し、その結果として、ある場合には成功し、また、ある場合には成功しないということになるのである。たとえ同じ市場であっても、消費者の行動をはじめとするマーケティング環境は常に変化し、不変ではない。

　そのような中、マーケティングの理解にはその対象であるブランドの理解が不可欠であると考え、これまで一連のブランドの事例研究を試みてきたが、マーケティングの本質的な理解が導かれることとなったのであろうか。はたして、これまで積み重ねてきたブランドの事例研究の成果はあったのであろうか。また、ブランドの事例研究の課題と展望は何であろうか。

　そこで、本章では、これまで試みてきた一連の事例研究についての成果と今

後の課題と展望について論じてみたい。

2 ブランドの先行研究

これまで個別のブランドの事例研究がなかったわけではない。それらの多くはマーケティング研究者というよりは広告の研究者たちであった。というのは、広告の実践においてはブランド訴求が中核であり、その結果、広告研究者たちはマーケティング研究者たちよりも早くから、ブランドの意義を認識していたのである[2]。しかしながら、マーケティング研究者そして経営学者たちも広告研究者たちよりは時間的には遅れた観があるが、次第にブランドの事例研究を試み始めたのである。その方法論、アプローチは多様で確立されたものではない。

まず、日本での先行研究には、たとえば、次のような多くのブランドの事例研究があげられる。

「ユニリーバ」[3]「マコーミック」[4]「シンガーミシン」[5]「資生堂」[6]「コカ・コーラ」[7]「キャメル」「マールボロ」[8]。

もちろん、外国の研究者によるブランドの事例研究もある。たとえば、次のようなものがあげられる。

『ユニリーバ物語』[9]、H. Cambell, *Why did they name it…?* [10]、『スターバックス』[11]、E. Ross, A. Holland : *100 Great Businesses And The Minds Behind Them*[12]、M. Heig : *Brand Royalty :How the World's Top 100 Brands Thrive and Survive*[13]。

これらの多くの研究のすべてが具体的、個別的なブランドの発展の事例研究とは必ずしもいうことができないが、マーケティングの真の理解へのきっかけとなったものである。そもそもこれらの研究はマーケティングの本質的な理解を求めたものではなく、経営史の中での研究、マーケティング戦略論の中での研究、総括的なブランドの事例研究などである。そのほかにマルクス経済学の立場から批判マーケティングの本質的理解を目指した研究の中でのブランド事例研究を行ったものもある[14]。

いずれの立場、観点からのブランドの事例研究にせよ、これらの先行研究がマーケティング理解の次の研究段階への重要なステッピング・ストーンとなっているのは事実である。

3 ブランド発展史の一覧図

そのような中、本書では、ブランドの発展モデルを簡潔にいえば、ローカル・ブランド（LB）→ナショナル・ブランド（NB）→リージョナル・ブランド（RB）→グローバル・ブランド（GB）の4つの段階に分け、日本、アメリカ、ヨーロッパといったマーケティングの先進国だけではなく、アジアの発展途上国のブランドの発展史についての事例研究を試みてきた。

それらのブランドを時間軸にもとづいた一覧図として図示したものが図表2「ブランド発展史一覧図」である。

これまで本書では、同図表にみられるようにブランド発展の事例研究を時間軸によってまとめてきたが、次に、ブランド発展をタイプ別に分けると、パイオニア・ブランドの展開であるオリジナル・タイプ、模倣、追随した後発ブランドのキャッチアップ・タイプ、そして、その他のタイプの3つになるであろう。それらを分類整理すれば、たとえば、図表1のようになる。

図表1　ブランド発展のタイプ

1　オリジナル・タイプ
　①　試行錯誤タイプ…オリジナルのモノであるプロダクト（製品）の生産から試行錯誤を経て、独自のブランド化に成功したタイプ。たとえば、メカニズム・ブランドの「マコーミック」「シンガー」一般ブランドの「アイボリー」「コカ・コーラ」、なお、アメリカ以外の国では、「白鹿」「キッコーマン」「ギネス」「サンライト」「ネスレ」、また、サービス・ブランドの「マクドナルド」などがその代表である。これらの多くは、パイオニア・ブランドとして、消費者の評価、支持を得て、グローバル・ブランド、グローバル・トップ・ブランドもしくはそれに匹敵するパワーブランドにまで発展している。
　②　マーケティング導入タイプ…日本をはじめマーケティングの導入国にみられるタイプ。オリジナルのモノであるプロダクトの生産から始まるが、初め

はブランドの重要性がわからないにもかかわらず、試行錯誤の中でブランド化を始める。その途中でアメリカよりマーケティングを導入し、ブランド展開を迅速に実現したタイプ。たとえば、日本の「ソニー」「お～いお茶」、フランスの「ルイ・ヴィトン」などである。試行錯誤タイプと同様に、リージョナル・ブランド、グローバル・ブランドにまで発展することも可能であり、すでに多くのブランドがそのレベルまで達している。

2 キャッチアップ・タイプ
① 模倣タイプ…このタイプは発展途上国に多くみられる。先進国の先発ブランドの模倣から始め、イミテーション・ブランドから次第に独自のブランドへと発展している追随、後発ブランドである。プロダクトについての技術の模倣から始め、運良く成功し、発展する場合がある。たとえば、メカニズム・ブランドの韓国の「サムスン」、台湾の「エイサー」、中国の「ハイアール」、一般ブランドのイランの「アイディン」、マレーシアの「ベリーズ」などがあげられる。価格訴求を武器にして No.2 にはなれるが、なかなかトップ・ブランドにはなりにくい。しかし、「サムスン」やタイの「レッドブル」のようにグローバル化したものもある。
② コピー・タイプ…本書では考察の対象外としているが、すでに確立したブランドをコピーしたものがコピー・ブランドである。いつまで経っても、コピーはコピーであり、その後の大きな発展はない。知的所有権に対する認識のグローバル化により、次第になくなりつつあるものである。コピー・ブランドは犯罪という認識がようやく常識になりつつあるが、まだ絶滅には時間がかかりそうである。

3 その他のタイプ
① 伝統タイプ…伝統産業からブランド化を目指すものが現れている。
　a ブランド化以前のタイプ…伝統産業のモノから脱皮し、ブランド化を目指しているが、いまだブランドとはみなされていない多くのモノがある。
　b ブランド化に成功したタイプ…日本の七味唐辛子の「八幡屋礒五郎」やキルギスのマクスム（大麦焙煎飲料）の「ショロー」のようにブランド化に成功し、すでにナショナル・ブランド、リージョナル・ブランドになり、今後はグローバル・ブランドを目指すものが現れている。
② 集団タイプ…ブランドの主体が個ではなく、複数の関係者主体となるものであり、責任の所在が不明確であり、多くの課題がある。ただし、国家や地方公共団体の後押しがあり、今後の成り行きが注目される。
　a 地域団体商標…地域ブランド育成を目指し、地域名と商品名からなる商標。
　b 地理的保護制度（GI）…商品の確立した特性と地域との結び付きがみられる真正な地理的表示産品であることを証するもの。GIマーク。

第Ⅶ章　ブランド発展史の課題と展望　361

図表 2　ブランド発展史一覧図

→ 13C ──── 16, 17C ──── 18C ──── 19C ──── 19C半 ──── 20C ──── 20C半 ──── 21C →

- 醸造ブランド
  〈ベルギー〉「レフ」
  〈ドイツ〉「HIRTER PRIVAT PILS」「PAULANER」
  〈チェコ〉「KRUŠOVICE」
  「柳酒」?〈日本〉「白鹿」　　［亀甲萬］
  　　　　　〈フランス〉1664
  　　　　　〈アイルランド〉「ギネス」
  　　　　　　　　　〈アメリカ〉「Old Tub」──────（中断）→「ジム・ビーム」
  　　　　　　　　　　　　　　　・メカニズム・ブランド
  　　　　　　　　　　　　　　　　〈アメリカ〉「マコーミック」「シンガー」
  　　　　　　　　　　　　　　　・一般ブランド
  　　　　　　　　　　　　　　　　〈アメリカ〉「アイボリー」「コカ・コーラ」
  　　　　　　　　　　　　　　　　〈イギリス〉「サンライト」
  　　　　　　　　　　　　　　　　〈スイス〉「ネスレ」
  　　　　　　　　　　　　　　　　〈日　本〉「資生堂」
  　　　　　　　　　　　　　　　　〈フランス〉「ルイ・ヴィトン」
  　　　　　　　　　　　　　　　　　　　・PB（プライベート・ブランド）
  　　　　　　　　　　　　　　　　　　　　〈アメリカ〉「シアーズ」
  　　　　　　　　　　　　　　　　　　　・サービス・ブランド
  　　　　　　　　　　　　　　　　　　　　〈アメリカ〉「マクドナルド」
  　　　　　　　　　　　　　　　　　　　　　　　　・後発・追随ブランド
  　　　　　　　　　　　　　　　　　　　　　　　　　「醸造ブランド」
  　　　　　　　　　　　　　　　　　　　　　　　　　「メカニズム・ブランド」
  　　　　　　　　　　　　　　　　　　　　　　　　　「一般ブランド」
  　　　　　　　　　　　　　　　　　　　　　　　　　　〈ミャンマー〉「ミャンマー」
  　　　　　　　　　　　　　　　　　　　　　　　　　　〈ラ オ ス〉「ビアラオ」
  　　　　　　　　　　　　　　　　　　　　　　　　　　〈日　本〉「キャノン」
  　　　　　　　　　　　　　　　　　　　　　　　　　　〈韓　国〉「サムスン」
  　　　　　　　　　　　　　　　　　　　　　　　　　　〈台　湾〉「エイサー」
  　　　　　　　　　　　　　　　　　　　　　　　　　　〈中　国〉「ハイアール」
  　　　　　　　　　　　　　　　　　　　　　　　　　　〈イラン〉「アイディン」
  　　　　　　　　　　　　　　　　　　　　　　　　　　〈マレーシア〉「ショロー」
  　　　　　　　　　　　　　　　　　　　　　　　　　　〈日　本〉「ベリーズ」
  　　　　　　　　　　　　　　　　　　　　　　　　　「PB（プライベート・ブランド）」
  　　　　　　　　　　　　　　　　　　　　　　　　　　〈日　本〉「エルモア」
  　　　　　　　　　　　　　　　　　　　　　　　　　　〈日　本〉「ユニクロ」
  　　　　　　　　　　　　　　　　　　　　　　　　　「伝統ブランド」
  　　　　　　　　　　　　　　　　　　　　　　　　　　〈御国〉
  　　　　　　　　　　　　　　　　　　　　　　　　　　〈日　本〉八幡屋礒五郎
  　　　　　　　　　　　　　　　　　　　　　　　　　　〈キルギス〉「ショロー」

これまで考察したように、企業の行うブランド・マーケティングは、個々のブランドごとの諸条件、すなわち、商品、情報、消費者、市場などにより様々な展開のパターンのタイプがみられ、厳密にいえば、個々のブランドごとに異なるものである。しかしながら、いずれのブランド企業にしても、そのマーケティングは、ブランドの創造から始まり、そのブランドを市場において展開し、ブランド価値の維持、増大という管理を行っている。換言すれば、これまでのブランド発展史の研究から、マーケティングとはブランドの創造、展開、管理という理解が導かれるとともにブランドもサービス商品や一次産品の農産物にまで拡大されてきたことも明らかとなった。また、企業の行うブランド創造、展開は必ずしも一部の先進国だけではなく、発展途上国においても様々な形態でみられ、ブランドおよびマーケティングは普遍的、一般的、ユニバーサルなものである。したがって、本書で展開したブランド発展史研究はマーケティングの生成だけではなく、マーケティングの本質の理解にも多大な貢献をなすものであるといえるであろう。

4　ブランド事例研究の課題

　これまで本書では多くのブランド発展の事例研究を試みてきたが、問題点が存在しているのも事実である。
　先行研究でみたように、ブランド事例研究は多くの研究者たちによってそれぞれ異なるアプローチで試みられてきているが、まだ確立した方法論がなく、依然として暗中模索、試行錯誤の研究であるというのが実状である。しかも事例研究を制限、阻害するいくつかの問題点がいまだ存在している。その中で特に重要な問題点をあげれば、次のようになるであろう。

① 売上データ入手の困難

　売上などのブランド企業全体のデータは、当該企業の株式が上場されていたならば財務諸表で把握ができるが、個別のブランド・ベースの売上の数値は入手できない。すなわち個別のブランドについてのデータは企業秘密ということ

で公にされないことが多い。その結果、ブランド発展の正確な把握が困難となっている。

② **消費者データ入手の困難**
　現在、消費財のブランドについては流通企業によってPOSデータとして集計されているが、それらのデータは研究に対して公開されていない。そのため、ブランド力を図るには、消費者調査を行わなければならないが、これは大変な作業となる。したがって、消費者のブランド態度、評価の正確な把握が困難となり、ブランド力、それに基づく分析が制約されることとなっている。

③ **文献・資料の不在**
　歴史の古いブランドの事例研究についていえば、必ずしも十分な文献・資料が存在するとは限らず、伝説・神話となっているブランドが数多く存在する。また、それほど歴史が古くないブランドであっても、必ずしも十分な文献・資料が存在するとは限らない。特に発展途上国のブランドについては、文献・資料の入手が困難なことが多い。

④ **言語的制約**
　ブランドの事例研究をグローバルに展開する際に、大きな壁となるのが言語的制約である。

⑤ **ブランド概念の混在**
　ブランド概念、定義が研究者によってバラバラであるため共通理解が困難である。消費者だけではなく、実務家や研究者たちもブランド認識が曖昧であり、企業ブランド、商品ブランド、アイテム・ブランドといった3つのレベルのブランドがきちんと整理されていず、その結果として混乱が生じている。

　以上のようにブランドの事例研究には多くの重要な問題点が依然として存在するため、多くの研究が表面的なものにすぎなくなっているのが実状である。

5 ブランド発展史研究の成果

これまで 30 以上の個別のブランドを試みてきた研究成果として、多くの新たな発見、理解が得られたが、それらをまとめてみれば次のようになる。

1. ブランド発展の事例研究は点ではなく、線であり、時間の経緯に基づく研究であり、これまで混沌としていたマーケティングの新たな理解と定義が導き出された[15]。同時に、ブランドの事例研究の結果、ブランドのないマーケティングは単なる販売にすぎず、換言すれば、ブランドとマーケティングは表裏一体のものであり、マーケティングはブランド・マーケティングと同義であることが導かれた[16]。
2. ブランドとマーケティングの生成は 19 世紀後半のアメリカであるとこれまで定説的、常識的に考えられていたが、19 世紀後半よりかなりさかのぼる時期に、すでにブランドの生成とマーケティングの生成が醸造ブランドにみられることが明らかになった。
3. ブランドの発展史から、ブランドおよびそれに基づくマーケティングは、かつていわれていたような独占的大企業あるいは寡占的企業の独占物ではなく、多くは地域市場を対象としたローカル・ブランドから発展し、中にはグローバル・ブランドへと発展するものが出てきている。換言すれば、小規模生産者からブランド企業となり、大企業化する事例も数多くあげられる。「キッコーマン」や「コカ・コーラ」がその好例である。したがって、消費財についていえば、ブランドが企業成長をもたらす重要な鍵となってきていることが明らかとなった。
4. 研究を試みたブランドは原則として、生成された時期から今日までブランドとしての生命を持つものを選んだが、その研究の過程でブランドは 2 つに大別され、ひとつは一般ブランド、もうひとつはメカニズム・ブランドと分けられることが明らかとなった。一般ブランドは、たとえば、「キッコーマン」や「コカ・コーラ」のように一度ブランド力を獲得した

ならば、マーケティング上の大きなミスがない限り、世紀を超え、長くブランドの生命を保ってきている。一方、メカニズム・ブランドの「マコーミック」は強力なブランド力をかつて獲得したが、今日ではその影は市場にはない。したがって、一般ブランドとメカニズム・ブランドとは同じブランドといっても明らかにカテゴリーが異なることが明らかとなった。

5. これまでブランド、マーケティングといえば、アメリカをはじめヨーロッパ、日本など先進工業国の独占物だと思われていたが、事例研究の結果、多くの発展途上国にも多くのブランドが生まれ、発展していることが明らかとなり、その結果、ブランド・マーケティングには国境がなく、現在ではボーダーレス化していることが明らかとなった。換言すれば、ブランドは一般的、普遍的、ユニバーサルなものとなってきていることが明らかとなった。

6. ブランド事例研究を通じて、さらにいくつかの新しいことが理解されることとなった。ひとつは、パイオニア・ブランドの重要性である。パイオニア・ブランドが成功すれば、市場の消費者は、たとえば、コーラ飲料ではなく「コカ・コーラ（コーク）」という商品認識とブランド認識を同一化するようになる。ふたつには、情報の重要性である。多くのグローバル・ブランドも元をたどればパイオニア・ブランドから発展したものが多いのである。ブランドはそもそもモノ製品に情報を付加したものである[17]ことからわかるようにブランド情報の創造から始まるものである。それと同時に、ブランドの展開においても、常にブランド情報を消費者に伝達しなければならない。しかも消費者とは飽きやすく、浮気な一面があり、ブランド・スイッチのリスクが存在するため、ブランド企業は常時ブランド情報を再創造し、消費者へ繰り返し伝達するというコミュニケーションが重要となる。上述したパイオニア・ブランドはそれだけで消費者に価値の高い情報ということになる。もちろん、パイオニア・ブランドであっても、マーケティング努力を何もしないでいたならば、市場の消費者の評価・支持、すなわち長期にわたるブランド・ロイヤリティの獲得はできず、たとえ一時的に獲得したとしても、まもなくそれを失うことになる。

7. ブランド発展史の研究結果から、上述したパイオニア・ブランドは独自

に発展する優位性を持ってはいるが、遅れて参入する後発、追随ブランドであっても大きな成功の可能性がないわけではない。「サムスン」「エイサー」「ハイアール」は後発、追随ブランドではあるが、それにもかかわらず、これらのブランドは現在グローバル・ブランドとなっている。いずれもメカニズム・ブランドであり、先行ブランドからの技術移転によってほぼ同じ性能、機能のメカニズム・ブランドの創造に成功し、大量生産や安い人件費といったコスト競争力を背景に、低価格戦略によってブランド力を高めてきている。かつて日本の「ソニー」や「ナショナル（パナソニック）」がアメリカの電気製品のブランドを駆逐し、その日本のブランドを今度は「サムスン」「エイサー」「ハイアール」が駆逐したが、近い将来、次の新たなるメカニズム・ブランドが「サムスン」などを駆逐する日がくるかもしれない。

8. 後発、追随の一般ブランドはどうかといえば、事例研究から明らかなようにローカル・ブランドからナショナル・ブランドまでは環境や条件に恵まれれば発展できるが、その後のリージョナル・ブランド、ましてやグローバル・ブランドまで発展するには多くのハードルがある。それを乗り越えるには価値ある情報の再創造と再伝達といったコミュニケーションが重要となるが、これらは大きな課題である。しかしながら、タイの後発、追随ブランドからオーストリアのブランドとして大きく変身し、グローバル・ブランドにまで発展している「レッドブル」が多くの示唆を与えている。

9. ブランドの発展により、企業経営におけるブランドの重要性が一段と高まり、メーカーから生産を下請け、OEMに委託するブランド企業へと変身したり、当初より生産機能を持たないブランド企業が生まれていることが明らかとなった。

10. ブランドは先進国の専有物と考えられてきたが、発展途上国にもブランドが存在し、それらの中から日本ではまだほとんど知られていないいくつかのブランドを紹介することができた。それは同時に、ブランド・マーケティング、すなわちマーケティングは一般的、普遍的、ユニバーサルなものであることを明らかにすることとなった。

11. 伝統的ブランドも、新たな情報の創造と付加をすれば、大いに発展する可能性があることが明らかとなった。キルギスの伝統的飲料のブランド「ショロー」である。それでは日本の伝統的商品のブランドはどうかといえば、水引、唐辛子、農産物、お茶のように、多くの場合、依然としてモノ商品や原材料のままであり、努力はしているがブランド化に戸惑っているのが実情である。新たな情報の創造と付加が大きな課題となってきている。それには伝統を創造的に破壊することが必要かもしれない[18]。

12. 最後に、ブランド発展史の観点から今流行っているクールジャパンについて考えてみることにする。クールジャパンは現状では日本の良さ、素晴らしさを世界にアピールする単なるスローガンであり、マーケティング＝ブランド・マーケティングの観点からいえば、具体的な個別のブランドの創造と世界に向かっての展開といった実践が必要であり、それは個別企業が主体となるものである。十把一絡げでクールジャパンの掛け声や政府の後押しだけでブランド化、ましてやグローバル・ブランド化に成功するわけではない。それには地道な創造的努力の積み重ね、価値ある情報の発信と伝達の繰り返しが必要であり、それに対して世界の一般市民、すなわち消費者の好ましい反応を獲得しなければならない。幸いにも、いくつかの成功事例が生まれているようである。そのひとつが（本書では論じていないが）広島の一地方の地場産業から、今やグローバルに発展している化粧筆のブランド「白鳳堂」である。

したがって、これまでのブランド発展史の事例研究からいくつかの成果がみられマーケティングの本質的理解が進展したことは明らかであるということができるであろう。

6　おわりに

これまで試みてきたブランドの事例研究は世界中に存在する数えきれないほど無限にあるブランドのほんの一部のものを研究対象としたものにすぎない。

また、事例研究の方法論も必ずしも確立したものとはいえず、試行錯誤的に行ったものである。したがって、すべてのブランドを正確に抽出したものであると必ずしも断言できないし、すべてのブランドが同一の方法論で分析された研究であるとも言い切れない。換言すれば、ブランドの事例研究には多くの課題が依然として存在しているのである。

まず、今後の課題としてはさらなるブランドの事例研究の積み重ねが必要となるとともに、すべての事例に妥当する方法論の構築が求められる。

また、現在までまだ研究が試みられていない、あるいは研究が知られていない、たとえば、中南米、アフリカといった地域の国々にもブランドが数多く存在するといえる。ブランドの一般的、普遍的、ユニバーサルな理解のためには、今後、これらの地域におけるブランドの事例研究を行う必要がある。そればかりか、多くの日本のブランドもまだ研究されていないものも多い。

さらに、事例研究の対象となる商品に偏りがあり、まだ、研究されていない商品分野も数多く存在し、現状では一般的なブランド事例研究とは必ずしも言えない。

したがって、マーケティングの理解のためには、商品的にも歴史的にもブランド分類的にも地域的にも、より一般的、普遍的、ユニバーサルなブランドの事例研究の実現が望まれるといえる。

そのようななか、最近、プロダクト・マーケティング研究からブランド・マーケティング研究への大転換がみられるようになり、その結果として、個別のブランド研究が多岐にわたる領域で試み始められている。たとえば、ブランドの経験価値の観点からの研究を行っている長沢伸也の「ルイ・ヴィトン」[19]「老舗ブランド」の研究[20]、ブランド創造について研究した横井恵子の「ブランドネーム誕生」の研究[21]などがその一例である。

なお、地域ブランドや国家ブランドは擬似ブランドと認識し[22]、ブランド・マーケティングの研究対象である商品ブランドとは明らかに別の存在として、本書では原則として取り上げていない。

これまで試みてきたブランドの事例研究、すなわちブランド発展史研究はいまだ研究の方法論が確立されてはいず、完成されたものからはほど遠いものである。それにもかかわらず、一連のブランド発展史研究の成果は、今後のさら

なる事例研究とマーケティングの本質的理解を導くひとつの踏み石になるものと確信したい。

今後、多くのマーケティング研究者たちがブランドの事例研究、ブランド発展史の研究を試みることにより、おのずと方法論が確立し、その結果として、さらなるマーケティングの本質的理解が進展することを大いに期待するものである。換言すれば、マーケティング研究におけるブランド発展史研究には終わりがないのである。

注

1) 梶原勝美「ブランド・マーケティング体系（Ⅱ）序章――『マーケティング』の新たな定義を求めて――」、pp. 125-128、『専修商学論集』、第88号、2008年。
2) たとえば、P. T. Cherington の研究がある。彼は R. Bartels が記しているように初期広告論の代表的研究者のひとりであるが、彼はブランドについて次のように論じている。「多くの缶詰のブランドは缶詰業者ではなく、ジョバーや小売業者あるいはその他の流通業者のもとで展開されている。また、多くの鋸（のこぎり）は同じ店で名前以外はすべて同じモノである鋸がジョバーのブランドと製造業者のブランドで売られている。ナイフや鋼鉄のペン先や低価格の時計のブランドについても同様なことがみられるのである。さらに、同じ工場で同じ機械で生産された婦人用のニットの下着が3種類のそれぞれ別のジョバーのブランドで展開されているというケースもあげている。」── P. T. Cherington, *The Elements of Marketing,* pp. 155-158, Macmillan, 1920。
3) 中川敬一郎、「ユニリーヴァ・トラストの成立―その経営史的素描―」矢内原忠雄著、楊井克己・大河内一男・大塚久雄編『帝国主義研究』岩波書店、1959年；中川敬一郎『比較経営史序説』東京大学出版局、1981年。
4) 小林袈裟治『インターナショナル・ハーベスター』東洋経済新報社、1978年。
5) 小原博一『マーケティング生成史論』税務経理協会、1987年。
6) 水尾順一『化粧品のブランド史』中公新書、1998年。
7) 河野昭三、村山貴俊『神話のマネジメント』まほろば書房、1997年。
8) 山口一臣、宇田理『米国シガレット産業の覇者』千倉書房、2006年。
9) C. Wilson, *The History of Unilever,* Cassel and Company Ltd., 1954（上田昊訳『ユニリーバ物語』（上）（下）、幸書房、1967年、1968年）。
10) H. Cambell, *Why did they name it...?,* Fleet PUB.Corp., 1964（常盤新平編『アメリカンブランド物語』冬樹社、1981年）。

11) H. Schultz with D. J. Yang, *Pour Your Heart Into It*, 1997（小幡照夫・大川修二訳『スターバックス　成功物語』日経BP、1998年）。
12) E. Ross, A.Holland , *100 Great Businesses And The Minds Behind Them*, 2004（宮本喜一訳『100 Inc.』エクスナレッジ、2007年）。
13) M. Heig, *Brand Royalty : How the World's Top 100 Brands Thrive and Survive*, 2004（和田敏彦訳『ブランド・ロイヤリティ　世界トップ100ブランド成功に秘訣』グラフ社、2007年）。
14) 白髭武『アメリカ・マーケティング発展史』実業出版、1978年。
15) 梶原勝美『ブランド・マーケティング研究序説Ⅰ』pp. 158-164。
16) 同上、pp. 283-288。
17) 同上、p. 281。
18) もちろん、日本の農産物にもブランドが創造され、ブランド・マーケティングが成功しつつある。たとえば、「雪国まいたけ」「雪国もやし」などがあげられる。
19) 長沢伸也『ルイ・ヴィトンの素顔』日経ビジネス人文庫、2002年。『ルイ・ヴィトンの法則』東洋経済新報社、2007年。
20) 長沢伸也編著『老舗ブランド企業の経験価値創造』同友館、2006年。
21) 横井恵子『ブランドネーム誕生物語』中央公論新社、2012年。
22) 梶原勝美「ブランド・マーケティング体系（4）」『専修商学論集』、第90号、pp. 28-33、2009年。

事項索引

[数字]

2代田中宗吉	287
4P	107
6代日栄助	298
7代日栄助	298

[A-Z]

AFTA（ASEAN自由貿易地域）	239
ALL PURPOSE SEASONING	50
Arnault, Bernard	106, 109
ASEAN（東南アジア諸国連合）	213
ASEAN加盟国	231
Beam, David	88
Beam, David M.	88
Beam, Jacob	88
Beam, Jim	88, 90
Beryl's Chocolate Kingdom	233
Blum, Harry	88, 89
Boehm(Beam), Johannes Jacob	88
BRICs	104
CCD	188
Kelley, E. J.	7
Guinness World Records	43
IHC	61
Infoland：「宏碁資訊広場」	203
i'm lovin' it	129
Jackson, Michal	45, 173
Kikkoman Daitokai(Europe)GmbH： KDE	51
Kikkoman Foods Inc.：KFI	51
Kikkoman International Inc.：KII	50
Kikkoman Trading Europe GmbH： KTE	51
Kikkoman（S）Pte. Ltd.	51
KikkomanFoods Europe B. V.：KFE	52
Louis Vuitton Mallertier	98
M&A（企業買収）	211
McCormick, Cyrus Hall	60
MB（メーカー・ブランド）	17, 73, 79
Mマーク	118
OEM	236, 237, 243, 250, 252, 344
OEM/ODM	201, 202
OEM/ODM事業	202
OEM/ODM生産	189
OEM供給	211
OEM生産	163, 244, 250
PB（プライベート・ブランド）	59, 73
77-79, 87, 112, 113, 136, 238, 283, 302	
PB商品流通革命	113
PETA（People for the Ethical Treatment of Animals）	131
PL（製造物責任）法	306
QSC	122
silent partoner	216
Singer, Isaac Merrit	62
SPA	112
The American Biscuit and Manufacturing Company	93
The Guinness Book of Records	43
The Intrenational Harvester Company	61
The National Biscuit Company	93
The New York Biscuit Company	93
The United States Baking Company	93
TPP（環太平洋経済連携協定）	251
Vuitton, Georges	99
Vuitton, Louis	98
Wipperfuth, A.	217, 218
WTO（世界貿易機関）	228

[ア 行]

アール，ハリー・J	92
アイ・キャッチャー	49
アイテム・ブランド	11, 43, 299, 363
アイボリー石鹸は水に浮かぶ	64
アジア・ニーズ	103
アダムス，C・W・	70
荒川進	47
安心情報	110
安全神話	306

市場流通 310
市川繁 7
一ブランド一価 161
一般ブランド 53,59,78,79,87,108,136
　　　179,182,191,261,283,301,364
稲垣幸八 286
イノベーション 190
今村奈良臣 317
イミテーション・ブランド 216,341
イメージ・チェンジ 230,341
イモーショナル・ブランド・
　マーケティング 111
インターネット販売 299
呉瑞獅 234,235,237
内田三郎 180
営業活動 294
エジプト総督のイスマーイール・
　パシャ 99
江戸十組問屋 31
江戸の酒問屋 31
オープン・チャネル戦略 226
オリジナリティ 212,301,345
オリジナル・ブランド 153,343
オリジナルな情報 209

[カ　行]

カーネギー，アンドリュー
　（Carnegie, Andrew） 118
価格競争力 197
価格決定権 290
価格戦略 259
価格訴求 257
家業ブランド 33
格別のしょうゆ 48
家族経営 103
片岡裕司 108
カタログ 77
カタログ通販 293
勝手造り 32
割賦販売 92
家内生産 346
環太平洋戦略的経済連携協定（TPP：
　Trans Pacific Partnership） 316
カントリー・ブランド 219,230,344

規格化 53
企業グループ・ブランド 261
企業ブランド 11,52,61,74,75,112,113
　　　177,179,187,190,195,200,201
　　　203,206,208-210,243,248,260
　　　261,337,339,363
企業ブランド化 94
疑似ブランド 310,311,313
擬似ブランドの産地ブランド 328
技術革新（イノベーション） 187,261,290
ギネスは体にいい 41
ギネスブック 43
規模の経済 197
キャンディの代わりにラッキーを 96
ギャンブル，J 64
協同組合 333
均一化 53
銀塩（フィルム）カメラ 188
禁酒法 41,88
クールジャパン 367
宮内省御用 48
グリフ 100
グローバル・サービス・ブランド 132
グローバル・トップ・ブランド 188
グローバル・ブランド 32,34,40,41,43
　　　45,46,62,64,65,68,72,73,75,76,90,92
　　　96,102,104,116,125,127,134,153,154
　　　163,171-175,177,186,187,190,195,196
　　　203,206,210-212,214,217,219,228-230
　　　237-239,241,250,251,258,260,261,295
　　　304,319,336,340,345
グローバル・ブランド・シェア 179
グローバル・ブランド、ローカル・
　タッチ 204
グローバル・ブランド化 238
グローバル・ブランド価値評価
　ランキング 195
グローバル企業 252
クロック，R・A
　（Kroc, Ray A.） 118-120,125,131
経験価値 107,368
減醸令 32
高級ブランド化 303
広告キャンペーン 41

索　引　373

後発、追随ブランド
　　　　　　　153,172,231,260,261,366
合弁企業　　　　　　　　　　　　175
小売店舗販売　　　　　　　　　　 78
ゴールデンアーチ　　　　　 118,128
コスト競争　　　　　　　　　　　260
国家禁酒法　　　　　　　　　　　 88
国家の規制　　　　　　　　　　　 32
コピー商品　　　　　　　　　 99,104
個別商品ブランド　　　　　　　　 52
個別ブランド　　　　　　　　65,292
コンセントレート　　　　　　　　 68

［サ　行］

サービス・ブランド　　　87,118,120,136
　　　　　　　　　　　　　　137,283
サービスステーション　　　　　　184
サービスの規格化、標準化、均一化　116
サービスのブランド　　　　　　　116
再販売価格維持契約　　　　　　　 65
堺屋太一　　　　　　　　　　　　108
桜井文七　　　　　　　　　　　　286
産地ブランド　　　　　13,294,307,309-311
　　　　　　　　　　　　　　325,326
産地直販　　　　　　　　　　　　313
シアーズ，リチャード・W　　　　 76
自社生産　　　　　　　　　　　　236
自社販売組織　　　　　　　　　　 61
自社ブランド　　　　　　201,202,206
自社ブランド事業　　　　　　　　202
静岡茶　　　　　　　　　　　　　328
資生堂の赤い水　　　　　　　　　 76
自動販売機　　　　　　　　　　　344
老舗　　　　　　　　　　　　　　294
老舗ブランド　　　　　　　　301,302
シボレー，ルイ　　　　　　　　　 91
社会的貢献　　　　　　　　　　　129
ジャパン・ブランド　　　　　328,336
自由貿易協定（FTA：
　　Free Trade Agreement）　　316
酒税　　　　　　　　　　　　　　 32
酒造統制　　　　　　　　　　　　 32
受注生産　　　　　　　　　　　　100
純度99％　　　　　　　　　　　　 64

ジョイント・ベンチャー（合弁企業）172
仕様書　　　　　　　　　　　　　 77
醸造ブランド　　　　　79,87,90,136,283
消費者調査　　　　　　　　　　　228
消費者の自己責任　　　　　　　　306
消費者の満足　　　　　　　　　　292
商標　　　　　　　　　　　69,72,289
商標権保護　　　　　　　　　　　 52
商標条例　　　　　　　　　　　　 32
商標登録　　　　　　　　47,72,310,345
商標法　　　　　　　　　　　　　 72
商標法違反　　　　　　　　　　　105
商品化　　　　　　　　　　　　　346
商品ブランド　　11,43,52,75,112,113,179
　　　　　　　　187,192,243,246-248,250
　　　　　　　　251,254,261,309,343,363
情報機能　　　　　　　　　　　　308
情報の創造　　　　　　　　　　　259
情報の創造と付加　　　　　　　　292
情報の付加　　　　　　　　　　　259
情報発信　　　　　　　　　　　　294
情報発信力　　　　　　　　　　　259
職人生産　　　　　　　　　　100,236
初代勘右衛門　　　　　　　　　　297
ジョンソン，ハワード　　　　　　116
シンガー，アイザック・メリット　 62
新鮮技術　　　　　　　　　　　　205
シンボルマーク　　　　　　　　　248
信用販売　　　　　　　　　　　　 61
垂直統合　　　　　　　　　　 73,77
ストア・ブランド　　　　　112,113,250
スペイン国王アルフォンソ12世　　99
スローン，アルフレッド・P　　　 91
製造者　　　　　　　　　　　　　332
製品ブランド　　　　　　　　　　 61
セールスマン活動　　　　　　　　 94
責任情報　　　　　　　　　　　　308
せり　　　　　　　　　　　　　　310
先行ブランド　　　　　　　　　　366
全国的ディーラー・システム　　　 92
潜在的顧客　　　　　　　　　　　 61
専属代理店制　　　　　　　　　　 61
創造性　　　　　　　　　　　　　212
ソーダファウンテン　　　　　　65,67

[タ 行]

第一次産業	319
大規模生産	33, 53
大衆ブランド化	303
代理店網	60
大量生産	40, 59, 100, 101
大量生産体制	63
田中宗吉	287
田中虎治郎	286, 287
田中康弘	287, 291
タバコ・トラスト	95
ダブル・ブランド戦略	201
ダブル表示ブランド	210
団体商標登録	294
地域団体商標	313, 328, 334, 337, 345
地域団体商標制度	311
知的所有権	52
地域ブランド	253, 311
地方ブランド	311
チャネル政策	94
チャネル戦略	226, 292
張世進	196
直売組織	61
地理的表示	334, 337
地理的表示保護制度（GI）	313, 328, 345
通信販売	77, 293
津田左右吉	286
ディーラー・ヘルプス	158, 161, 166
定価	61
低価格ブランド	236
定価販売	170
デジタルカメラ	188
デューク，ジェームス・B（Duke, James B）	95
デュラント，ウィリアム・C	90, 91
伝統産業	345, 346
伝統産業の商品	283
伝統産業のブランド	283
伝統産業のブランド化	283
伝統的な取引先	292, 293
伝統的ブランド	296, 301
伝統ブランド	13
統一企業ブランド	192, 195

統一商標	74
統一ブランド	43, 224, 243, 248, 251, 292, 343
統一ロゴ	248
トーマス，B・F	67
トップ・ブランド	34, 49, 62, 87, 96, 159, 170, 180, 190, 195, 211, 222, 223, 226-228, 260, 340
ドライブ・スルー	124
トラスト企業	94
トレード・マーク	61

[ナ 行]

長井長義	75
長沢伸也	97, 368
中村泰祐	180
ナショナル・ブランド	26, 31, 32, 36, 38, 39, 48, 49, 65-67, 72, 73, 75, 78, 119, 125, 134, 153, 159, 166, 170, 172-174, 185, 187, 191, 195, 203, 206, 211, 212, 222, 224, 227, 247, 248, 250, 251, 254, 260, 261, 295, 299, 311, 332, 335, 345
ナポレオン3世の皇后ユージェニー	99
西尾忠久	101
日本ベトナム経済連携協定（JVEPA）	239
ネスレ，アンリ（Nestlé, Henri）	74
ネット通販	293, 313
農業者	317
農業生産法人	316, 317, 333
農業の第六次産業化論	317
農業の六次産業化	337
農産物の工業化	313
農産物のブランド	87, 136, 283, 312, 319
農地法	315
農林漁業六次産業化法案	317
暖簾	294

[ハ 行]

パイオニア・ブランド	62, 153, 172, 173, 256, 260, 292-294, 329, 331, 365
量り売り	49, 225, 226, 343
幕府御用丸御用	47
パターソン，R・A	94
秦郷次郎	100, 109

パッケージの技術革新	40	ブランド展開	101, 111
パッケージ販売	49	ブランドとは	9-11
原田保	108	ブランドの拡大	64
反トラスト法	95	ブランドの拡張	49
販売活動	294	ブランドの希釈化	303
販売者	332	ブランドの選択と集中	261
販売組織	60	ブランドの発展モデル	17, 19, 359
ビールの商品特性	28	ブランド発展史一覧図	359
ビジネスモデル	112, 117, 209, 290	ブランド変更	203
ビッグマック指数	134	ブランド物語	294
標準化	53, 310	ブランド化	346
標準化，規格化，均一化	136	ブランド化の希釈化	303
品質保証	61	ブランド力	63, 132, 163, 175, 177
ファストフード	116		208, 211, 331
ファミリー会社	101	プロクター	64
フォード，ヘンリー		プロダクト・マーケティング研究	368
（Ford, Henry）	117, 118	プロモーション活動	166
福原有信	75	ベスト・グローバル・ブランド・	
藤田田	126, 131	ランキング	108, 132, 207
不正競争防止法	105	返金	77
不特定多数の消費者	100	返金保障	61
富裕層	104	ベンダサン，イザヤ	320
フランチャイズ制	92	ベンバートン，ジョン・S	65
ブランド	289, 307	返品	77
ブランド・イクステンション	71	ボイル，ハル	121
ブランド・コミュニケーション	174, 257	包装革命	93
ブランド・スイッチ	179, 212, 365	保証情報	110, 308
ブランド・ネーム	173, 235, 256	ボトリング会社	67
ブランド・マーケティング	45, 102, 107	堀親昌	286
	154, 177, 228, 250, 259, 293, 315, 331	ボルステッド法	88
ブランド・マーケティング企業	207-209	ホワイト，ウィリアム・アレン	70
ブランド・マーケティング研究	368	ホワイトヘッド，J・B	67
ブランド・ミッション	304	本印	47, 48
ブランド・ロイヤリティ	222, 302		
ブランド拡張	89, 169, 211, 216	[マ 行]	
	228, 299, 330	マーケター	332, 345
ブランド価値評価は商品ブランド	195	マーケティング	87, 208
ブランド間競争	223	マーケティング企業	208
ブランド社会	87	マーケティングとは	8, 9, 308
ブランド企業	172, 177, 182, 238, 242	マーケティングの成功	65
	251, 256, 298, 331, 332, 345	マーケティングの生成	31, 94
ブランド商品	306	マーケティングの萌芽	65
ブランド情報の創造と発信	261	マーケティングの本質的な理解	357
ブランド誕生	101	マーケティング力	191

マクドナルダイゼーション
　（マクドナルド化）　　　　　132, 134
マクドナルド・フランチャイズ・
　システム　　　　　　　　　　　120
マクドナルド兄弟　　　117, 118, 131
マコーミック，サイラス・ホール　60
貧しい人々のコーヒー　　　　　215
マックジョブズ（McJobs）　　　134
マテシッツ　　　　　　　　　　216
マニア・ブランド　　　　　313, 333
マルチ・ブランド戦略　　　206, 209
満足情報　　　　　　　　　　　110
見込み生産　　　　　　　　100, 101
御手洗毅　　　　　　　　　　　184
宮﨑修　　　　　　　　　　253, 254
ミャンマー版コンビニエンス・ストア 162
無形財産　　　　　　　　　　　 48
室賀豊（9代目）　　　　　　　299
メーカー・ブランド　　　　　　 17
メーカー・ブランド
　（MB：Maker Brand）　　　　182
メガ・ブランド　　　　　　　　 71
メカニズム・ブランド　12, 46, 53, 59, 62
　　　　　63, 78, 87, 90, 136, 153, 179, 180
　　　　　182, 186, 190, 212, 260, 283, 365
メカニズムの開発力，技術力　　191
最上醬油　　　　　　　　　　　 47
モデル・チェンジ　　　　　　　 92
モノ商品　210, 211, 257, 258, 260, 306, 319
模倣品　　　　　　　　　　　　104

［ヤ　行］

横井恵子　　　　　　　　　　　368
吉田五郎　　　　　　　　　　　180

［ラ　行］

ライカに追いつき，追い越せ　　183

ライセンス　　　　　　　　 90, 115
ライセンス生産　　　　　　 43, 166
ライセンス生産と展開　　　　　169
ライバル・ブランド　　　　238, 258
ライフスタイル　　　　174, 230, 331
ラグジュアリー・ブランド　98, 100
　　　　　　　　　　　　　108, 110
リージョナル・ブランド　26, 36, 38-40, 44
　　　　　49, 50, 62, 64-68, 72, 73, 75, 76
　　　　　96, 101, 125, 134, 153, 159, 162
　　　　　163, 166, 169, 171-175, 186, 195
　　　　　203, 206, 212, 214, 223, 227-229
　　　　　237, 250, 251, 254, 258, 260, 261
　　　　　　　　　304, 335, 340, 343, 345
リーバ，ウィリアム・H　　　　 72
類似品　　　　　　　　　　 99, 104
歴史と伝統　　　　　　　　　　301
ロイヤリティ　　　　　　　　　115
ローカリゼーション（localization）　131
ローカル・ブランド　25, 31, 35, 36, 65, 66
　　　　　　　　　72, 73, 75, 95, 118, 125
　　　　　　　　　159, 172, 191, 203, 211
ローカル・ブランド　　　　　　247
ローカル・ブランド　　　250, 251, 254, 298
　　　　　　　　　　　　　311, 335, 345
ローバック，アルヴァ・C　　　 76
ロゴ　　　　　　　　　61, 76, 100, 248
ロシアのニコライ皇太子
　（後のニコライ2世）　　　　　 99
ロックフェラー，ジョン・D
　（Rockefeller, John D.）　　　　118
ロビンス，F・M　　　　　　　 65
ロングセラー　　　　　　　　　 76
ロングセラー・ブランド　　　　 94
ロングライフ　　　　　　　340, 345

ブランド名索引

[数字]

127-3 型	64
1664	27

[A-Z]

A&W	169
ABC Stout	159
Ace（エース）	201
acer	205, 206
Acer（エイサー）	200, 205
Alfredo	231
ALLSTATE SR	77
ANCHOR	159
AQUAFINA	240, 241
A 型モデル	63
Barf	223
BenQ	202
Beryl's	231, 233-238
Bière Larue	168
Booker's Bourbon	89
BOSE	110
BRAND S. R. and Co.	77
Cass	161
CHECKERS	231
CHIMAY Peres Trappistes	28
CHIN-SU	242
Coop	240, 241
DANSON	234, 238
Dragon	160
DS-X	188
D'cocoa	231
eMachine	205
eMachines	206
EOS	179, 188
EOS D3	188
EOS Kiss Digital	188
EOS-1	188
EOS-1D Mark II	188
evian	240
Extensa	204
Farine Lactée Nestlé	74
GAP	112
Gate Way	206
Gateway	205
Gilbey's Gin	89
Gilbey's Vodka	89
H&M	112
H_2OH	240, 241
HIRTER PRIVAT PILS	26, 27
HP	198, 201, 204, 205
I. W. ハーパー（I. W. HARPER）	88
IBM	198
Irees	223, 224
IXY	179
Jack Daniel's Black Label	89
JIM BEAM	88
Jim Beam	89
Jim Beam Black	89
Jim Beam White	89
KIKKOMAN（龜甲萬）	45, 46
Kleenex	254
KRUŠOVICE	26, 27
La Vie	240
Leroux cordials	89
LG	195
Lot100	231
LV	99
NEC	198
Nueva アソート	237
Old Crow	89
Old Grand-Dad	89
Old Jake Beam	88
Old Taylor	89
Old Tub	88, 90
Packard Bell	206
PAULANER	25-28
Pepsi Original	221
PS/2 モデル 30	201
RA!Shandy	159

Ronrico runs	89
Safoco	242
SB	302, 303
SEARS ROEBACK AND CO.	77
SHISEIDOU	76
SINGER SEWING MACHINES	63
SK エキストラチョイス	114
SK チョイス	114
Sunich	223
Tango	231
TEA'S TEA	330
THE SINGER MANFG. CO	63
Timeline	206
Travel Mate	204
T 型フォード	91
VinHAO	240, 241
VOCHLLE	234
Wolfschmidt Vodka	89
Xane Xang	169
ZARA	112

[ア 行]

アーリー・タイムズ（EARLY TIMES）	88
アイディン（Aidin）	223-231, 261
アイボリー	64, 65, 78
アサヒスーパードライ	161, 162
味の素	240, 293
アスパイア	204
アナタ（ANATA）	226, 227
あまおう	310
綾鷹	330, 336
アンガス	128
アンティグア	106
飯田水引	294
イイチコ	311
イヴ・サンローラン	221
伊右衛門	330, 332, 334, 336
ヴィックス	179
ウォークマン	293
魚沼産コシヒカリ	307
宇治茶	325
エアリズム	113
エアロ	74

エイサー（Acer）	153, 198, 199, 200-206, 208, 209, 260, 366
宏碁	199-201, 203, 206
エイサー・フォーミュラ	204
宏碁（Multiteck）	203
エイサー PAC	204
エースコック	240
エッグマックマフィン	123, 124, 128
エリエール	253, 254, 256, 257, 259
エルメス	101
エルモア	253-259, 261
オイデルミン	75, 76, 79
大間のマグロ	310
お〜い、お茶	312
お〜いお茶	328-332, 336
お〜いお茶 玉露の旨み	330
お〜いお茶 玄米茶	330
お〜いお茶 濃い味	330
お〜いお茶 ほうじ茶	330
お〜いお茶 まろやか	330
オークランド（後のポンティアック）	90
オールズモビル	90
オリンパス	188
オリンパス C-1400L	188
オレオ	93

[カ 行]

カールスバーグ	24, 166, 175
カイエ	74
改良型ファミリー・クラス 15	64
香り	292
カシオ	46
カシオ QV-10	188
カフェインフリー・コーク	71
カルバン・クライン	221
缶入り前茶	330
カンノン	180
菊正宗	32
紀州炭	312
キッコーマン	45-47, 49, 50-53, 165, 191, 192, 260, 293, 294, 303, 346, 364
亀甲萬	47-49, 50
キッコーマン・ソース	49
キッコーマン・萬味	49

キッコーマン・めんみ	49	コダック	177, 179, 185, 188, 190
キッコーマン（Kikkoman）	52	ゴディバ	229
キットカット	74	コニカ	177
ギネス	24, 33-45, 53, 175	コレール	74
ギネス・エキストラ・スタウト	45	コンタックス	180, 182
ギネス（Guinness）	33	コンパック	204
ギャップ・キッズ（GAP KIDS）	112	[サ 行]	
キャデラック	90	サーモンサンドイッチ	133
キャドバリー	229	サッポロ	173
キヤノネット	187	サトーの切り餅	313
キヤノン（CANON） 153, 177, 179-182, 184-191, 260		サトーのごはん	313
		サブウェイ	128
キヤノン EOS	179	サムスン	153, 177, 190-198
キヤノン FTQL	187		209, 258, 260, 366
キヤノン IXY	179	サムライ・ポーク・バーガー	133
キヤノン IXY DIGITAL	188	狭山茶	325
キヤノンデミ	187	サンキスト（Sunkist）	114, 115, 136, 307
キヤノンペリックス	187		310, 312, 313, 333
キヤノンレンズ	184	サンライト	72, 73, 78
キャメル	96, 358	シアーズ	78, 112
ギャラクシイ（Galaxy）	193	シーリン・アサール（Shirin Asal）	226
キューブ	292	静岡茶	309, 312, 325, 327
金星	195	しずく	292
グッチ	101	資生堂	75, 358
クムーズ・ショロー	340	七味家本舗	295, 301, 302
クラティンデーン	215, 216	シボレー	90-92
クラティンデーン・エクストラ	216	ジム・ビーム	87-90
クラティンデーン 250	216	シャネル	100
クラティンデーン S	216	ジャルマ・ショロー	340
クラティントーン	216	十六茶	330, 332
クリネックス	253, 254, 256, 257	小教授	199, 206
クロックス	221	小教授1号（Micro・Professor Ⅰ：マイクロ・プロフェッサーⅠ）	199
黒松白鹿	32		
月桂冠	32	小教授2号（マイクロ・プロフェッサーⅡ）	199, 200
ケンタッキーフライドチキン	128		
ケンブリッジ	93	小教授3号（マイクロ・プロフェッサーⅢ）	200
コーク	71, 134		
コカ・コーラ	13, 42, 44, 52, 65-72, 78	小小天童	210
	135, 154, 191, 192, 204, 220, 221	"33" export	168
	239, 260, 294, 339, 343, 358, 364	ジョニーウォーカー	29, 43
コカ・コーラ・オリジナル	221	ショロー	283, 337, 339-344, 346, 367
コカ・コーラ・クラッシック	71	白雪	30
コカ・コーラ（コーク）	365	シンガー66型	64
こくみトマト	313		

シンガーミシン	63,64,78,90,358	生茶	330,332,336
振動シャトルⅠ型	64	ニコン	177,179,189,190
シンハー（Singha）	161,175	ニュー・コーク	71
スウォッチ	221	ニューファミリー・モデル	63
スコッティ	253,255,256	ネスカフェ	74
スコット	254	ネスレ	74,75,79,229,240
スターバックス	128	ネピア	253,256
スタウト・ポーター	37,38		
スミノフ	43	[ハ 行]	
スリッカー・ボーイ	93	ハーシーズ	229
関サバ	310-312	ハーバード	93
セレナー	184	ハーレー・ダビッドソン	110
ソニー	46,177,179,188,190,195,366	ハイアール	153,209-212,260,366
		ハイネケン	24,175
[タ 行]		ハウス	302,303
タートルバック・モデル	63	白鹿	24,25,29-33,53
ダイエット・コーク	71	白鶴	210
タイガー（Tiger）	159,161,169,175	白鳳堂	367
ダイキン	212	バドワイザー	175
ダブル・ブランド	181	パナソニック	177,179,190
玉の泉	32	ハプロ（Hapro）	
ダミエ・ライン	99		242,243,246,248,250-252,261
チェスター・フィールド	96	バランタイン	29
チェリー・コーク	71	ハンザ	181
チキータ	307,313,333	ハンザキヤノン	181,182
チキンナゲット	128,131	ビアラオ（Beerlao）	166,168-176,260
チキンマックナゲット	124,128,135	ビアラオ・ダーク	169
チャラップ・ショロー	340	ビアラオ・ライト	169
デニム・パッチワーク	106	ビアラオ・ラガー	169
テリヤキマックバーガー	133	ヒートテック	113
デル	198,201,205	ビエーフ・ラリュ（Bière Larue）	168
デルモンテ	49	ピエール・カルダン	221
天龍中文電脳	199,206	ビッグマック	128,130,134
同Ⅱ型	64	瓶入りの「コカ・コーラ」	67
東芝	188,205	フィレオフィッシュ	122,123,128,135
栃木とちおとめ	307	フォード	92
トップバリュ	302,303	富士通	198
ドナルド・マクドナルド	122	フジフィルム	188
トヨタ	46,154	深谷ねぎ	309
鳥の巣印	74	ブライト	74
ドロップフィード型	63	フライドポテト	134
		一加	197
[ナ 行]		ブラトップ	113
ナショナル（パナソニック）	366	フリース	113

索　引　381

プルコギバーガー	133
ペーター	74
ベネトン	221
ベビー・ギャップ（baby GAP）	112
ペプシコーラ	13, 71
ベリーズ	261
鳳麟正宗	32
ボストン	93
ホットアップルパイ	123
ボナクワ（Bonaqua）	340
ポラロイド	179, 190
ポルカドット	106
ボルジョミ（Borjomi）	340
ポルトモネ・クール	106
华为	197
ポワレ	100
ポンジュース	312, 334
ホンダ	154

［マ　行］

マールボロ	358
マイクロテック	200
マギー	74
マクスム・ショロー	338, 339, 341-343, 345
マクドナルド	115-123, 125-135, 137
マコーミック	60-62, 78, 90, 358, 365
マコーミック Advance	61
マコーミック Daisy	61
マコーミック Imperial	61
マコーミック Old Reliable	61
正宗	30, 32
マックカフェ	128
マックチキンバーガー	131
松坂牛	306
マハラジャマック	133
マビカ	188
マミヤ	182
マルチテック（Multitech）	199, 200, 203, 206, 209
万上	49
マンズワイン	49
御国（みくに）	285, 287, 289-295, 345
ミディアム	63
ミノルタ	182
宮崎完熟マンゴー	307
宮崎ブランド	309
ミャンマー（Myanmar）	156-163, 171-176, 260
小米	197
ミロ	74
明治	313
魅族	197
メグミルク	313
モノグラム・デニム	106
モノグラム・ペルフォ	106
モノグラム・マルチカラー	106
モノグラム・ミラー	106
モノグラム・ミンク	106
モノグラム・レース	106
森永	313

［ヤ　行］

やげん堀七味唐辛子本舗中島商店	295, 301, 302
柳酒	29
山形牛	306
八幡屋礒五郎	295-299, 301-304, 345
夕張メロン	307
雪国まいたけ	307, 312, 314, 318
雪国もやし	307, 312, 314, 319
雪印	309
ユニ・チャーム	254
ユニーダ（Uneeda）	93, 94
ユニクロ	112, 113
ユニリーバ	358
ヨード卵光	314

［ラ　行］

ライカ	177, 180-182, 185
ラオス	172
ラッキー・ストライク（Lucky Strike）	94-96
ラックス	72
リーバイス	112
リーバズ・ピュア・ハニー	72
リプトン	72
リポ	214
リポビタン D	214-216, 261

ルイ・ヴィトン	96-111,135,368		レフ(Leffe)	27,28
ルル	179		ロエベ	101
レジェンド・ショロー	339,340			
レッドブル	156,213,214,216-220,261,366		[ワ 行]	
レノボ	198,205		ワードローブ	99

企業・店舗索引

[数字]

168 store	234
3万ドン・ショップ	244

[A-Z]

American Brands, Inc	89
Austrian Red Bull Company	216
Beam Global Sprits & Wine	90
BHI	25
Choc BOUTIQUE	234
F&N	159
Fortune Brands, Inc.	89
Fraser and Neave(F&N)	159
GAP	112
GM	90-92
Guinness & Co. Ltd	39
Hapro Travel Joint-stock Company	245
James B. Beam Distilling Company	88,89
JAグループ福岡	310
KK	234
Kマート	76
Louis Vuitton S. A.	103
LVMHグループ	106
LVMH モエ ヘネシー・ルイ ヴィトン	106
MBL	159,161
McDonald's Corporation	120
McDonald's Operating Company	121
McOPCo	121
M-Point-Mart	161
Nabisco, Inc.	94
P・ロリラード	95
P&G	64,216
PRESIDENT KIKKOMAN INC.	45
R・J・R・ナビスコ(RJR Nabisc)	94
R・J・レイノルド	95,96
Redbull Company	214
Redbull Japan	214
Sears Holdings Corporation	76
TCファーマシューティカル・インダストリー	214-216
The Edrigton Group	90
the Union of Myanmar Economic Holdings Ltd (UMEHL)	159
UMEHL	159
Unique Clothing Warehouse	113

[ア 行]

アーズ	77
アメリカ・タバコ	95
アメリカン・タバコ (The American Tobaco Co.)	94
アメリカン・ビスケット・アンド・マニュファクチュアリング	93
アメリカン・ブランズ (American Brands. Inc.)	94
アルプス	37
アングロ・スイス練乳	74
飯田水引協同組合	294
イオングループ	302
イオンモール・ビンズンキャナリー店	250
伊藤園	312,328,330,331
インターナショナル・ハーベスター	61

索 引

インターブランド	132, 207
インターブルー	27
ウイットブレッド	37
ウォルマート	76
ウルケル・グループ	229
宏碁	208, 209
えひめ飲料	312, 334
愛媛県青果販売農業協同組合連合会	312, 334
愛媛県農業協同組合連合会	312, 334
エルモア	253, 254, 256
エルモア関東	256
大王製紙	253

［カ 行］

カールスバーグ	24
カゴメ	313
カナダ・マクドナルド	125
カミ商事	253, 255, 256
樺太キッコーマン醤油配給	50
菊正宗酒造	32
キッコーマン・インターナショナル・インコーポレーテッド	50
キッコーマン・シンガポール	51
キッコーマン・大都会・ヨーロッパ	51
キッコーマン・トレーディング・ヨーロッパ	51
キッコーマン・フーズ・インコーポレーテッド	51
キッコーマン・フーズ・ヨーロッパ	52
キッコーマン	46, 51
亀甲萬醤油	50
キッコーマン醤油	50
ギネス	37, 39-41, 43
麒麟麦酒	43
キンバリークラーク (Kimberly-Clark Corporation)	254
グランドメトロポリタン	43
月桂冠	32
コープマート	240

［サ 行］

ザ・コカ・コーラ・エクスポート・コーポレーション	68
ザ・コカ・コーラ・カンパニー	68
佐賀関町漁業協同組合	310
サッポロビール	43
サン・フレール	100
サンキスト連合会 (Sunkist Growers Incorporation)	114, 312
サントリー	89
サントリー・ホールディングス	90
山陽スコット	254
三洋電機	212
山陽パルプ	254
シアーズ	76, 77
静岡県経済農業協同組合	328
静岡県茶商工業協同組合	328
資生堂薬局	75
十條キンバリー	254
十條製紙	254
シュロー	337
シンガー	62, 63
新生GM	92
スコット・ペーパー	254
スリーエフ	257
セーフウェイ	50
セス・W・ファウル・アンド・サンズ	66
ゼネラル・モーターズ・カンパニー	90, 91
ゼネラル・モーターズ・コーポレーション	91
セブン-イレブン	234, 257

［タ 行］

第一屋製パン株式会社	126
ダイエー向ケ丘店	299, 302
ダダシュ・バラダル (DADASH BARADAR CO.)	224, 226-228
辰馬本家酒造	29, 32
辰馬本店	31
田中宗吉商店	287, 290, 293, 294, 345
青島冷蔵庫総廠	210
ディアジオ	43
デューク	95

デュラウェア・シボレー	91	ペーター・カイエ・コレール・	
統一企業公司	51	スイス・チョコレート	74
東京醬油	49, 50	紅屋（柳屋本店）	75
東京電力	306	ベリーズ・チョコレート＆コン	
統萬股份有限公司（PKI）	51	フェクショナリー	238
		ほまれ味噌	50

［ナ 行］

ナショナル・ビスケット	92, 94
ナビスコ（The Nabisco, Inc.）	92, 94
日本醬油	50
日本農産工業	314
日本マクドナルド	125
ニューヨーク・ビスケット	93
ネスレ（Nestlé）	74
野田醬油	47, 48
野田醬油股份有限公司	50

［ハ 行］

バークレー・ペルキンス	37
海爾（ハイアール）集団	210-212
ハイパー・スター	226, 227
バス	37
ハプロ	243, 244, 246-248, 251
ハプロ・グループ（HANOI TRADE CORPORATION）	242, 243
ハプロ・デューティ・フリー	244, 247
ハプロ・フード	244
ハプロ・ボンムア	245
ハプロ・マート	244, 250
ビュイック・アンド・シャーウッド	90
ファーストリテイリング	113
フォード	91
福岡県農業総合試験場	310
藤江商会	158
藤田商店	126
ブラウン・アンド・ウィリアムソン	94
ブリティッシュ・アメリカン・タバコ	94
フレンチ	101
プロクター・アンド・ギャンブル	64
分割社アメリカン・タバコ	96

［マ 行］

マーガリン・ユニー N.V	72
マーガリン・ユニオン・リミテッド	72
マギー	74
マクドナルド・コーポレーション	120, 121, 125, 126, 131, 133, 135
マコーミック	61
ミシガン・シボレー	91
三井物産	100
南カリフォルニア・オレンジ生産者同盟	114
南カリフォルニア果実取引所	114
ミャンマー醸造（Myanmar Brewery Limited：MBL）	158
モエ・ヘネシー	106
茂木佐平治家	47, 48

［ヤ 行］

雪国まいたけ	314, 319
ユナイテッド・ステイツ・ベイキング	93
ユニ・チャーム	253
ユニクロ	112, 113
ユニリーバ	72, 73
八幡屋礒五郎	298

［ラ 行］

ライフ向ケ丘遊園駅前店	257
リーバ・ブラザース	72, 73
リゲット・アンド・マイヤー	95
ルイ・ヴィトン	98, 100-103, 105, 106, 109-111
ルイ・ヴィトン・ジャパン	102, 105
ルビー・マート	156, 159

著者紹介

梶原　勝美（かじはら・かつみ）

学歴：慶応義塾大学商学部卒業、慶応義塾大学商学研究科修士課程修了、慶應義塾大学博士課程単位修得。
職歴：専修大学商学部専任講師、同助教授、同教授（現在）。
研究業績：
　　単著、『ブランド流通革命』（森山書店、2016年）、『ブランド・マーケティング研究序説Ⅲ』（創成社、2013年）、『ブランド・マーケティング研究序説Ⅱ』（創成社、2011年）、『ブランド・マーケティング研究序説Ⅰ』（創成社、2010年）；共著、『現代の流通政策』（千倉書房、1984年）等；翻訳書、K. H.ホウキンス・C. L.パス原著『英国ビール産業発展史』（杉山書店、1986年）、P. D.コンバース原著『アメリカ・マーケティング史概論』（白桃書房、1986年）、『マーケティング学説史概論』（白桃書房、1985年）、D. J.ラック原著『製品戦略入門』（ダイヤモンド社、1980年）、；共訳書、M.ハナン原著『ライフスタイル戦略』（ダイヤモンド社、1975年）、E. C.バースク原著『マーケティング・ケーススタディ』（ダイヤモンド社、1974年）等。
　　論文、「再考：マーケティング生成論」（専修大学社会科学年報第49号、2015年）、「ブランド・マーケティング体系」（専修商学論集第86号、2008年）、「ブランド試論」（専修大学商学研究所報第95号、1994年）、「規制行政と市民生活」（（財）行政管理センター「規制行政の合理化に関する調査研究結果報告書」、1984年）、「商業学とマーケティング論」（専修大学商学研究所報第36号、1983年）、「消費者行動とマーケティング・コミュニケーション」（日経広告研究所報第92号、1983年）、「マーケティング論における商品分類論」（専修大学商学研究年報　第7号、1982年）、「スポーツの『産業化』」（専修大学社会体育研究紀要第8号、1982年）、「マーケティング生成論に関する若干の考察―マーケティング学説史研究の一齣」（専修大学商学研究所報第25号、1980年）、「広告研究の史的展開の概要」（専修大学商学論集第27号、1979年）、「マーケティング活動生成に関する一考察」（専修大学商学論集第26号、1978年）、等；共同論文、「電子計算機を利用した研究における仮説と実証」（専修大学情報科学研究所報No. 7、1984年）、「スポーツ／雑誌のクラスタリング」（専修大学情報科学研究所報No. 4、1984年）等、多数。

ブランド発展史

2016 年 3 月 25 日　第 1 版第 1 刷

著　者　梶原勝美
発行者　笹岡五郎
発行所　専修大学出版局
　　　　〒 101-0051　東京都千代田区神田神保町 3-10-3
　　　　　　　　　　　　　　　（株)専大センチュリー内
　　　　電話 03-3263-4230（代）

印　刷
製　本　藤原印刷株式会社

Ⓒ Katsumi Kajihara 2016 Printed Japan
ISBN 978-4-88125-301-4

◇専修大学出版局の本◇

グローバル企業のリスクマネジメント
財務情報の利害調整及び情報提供機能の強化に関する考察

高野仁一 著　　　　　　　　　　A5判　172頁　　定価(本体2200円＋税)

日本経済　　その構造変化をとらえる

田中隆之 編著　　　　　　　　　四六判　260頁　　定価(本体1600円＋税)

専修大学社会科学研究所　社会科学研究叢書14
変貌する現代国際経済

鈴木直次・野口旭 編　　　　　　A5判　436頁　　定価(本体4400円＋税)

SI Libretto 002
身近な経済学——小田急沿線の生活風景

原田博夫 編　　　　　　　　　　新書判　240頁　　定価(本体700円＋税)

専修大学社会科学研究所　社会科学研究叢書17
ワークフェアの日本的展開——雇用の不安定化と就労・自立支援の課題

宮嵜晃臣・兵頭淳史 編　　　　　A5判　272頁　　定価(本体3200円＋税)

雇用と生活の転換　日本社会の構造変化を踏まえて

町田俊彦 編著　　　　　　　　　四六判　280頁　　定価(本体1700円＋税)